ISABELLA *de* MEDICI

Caroline P. Murphy

ISABELLA *de* MEDICI
A vida gloriosa e o trágico fim de uma princesa da Renascença

Tradução de
DIOGO HENRIQUES

Revisão técnica de
ALMIR MARQUES DE SOUZA JUNIOR

2ª edição

EDITORA RECORD
RIO DE JANEIRO • SÃO PAULO
2025

CIP-BRASIL. CATALOGAÇÃO-NA-FONTE
SINDICATO NACIONAL DOS EDITORES DE LIVROS, RJ

M96i
    Murphy, Caroline P.
       Isabella de Medici / Caroline P. Murphy; tradução de Diogo Henriques. –
2ª ed. - Rio de Janeiro: Record, 2025.

       Tradução de: Isabella de Medici
       ISBN 978-85-01-08520-7

       1. Medici, Isabella Romola de, 1542-1576. 2. Medici, Casa de. 3. Princesas –
Florença (Itália) – Biografia. 4. Florença (Itália) – Reis e governantes. 5. Florença (Itália)
– Corte e cortesãos – História. 6. Florença (Itália) – História – 1421-1737. I. Título.

10-5818
                                CDD: 923.145
                                CDU: 929:32(450)

Título original em inglês:
ISABELLA DE MEDICI

Copyright © Caroline P. Murphy 2008

Todos os direitos reservados. Proibida a reprodução, armazenamento ou transmissão de partes deste livro, através de quaisquer meios, sem prévia autorização por escrito.
Proibida a venda desta edição em Portugal e resto da Europa.

Texto revisado segundo o novo Acordo Ortográfico da Língua Portuguesa.

Direitos exclusivos de publicação em língua portuguesa para o Brasil
adquiridos pela
EDITORA RECORD LTDA.
Rua Argentina 171 – 20921-380 Rio de Janeiro, RJ – Tel.: 2585-2000
que se reserva a propriedade literária desta tradução

Impresso no Brasil

ISBN 978-85-01-08520-7

Seja um leitor preferencial Record.
Cadastre-se e receba informações sobre nossos
lançamentos e nossas promoções.

EDITORA AFILIADA

Atendimento e venda direta ao leitor:
sac@record.com.br

Para Brian Murphy
1934-2007

Sumário

Mapa de Florença e árvore genealógica da família Medici   11

PRÓLOGO: Um dia de verão em Cerreto Guidi   17

PARTE I   INFÂNCIA DE UM MEDICI

1. Um novo Medici   23
2. "Jamais vi um bebê tão belo"   37
3. Crescendo na família Medici   55
4. A caminho da vida adulta   67

PARTE II   UMA PRINCESA MEDICI DESPONTA

1. Um noivo para Isabella   77
2. O casamento das princesas Medici   89
3. Zibelinas e um chapéu almiscarado   95
4. O duque e a duquesa de Bracciano   105
5. "Meu irmão e eu"   113
6. Tomada pela tristeza   125

PARTE III   A PRIMEIRA-DAMA DE FLORENÇA

1. Depois de Eleonora   139
2. Em casa com Paulo e Isabella   151
3. Dívida   161
4. Conflito   167
5. O Baroncelli   175
6. O teatro de Isabella   185
7. Lealdades   197

8 Troilo   203
9 Um caso "clandestino"   209

PARTE IV MAQUINAÇÕES DOS MEDICI

1 A cunhada imperial   221
2 Vida familiar   229
3 Grão-duque   239
4 Cammilla   247
5 "*I Turchi*"   255
6 Lepanto e don João   263
7 *Putti*   271
8 Bianca   279
9 Um assassinato   285
10 A melhor das épocas   293

PARTE V DESGRAÇAS DE UMA PRINCESA MEDICI

1 O declínio de Cosimo   305
2 A negociação das crianças   313
3 "Minha chegada"   321
4 O novo embaixador   327
5 Leonora   333
6 Temporada de duelos   339
7 A conspiração dos Pucci   347
8 *Troilo, Bandito*   353

PARTE VI ATOS FINAIS

1 O Ano-Novo   365
2 Uma viagem a Cafaggiolo   377
3 Uma viagem a Cerreto Guidi   383
4 "Como se imaginasse o que lhe estava reservado"   389

5 Post-mortem   395
6 Prossegue o cerco   403
7 O relato do assassino   409

EPÍLOGO: ISABELLA ETERNA   417

Bibliografia   427
Notas   435
Lista de ilustrações   457
Agradecimentos   459
Índice   461

Mapa de Florença e Árvore genealógica da família Medici

Vista de Florença com emblema dos Medici

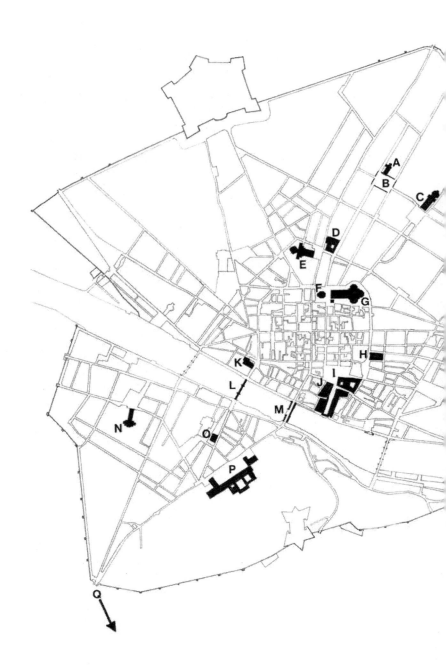

A FLORENÇA DE ISABELLA

A. Igreja de San Marco
B. Piazza di San Marco
C. Igreja da Santissima Annunziata
D. Palazzo Medici
E. Igreja de San Lorenzo
F. Batistério
G. Catedral de Santa Maria del Fiore (Duomo)
H. Bargello
I. Palazzo Vecchio
J. Uffizi
K. Igreja de Santa Trinità
L. Ponte Santa Trinità
M. Ponte Vecchio/Corredor Vasariano
N. Igreja de Santa Maria del Carmine
O. Palazzo de Bianca Cappello
P. Palazzo Pitti
Q. Direção da villa do Baroncelli

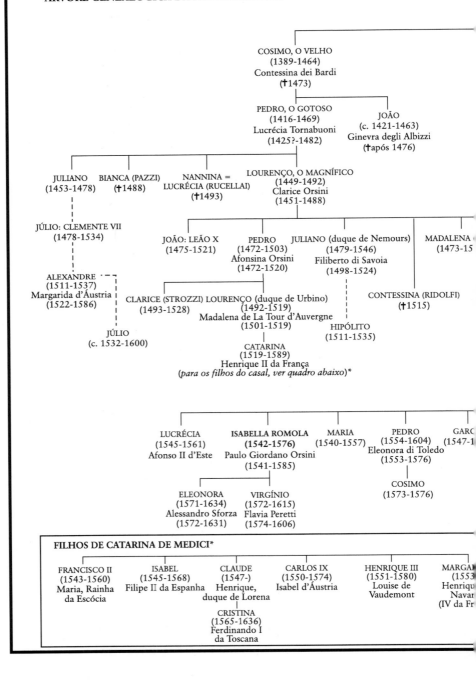

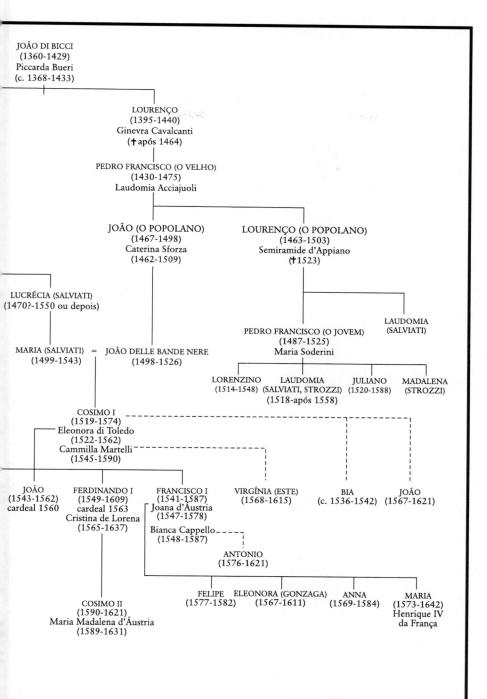

Villa de Cerreto Guidi

PRÓLOGO

Um dia de verão em Cerreto Guidi

À primeira vista, Cerreto Guidi não é a mais convidativa das cidades da Toscana, e tampouco uma das mais acessíveis. Chegar até ali sem dispor de um meio de transporte particular significa depender do ônibus azul de horários irregulares da companhia Fratelli Lazzi que cumpre o trajeto Empoli-Pistoia. O ônibus avança aos solavancos pelas vias estreitas do campo, onde se veem anúncios dos onipresentes supermercados Co-op ou do *agriturismi* — *bed and breakfasts* instalados em fazendas. Há ainda alguns outdoors que convidam os visitantes a conhecer a Fattoria Isabella de Medici, que fabrica seu próprio vinho e azeite de oliva. Sua logomarca é ornada com um retrato renascentista que mostra uma bela jovem de lábios generosos e cabelos e olhos escuros. Quando chega a Cerreto Guidi, o ônibus deixa os passageiros em uma esquina sem nenhuma distinção arquitetônica. A cidade não parece à espera de muitos turistas; não há lojas de especialidades toscanas onde se possa comprar *panforte* ou *cantucci e vin santo*, e o único restaurante do lugar não abre para o almoço. Uma loja, especializada em equipamentos de caça e pesca, revela o principal passatempo dos moradores da cidade, e dá uma pista sobre o lugar que ela ocupava em um passado distante. Embora haja vinhedos em boa parte dos arredores, se viajássemos de volta no tempo até o século XVI, encontraríamos uma Cerreto Guidi muito diferente, ladeada por bosques densos e povoada por javalis, gamos e faisões. Nessa época, a derrubada de árvores e a roçagem dos bosques eram proibidas por lei pelos Medici, a família no governo da Toscana. O desflorestamento poderia ter incrementado a economia rural, mas arruinaria a caça, esporte que em primeiro lugar levara a família ducal até aquele canto afastado.

Para os Medici, Cerreto Guidi funcionava como um *country club* privado. Em 1566, o duque Cosimo I, fundador da dinastia que governaria a Toscana por dois séculos, mandou construir uma villa de dois andares, com 17 quartos, em um local elevado antes ocupado por uma fortaleza medieval. Ao dobrar a esquina da atual loja de artigos de caça, vemos a grande entrada da villa, uma *cordonata*: uma escadaria dupla inclinada, revestida de tijolos vermelhos e concebida pelo arquiteto da corte dos Medici, Bernardo Buontalenti. Subindo as escadas — a pé, e não a cavalo, como antigamente —, podemos observar do terraço a impressionante extensão de terras abaixo. Cosimo e seus filhos Francisco, Ferdinando, Pedro e Isabella costumavam vir até aqui a cavalo desde Florença, a 42 quilômetros de distância, trazendo seu séquito, empregados, esposas, amigos e amantes para animados dias de caça. Como testemunho do passado da villa, o lugar agora funciona como um museu da caça, *la caccia*, exibindo uma coleção de armamentos — arcos e flechas, facas, espingardas de pederneira — concebidos para auxiliar na perseguição dos animais selvagens locais e no abate.

Embora jogos, festas e carraspanas fizessem parte dos entretenimentos, a caça sempre foi a principal atração de Cerreto Guidi, e os Medici sempre se decepcionavam quando iam até ali e ou chovia muito ou não havia condições para a prática do esporte. Isabella passou boa parte da vida em busca do prazer, e era a primeira a se queixar quando o tempo em Cerreto estava *brutissimo*, como ela dizia, ou havia impedimentos para o jogo. Ainda assim, jamais esses aborrecimentos foram capazes de afastá-la de seu passatempo favorito. A cada nova caçada, portava-se com competência, chegando a superar muitos de seus oponentes do sexo masculino, e sempre reivindicando sua parcela ao final. Como a caçadora Diana da mitologia, ninguém jamais poderia acusar a princesa de demonstrar sinais de fraqueza feminina. Mas durante uma viagem a Cerreto em 16 de julho de 1576, acompanhada do marido, o nobre romano Paulo Giordano Orsini, duque de Bracciano, a possibilidade de tempo ruim ou a falta de boas condições para o esporte eram os menores dos problemas que tinha em mente a princesa, então prestes a completar 34 anos. De fato, se parasse para refletir sobre a caça, haveria de se perguntar sobre o rumo que o esporte tomava. Estaria o ser humano, realmente, substituindo a fauna da floresta no papel de presa?

PARTE I
Infância de um Medici

Ludovico Buti, *Criança num pórtico*

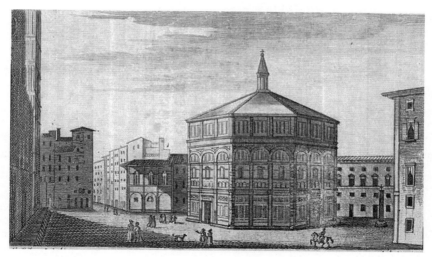

Batistério de San Giovanni, Florença

CAPÍTULO 1

Um novo Medici

Em 10 de janeiro de 1542, quase 34 anos antes daquele dia em Cerreto, o clérigo florentino Ugolino Grifoni, um dos secretários da corte dos Medici, estava ocupado apresentando cartas ao duque Cosimo de Medici nos aposentos deste. A esposa do duque, Eleonora di Toledo, também estava presente. O casal era jovem: Cosimo ainda não completara 23 anos, e a esposa era dois anos mais nova. Enquanto Cosimo examinava a correspondência, Eleonora, que há pouco anunciara sua terceira gravidez, começou a "vomitar de tal forma, ou devo dizer, em quantidade tão grande, que a mim pareceu que havia inundado metade do quarto", recordou Grifoni. O secretário procurou pela reação adequada àquela inesperada interrupção dos procedimentos. "É sinal de que será menino", disse por fim. Somente um bebê do sexo masculino poderia ter tamanho controle sobre o corpo da mãe e causar indisposição tão violenta. Mas, para surpresa de Grifoni, "o duque retrucou que seria o contrário".[1] Cosimo acreditava que a esposa daria à luz uma menina.

A resposta de Cosimo de Medici fugia ao convencional, uma vez que ele vivia em um mundo no qual os homens deveriam esperar que as mulheres lhes dessem filhos também homens. Uma filha seria um substituto de má qualidade. É verdade que ele já tinha um herdeiro; seu segundo filho com Eleonora, Francisco, nascera no último março. Mas não se esperaria que ele, ainda assim, aguardasse a chegada de mais meninos? A questão é que Cosimo de Medici amava o sexo oposto. Ele havia crescido órfão de pai, e a mãe, Maria Salviati — uma mulher descrita como "muito sábia (...) Jamais se deixava conquistar por elogios, como sói acontecer na corte"[2] —, fora a força dominante em sua vida. Ele desempenhara o papel de amante pela primeira vez aos 14 anos, com uma mulher que chamava de "minha dama" e a quem presenteara com lenços finos. Aos 16, Cosimo de Medici já era pai de uma filha ilegítima, Bia, por quem tinha adoração. Aos 19, quando chegou o momento de escolher uma esposa, decidiu-se pela espanhola Eleonora não somente por questões de conveniência política, como seria normal para um homem na sua posição, mas já tendo se certificado previamente, através de meticulosa investigação, de que também era bela. Era um jovem muito bem-disposto a acolher mulheres na família, e não julgava que uma filha seria um prêmio de consolação um pouco melhorado já que não havia nascido nenhum menino.

Convém, então, que Cosimo seja visto como um novo tipo de homem, porque de várias maneiras ele foi um novo Medici. Com efeito, ele se via dessa forma, e escolhera para si como divisa o *brancone*, ou loureiro, de aspecto morto e pendendo para o chão, mas com "um exuberante broto surgindo do velho cepo, renovando a árvore completamente".[3] Esse velho cepo simbolizava os velhos Medici, a linhagem que descendia de Cosimo, o Velho, o *pater patriae*, gênio dos bancos que na primeira metade do século XV pusera a família no caminho de um sucesso financeiro e político extraordinários. Cosimo, o Velho, e seu neto Lourenço, o Magnífico, são

UM NOVO MEDICI

sinônimos do espetáculo que a Florença do século XV ainda apresenta nos dias de hoje. A marca da família está por toda parte: o Palazzo Medici, na atual Via Cavour, então Via Larga; a igreja adjacente de San Lorenzo, construída e ornamentada por Brunelleschi com dinheiro dos Medici; o convento dominicano de San Marco, dotado de afrescos de Fra Angelico, conveniente refúgio espiritual de Cosimo, o Velho; a galeria de arte Uffizi, com obras de Botticelli encomendadas pela família no século XV; o Bargello, que abriga esculturas como o *Davi* de Donatello, um bronze de perfeita lascívia. Em Cosimo, o Velho, e Lourenço, o Magnífico, aliavam-se perspicácia política e comercial e um forte reconhecimento e apoio a atividades humanistas, características que mesmo os empresários de hoje ainda julgam importante almejar. São esses Medici que são evocados em um recente manual de autoajuda dirigido a aspirantes a empresários, intitulado *The Medici Effect* [O efeito Medici].

Os descendentes diretos desses dois homens, porém, mostraram-se uma enorme decepção. Os Medici podem, nas primeiras décadas do século XVI, ter produzido dois papas, Leão X e Clemente VII, mas não havia nenhum líder secular de real distinção e habilidade desde Lourenço, o Magnífico. A família chegara inclusive a ser expulsa de Florença em duas ocasiões, a primeira delas entre 1492 e 1512, e depois novamente entre 1527 e 1530. Por essa época, o único remanescente jovem e legítimo dos Medici era Catarina — filha do duque Lourenço, neto de Lourenço, o Magnífico —, que se mudara para a França na condição de noiva de Henrique, filho mais novo do monarca francês, Francisco I. De resto, os últimos descendentes homens de Cosimo, o Velho, eram bastardos. Alexandre, nomeado duque de Florença em 1531 pelo sacro imperador romano Carlos V, era filho ilegítimo do papa Clemente VII, e fora concebido quando este ainda respondia pelo título de cardeal Júlio de Medici. A mãe de Alexandre era uma jovem escrava marroquina, e retratos mostram que ele era inquestionavelmente negro. Mas a tez negra não constituiu obstáculo à sua escolha para governador de Florença, uma vez que o sobrenome Medici sobrepujava barreiras raciais. Em janeiro de 1537, todavia, Alexandre foi morto no Palazzo Medici, na Via Larga, por um primo invejoso de nome Lorenzino, que ambicionava eleger-se para o lugar de Alexandre. Lorenzino de Medici cometeu um erro de cálculo se imaginou que ganharia popularidade agindo como um Brutus que toma a vida de um tirano; assim, partiu para o exílio acompanhado do irmão mais novo, e terminou assassinado.

Isto deixava apenas um Medici como candidato viável para liderar a família e governar Florença: Cosimo, com 17 anos e meio de idade. Ele até então vivera como um primo pobre dos Medici, a despeito de sua nobre ascendência. Através da linhagem de sua mãe Maria Salviati, neta de Lourenço, o Magnífico, Cosimo poderia reivindicar parentesco de sangue com o grande Cosimo, o Velho; foi o tio de Maria, o papa Leão X, que sugeriu à sobrinha batizar o filho em homenagem a esse ilustre ancestral. Pelo lado de seu pai, João, Cosimo integrava o assim chamado ramo dos cadetes, o mesmo ao qual pertencia Lorenzino, que por sua vez descendia de Lourenço, irmão de Cosimo, o Velho. O pai do jovem Cosimo, porém, fora o maior Medici de sua geração. Ele era conhecido como João delle Bande Nere, por liderar uma notória companhia de mercenários que tinha por insígnia uma braçadeira negra [*bande nere*], adotada na sequência da morte do papa Leão X em 1521. Talvez o último grande *condottiere* do Renascimento, um especialista em guerras de guerrilha, João era famoso pela audácia e a ousadia, e por manobras militares que a muitos pareciam "maravilhosas e sobre-humanas".

Cosimo via o pai muito pouco, uma vez que este com frequência se ausentava de Florença em expedições militares. No entanto, o relato de um suposto encontro entre pai e filho tornou-se parte da *fortuna* de Cosimo. Voltando para casa após uma expedição, João teria visto o filho nos braços de sua ama de leite através de uma janela no andar de cima. "Jogue-o para mim", teria ordenado. Após um momento de hesitação, a empregada consentira. João agarrou o bebê, que durante a perigosa queda não emitira sequer um ruído. Orgulhoso da aparente bravura do filho, João teria decretado: "Você será um príncipe. É o seu destino."[4]

UM NOVO MEDICI

Em 1527, aos 28 anos, João de Medici morreu. Os médicos haviam achado por bem amputar sua perna depois que ele fora atingido por fogo pesado de artilharia numa batalha contra as tropas do sacro imperador romano no desolado vale do Pó, em 24 de novembro de 1526. A gangrena se instalou, e cinco dias depois o jovem guerreiro estava morto. Cosimo, segundo o relato de seu tutor, recebeu a notícia com o mesmo estoicismo que demonstrara ao ser arremessado pela janela. "Na verdade, eu já o esperava", disse o menino que raramente via o pai.[5]

Maria Salviati tinha apenas 27 anos quando o marido morreu, e tanto os Medici quanto os Salviati ansiavam por vê-la se casar novamente. Mas ela se recusou, dado que um novo casamento a forçaria a renunciar à guarda de Cosimo, e, como ela explicou ao papa Clemente VII, "não posso abandonar meu filho". Maria tinha consciência de que o ramo principal da família Medici via com bastante cautela o possível apoio de Florença ao menino cujo pai personificava o herói moderno da cidade. O papa Clemente VII ficava furioso diante da recusa do jovem adolescente em despir-se dos trajes militares e vestir a toga comprida característica dos cidadãos florentinos. Primo de Clemente, o duque Alexandre era um pouco mais afável, porém mostrara seu mau julgamento ao favorecer Lorenzino, que mais tarde viria a assassiná-lo. Vendo o filho carente de verdadeiros aliados, Maria certificava-se de lhe instilar autoconfiança, fazendo afirmações como "Ele não deve esperar que meu pai [o abastado Jacopo Salviati] ou outros ajam por ele, mas sim agir por ele próprio, e estar pronto a reivindicar aquilo que deseja".[6] Em certas oportunidades, Cosimo participava de festas na corte; o resto do tempo, vivia tranquilamente em uma villa rural em Trebbio, onde passava o tempo dedicando-se à caça. Era lá que ele estava quando chegou a notícia do assassinato de Alexandre; foi então que a fama de homem rústico tornou-se parte de sua mitologia: "Da mesma forma que Davi foi chamado por Deus de seu pasto de ovelhas, também Cosimo foi convocado da pesca e falcoaria para o *principato*."[7]

Ninguém havia preparado Cosimo para o novo posto, mas a pouca importância que ele dava a títulos contou a seu favor. Todo Medici que alcançara proeminência ao longo do meio século anterior havia sofrido de comodismo e complacência. Estavam seguros demais de seu lugar no mundo para realizar feitos extraordinários. Cosimo, por sua vez, dispunha de muito pouco que tomasse por certo. Além disso, parecia ressurgir no rapaz de 17 anos o velho instinto dos Medici, o tino comercial que havia feito de seu ancestral Cosimo, o Velho, quem ele era. O novo Cosimo havia se tornado um *capo* Medici à revelia, e ele sabia, mesmo porque sua mãe havia lhe dito, que os inimigos da família em Florença tentariam se aproveitar de sua juventude e inexperiência para destroná-lo. Eram os republicanos, que desejavam conduzir a cidade de volta aos tempos em que não havia "duque" Medici e o governo era chefiado por uma oligarquia mercantil. Mas Cosimo estava bastante determinado a firmar sua nova posição, e seus planos a respeito de como fazer isso logo ficaram muito claros. Muitos *fuorusciti* — forasteiros, republicanos anti-Medici que haviam se exilado durante o reinado de Alexandre — estavam convencidos de que poderiam derrubar o adolescente sem experiência e retomar o controle de Florença. Por volta do verão de 1537, haviam reunido um exército para marchar pela cidade. Cosimo, em resposta, reuniu a sua própria armada, e as forças contrárias se viram face a face em 1º de agosto, em Montemurlo, no exterior de Pistoia. Os soldados de Cosimo tiveram uma vitória espetacular.

Assim, Cosimo iniciava sua regência de maneira igualmente espetacular. Em comemoração, seus servidores a todo momento lançavam das janelas do Palazzo Medici provisões de pão, e "de dois canos de madeira despejam continuamente uma boa quantidade de vinho".[8] Pouco tempo depois desse episódio, Cosimo, que recém-completara 18 anos, mostrou absoluta inclemência diante de um grupo significativo de líderes *fuorusciti* que haviam sido presos, mandando decapitá-los publicamente na Piazza della Signoria, próxima ao Palazzo Vecchio. Se Lorenzino acreditava-se um Brutus, com Alexandre no papel de Júlio César, então Cosimo era o novo Otávio, que ao se tornar o jovem imperador Augusto dispensara aos inimigos o mesmo tratamento implacável. Cosimo, como Augusto, angariou um bom número de inimigos devido a suas ações. O sentimento anti-Medici nunca deixou de pairar no ar durante o seu reinado, e ele precisou trabalhar para mantê-lo sob controle. Ao longo da vida, Michelangelo sempre mantivera boas relações com a família. Todavia, o artista se recusou a deixar Roma e voltar a Florença para servir a Cosimo, um homem cujas qualidades lhe pareciam mais as de um tirano, e que personificava a antítese do espírito republicano e independente de cidade-Estado sobre o qual Florença havia sido fundada.

A história de vida de Cosimo, até então um pária da sociedade, deixava patente que ele jamais havia sentido uma ligação verdadeira com os demais integrantes da elite florentina, nunca deixando de nutrir suspeitas e desconfianças em relação a eles. Cosimo queria estar cercado por sua família mais imediata, e não por primos e seguidores. Mas tudo que ele tinha eram a mãe e uma filha bastarda. Desejava constituir família e criar uma dinastia que fosse sua, e para isso precisava de uma esposa.

Cosimo imaginava poder casar-se com Margarida, a viúva de Alexandre, filha ilegítima do imperador Carlos V. Ao declarar seu interesse por ela, esperava conservar os laços imperiais e distanciar-se ainda mais da tradicional aliança entre os Medici e a França. Embora a prima de Cosimo, Catarina de Medici, tivesse se casado em 1533 com Henrique, filho do monarca francês Francisco I, este julgava mais vantajoso para a França que Florença não fosse governada por Cosimo, que mostrava inclinações imperiais. Assim, oferecera auxílio militar ao mais importante exilado anti-Medici, o banqueiro Felipe Strozzi, líder da infeliz investida que culminou na batalha de Montemurlo e por fim na sua própria execução. Destemido, Francisco continuou a dar abrigo a qualquer florentino opositor dos Medici que conseguisse chegar à França. Assim, não apenas Cosimo não sentia nenhuma ligação instintiva com a França, mas ao mesmo tempo desejava e precisava de uma aliança com o imperador Carlos V. Preocupava-se que, afastando-se dos Habsburgo, Carlos recorresse a uma cláusula no contrato de casamento de Alexandre. Esta cláusula estipulava que, no caso de Alexandre morrer sem deixar herdeiros de Margarida, Carlos poderia reivindicar as fortalezas em Florença, Livorno e Pisa.

Porém, embora tivesse sancionado oficialmente a nomeação de Cosimo para duque de Florença, Carlos V decidiu que seria mais conveniente casar a filha Margarida com algum integrante dos Farnese, a família do papa em exercício. Mas o novo duque de Florença estava determinado em sua busca por uma aliança imperial. "O que desejo mais que tudo é ter uma oportunidade de demonstrar a Sua Majestade Imperial que não tenho neste mundo outro senhor e mestre que não ele", anunciou Cosimo, e incumbiu o embaixador florentino na Espanha, João Bandini, de iniciar as buscas por uma noiva apropriada, que não dispusesse apenas de conexões políticas, mas que fosse "bela, nobre, rica e jovem". Bandini tolamente propôs uma irmã do duque espanhol de Alba, e, talvez para surpresa ainda maior, *la principessa d'Inghilterra*, Maria Tudor, filha de Henrique VIII e Catarina de Aragão, que vinha a ser tia de Carlos V.[9] Não aconteceu nem uma coisa nem outra.

Então, no final de 1538, uma outra oferta surgiu para Cosimo: um casamento com uma das filhas de don Pedro di Toledo, vice-rei espanhol de Nápoles. Don Pedro, membro de uma das mais nobres famílias da Espanha, os Álvarez, governava a cidade italiana em nome de Carlos V desde 1534, quando chegara à Itália vindo da Espanha com a esposa e a família. Don Pedro manifestou interesse em uma união com os Medici, e ofereceu a Cosimo como noiva a mais velha de suas filhas, Isabella, além de um dote substancial de 80 mil ducados de ouro. Mas, a despeito da fortuna, Isabella dificilmente constituía um bom partido. Um agente florentino instalado em Nápoles enviou a Cosimo uma advertência. "Ela é incrivelmente feia", informou ao duque em janeiro de 1539, "e sua inteligência a faz motivo de chacotas em Nápoles."[10]

Por mais que ansiasse por consolidar seus laços com Carlos V, uma esposa parva e nada atraente era um preço que Cosimo não estava disposto a pagar. Além disso, ele sabia que don Pedro tinha uma pretendente muito mais interessante: sua filha mais nova, Eleonora, de apenas 17 anos, a quem ele vira uma vez alguns anos antes, quando estivera em Nápoles como integrante do séquito de Alexandre. Em toda parte ela era conhecida por sua beleza, "bela, viçosa, de tez rosada (...) com um jeito de andar gracioso, postura reverente, voz doce, inteligência, um rosto límpido e um olhar angelical".[11] Os retratos de Eleonora sugerem, apesar dos tempos hiperbólicos, que ela de fato fazia jus à descrição. Dona de olhos e cabelos escuros, boca rosada, pele de coloração creme e traços delicados no rosto macio de formato oval, ela parecia a própria personificação da Virgem Maria.

Não surpreende portanto que Eleonora fosse a irmã Álvarez que Cosimo, ativo desde os 14 anos no papel de amante, desejava como companhia para o resto da vida. Mas don Pedro não abriria mão de sua bela caçula com facilidade. Ao saber da natureza pouco graciosa de Isabella, irmã de Eleonora, Cosimo imediatamente disparou uma carta para seu agente matrimonial, João Bandini: "Ouvi dizer que o vice-rei de Nápoles está tentando convencer Sua Majestade a fazer-me aceitar sua filha mais velha. Não posso acreditar que ele vá permitir algo tão inapropriado e desagradável. Eu ficaria muito insatisfeito com tal atitude, e penso que você *deve* conseguir que o vice-rei me conceda a sua segunda filha."[12]

O astuto don Pedro valeu-se da ansiedade de Cosimo por Eleonora, e não pela irmã desta, Isabella, como moeda no processo de barganhas. Ele concordou em trocar Isabella por Eleonora, mas ofereceu pela filha mais nova um dote de 30 mil *scudi* de ouro — moedas cunhadas principalmente em Roma e Florença —, 50 mil a menos do que Cosimo receberia casando-se com Isabella. Cosimo, todavia, aceitou esses termos para ficar com Eleonora. O casamento realizou-se em Nápoles, por procuração, em 29 de março de 1539.

No dia 11 de junho do mesmo ano, escolhido por ser a véspera do aniversário de 20 anos de Cosimo, Eleonora deixou Nápoles e partiu para sua nova vida em Florença, desembarcando no porto toscano de

Livorno na alvorada de 22 de junho. Segundo a tradição, o noivo deveria aguardar em casa a chegada da noiva, mas Cosimo não conseguiu esperar para conhecer a jovem pela qual tanto ansiara, e apressou-se a partir em seu encontro. "Naquele mesmo dia, no mesmo horário, por volta de duas da tarde", recorda o florentino Pedro Francisco Giambullari, "Sua Senhoria a duquesa deixou Livorno e Sua Senhoria o duque deixou Pisa, acompanhado por diversos nobres florentinos e por todo o seu séquito. No meio da estrada as duas Excelências se encontraram, um casal da mais alta estirpe e beleza".[13] Pouco depois, Cosimo escreveu cartas individuais a seus novos parentes. Informou don Pedro da chegada segura de Eleonora, "que me deixou tão contente e alegre quanto Vossa Excelência pode imaginar. Não preciso dizer nada mais, uma vez que não há nada no mundo pelo qual eu tenha esperado e desejado com tanto fervor". A doña Maria, mãe de Eleonora, ele escreveu: "Posso apenas imaginar o quão profundamente Vossa Excelência sente a partida da signora duquesa, pois tal é consoante com o amor de uma mãe. Mas como é este o destino da mulher, que não permaneça na casa onde nasceu e nem com aqueles que a conceberam, estou certo de que Vossa Excelência poderá contrapor ao seu pesar a felicidade e o bem-estar da signora duquesa."[14]

Para um potentado do Renascimento, é bastante notável que Cosimo de Medici tenha desejado uma esposa que não apenas lhe traria vantagens políticas, mas pela qual ele poderia também se apaixonar. Um desejo desse tipo o fazia muito diferente, por exemplo, do novo marido de sua prima Catarina, o príncipe Henrique da França, que já entregara o coração a sua concubina, Diana de Poitiers, e não tinha nenhum interesse em tentar amar Catarina. Henrique jamais agiria como Cosimo — aceitando uma bela esposa por 50 mil *scudi* a menos do que poderia receber pela irmã mais velha e menos favorecida desta —, e nem Francisco I permitiria que o fizesse. Henrique tampouco faltaria com o decoro apressando-se ao encontro da esposa no momento mesmo de seu desembarque — ao contrário de Cosimo.

Consumado o casamento pouco após sua chegada a Florença, em 29 de junho, Eleonora prontamente correspondeu ao ardor do marido. Parece haver poucas dúvidas de que este casal real de fato se apaixonou, assim permanecendo, ao que parece, durante toda a vida. A notável devoção que tinham um pelo outro era tão impressionante que não poderia passar sem comentários. "Ele a ama tanto que jamais sai sem ela (a menos quando vai à igreja), e goza da reputação de homem muito casto", observou o viajante inglês William Thomas.[15] Uma prima de Cosimo, Catarina Cibò, disse à duquesa de Urbino: "O duque e a duquesa estão tão apaixonados que nunca se vê um sem o outro."[16]

O que Cosimo amava em Eleonora, além de sua beleza, nem sempre podiam perceber com facilidade aqueles que não faziam parte de seu círculo imediato. A educação de Eleonora na Espanha, marcada por cerimônias rígidas, assegurava sua determinação em manter bem separadas sua pessoa pública da privada. Ela provavelmente falava melhor o italiano do que alegava, mas deixava bastante claro àqueles a sua volta que sua língua era o espanhol, e que os outros é que deveriam se adaptar a este fato, e não o contrário. Na verdade, à exceção do marido, os italianos em particular não lhe agradavam muito, nem qualquer outra pessoa que não fosse espanhola. "Ela não tem afeição por ninguém de qualquer outra nação", comentou um jesuíta espanhol.[17] Eleonora estava quase sempre ao lado de Cosimo, e por isso lhe escreveu poucas cartas. Com efeito, ela receava e tinha aversão à prática epistolar. "Eu deveria escrever muitas outras coisas que preciso lhe contar", informou a Cosimo em uma de suas raras ausências. "Mas como essas coisas podem se espalhar, é melhor que eu as guarde para mim, e lhe conte depois pessoalmente."[18] Eleonora não compartilhava dos interesses intelectuais e culturais do marido, mas apreciava o dinheiro. Era uma perspicaz investidora agrícola e gostava de riscos. Esses dois entusiasmos se combinavam na paixão pelo jogo, atividade apreciada também por Cosimo, e ambos amavam a caça, esporte não inteiramente desprovido de riscos peculiares. Seu maior interesse comum, porém, era a família que estavam destinados a formar, e cujo bem-estar o duque e a duquesa Medici prezavam acima de tudo.

Se o amor de Cosimo pela esposa era um aspecto incomum de seu casamento arranjado, o que se esperava de Eleonora na união entre os dois não era mais do que o padrão. Quando entrou em Florença pela primeira vez, ela passou por um efêmero arco do triunfo erigido em sua homenagem. O arco exibia uma escultura da figura da Fecundidade, uma mulher rodeada por não menos que cinco crianças com um coro exortando-a a ser "prolífica em excelente progênie".[19] Pelos 14 anos seguintes, Eleonora agradeceria a Cosimo e sua cidade adotiva repetidas vezes. Na verdade, ela viria a ultrapassar aquela figura da Fecundidade, que aparentemente só podia dar conta de cinco crianças. Eleonora daria à luz 11 vezes, e dos 11 bebês oito sobreviveriam à infância, um marco extraordinário para o período. Não surpreende, portanto, que tenha se tornado conhecida não apenas como "*La Fecunda*", mas como "*La Fecundissima*", "a mais fértil".[20]

Eleonora engravidou pouco após a noite de núpcias, e em 3 de abril de 1540 uma menininha nasceu. Ela e Cosimo a chamaram Maria, nome da mãe dos dois. No ano seguinte nasceu Francisco, em 25 de março de 1541. Cosimo agora tinha um filho, que seria conhecido como *Il Principe*, o príncipe, em deferência a seu status de herdeiro legítimo. Eleonora fizera o que nenhuma esposa Medici conseguira em mais de meio século: produzira um herdeiro homem legítimo. Quando engravidou pela terceira vez, ao final daquele ano, teve certeza de que gestava novamente um menino, a violenta indisposição matinal confirmando sua crença na opinião dos outros, exceto a do marido. Tamanha era a convicção de Eleonora que ela, uma entusiasta dos jogos, fez uma enorme aposta com um mercador, Nicolau Puccini. Se nascesse um menino, ele daria a ela "um pedaço de brocado de prata de 152,5 *braccie* [aproximadamente 90 metros]". Se fosse uma menina, ela daria a ele a impressionante quantia de 780 *scudi*.[21]

Em 31 de agosto de 1542, Eleonora deu à luz, e Nicolau Puccini ficou 780 *scudi* mais rico. Cosimo estivera certo todo o tempo, e eles deram à filha os nomes Isabella, como o da irmã de Eleonora, e Romola, feminino de Romolo, santo padroeiro de Fiesole. Mas Isabella seria mais do que apenas uma filha mais nova. Cinco meses antes de seu nascimento, em 1º de março de 1542, a filha bastarda de Cosimo, Bia, havia falecido, por volta dos 6 anos de idade. Se ele descartara a mãe de Bia havia muito tempo, estimava muito a menina. Ela fora a primogênita de um homem instintivamente paternal e para quem os filhos, os mais próximos na linhagem de sangue, importavam mais que qualquer coisa. Maria Salviati também a adorava, e para ela Bia "era o conforto de nossa corte, sendo tão afetuosa".[22] Maria era mais que uma *nonna* para os filhos de Cosimo; era ela quem zelava por eles na residência principal da família, a villa em Castello, logo ao norte de Florença. Até mesmo Eleonora dispensava atenção à filha que Cosimo tivera bem antes de sua chegada a Florença, e, como outros observaram, "a criava com muito carinho".[23] Após a morte da menina, Cosimo chamou Bronzino, seu mais importante retratista, para fazer um retrato póstumo de Bia, o qual se destaca entre suas melhores obras. O artista imortalizou os traços de boneca da criança, de tez clara e cabelos louro-avermelhados, e enfatizou a ligação dela com o pai, que paira em torno de Bia no retrato.

Quando, seis meses depois, uma nova menina nasceu, os correspondentes de Cosimo souberam exatamente o que lhe dizer, numa ocasião em que o normal seria adotar um tom de condolência, pelo fato de a criança não ser um menino. De Roma, o célebre erudito Paulo Giovio escreveu a Cosimo para "parabenizá-lo pela bela menina que Deus lhe enviara como recompensa por aquela que havia levado para juntar-se a Ele no paraíso".[24] Cosimo em breve mostraria sua parcialidade em relação a Isabella, declarando-a mais bela que sua primeira filha, Maria. Para ele, se Isabella, que nascera tão pouco depois da morte de Bia, não era a reencarnação da filha que ele acabara de perder, haveria de ser a destinatária de todo o amor que ele outrora dedicara à menina. E o duque Medici, que podia ser tão brutal como político mas tão afetuoso como marido e pai, jamais intencionaria deixá-la partir.

Villa de Castello

CAPÍTULO 2
"Jamais vi um bebê tão belo"

Se o nascimento de Isabella foi um grande prazer e motivo de comemorações, sua chegada ao mundo não veio desacompanhada de angústias. Com apenas quarenta dias de vida, a criança adoeceu seriamente, e com a perda de Bia ainda tão viva na memória dos mais próximos, todos os esforços foram feitos no sentido de monitorar a doença e restabelecer sua saúde. Em 10 de outubro de 1542, Maria Salviati enviou um informe de Castello aos pais de Isabella em Florença para lhes fazer saber que "a senhora Isabella tem tossido um catarro escuro. Acho que é culpa da mudança de lua, mas ontem à noite a observamos com atenção e não perdi as esperanças. Ela tossiu consideravelmente, mas hoje pela manhã parece ter melhorado".[1] Na semana seguinte, ela havia recobrado "peso e cor, e sua *balia* [ama de leite] não mencionou nada sobre a doença". Mas poucos dias depois o catarro escuro estava de volta, e desta vez Maria não culpou a mudança de lua. Em vez disso, recriminou a ama de leite, que a estaria "alimentando em demasia"; além disso, tinha certeza de que a criada andava comendo os alimentos errados, assim afetando Isabella, que mamava de seu peito, e provocando a doença.² Em novembro Isabella começou a manifestar uma diversidade de sintomas: em um momento tinha "acessos de tosse, calafrios, e então ela se recupera, e depois fica pálida, de tal forma que quem a vê nesse estado fica compadecido".³

Mas Isabella manteve-se firme. Em 15 de novembro, Pedro Francisco Riccio, leal tutor de Cosimo em seus tempos de juventude e agora o seu principal secretário, relatou triunfante que a menina se recuperara totalmente. "Jamais vi um bebê tão belo", declarou.⁴ Foi Riccio quem notou a parcialidade de Cosimo em relação a Isabella quando, comparando as duas filhas, "o duque afirmou que a senhora Isabella é mais bela que a senhora Maria".⁵

Após esses alarmantes incidentes em seus primeiros meses de vida, Isabella sofreu não mais do que a cota padrão das doenças da infância. Teve seus momentos de indisposição e problemas nos dentes, e pelo menos um episódio da condição que afligia qualquer criança, sem distinção de classe, especialmente se viviam no campo e mantinham contato com animais: vermes. Como Riccio relatou a Cosimo e Eleonora, quando Isabella tinha 17 meses de idade:

> Encontrei a senhora Isabella dormindo nos braços de Madonna Domenica, que me disse ter a ama de leite a informado de que por volta das quatro ou cinco ela começara a tossir e ficar agitada, e que o mesmo sucedera esta manhã. Como seu ânus [ao qual Riccio delicadamente se referiu como *bocchina*, "boquinha"] parecia reter vermes, deram a ela remédios para o estômago, e depois veio o médico, Francisco da Gamberaia, e na presença da senhora Isabella interrogou a ama sobre tudo que se passara durante a noite, da tosse e agitação da signorina, e tudo o mais que julgou por bem perguntar. Ele concluiu que não havia febre, mas que as fezes e os dentes sugeriam verminose, e identificou no mau humor e agitação da senhora Isabella os efeitos da condição de sua *bocchina*, recomendando que déssemos a ela uma dose de grama-da-praia e chifre de unicórnio.⁶

"JAMAIS VI UM BEBÊ TÃO BELO"

O chifre de unicórnio era uma panaceia cara e preciosa. Vendido por mercadores e práticos da medicina, consistia no dente de um rinoceronte, elefante ou narval transformado em pó e servido como bebida.

Essa atenção permanente à saúde de Isabella é emblemática de sua trajetória na corte dos Medici ao longo de toda a vida. Ela foi sempre mimada; havia sempre uma equipe de médicos prontos a atendê-la ao sinal de qualquer doença, a tomar notas cuidadosas de quaisquer sintomas e a prescrever remédios. Submeter-se a purgações e sangrias para restaurar o equilíbrio de humores do corpo era um modo de vida para a elite florentina, tal como o fora para muitos pacientes desde os tempos de Galeno, no século II d.C.

Não se estendeu muito, porém, o período em que Isabella desfrutou da condição de caçula dos Medici. Um segundo menino, João, batizado em homenagem ao pai de Cosimo, chegou apenas 13 meses depois dela. Isso significa que até o momento Eleonora concebera uma criança para cada ano de sua união com Cosimo. Mas então seguiu-se um hiato de dois anos, até o nascimento de Lucrécia, em 1545. Depois de Lucrécia, apenas três das seis crianças que Eleonora teve sobreviveram à infância: Garcia, que nasceu em 1547, e Ferdinando e Pedro, nascidos em 1549 e 1554, respectivamente. Ainda assim, não havia na Itália família ducal mais extensa que os Medici, e o mundo das crianças funcionava como uma espécie de minirreino, com suas próprias regras, seu próprio tipo de governo, seus próprios burocratas, cortesões, despesas, crises fiscais, sistemas de alianças e favoritos. Ele pode ser visto como um microcosmo da corte regida por Cosimo e Eleonora, ora em acordo, ora divergindo desta. Sua sede principal em Castello, lar do avô de Cosimo, João, durante a infância, foi a primeira residência da família que Cosimo decidiu reformar. Ali, "para satisfazer a senhora Maria", como registraria mais tarde Giorgio Vasari, artista, escritor e leal servidor dos Medici, "o pintor da corte Jacopo Pontorno ornou a arcada da villa com retratos dela e de seu filho".[7] Além disso, pintou nas abóbadas um alinhamento de estrelas que, acreditava, haviam levado Cosimo ao poder. O lugar ficou famoso por seu *vivaio*, ou viveiro de peixes, palavra que em italiano significa também "creche", em acordo com a função de Castello, a residência das crianças. Era lá que Cosimo mandava plantar muitas das várias plantas exóticas trazidas do Novo Mundo. Nos fundos dos jardins de Castello, por exemplo, havia um campo de milho, ou "cereal indiano", como era conhecido, cujos compridos brotos verdes e enormes espigas eram inteiramente diferentes dos que se viam em qualquer plantação italiana. Havia ainda uma correlação entre esses brotos raros e as preciosas florescências ainda mais raras que se desenvolviam no "jardim de infância" no interior da residência.

De início, a governanta desse universo foi Maria Salviati, então uma presença mais sólida na vida de Isabella do que a própria mãe da menina. Foi Maria quem cuidou de Isabella desde o momento de seu nascimento, assistindo-a durante sua primeira doença mais séria e dando notícias de seu bem-estar nos mesmos termos afetuosos com que tratara Bia, sua primeira neta. Isto não quer dizer que Eleonora fosse negligente com os filhos. Em novembro de 1542, ela fez informar a Maria que sentia "um desprazer não insignificante com relação ao fato de Sua Senhoria [Maria] e seus filhos estarem em Florença, onde ela sabe que o ar é muito ruim para eles, e que não foi satisfeita que tomou a resolução de mandá-los para a Badia em Fiesole, alegrando-se de que lá encontrem um ambiente bastante favorável à sua saúde".[8] No entanto, Eleonora tinha a sensação de que Maria reagia de forma exagerada a perigos hipotéticos. Em junho de 1543, ao ouvir o boato sobre uma possível invasão pelo norte de um grupo remanescente de exilados republicanos, Maria decidiu levar as crianças de Castello, instalando-se em Florença, onde estaria mais bem protegida. A precaução irritou Eleonora, que estava com Cosimo em Pisa. Como relatou o secretário de corte Lourenço Pagni, ela achava "impossível acreditar que poderia haver algum perigo em Castello, e está convencida de que exilados e cidadãos vão ouvir a história e fazer zombarias, declarando-nos covardes e medrosos. Então Vossa

Excelência decidiu partir amanhã para Poggio e enviar um mensageiro à signora Maria, implorando-lhe que volte com as crianças para Castello, pois isso mostrará que não há covardia nem medo de nossa parte".[9] Esta afirmação de Eleonora mostra o lado mais político de sua existência, como uma mulher que age no interesse das relações públicas dos Medici em vez de se deixar guiar pelas angústias maternais.

Maria, no entanto, não poderia proteger os netos de perigos reais ou imaginários por muito tempo mais. Na verdade, Isabella seria a última neta por quem zelaria. Em 1541, quando contava 42 anos de idade, os médicos da corte começaram a enviar boletins regulares a Cosimo relatando que Maria apresentava irrupções de sangramento no reto. Ela, entretanto, hesitava em deixar um médico examinar uma parte tão íntima de sua anatomia. "Ela diz que prefere morrer mais rápido a mostrar a quem quer que seja", explicou a Cosimo o dr. Andrea Pasquali.[10] Sua condição se agravou, e dois anos depois Maria era afligida por frequentes evacuações de "sangue ralo". Tinha febres constantes, não conseguia dormir e tampouco se alimentar. Morreu em Castello em 12 de dezembro de 1543. "Em seus últimos momentos", um cortesão em Castello escreveu a Pedro Francisco Riccio, "ela pediu duas vezes para ver Vossa Excelência, movida por este desejo mais que por qualquer outro". Cosimo, no entanto, não conseguiu chegar a tempo de dar adeus à mãe moribunda, antes uma presença tão constante em sua vida. Agora o problema mais urgente era providenciar o traslado do corpo até a igreja de San Lorenzo, em Florença, onde Maria seria reunida aos outros mortos no jazigo da família. O bem-estar de seus ex-protegidos permanecia uma questão de suprema importância. "As crianças estão sendo tratadas com todo o cuidado", afirmou o cortesão a Riccio, "e estão prontas para partir [para Florença] tão logo cheguem as liteiras".[11] As liteiras — carruagens estreitas e retangulares puxadas por mulas — ainda eram à época o principal meio de transporte dos Medici.

Aqueles a serviço das crianças ainda podiam sentir a presença de Maria depois de sua morte. Quando Isabella teve uma verminose, o remédio de estômago prescrito a ela inicialmente foi fabricado "segundo as ordens usuais da alma abençoada da signora Maria".[12] Na hierarquia dos Medici, ninguém jamais substituiu Maria no papel de figura de autoridade durante a infância das crianças. Para suas necessidades imediatas — alimentação, higiene e vestuário —, cada uma tinha uma *balia*, ou ama de leite, supervisionada por um grupo de fidalgas de famílias florentinas liderado por Isabella da Rainosa. Elas monitoravam a dieta das amas, para garantir a qualidade do leite que serviria de alimento às crianças, e se asseguravam de que recebessem quaisquer suplementos necessários para este fim. Pedro Francisco Riccio respondeu certa vez a uma demanda de Castello: "Signora Isabella pediu açúcar de rosas para as amas de leite, então mandaremos um grande bloco."[13] Mas essas damas de companhia não tinham autoridade para informar Cosimo e Eleonora diretamente sobre o bem-estar e as necessidades das crianças. Esta tarefa ficava a cargo dos secretários dos Medici, tais como Riccio e Lourenço e Cristóvão Pagni. Eram eles que transmitiam aos pais qualquer questão relativa às crianças, e outros na corte atendiam a essas necessidades, que foram se tornando cada vez maiores à medida que as crianças cresciam. Os secretários estavam a par de tudo o que acontecia na vida dos jovens, e jamais hesitavam em compartilhar intimidades. "As crianças estão muito bem", Cristóvão Pagni relatou a Riccio em dezembro de 1550. "A não ser pelos vermes, que estão causando a don Garcia algumas perturbações. Esta manhã ele começou a gritar 'Vermes, vermes!', e dois ou três saíram de dentro dele."[14]

As crianças não ficavam longe dos pais durante todo o tempo, e com a morte da avó começaram na verdade a ver com mais frequência o duque e a duquesa. Às vezes o casal reunia-se a eles em Castello. "Vossa Excelência deseja jantar amanhã [em Castello]", um empregado escreveu a Riccio em Florença em um dia de agosto de 1547. "Precisaremos providenciar uma mesa para o duque, as crianças e don Luís [cunhado de Cosimo]."[15] Diferentemente da maioria dos governantes, Cosimo não mantinha os filhos afastados. Ao contrário, sentava-se com eles para fazer as refeições, afirmando mais uma vez sua crença na importância da proximidade da família. Assim, fazia como Lourenço, o Magnífico, que em seu tempo agira da mesma forma — o jovem Michelangelo, que na época morava com os Medici, sentava-se para comer ao lado do jovem cardeal João, filho de Lourenço e mais tarde papa Leão X. Cerca de cinquenta anos depois, em fins da década de 1540, os filhos de Cosimo não tinham mais que 7 anos de idade e portanto dificilmente seriam as companhias mais sofisticadas para um jantar com um duque florentino. Ainda assim, Cosimo deixava de lado questões de Estado para passar tempo com eles. Isabella e os irmãos às vezes também se reuniam aos pais em alguma das villas do interior relativamente próximas da cidade, como a de Careggi, nas montanhas atrás de Fiesole, a de La Petraia, na estrada para Bolonha, ou a de Poggio a Caiano. Vez por outra, chegavam inclusive a fazer a longa viagem até Pisa, um posto avançado do ducado de Cosimo que precisava ser visitado para ser mantido sob controle.

Nem mesmo Florença, a despeito dos temores de Eleonora de que o ar da cidade em geral fosse ruim para os filhos, estava fora de cogitação. Isabella e os irmãos distinguiam-se por serem as primeiras crianças da família a serem criadas naquele que conhecemos como Palazzo Vecchio ou Palazzo della Signoria. No início de maio de 1540, correu por Florença rapidamente a notícia de que "o duque, com toda a sua família e corte, está deixando a residência dos Medici para ir morar no Palazzo Pubblico, outrora sede da Signoria [a câmara municipal]".[16] Deixar o Palazzo Medici — construído em 1444 pelo arquiteto Michelozzo a mando de Cosimo, o Velho — na Via Larga para ocupar o edifício do século XIV que em outros tempos sediara o antigo governo republicano de Florença era um indicativo para todos de que o duque Cosimo havia tomado firmemente as rédeas do poder. Em termos geográficos, a mudança para o Palazzo Vecchio não era um movimento ambicioso de Cosimo e Eleonora. No compacto centro da cidade de Florença, do Palazzo Medici para o Palazzo Vecchio a distância é curta. Não obstante, tratava-se de uma clara demonstração da determinação política de Cosimo. A mudança pôs o duque e sua família no coração do centro histórico da cidade.

O trajeto entre a antiga residência na Via Larga e o novo lar compreende uma parte significativa da arte e história florentinas. Da Piazza del Duomo, com sua catedral e batistério, subimos a Via dei Calzaiuoli. Passamos por Orsanmichele, antigo mercado de grãos medieval convertido em igreja, com magnífica ornamentação encomendada por guildas florentinas, os nichos na fachada decorados com esculturas de Donatello, Verrochio e Leonardo. Da Via dei Calzaiuoli chegamos à Piazza della Signoria, testemunha de várias execuções — entre elas a do padre dominicano Jerônimo Savonarola, enforcado e queimado em seguida, em 1498, e as recentes decapitações de republicanos anti-Medici, ordenadas por Cosimo. Na extrema direita da Piazza está o terraço parcialmente coberto então conhecido como Loggia della Signoria, construído no século XIV para servir de palco para cerimônias públicas. Cosimo mudaria seu nome para Loggia dei Lanzi, como é hoje conhecido, porque foi lá que estacionou seus guarda-costas germânicos, os *Landsknechts* ou *lanzinecchi*.

À esquerda da Loggia vê-se o imponente Palazzo Vecchio, em estilo fortaleza. Construído no início do século XIV, era o mais alto dos edifícios florentinos, sua torre do sino chegando a quase 95 metros de altura, até a construção do domo de Brunelleschi, na catedral. Na entrada principal do Palazzo, mais uma figura imponente: o colossal *Davi*, de Michelangelo. Concebida originalmente em 1501 para adornar os botaréus do telhado da catedral, a grande estátua de mármore chegou ao pórtico do palácio em 1504, e ali ficou durante o período de exílio dos Medici, como símbolo do triunfo do governo republicano florentino sobre a tirania da poderosa família. Mas agora a situação se invertera mais uma vez, e um Medici se apropriaria de *Il gigante*.

Cosimo assinalou sua mudança com um despacho para o cunhado. "A senhora duquesa está saudável e feliz. Hoje, ela e eu, em nome de

Deus Nosso Senhor, tomamos posse deste grandioso palácio com régios aposentos. Queira a Sua Majestade Divina que isto marque uma ocasião significativa, e que nós e nossos filhos cresçamos e prosperemos, e que reinem entre os súditos deste domínio a paz e a tranquilidade."[17]

Quando eram apenas em número de três ou quatro, as crianças podiam ser facilmente acomodadas em um ou dois aposentos do Palazzo Vecchio. Cosimo agora dispunha de uma ampla equipe de construtores e pintores para converter o palácio em uma verdadeira residência real. Além de salões como a Sala delle Udienze, o auditório, Cosimo mandara providenciar para seu uso e o de Eleonora suítes de seis cômodos, em andares diferentes. Mas quando Isabella tinha 7 anos, seus irmãos eram tantos que Cosimo mandou construir no palácio apartamentos especialmente concebidos para a prole. As *stanze dei signorini*, como eram chamadas, ficavam vários andares acima da suíte de Cosimo e podiam ser acessadas por meio de um estreito corredor e um curto lance de escadas a partir dos aposentos de Eleonora. Sobre elas havia uma *loggia*, o Terrazzo della Duchessa, ligada por uma escadaria em espiral aos apartamentos de Cosimo, o que vale dizer que toda a família podia tomar ar fresco com tranquilidade, longe dos olhares curiosos do povo.

A vista de Florença que o Palazzo Vecchio proporciona ainda deixa uma impressão indelével em quem o visita, e foi olhando por suas janelas que Isabella cresceu e passou a entender sua cidade. Dos alojamentos das amas de leite, ela podia ver por sobre o rio Arno a romanesca igreja de San Miniato, construída no século XI; olhando diretamente para baixo, havia a Loggia dei Lanzi. De outros pontos do palácio era possível apreciar o domo de telhas vermelhas da Sacristia Velha da igreja de San Lorenzo, projetado por Brunelleschi e um primo menor do Duomo; viam-se também a torre do sino desta igreja, concebida por Giotto, e a do medieval Bargello, que abrigava a magistratura e a prisão; e a alta fachada toscano-gótica da igreja de Santa Croce. Mesmo hoje em dia, essas construções monumentais parecem algo fora do comum. Menos notáveis aos olhos, porém não menos vitais para a cidade, lojas e comércios apareciam em profusão ao longo das estreitas ruas medievais. Florença era, acima de tudo, uma cidade conhecida pelos tecidos, e mercadores e manufaturas de todo tipo — lã e linho, seda e veludo, couro e pele — podiam ser encontrados ali. Havia escritórios de guildas, mercados públicos e ruas providos de tabernáculos da Virgem Maria, para a proteção dos habitantes e vendedores que transitavam pelo lugar. No ponto onde a cidade terminava, despontavam montanhas verdejantes nas quais se aninhavam as villas dos Medici. Uma paisagem de tirar o fôlego, como poucas no mundo.

Nos fundos do palácio espreitavam outras exóticas criaturas, pois ali, como registrou o viajante inglês William Thomas na década de 1540, ficava "a casa na qual são mantidas as bestas selvagens, leões, tigres, ursos, lobos, macacos, águias, garras [abutres]".[18] Não há dúvida de que, vez por outra, uivos e rugidos tenham reverberado pelo palácio, junto aos gritos da multidão na *piazza* do lado de fora e aos brados dos soldados que protegiam a família ducal do lado de dentro. O som mais estrondoso vinha dos sinos de Florença. Embora o enorme sino do Palazzo Vecchio, o famoso "Leone", tivesse sido desmontado à época de Isabella, o grande sino do Duomo ainda funcionava, bem como os sinos de outras igrejas. Eles badalavam nas horas cheias, para celebrar certos dias festivos, anunciar o começo do dia de trabalho e assinalar a chegada da noite, quando todos os cidadãos respeitáveis deveriam estar em suas casas.

Se a vista era magnífica, as condições no Palazzo Vecchio não eram exatamente as ideais para as crianças Medici, amontoadas em cinco quartos, o sexto deles estando reservado às damas de companhia e amas. Isabella da Rainosa atuava como supervisora dessas *stanze*, e sua recompensa era um quarto particular, embora mobiliado de maneira simples, com *"un letto sulle panchete"*, ou seja, um estrado e um colchão. Todos os demais, empregados e crianças, dividiam o espaço de seus quartos e até mesmo suas camas. O dormitório das empregadas dispunha de oito

"JAMAIS VI UM BEBÊ TÃO BELO"

estrados e 14 colchões. Segundo um inventário de 1533, o das crianças tinha ao todo apenas três estrados, o que sugere que esses pequenos príncipes e princesas estavam acostumados a dormir em duplas à noite.[19] Originalmente, as paredes exibiam motivos florais. No entanto, os reposteiros que as cobriam, para protegê-las da umidade e das correntes de ar, estavam velhos e puídos, assim como o tecido dos assentos. Os pais dessas crianças podem ter sido duques, mas eram parcimoniosos o bastante para permitir o desperdício de bens de luxo novos durante a infância dos filhos, época em que tudo se desgastava rapidamente.

Apesar do acesso a um terraço aberto, a vida era ainda bastante restritiva para as crianças Medici quando estavam em Florença. Foi em parte devido ao desejo de propiciar aos filhos mais espaço aberto, sem contudo abrir mão da segurança das muralhas da cidade, que Eleonora viu-se impelida a adquirir em fevereiro de 1549 uma nova residência para a família. Assim ela comprou o Palazzo Pitti no "Oltrarno", o lado de Florença separado da parte principal da cidade pelo rio Arno e facilmente acessível pela Ponte Vecchio, sobre a qual os florentinos edificaram lojas e casas. O mercador Luca Pitti mandara construir esse palácio em meados do século XV, com base em um projeto que Giorgio Vasari dizia ser de Brunelleschi, uma suposição provavelmente equivocada, mas que fez elevar o prestígio da propriedade. Com sua fachada pesada e rústica, o palácio (substancialmente ampliado no século XVI) notabilizava-se pela quantidade de terras de que dispunha, o que lhe dava mais ares de villa do interior que de residência urbana, sendo ainda assim muito próximo do centro da cidade. Foi esse terreno que em primeiro lugar atraíra Eleonora para o Pitti. De seus tempos em Nápoles ela recordava o agora destruído Poggio Reale, uma villa real do século XV com vista para a baía de Nápoles, sede de muitas festas e recepções da corte napolitana. Em seus dias, o Poggio Reale ficara conhecido pelos magníficos jardins, sem igual em toda a Europa, e em particular por seu sistema de abastecimento de água, que permitia a criação de lagos, viveiros de peixes, fontes e o plantio de árvores frutíferas.

Eleonora autorizou a compra de terras vizinhas ao Pitti e ali os jardineiros dos Medici plantaram laranjeiras e limoeiros, bem como videiras de uva moscatel que, com seu aroma doce e pesado, podiam tornar convidativa a atmosfera por vezes úmida e abafada de Florença. Engenheiros logo começaram a trabalhar na criação de um sistema hidráulico para o palácio que trazia água de uma fonte externa à cidade. O novo sistema de abastecimento de água permitiu a instalação de dispositivos como os que havia em Poggio Reale. Um extenso viveiro de peixes servia tanto como reservatório de água como fonte de peixe fresco, para não mencionar aves aquáticas comestíveis, como patos e cisnes. A primeira dessas magníficas instalações aquáticas que embelezavam os jardins foi inaugurada em 1553. Era uma gruta ornamental dedicada à própria Eleonora, a "Grotticina di Madama", repleta do humor brincalhão tão caro a essas instalações. O traço principal da escultura era uma cabra com os úberes inchados — motivo escolhido como emblema da fertilidade de Eleonora —, cujo "leite" fluía para uma poça logo abaixo. Os jardins tornaram-se conhecidos como "I Boboli", nome da montanha que os abrigava. Não surpreende, portanto, que, com todas essas facilidades, alguns viajantes ingleses julgassem que os jardins se chamavam "Bubley" [Bolhas].[20]

Desde o momento de sua aquisição, o Palazzo Pitti — como os Medici sempre se refeririam a ele, jamais abandonando o nome de seu proprietário original — desempenhou um papel ininterrupto na vida de Isabella e de sua família. Enquanto crescia, Isabella via os jardins serem ampliados, tornados ainda mais esplêndidos com o acréscimo de novas grutas ornamentais e fontes. O Palazzo Pitti se tornaria um lugar para recepções a dignitários visitantes, bem como para reuniões familiares mais íntimas e, por vezes, cenas de discórdia.

Eleonora e Cosimo defendiam entusiasticamente a ampliação dos pomares no Pitti. Agindo dessa forma, ampliavam seu próprio acesso a frutas bastante procuradas, para sua mesa e a de seus filhos, e ao mesmo tempo expandiam a gama de presentes que podiam enviar para fora. Cestas de pêssegos, ameixas, peras, maçãs e figos eram sempre recebidas com alegria. Além disso, frutas redondas evocavam as *palle*, esferas representadas em um dos emblemas da família, símbolo derivado do modo como a *medicina*, os remédios, era vendida na época, em pequenos pacotes esféricos. É claro, as crianças da família tinham uma dieta muito mais variada que a maior parte da população, para quem um simples pedaço de pão podia ser um artigo precioso. Dois anos antes do nascimento de Isabella, uma estiagem na Toscana havia arruinado as colheitas e provocado fome, e Cosimo ordenara pessoalmente a organização de procissões religiosas para "implorar por auxílio divino" e ajudar a alimentar seu povo.[21] O interesse do duque pelo pão era tão grande que certa vez ele enviou uma carta a um oficial da corte dos Medici na ilha de Elba explicando-lhe que se os padeiros da ilha "combinassem dois terços de farinha de trigo com um terço de farinha de centeio, obteriam um pão muito melhor".[22] A corte dos Medici consumia quantidades copiosas de pão, além de aspargos, ovos, caranguejos, trutas, enguias, pombos, galinhas, vitela alimentada com leite, porco, bife, ricota, azeitonas e amêndoas. Javalis, veados e alguns pássaros provinham das caçadas da corte. Mortadela e salame eram importados de Bolonha, e, se os jardineiros da residência cultivavam pepinos, tinham dificuldades com a alcachofra, que precisava vir de Gênova, assim como a couve-flor, até Cosimo ser presenteado com um pacote de sementes. No entanto, as hortaliças não eram a preferência nutricional da elite. Elas eram "frias" no sentido aristotélico, e portanto associadas a reações corporais negativas. Assim, embora os primeiros tomates chegados do Novo Mundo à Itália estivessem localizados na corte dos Medici, eles não passavam então de mera curiosidade; seriam necessários mais de duzentos anos para que se tornassem o principal ingrediente da culinária italiana como a conhecemos hoje. E apesar de contar com reservatórios próprios, Florença importava "barris de água da estação em Montecatini", o que sugere que o consumo de água mineral não é um hábito moderno.[23]

Os ingredientes usados nas refeições, neste ponto da história, eram necessariamente sazonais, não uma escolha relacionada a um estilo de vida. No entanto, os mais ricos podiam dispor de uma dieta variada, como indica um livro de culinária do florentino Domenico Romoli. Compilado na década de 1540, enquanto Isabella crescia, ele apresenta receitas para cada dia do ano. Um *antipasto* em março poderia incluir ameixas secas damascenas recheadas e salada de flores de alecrim, seguidas de sopa de lentilhas vermelhas, enguia defumada ao molho de amêndoas, caracóis ao molho verde e torta de alcachofra. Não há carne, pois é época da Quaresma. Uma refeição de primavera poderia consistir em "fígado de vitela assado, língua de vitela apimentada, almôndegas *alla Romana*, filhote de capão com carne salgada",[24] bem como pombo recheado com ervilhas, ou *animelle dorate* — pâncreas de vitela com massa de farinha, leite e ovos. No verão as refeições ficam mais leves; geleia de carne (*gelatini*) com camarão-d'água-doce e enguia é um prato popular. Codorna e lebre aparecem no menu do outono. Quanto ao café da manhã, há várias alternativas, desde o tradicional *ciambelle* — basicamente rosquinhas e pão doce com mortadela ou salame — até "*crostate* de olhos, ouvido ou cérebro de filhote de cabra".[25]

Doces e adoçantes também tinham sua importância, e Eleonora, ao lado de Maria Salviati pouco antes da morte desta, providenciou o estabelecimento de um apiário em Castello. Assim, as crianças e suas *balie* receberiam a nata do mel produzido. O que os italianos hoje chamam de *granite* — sobremesa semicongelada à base de frutas —, o mundo de Isabella conhecia como *neve*. Desde os primórdios de Roma, gelo era cortado das montanhas no inverno e armazenado em depósitos construídos para esse fim. *Neve* era uma das grandes predileções de Isabella, que já adulta foi lembrada de uma vez ter caído doente por abusar da delícia gelada.

Se Eleonora havia se preocupado em oferecer aos filhos uma residência florentina alternativa, bem como uma dieta variada, uma outra área da vida das crianças de que ela cuidava pessoalmente era o vestuário. Seu amor pelos tecidos — brocados de ouro e prata, damasco, brocados em geral, veludo — era quase tão grande quanto o que tinha pelo jogo. No entanto, demonstrava parcimônia, encomendando apenas o que servia para a ocasião, sem se esquecer de quem vestiria as peças. Por exemplo, ao encomendar arreios para os seus cavalos e os de suas damas de companhia, deixava claro que o das damas "deve ser confeccionado em tecido comum, não veludo".[26] Em seus batizados, as crianças Medici eram enroladas em mantas, feitas por exemplo de "gaze dourada com atavios de ouro, e fitas douradas de tafetá forradas em damasco vermelho".[27] Mas gazes douradas e damasco não eram para o dia a dia. Em seu cotidiano infantil, Isabella vestia-se de forma muito mais simples: "Madonna Catarina Tornabuoni diz que as pequenas batas devem ser ataviadas em tecido branco, e ambas devem servir à pequena 'Isabellica'", Lourenço Pagni escreveu a Pedro Francisco Riccio em dezembro de 1543, em carta que abordava também os problemas de protocolo para as boas-vindas ao rei da Tunísia em Florença, visto que se tratava de um "rei infiel".[28] À medida que Isabella ia ficando mais velha, essa bata de linho, ou *camiciotto*, começava a servir como roupa de baixo básica, por sobre a qual vestia outras peças. Eleonora, porém, mantinha as filhas trajadas com relativa modéstia no dia a dia. O artigo com mais frequência encomendado para Isabella quando pequena era a *sottana*, camisinha de criança vestida por cima do *camiciotto*, e Eleonora em geral escolhia peças de veludo azul-celeste para o inverno e de damasco mais leve para o verão.[29] Roupas novas não eram providenciadas automaticamente para as crianças. Em uma ocasião, a ama de don Garcia teve de pedir diversas vezes por novos sapatos para o menino, e em certo outubro Lourenço Pagni escreveu que a signora Pimentella, dama de companhia de uma das meninas, "procurou-me hoje e pediu que escrevesse ao duque e à duquesa para se assegurar de que eles confirmem sua disposição de providenciar novas roupas para as sras. Maria, Isabella e Lucrécia este inverno".[30]

Em ocasiões especiais, Eleonora vestia as filhas com mais esmero. Em junho de 1550, o relatório dos Medici registra a compra de um pedaço de *mucajarro* branco, imitação de veludo feita a partir de lã, para a confecção de um "vestido de cauda" para Isabella, prestes a completar 8 anos.[31] Maria, sua irmã mais velha, apareceu no batistério de Florença para o batizado de seu irmão Garcia trajando um vestido com o mesmo brocado de ouro que sua mãe usava na ocasião. O tecido era do mesmo tipo daquele que Eleonora esperara receber de Nicolau, o mercador com quem apostara que Isabella seria menino. Para o batizado, o cabelo de Maria estava guarnecido com algumas joias, mas no dia a dia as meninas eram muito mais simples. Isabella costumava usar o cabelo repartido no meio, com tranças na frente para evitar que caísse sobre o rosto, e atrás uma *scuffia*, uma rede. Esse penteado foi introduzido por Eleonora assim que chegou a Florença, e posteriormente aplicado às filhas, por ordem sua.

O aspecto cotidiano da jovem Isabella é capturado em um retrato pintado por Bronzino quando ela tinha 7 ou 8 anos. Totalmente despida de joias, ela veste um *camiciotto* branco de colarinho alto sob uma *sottana* azul-escura sem mangas. Seu cabelo, penteado para trás da maneira simples apreciada pela mãe, é castanho-avermelhado, como o do pai e o da meia-irmã Bia. De fato, se Bia tivesse passado dos 6 anos, ela e Isabella seriam muito parecidas. Mas Isabella não é mais um bebê. Diferentemente de Bia, ela sobreviveu aos perigos do início de infância e dois de seus traços marcantes se desenvolveram: a testa proeminente e uma boca que se dobra nos cantos. No retrato de Bia feito por Bronzino, o rosto da menina de 5 anos é de um branco pálido, pois ele a retratou a partir de sua máscara mortuária. A tez de Isabella, ao contrário, "é límpida e rosada como uma flor", expressão usada pelos secretários dos Medici com regularidade para assegurar o duque e a duquesa da saúde de seus filhos. O que mais chama a atenção é o sentido de alerta, vida e inteligência que ela projeta. De suas orelhas pendem brincos no formato de cornucópias, prova de futura fertilidade.

Cuidados com sua saúde e seu bem-estar dispensados por uma equipe de zeladores, aliado ao abrigo, sustento e vestuário providenciados pelos pais: foram estes os pilares que mantiveram Isabella de Medici ao longo de sua infância. Mas embora tudo isto a diferencie de quase todas as outras crianças de seu tempo, havia outras importantes facetas na vida da menina com frequência chamada por diminutivos como "Isabellica" e "Isabellina". Havia também sua educação, suas expectativas de vida e seu lugar na sociedade em que nascera. Todos eles pontos críticos que contribuiriam para a formação da mulher que Isabella de Medici viria a ser.

Piazza della Signoria, Florença

CAPÍTULO 3

Crescendo na família Medici

Os filhos de Cosimo e Eleonora viviam muito perto uns dos outros, e em certo momento chegaram inclusive a partilhar camas. Criados juntos, não havia divisão entre os sexos. No entanto, não surpreende que, à medida que iam crescendo, os irmãos formassem laços diferentes. Uns eram mais próximos de outros. A irmã favorita de Francisco, por exemplo, não parece ter sido a primogênita Maria, nem mesmo Isabella, que nascera um ano antes dele. Na verdade era Lucrécia, a mais nova das meninas, cinco anos mais nova que *Il principe*. Maria, ao que parece, era um tanto indiferente aos irmãos e às irmãs. Para os filhos mais velhos, os caçulas — Ferdinando, nascido em 1549, e Pedro, em 1554 — eram quase uma outra família. João e Francisco pareciam gostar bastante um do outro; entre João e Garcia — aquele três anos mais velho que este —, a afeição já era menor. Os afetos de Isabella não se voltavam nem ao irmão mais velho nem a qualquer das irmãs. Seu grande amor e lealdade eram dedicados a João, apenas 13 meses mais novo que ela. O sentimento era recíproco, e instintivamente eles se tornaram companheiros de brincadeiras.[1] "Ontem", relatou Riccio em 7 de maio de 1545, "passei uma hora de grande contentamento, enquanto o signor don João e donna Isabella dançavam juntos ao som de uma lira, brincando de uma coisa, depois de outra".[2]

Isabella e João estavam no grupo intermediário dos filhos de Cosimo e Eleonora. Como outros filhos do meio em famílias extensas, eles aprendiam com os irmãos mais velhos os comportamentos dos quais podiam escapar impunemente, enquanto os que tomavam conta deles precisavam atender também às necessidades das crianças mais novas, deixando-os livres para fazer o que queriam. Não que Isabella e João sofressem com a falta de atenção dos pais. João é considerado o filho favorito de Eleonora; ao mesmo tempo, ela e Isabella talvez tenham perdido a proximidade à medida que a duquesa envelhecia. Eleonora, porém, ainda se preocupava com que a filha do meio fosse bem cuidada. "Minha duquesa", Lourenço Pagni escreveu de Pisa a Pedro Francisco Riccio, em Castello, em 1545, "deseja que eu lhe diga que, quando for hora de dar banho na senhora Isabella, não se esqueça de fazer isso, e que se assegure de que ela seja observada."[3] Mas não há dúvida de que Isabella era mais próxima do pai, ou *babbo*, como ela chamava o homem a quem todos se referiam como "Sua Alteza" — a palavra era usada especificamente na Toscana para dizer "papai". Cosimo, por sua vez, sempre dispensou a Isabella muitos cuidados e preocupações, enviando as seguintes instruções para Castello por meio de Riccio quando os dentes de leite da menina, então com 7 anos, começaram a amolecer: "A respeito do dente mole da senhora Isabella, Sua Excelência deseja que o extraia com gentileza, causando a ela a menor dor possível."[4]

Certamente houve mais prazer do que dor durante a infância de Isabella de Medici, embora ela não tenha sido mimada no sentido moderno da palavra. Por exemplo, os quartos das crianças no Palazzo Vecchio dispunham de uma mobília velha e surrada, e Eleonora era cuidadosa com as roupas que encomendava aos filhos. As crianças tampouco eram brindadas com enxurradas de brinquedos e presentes. Na verdade, eram as duas mais velhas, Maria e Francisco, e não as mais novas, que geralmente recebiam artigos como bonecas, cavalos de madeira, piões e barquinhos. Os brinquedos evidentemente iam passando depois aos mais novos, e não há nada na correspondência do secretariado da corte que sugira que essa estratégia causasse discórdia.

Os jovens Medici eram encorajados a participar de jogos e brincadeiras, atividades que espelhavam a vida adulta entre a elite italiana. Como muitas crianças, nem sempre eles se sentavam quietos na igreja. Riccio descreve o comportamento de Francisco, então com 3 anos, durante uma missa com Maria e Isabella na magnífica capela Sasseti da igreja de Santa Trinità, ornada por Ghirlandaio com retratos de ancestrais dos Medici durante a infância: "Quando o padre dizia *kyrie* [Ó, Senhor], Sua Senhoria respondia *'eleison, eleison'* [tende misericórdia] e borrifava as irmãs com água benta. Pensei que ia morrer de tanto rir."[5]

No Natal e Ano-Novo, Eleonora mandava comprar guloseimas para Isabella e os irmãos, tais como frutas e bichos feitos de açúcar e miniaturas de animais — *animaletti* — confeccionadas em vidro. Uma lista de Natal de 1546 apresenta também um item incomum: dois *"uomini selvatichi"* — homens selvagens.[6] As cortes da Itália renascentista havia muito se mostravam obsessivas com a posse do que percebiam como estranho e deformado. A família Gonzaga, de Mântua, mandara construir no palácio da família apartamentos especiais de tamanho reduzido para abrigar os anões da corte. Em meados do século XVI — "a era do maravilhoso" —, o fascínio por tudo o que era exótico cresceu, para abranger objetos como pérolas "barrocas" malformadas, pedaços de coral e flora e fauna de toda espécie. "Homens selvagens" podiam ser membros de tribos trazidos do Novo Mundo ou crianças abandonadas em florestas e que, sem contato com seres humanos, haviam se tornado bestiais. Podiam ainda ser doentes mentais, vendidos pelas famílias para propiciar entretenimento na corte com suas palhaçadas — por exemplo, no Natal das crianças Medici.

Apesar do acréscimo de novas criaturas como os *uomini selvatichi*, a atração mais permanente na corte dos Medici eram os anões, especialmente um que se chamava Morgante. Na verdade, a presença de Morgante era considerada tão necessária que quando ele morreu — os anões tendo vida curta — foi substituído por outro, a quem deram também o nome Morgante. O Morgante original foi retratado por volta de 1550 por Bronzino, completamente nu, rotundo, e com a postura belicosa própria do temperamento pelo qual todos os Morgantes ficaram conhecidos. Em 1544, numa luta entre Morgante e um macaco encenada na corte, segundo descreveu um espectador, "o anão resistiu a dois golpes, um no ombro e o outro no braço, enquanto o macaco foi aleijado das pernas. O macaco por fim desistiu e implorou clemência ao anão. Este, porém, não entendeu a língua do outro e, tendo-o agarrado por trás pelas pernas, continuou batendo com a cabeça dele no chão. Se meu senhor o duque não tivesse intercedido, o anão teria prosseguido até matá-lo. O anão lutava nu, sem proteção a não ser por roupas de baixo que cobriam suas partes íntimas. Diga-se de passagem que foi o vencedor e ganhou dez *scudi* em ouro, assegurados pela penhora do anel do bispo de Forlì".[7]

Parece improvável que os filhos de Cosimo tenham estado presentes a este brutal espetáculo. No entanto, Morgante foi uma presença constante durante a infância de Isabella, e também ao longo de sua vida adulta. O anão passava bastante tempo com as crianças, e suas peças de vestuário eram despachadas para Castello junto com as roupas dos pequenos. Para eles, Morgante apresentava diversões menos violentas — ou que pelo menos não envolviam o espancamento de um macaco quase até a morte. Em 2 de novembro de 1544, Lourenço Pagni descreveu as atividades de Morgante na villa de Petraia, no exterior de Florença: "Esta noite o duque permaneceu no jardim por mais de uma hora. O anão estendeu grandes pedaços de pano sobre aqueles buxos na parte externa do labirinto, pôs ali sua coruja e agarrou seis ou oito pássaros. Isto causou enorme prazer à Sua Excelência, porém mais ainda a don Francisco e donna Maria."[8]

A vida no Palazzo Vecchio talvez fosse um pouco confinada demais para as crianças, e até Eleonora adquirir o Palazzo Pitti, o acesso ao ar livre de que dispunham estava restrito ao terraço do palácio, logo acima da Piazza della Signoria. A vasta área de Castello, todavia, era um ambiente completamente diferente. Ali havia fontes com ninfas e *putti* vertendo água, uma série de caminhos sinuosos, um vasto labirinto perpassado por uma via de mármore branco, grutas ornamentais abastecidas com água, conchas e estátuas de criaturas míticas e mágicas a exemplo dos unicórnios. Os adultos da corte se maravilhavam diante do artifício, enquanto para as crianças a paisagem remetia a algo como um conto de fadas, arrematado com as plantas exóticas nos fundos do jardim.

Noções de magia estiveram sempre presentes na vida dos Medici e dos florentinos. A magia certamente tinha um lado negro, com a figura da bruxa, ou *strega*, espreitando nos recônditos da imaginação para assustar as crianças nos momentos apropriados. O humanista florentino do século XV Poliziano descreve como as avós florentinas ameaçavam o mau comportamento dos mais jovens com histórias de "bruxas à espreita nos bosques, esperando para comer crianças choronas".[9] Mas havia histórias de outras criaturas misteriosas, e muito mais sedutoras, que também se infiltravam em suas vidas.

Não havendo sequer completado 3 anos, o irmão mais novo de Isabella, João, "está sempre contando histórias, e adora contar a da Fada Morgana", como orgulhosamente relatou Cristóvão Pagni.[10] A Fada Morgana é Morgan Le Fay, rainha das fadas e meia-irmã do rei Artur. Ela surgiu nas lendas celtas, mas à época do nascimento das crianças já estava bem incorporada ao folclore italiano. Ela é também a inimiga dos heróis nos poemas épicos escritos no fim do século XV por Boiardo e Ariosto, *Orlando Innamorato* e *Orlando Furioso*. Ambos derivam da carolíngia *Canção de Rolando*, e seus heróis, heroínas e vilões cativaram as cortes da Itália, que enxergavam esses personagens como suas contrapartes míticas. Em *Orlando Innamorato*, o herói Orlando descobre a Fada Morgana numa gruta situada em uma ilha no meio de um lago encantado, adormecido por uma fonte. A missão do herói é resgatar os jovens cavaleiros e príncipes que a fada, "uma mulher de aparência encantadora, vestida de branco e vermelho", aprisionou em sua masmorra de cristal e quebrar o seu feitiço.[11] Até mesmo o anão Morgante foi ironicamente batizado em homenagem a um personagem de *Orlando* — seu correlato na história era um gigante.

Assim como Morgante faria parte da vida adulta de Isabella, ainda que não fosse mais o mesmo dos tempos de criança, também a Fada Morgana e sua coorte a seguiriam além da infância. Por mais encantada que fosse sua vida e a daqueles à sua volta, sempre a enfeitiçaria a ideia de um outro mundo, repleto de cavaleiros nobres, belas princesas por vezes abandonadas, fadas, criaturas mágicas e façanhas sobrenaturais.

Crescer na família Medici, porém, significava muito mais do que se divertir com anões, homens selvagens e contos de fadas. As crianças estavam sujeitas ao mesmo programa de desenvolvimento espiritual, físico e intelectual praticado pelos filhos de outras famílias da elite florentina. Alguns aspectos de seu desenvolvimento podem ter sido mais bem-sucedidos que outros. Embora fossem à missa com regularidade, os jovens Medici não eram severamente repreendidos quando se comportavam mal na igreja, e nenhum deles, nem mesmo Isabella, desenvolveu uma devoção especial pelo catolicismo. Como talvez se pudesse prever, tinham muito mais entusiasmo pelas atividades físicas. Por passarem tanto tempo no interior, desde cedo empenharam-se em todo tipo de esportes: caça, pesca e equitação, que aprenderam quase nos primeiros anos de vida. Maria Salviati descreve o prazer de Maria, então com 3 anos, ao "montar o seu pônei", exemplo que seguiriam suas irmãs mais novas.[12]

As demais atividades físicas incluíam a dança, uma parte essencial da educação de um jovem Medici, tendo em vista as atividades palacianas, recepções e bailes. Segundo um professor de dança dos Medici, Fabrício Caroso, o exercício "confere beleza a qualquer príncipe ou princesa, nobre ou dama".[13] Embora a dança estivesse presente na sociedade palaciana de Florença havia séculos, à época de Isabella os estilos passavam por uma significativa mudança. Passos e formações tornaram-se mais complexos, e danças podiam entrar e sair de moda. Isabella aprendeu com seu professor a maneira de cumprimentar o parceiro com a *riverenza*, longa ou breve, a depender do andamento da dança. Ela sabia executar *passi minimi* — pequenos passos rápidos no ar; *fioretti* — floreios imitando pequenos chutes; *pirlotti* — viradas; *zurli* — rodopios; *balzetti* — pequenos saltos; bem como *tremolanti* — sacudidas nas quais levantava o "pé e o movia três vezes com extrema rapidez, balançando-o para a esquerda e para a direita, e enfim para o chão".[14] Os passos mais simples e lentos faziam parte das danças de maior imponência, como a alemanda e a onipresente pavana, executada em todas as cortes europeias, e na qual havia um limite no contato entre os parceiros. As danças mais modernas eram mais velozes e favoráveis ao flerte. Havia o agitado *saltarello* e o ligeiro *corrente*. O saltitante *gagliardo* dava oportunidade para a demonstração da virtuosidade masculina, enquanto o *canario* — assim batizado pois acreditava-se que provinha das Ilhas Canárias —, com seus passos influenciados pelo flamenco, permitia que ambos os dançarinos exibissem sua individualidade. Algumas danças eram executadas em grupo, mas popularizavam-se cada vez mais aquelas em que os parceiros eram tirados da interação com o salão e concentravam-se apenas um no outro. O que Isabella ainda não podia saber quando praticava com os irmãos no quarto das crianças era que havia algo mais em jogo quando um homem e uma mulher dançavam, tocavam as mãos, balançavam os quadris e executavam juntos seus *fioretti* e *zurli*.

Eleonora não tinha interesses escolares muito profundos e não dava grande importância à instrução intelectual dos filhos. Cosimo, por sua vez, queria propiciar a todos uma educação acadêmica que espelhasse o ambiente que se esforçara por estabelecer na corte. Para ele, era importante que seu mundo refletisse o de seus grandes ancestrais, Cosimo, o Velho, e Lourenço, o Magnífico. Assim, investia somas significativas de tempo e dinheiro na fundação e promoção de academias literárias, cujos membros incluíam a nata intelectual de Florença, homens do porte de

Benedetto Varchi e Anton Doni. Eles se reuniam para discussões sobre retórica, poesia, fundamentos da língua, filosofia e teologia. De grande relevância foi a fundação da *Accademia Fiorentina*, criada para o estudo e a propagação da história e cultura florentinas no ano em que Isabella nasceu. O toscano, falado em Florença e na Toscana, era o *volgare*, idioma vernáculo da península italiana, e os florentinos orgulhavam-se cada vez mais de sua precedência sobre os demais dialetos italianos. Cosimo promoveu a renovação do interesse por Dante, o maior dos poetas e escritores florentinos, e encomendou a Benedetto Varchi a redação de uma extensa história de Florença, a *Storia Fiorentina*, que culminava nos feitos heroicos do próprio Cosimo. Mas a atividade intelectual não era um território exclusivo dos homens. Em fins de 1545, a poetisa e cortesã Túlia de Aragão chegou a Florença. Formou seu próprio círculo literário, tomou Varchi como amante e recebeu o patrocínio de Cosimo e Eleonora, a quem dedicou sonetos e livros inteiros de poesia. Laura Battiferra, casada com Bartolomeu Ammannati, o arquiteto e escultor da corte, tornou-se uma das principais compositoras da poesia em louvor das virtudes da corte dos Medici e de seus membros.

Em meio a esta cultura de vigorosos intelectos, era uma prerrogativa básica que os filhos de Cosimo contassem com os meios para participar, no tocante a esse aspecto, do mundo cultivado e patrocinado pelo pai. Assim, dispunham de uma escola móvel, instalada onde quer que residissem. As *stanze dei signorini* eram providas "*deschi per la scuola dei signorini*", quadros-negros que podiam ser acoplados a uma cadeira e em seguida dobrados, para fins de portatibilidade. Alguns alunos eram melhores que outros. Lucrécia, a irmã mais nova de Isabella, parece ter sido a menos dotada das três em termos intelectuais. Por sua vez, embora tivesse sido batizada em homenagem à irmã mais velha da mãe, muitas vezes descrita como "a estúpida de Nápoles", Isabella estava longe de ser ignorante. Conhecia vários idiomas — espanhol, língua nativa da mãe, francês, latim e grego — e falava e escrevia o toscano com precisão. Quanto à irmã mais velha, seus tutores designaram para auxiliar Francisco, um ano mais novo, nos esforços com o grego.[15] Francisco era *Il Principe*, o herdeiro do trono dos Medici, mas no âmbito familiar isso não significava que precisasse ser visto como mais inteligente que a irmã, se isto não fosse verdade.

O tutor das crianças num primeiro momento foi Pedro Francisco Riccio, o mesmo que dera lições ao pai delas em seus tempos de criança. Tão logo foi possível, porém, Cosimo convocou professores especializados para substituir Riccio, já sobrecarregado de tarefas. Entre eles, Antonio Angeli da Bargo, irmão do célebre filólogo Pedro, e o prolífico classicista Pedro Vettori, que se notabilizaria por seus estudos sobre Aristóteles e Cícero. Desta maneira, os filhos de Cosimo e Eleonora recebiam uma educação humanista significativa.

Se aprender os clássicos era uma parte fundamental da educação dos pequenos Medici, a necessidade de compreender o que significava ser um Medici também tinha o seu valor. Para Cosimo, a questão era de enorme importância, dada a complexidade da linhagem familiar. Ele e os filhos descendiam do ramo principal dos Medici apenas pelo lado materno, o que dava motivo para Catarina de Medici — a última remanescente legítima da linha paterna, agora rainha da França — menosprezar o duque e sua família. Assim, a necessidade política de Cosimo de enfatizar sua relação com os Medici do passado foi o que em parte serviu de guia para o seu amplo programa de artes relacionado à dinastia e genealogia da família. Pontormo e Bronzino com sua oficina produziram retratos e mais retratos de membros da família havia muito falecidos, e mais tarde Giorgio Vasari ornamentou o Palazzo Vecchio com afrescos que simbolizavam os grandes momentos da história dos Medici. Vasari foi o executor de diversas visões de Cosimo sobre o passado e o futuro da família, e escreveu *As vidas dos artistas*, no qual louvava os artistas florentinos e mencionava os Medici como maiores patrocinadores da arte. Se a obra não passava de propaganda política, concebida para impressionar dignitários visitantes, Cosimo pretendia que sua imaginária insuflasse nos filhos o orgulho pela ancestralidade. Comparados a outras famílias nobres italianas, como os d'Este, em Ferrara, ou os Gonzaga, em Mântua, os Medici eram uma família real muito jovem. Um século antes, ainda atuavam apenas no comércio, mas Cosimo estava determinado a impedir que os filhos se sentissem em posição de inferioridade.

Para explicar seu trabalho no Palazzo Vecchio, Vasari escreveria o *Ragionamenti*, uma discussão formal com Francisco, o jovem *principe*, supostamente com base em conversas reais. Juntos, os dois passeavam pelo palácio, Vasari indicando a Francisco onde e como representara os grandes feitos dos Medici enquanto protetores e patrocinadores de Florença. Na Sala di Cosimo Vecchio, Francisco viu imagens de Brunelleschi e Ghiberti apresentando uma maquete da igreja de San Lorenzo a Cosimo, o Velho, e um quadro do patriarca dos Medici cercado por artistas e escritores. Ele pôde ver também a "partida de Cosimo para o exílio", o que naturalmente o instigou a indagar Vasari sobre os motivos que teriam levado Florença a expulsar um "bom, sábio e experiente cidadão".[16] A sala seguinte era dedicada aos feitos de Lourenço, o Magnífico, visto com seus artistas e escritores. Francisco e Vasari discorreram longamente sobre a cena de bravura política de Lourenço, sua missão de 1479 em Nápoles — movida pela "pena que sentia por sua cidade" —, com o objetivo de conseguir que os aragoneses parassem de incitar a guerra contra Florença. E então o príncipe e o artista percorreram cronologicamente salas ornadas com cenas das vidas de Leão X e Clemente VII, e então uma outra sala dedicada aos feitos de João delle Bande Nere. Lá, enquanto olhava para os quadros, Francisco confessou que se "podia reconhecer a senhora Maria Salviati, mãe do duque meu senhor, não consigo saber quem poderia ser aquele jovem rapaz", ao que Vasari respondeu: "Este é Cosimo, pai de Vossa Excelência e filho do signor João, aos 6 anos de idade, antes de se tornar duque."[17] Desta forma, para Francisco, Isabella e os outros irmãos, a história da família ganhava vida nas paredes de casa.

Isabella assimilava prontamente os ensinamentos que lhe eram oferecidos. Cresceu amando a montaria e os esportes em geral, a dança e o humanismo, e alimentando um orgulho impetuoso de sua identidade familiar. No entanto, o aspecto da educação cortesã que mais a tocava era a música. A música era uma parte da vida na corte dos Medici. Cosimo tinha um grupo de músicos — alaudistas, violistas, trombonistas e cantores —, e Isabella assistiu a espetáculos musicais ao longo de toda a vida. "Sua Excelência", Pedro Francisco Riccio foi informado quando Isabella tinha 2 anos de idade, "deseja que se realize uma comédia aqui em Castello no próximo sábado. Ele gostaria de ouvir violas bastardas e pretende que Corteccia traga quatro meninos cantores."[18] Francisco Corteccia era o mestre de coral de Cosimo e principal compositor musical dos festivais dos Medici.

No entanto, não se esperava de Isabella que apenas ouvisse; ela devia também saber tocar. O aprendizado musical era uma parte essencial da educação cortesã tanto para homens quanto para mulheres. Castiglione, em seu tratado *O cortesão*, observava que as mulheres da nobreza deveriam ter conhecimento de "literatura, música e pintura", embora advertisse contra "tocar e cantar vigorosamente demais" ou "tocar tambor, flauta ou trombone",[19] comportamentos impróprios para damas. Mas instrumentos como o alaúde, por exemplo, eram muito apropriados.

A grande paixão na corte florentina era pelo madrigal. Esta forma secular de canção, com partes para até cinco vozes, oferecia oportunidades incomparáveis para a expressão individual e coletiva. O madrigal podia narrar uma história, mais evocativa quando acompanhada de música. As histórias podiam se desenvolver a partir dos versos de Petrarca, grande escritor florentino do século XIV, ou celebrar acontecimentos políticos e cívicos. O francês Phillipe Verdelot produziu uma série de madrigais para o casamento de Cosimo e Eleonora, exaltando a magnificência dos domínios do duque. A princípio, o madrigal foi associado ao amor e à invocação de um mundo cavalheiresco. Como era de esperar, segundo Ludovico Ariosto, os domínios poéticos de *Orlando Furioso* tornaram-se o tema mais popular desse tipo de composição. Como registraria um contemporâneo de Isabella, Gioseffo Zarlino: "A música nos induz a várias paixões, como sempre o fez, mas recitar poemas belos, eruditos e elegantes ao som de algum instrumento nos comove ainda mais, e nos incita a várias coisas, como rir, chorar e outras do gênero. E é dessa forma que as belas, eruditas e primorosas composições de Ariosto podem ser experienciadas."[20] Foi em meio a esse cenário musical que Isabella aprendeu a tocar o alaúde, a cantar e compor música. A música se tornaria um dispositivo através do qual poderia expressar seus sentimentos ou criar uma situação propícia para contar histórias, às vezes baseadas na vida real, às vezes fantasias e ficções.

Stradano, *Batalha de Marciano*

CAPÍTULO 4
A caminho da vida adulta

No mundo de Isabella, os homens quase sempre tinham precedência sobre as mulheres. Sob certos aspectos, os Medici observavam esses princípios. Eleonora, por exemplo, posou para retratos individuais com cada um de seus três filhos mais velhos, Francisco, João e Garcia, porém nunca com as filhas, embora tenha sido sua habilidade em gerar filhos o que lhe valera a reputação de *"La Fecundissima"*. Cosimo, por sua vez, jamais se deixou retratar ao lado de qualquer das crianças, tendo criado e educado juntas, oferecendo-lhes paridade intelectual. Não havia uma preponderância óbvia dos meninos sobre as irmãs.

Uma atitude desse tipo estava decerto em desacordo com o modo como outras meninas em Florença viviam suas vidas. De todas as cidades italianas do século XVI, Florença parece ter sido a mais restritiva em relação ao que se permitia que as mulheres fizessem e aos lugares que podiam frequentar. As florentinas eram desencorajadas a se aventurar pelo mundo além das portas de suas casas, considerado o mundo dos homens. "As esposas florentinas não são nem de longe tão alegres quanto as venezianas", comentou o viajante inglês William Thomas em 1549. "E mantêm suas donzelas tão encerradas que até certo ponto é impossível que um estranho as veja."[1] Em 1546, quando Isabella tinha 4 anos, Juan Luis Vives, autor do best-seller internacional *Instituição da mulher cristã*, julgou que Eleonora era a mulher mais adequada para a dedicatória da edição italiana. O livro era um manual de conduta para as mulheres, e dava conselhos sobre o comportamento mais decoroso e casto que deviam adotar, do momento do nascimento até a morte. Muitos aspectos da juventude de Isabella, porém, estavam em desacordo com as recomendações de Vives. "Deixe-a apenas brincar e se divertir com meninas da idade dela", instruía o pedagogo. "Mantenha longe dela todos os homens da família e não permita que ela conheça o prazer da companhia masculina. Porque, naturalmente, nosso amor se conserva mais por aqueles com quem passamos a juventude." Isabella, em plena contradição a esses preceitos, passava tanto tempo com os irmãos quanto com as irmãs. E Vives recomendava aos pais que se certificassem de refrear as disposições de uma jovem dama, pois o "amor afetuoso é mais forte nas mulheres, porque elas são mais propensas ao prazer e ao flerte".[2]

Vives advogava que as meninas deveriam ser ensinadas a fiar e coser, seguindo o exemplo dado por Isabella de Castilha às próprias filhas. A essas atividades, Isabella de Medici tinha aversão. Em uma oportunidade, ela tentaria costurar uma camisa, que terminaria "enegrecida de tanto esforço". Vives depreciava a dança, que Isabella adorava desde seus primeiros anos, quando rodopiava com o irmão João. "A que aprendizado deve se dedicar a mulher?", Vives perguntava retoricamente. "Ao estudo da sabedoria, que informa sobre a conduta correta e assegura que vivam e sejam ensinadas sobre os caminhos para uma vida virtuosa e sagrada. Quanto à eloquência, não tenho preocupações maiores. Uma mulher não precisa disso, somente de bondade e sabedoria."[3] E embora recriminasse a educação intelectual das mulheres e a leitura de certos autores clássicos, Vives insistia firmemente na proibição às jovens da leitura de "canções infames e imundas" como os mitos e lendas arturianos, repletos de cenas de amor cortesão e romances extraconjugais.⁴ Essas histórias, é claro, estavam bastante presentes no lar dos jovens Medici.

À medida que crescia, ficou claro que de alguma forma Isabella fugia ao ideal feminino renascentista, que exaltava a modéstia e a obediência. Na corte dos Medici, sua irmã Maria, séria e intelectual, era louvada pela benevolência, "pela rara beleza e régias maneiras".⁵ Lucrécia, a menos dotada das três, suscitava poucos comentários. Observadores de Isabella, no entanto, comentavam sua irreprimibilidade: "Seu vigor jamais a abandona, nasceu com ela", opinou o embaixador ferrarense sobre a adolescente Isabella.⁶ Tal comentário pareceria muito mais apropriado a um menino, e talvez explique por que Eleonora, quando grávida de Isabella, já então agitada, estava tão convencida de que a criança que carregava no ventre era um menino.

A saída da infância em meados da década de 1550 foi um passo significativo na vida de Isabella. Na verdade, os quatro filhos mais velhos, Maria, Francisco, Isabella e João, estavam todos crescendo e agora prontos a desempenhar um papel mais ativo nos destinos da família. Nos 15 anos que haviam se passado desde que Cosimo assumira o poder, o duque, outrora um estranho, trabalhara com fervor para consolidar seu reino e implementar melhoras políticas e econômicas. Ao casar-se com Eleonora, ele aquinhoara o valioso apoio de Carlos V, sacro imperador romano e rei da Espanha; fora fundamental ainda na articulação das manobras que em 1551 levaram à eleição do cardeal del Monte a papa Júlio III, o que lhe asseguraria privilégios no Vaticano. Em um bom número de eleições papais que aconteceriam nos anos seguintes, Cosimo provaria sua habilidade em estabelecer o candidato de sua preferência no trono santo.

O duque de Florença venceu também o que poderia ser percebido como uma disputa ao mesmo tempo doméstica e internacional. Desde que ele se declarara a favor do império dos Habsburgo, o monarca francês buscava maneiras de criticá-lo, se não bani-lo. Francisco I chegara a transferir seu apoio ao exilado Felipe Strozzi, executado por Cosimo, ao filho daquele, Pirro Strozzi, em uma tentativa de derrubar o regente florentino. Em 1544, Cosimo derrotou o jovem Strozzi em uma batalha no Piemonte, no norte da Itália, onde o inimigo contava com o apoio de tropas francesas. Em 1553, os franceses enviaram-no para defender Siena, que se levantava contra Filipe II, no trono espanhol desde a abdicação do pai, Carlos V. Os franceses, chefiados agora por Henrique II, estavam enredados nas chamadas guerras italianas, na realidade disputas entre as casas de Valois e dos Habsburgo, uma tentativa francesa de recuperar bases de operação na Itália e assim estabelecer domínio político sobre o império. Cosimo aderiu à guerra supostamente em apoio à Espanha, mas na verdade no interesse da Florença dos Medici. Strozzi contou com o apoio não apenas dos franceses e sienenses, mas também o de facções florentinas anti-Medici que viam na batalha em Siena uma oportunidade de derrubar Cosimo e pôr fim à supremacia da família em Florença. Mas o duque aproveitou a ocasião para lançar um ataque total contra Siena. Um longo cerco à cidade por fim culminou na Batalha de Marciano em agosto de 1554. A vitória em Marciano foi tão decisiva para Cosimo como a Batalha de Montemurlo, 17 anos antes. Após derrotar Strozzi e os sienenses, Cosimo negociou com Filipe II a anexação do território e, em 1557, foi oficialmente declarado duque de Florença e Siena, um golpe humilhante para a cidade-Estado independente que outrora rivalizara com Florença. Mas na verdade nenhuma das duas podia continuar alegando a condição de cidade-Estado; estavam ambas sujeitas ao controle dos Medici. Além disso, de certa forma Cosimo mais uma vez vencera os franceses, ao contribuir para o gradual enfraquecimento da França na guerra contra os Habsburgo em solo italiano, que culminou em 1559 com o Tratado de Cateau-Cambrésis, no qual os franceses desistiam de parte de suas pretensões na Itália.

Embora a guerra em Siena tenha sido uma empresa extremamente dispendiosa, Cosimo fez melhorias significativas na economia florentina, especialmente ao promover a indústria de tapeçarias, antes um monopólio do norte europeu. Em 1549, ele contratou um nórdico, Jan Rost, para ensinar aos órfãos da Ospedale degli Innocenti, em Florença, "as artes da tecelagem de tapeçarias, e o segredo das tinturas, [para que elas possam] ser aprendidas e assimiladas, e estabelecidas na cidade de Florença, de tal modo que não seja necessário o apoio ou treinamento de quaisquer estrangeiros".[7] A iniciativa mostrou-se bem-sucedida, e pelos dois séculos seguintes Florença dominou a produção de tapeçarias no sul da Europa.

Com os órfãos florentinos incorporados à força de trabalho da cidade, era chegada a hora de considerar a contribuição que seus filhos mais velhos poderiam dar ao regime dos Medici. O caminho de Francisco estava claramente traçado. Ele era filho e herdeiro, destinado a algum dia governar no lugar do pai. Era preciso atentar para a sua futura esposa. Quando tinha 9 anos, aventou-se a possibilidade de casar Francisco com Isabel, a filha de 16 anos de Henrique VIII da Inglaterra. Apesar da diferença de idade, as qualidades de Isabel suscitavam grande interesse na corte dos Medici; mas o agente de Cosimo na Inglaterra confessou ao duque ter encontrado apenas um defeito: "ela é muito inclinada às boas graças, e observa a nova religião [*ordinazione*] de seu reino."[8] Não haveria aliança Medici-Tudor.

Estranhamente, porém, uma vez que era *Il Principe*, é difícil encontrar sinais de que Francisco recebesse considerável atenção durante a década de 1550, e ele de fato era dono de um temperamento que desencorajava a interação social. "Ele está sempre pensativo, com uma forte propensão à melancolia, o completo oposto de don João, sempre bastante feliz, e para quem os estados de ira rapidamente vêm e vão", afirmou Lourenço Pagni a Pedro Francisco Riccio quando Francisco e João tinham 6 e 4 anos, respectivamente.[9] Mesmo em menino, é possível notar os traços reflexivos na fisionomia magra e abatida de Francisco, ao contrário do que se percebe em João, que se não reteve os angélicos cabelos louros observados no famoso retrato de Bronzino em que aparece ao lado da mãe, pelo menos conservou o mesmo tipo de encanto que Isabella possuía. Francisco passou a adolescência trabalhando na paixão de sua vida, a alquimia e as investigações químicas, interesse que compartilhava com o pai. Originalmente, o duque dispunha de uma oficina de fundição instalada no Palazzo Vecchio — mais tarde ela seria removida, pois provocava o enegrecimento das paredes —, e Francisco passava horas ali tentando levar a cabo seu desejo de transformar metais em ouro. Os irmãos em certo momento começaram a zombar dessa obsessão, João sugerindo que ele "não se dedicasse tanto aos prazeres da fundição".[10]

À época, havia de fato mais discussões a respeito do futuro de João, e este era um assunto sobre o qual Eleonora demonstrava um interesse muito ativo e agressivo. "O que o senhor acha?", teria perguntado a seu confessor, Diego Lainez, sobre o filho de 6 anos. "Devemos fazer de don João um cardeal?"[11] Lainez ficou assustado diante do cálculo profano da duquesa, e respondeu que era inapropriado considerar a consignação de uma pessoa à ordem sagrada se ela ainda não dispunha de "idade, virtude, conhecimento e disposição" suficientes para compreender o que isso significava.[12] Mas Eleonora estava determinada a assegurar ao filho mais novo o importantíssimo posto de cardeal, o que tinha boas chances de resultar no terceiro papado de um membro da família Medici no espaço de um século. Em março de 1550, Cosimo estava igualmente resolvido a fazer do filho "um homem da Igreja". Dois meses depois, o duque já conseguira para João, que nem completara 7 anos, o arcebispado de Pisa, com todos os benefícios que o acompanhavam. Enquanto isso, Eleonora cultivava o papa Júlio III, cuja eleição para o cargo contara com o apoio de Cosimo. Ela enviou Bronzino a Pisa "porque ela quer que ele pinte um retrato do signor don João para mandar ao papa, e quer que isto seja feito o mais rápido possível".[13]

Em virtude de seu sexo, era claro que nem Maria nem Isabella estavam destinadas ao papel de governadoras ou informantes da família no Vaticano. O papel que lhes cabia como Medici era participar de casamentos que ampliassem a agenda da família. Quanto a Maria, Cosimo decidiu casá-la com Afonso, filho e herdeiro do duque Ercole d'Este, de Ferrara. Os Medici e os d'Este de certa forma rivalizavam; eram as famílias ducais mais proeminentes do norte da Itália, e os embaixadores florentinos e ferrarenses em outros países sempre disputavam precedência. Uma aliança matrimonial, no entanto, poderia servir aos interesses políticos das duas famílias no cenário nacional e internacional, ao forjar uma impressão de união entre as duas cidades, ainda que não fosse esse o caso. Instruída, elegante e decorosa, Maria seria uma esposa apropriada para o prospectivo duque de Ferrara.

E qual seria o destino da filha mais velha depois de Maria? Isabella viera ao mundo sendo considerada uma recompensa divina, e tornara-se uma adolescente instruída, saudável, alegre e tomada de curiosidade intelectual. Sua infância havia ficado para trás e ela tinha a vida adulta pela frente; era hora de adotar o nome de outro e abandonar o de sua família. Quem Cosimo escolheria para acompanhá-la nessa nova fase de sua jornada?

PARTE II

Uma princesa Medici desponta

Vista de Florença

Cavaleiro sob forte chuva

CAPÍTULO 1

Um noivo para Isabella

À medida que os Medici cresciam em riqueza e proeminência no século XV, a necessidade de consolidar sua posição em Florença tornou-se cada vez maior. Além de promover casamentos com influentes famílias florentinas, como os Tornabuoni, Salviati e Rucellai, eles buscavam também alianças matrimoniais com famílias que pudessem oferecer conexões políticas e proteção externa. Essas famílias poderiam ainda acrescentar um lustre de nobreza aos Medici, que até pouco tempo dedicavam-se à criação de gado leiteiro em Mugello. Em 1467, os pais de Lourenço, o Magnífico, beneficiaram-se da presença de banqueiros da família em Roma para estabelecer uma aliança com uma das mais ilustres famílias daquela cidade, os Orsini. Ao contrário dos Medici, os Orsini remontavam ao século VIII, quando se tornaram senhores da guerra. A noiva de Lourenço, Clarice, vinha do ramo dos Orsini conhecido como Monterotondo, nome da propriedade feudal que governavam. Clarice era muito bem relacionada, tendo papas, cardeais e *condottieri* entre seus ancestrais e parentes vivos, conexões que faltavam aos Medici, embora os florentinos estivessem dispostos a se juntar a esse seleto grupo em troca de dotes substanciais. Vinte anos depois, em 1487, Lourenço e Clarice casaram o filho mais velho, Pedro, com outra integrante dos Orsini. Desta vez a noiva era Afonsina, cujo pai descendia do ramo napolitano da extensa família; ela trouxe consigo também as graças dos aragoneses que governavam aquela cidade.

Quando, no início da década de 1550, começou a pensar em um marido para Isabella, Cosimo decidiu renovar a ligação com os Orsini. Ele adorava evocar sua relação com os Medici do passado, e um marido da mesma família da noiva de Lourenço, o Magnífico, serviria bem a este propósito. Em termos mais práticos, Cosimo temia pela segurança do sul da Toscana. Seu território havia se ampliado desde a tomada de Siena. Bandidos — *banditi*, assim chamados por causa dos éditos [*bans*] que lhes proibiam a entrada nas cidades —, em geral soldados desempregados ainda em posse de suas armas, estavam se tornando um grande objeto de preocupação naquela área. As terras dos Orsini ao norte bordejavam as dos Medici; sob a perspectiva de Cosimo, uma aliança com a família poderia ajudar a melhorar a segurança e, portanto, estimular a prosperidade econômica naquelas partes remotas de seu ducado.

Em 1553, quando decidiu casar Isabella, que ainda não completara 10 anos, com Paulo Giordano Orsini, de 12, Cosimo citou dois motivos para sua escolha: "Decidimos formar essa parelha pelas seguintes razões: Este senhor tem, em seu espólio, muitas terras belas e importantes próximas às nossas; a outra razão é o antigo costume de promover casamentos entre a casa dele e a nossa."[1] Paulo Giordano vinha dos Orsini de Bracciano, maiores proprietários de terras dentre todos os ramos da família. Seu pai era Jerônimo Orsini, filho de João Giordano e Felícia della Rovere, filha ilegítima do papa Júlio II. O prospectivo noivo enviou a Cosimo as seguintes palavras, sem dúvida escritas em seu favor por parentes mais velhos: "Quando soube esta manhã do arranjo feito para mim e sua filha, pensei que um grande erro havia sido cometido, e estou muito em dívida com o senhor, e estas poucas linhas não serão capazes de reverenciar o bastante Vossa Excelência."[2]

Apesar da antiguidade da casa dos Orsini e das "muitas terras belas e importantes" das quais ele era senhor, a família de Paulo Giordano contrastava enormemente com a de Isabella no tocante a tradição e educação. As propriedades e a economia dos Orsini haviam sofrido um duro golpe com o Saque de Roma, em 1527, quando tropas espanholas e germânicas enviadas pelo imperador Carlos V, durante o conflito com o papa Clemente VII, quase dizimaram a cidade. Depois, em 1534, Jerônimo Orsini foi condenado à morte pelo assassinato de seu odiado meio-irmão Napoleone, e o papa Clemente VII, um Medici, confiscou os bens da família. A viúva Felícia, mãe de Jerônimo, recorreu ao papa e conseguiu a suspensão da sentença do filho, e também reuniu dinheiro o bastante para pagar a enorme multa e recuperar os bens da família. Antes de morrer, em 1536, ela negociou um casamento politicamente vantajoso para Jerônimo com a neta do papa Paulo III, Francisca Sforza, de 16 anos.

O casamento, realizado em 1537, parecia marcar o retorno dos Orsini, resgatando Jerônimo das sombras às quais fora lançado pelo fratricídio. A cerimônia em si foi um acontecimento esplêndido. O célebre ourives florentino Benvenuto Cellini, talvez um pouco doentiamente vaidoso, lembra em sua autobiografia que foi ele quem teve "de providenciar todos os ornamentos de ouro e joias para a esposa do signor Jerônimo Orsini (...) Contratei oito pessoas, e com elas trabalhei dia e noite, pelo bem da honra tanto quanto do ganho".[3] Cellini fabricou peças delicadas para Francisca: sua família lhe deu cintas de ouro e prata, braceletes de ouro adornados com esmalte e âmbar, botões de ouro no formato das rosas dos Orsini, um diamante retangular no valor de 300 *scudi*, um anel de esmeralda de 600 *scudi* e muitos outros artigos.

Jerônimo adotou a profissão da família Orsini, a de *condottiere*, e começou a fazer nome lutando contra os turcos. O primeiro fruto de sua relação com Francisca foi uma menina, a quem deram o nome Felícia, em homenagem à mãe de Jerônimo. No final da primavera de 1540, Francisca engravidou pela segunda vez. Então, em novembro, Jerônimo, que escapara da execução seis anos antes e agora tinha apenas 27, morreu subitamente. Dois meses após a morte do pai, em 7 de janeiro de 1541, nasceu Paulo Giordano, filho e herdeiro de Jerônimo.

A morte precoce de Jerônimo lançou os Orsini de Bracciano na desordem. De início, a administração de seus bens e filhos foi dividida entre a mãe das crianças, então com 19 anos, e o tio destas, Francisco. A adolescente Francisca estava inteiramente perdida e desamparada, admitindo não ter ideia "do que fazer" quando empregados e súditos na família vinham lhe pedir auxílio ou opinião. Quanto a Francisco, um ano mais velho que o irmão que acabara de morrer, havia muito era tido pela própria mãe, Felícia, como um homem seriamente instável, se não psicopático. Julgando-o incapaz de administrar o vasto espólio da família, ela fizera de Jerônimo herdeiro do pai. Suas dúvidas a respeito do filho mais velho se confirmaram. Como governador dos Orsini, Francisco enveredou por uma via desregrada e diabólica, aprovando o roubo, o assassinato e a consequente anarquia social. Acumulou enormes dívidas e negou o pagamento de dotes e heranças a membros da família. Em pouco mais de um ano, chegou quase a dilapidar todo o espólio dos Orsini, apesar das enormes extensões de terra que estes possuíam.

Foi a família de Francisca quem intercedeu para salvar os Orsini da ruína total. Em 1542, o avô dela, o papa Paulo III, excomungou Francisco e obrigou-o a partir para o exílio, sob ameaças de morte. Quanto a Francisca, a família decidiu que, para o bem de seus interesses econômicos, ela deveria se casar de novo. Na Itália renascentista, uma mulher raramente levava os filhos consigo em um segundo casamento, e assim Francisca abandonou Paulo e Felícia. Ela própria morreu apenas seis anos depois, deixando os filhos órfãos antes mesmo de completarem seu décimo aniversário.

No lugar de Francisco o papa Paulo III instalou o irmão deste, o cardeal Guid'Ascanio Sforza, como governador e guardião, ou *tutore*, das crianças. O cardeal Sforza buscou aliviar algumas das dívidas que o sobrinho, o jovem senhor Orsini, contraíra ao longo dos dias desregrados de seu tio. Como forma de levantar dinheiro, Sforza fez vagar a casa romana da família em Bracciano, o palácio de Monte Giordano, que foi então alugado ao cardeal Hipólito d'Este, irmão de Afonso d'Este, que estava prometido em casamento à irmã de Isabella, Maria. Paulo Giordano e Felícia foram morar com ele no Sforza Cesarini, o palácio vizinho no qual a avó de ambos muitos anos antes havia se casado.

A principal preocupação do cardeal Sforza em relação aos sobrinhos era lhes assegurar alianças matrimoniais vantajosas. Em 1552, Felícia casou-se com Marco Antônio Colonna, o equivalente de Paulo Giordano em outra grandiosa família romana, os Colonna. Orsini e Colonna eram instintivamente rivais e inimigos havia séculos. O casamento de Felícia e Marco Antônio era uma tentativa de estabelecer a paz entre as famílias. Além disso, como observou o próprio Cosimo, servia de incentivo extra no sentido de considerar Paulo como candidato a noivo para Isabella, uma vez que a mãe de Marco Antônio era a napolitana Joana de Aragão, que providenciaria uma conexão adicional com a Espanha.

O cardeal Sforza era um administrador e estrategista matrimonial hábil, mas pouco atencioso em relação a outros aspectos da educação do sobrinho. Ele não proporcionou a Paulo a mesma instrução acadêmica oferecida aos filhos dos Medici. Paulo cresceu nutrindo um amor pela música, mas pouco interesse e entendimento do mundo humanista no qual Isabella fora mergulhada. Sua escrita, mesmo quando adulto, era pobre. O cardeal tampouco lhe instigara o sentimento de responsabilidade necessária a um senhor feudal, e Paulo carecia de talento para a burocracia exigida por esse tipo de posição. Sforza chegou a tentar mandá-lo para fora para servir como soldado, como haviam feito tantos de seus ancestrais. No entanto, hesitou em vê-lo lutando pela França, por tradição apoiada pelos Orsini, ou pela Espanha, em um momento de ascendência política, o que o impediu de receber experiência militar e disciplina numa idade crítica.

O que Paulo naturalmente fez foi gravitar entre os aspectos mais prazerosos da vida que sua condição de nobre lhe permitia. Era um frequentador de festas inveterado, e suas maiores paixões eram os cavalos e a equitação. Paulo cresceu durante uma nova era do cavalo, uma época em que as estradas de Roma, melhoradas, tornavam o transporte em coches mais praticável, e o trote seguro das mulas menos necessário, o que desencadeou uma moda por cavalos rápidos e eficientes. Em 1550, quando Paulo Giordano tinha 9 anos, Frederico Grisone publicou seu manual de equitação *Gli ordini di cavalcare*, de enorme influência. Um dos favoritos de Paulo, promovia a arte do adestramento e da montaria para fins de entretenimento. Eram estas as habilidades em que o jovem Orsini se destacava. É difícil estabelecer uma equivalência moderna para um indivíduo do século XVI, uma vez que fatores como moralidade, fé religiosa e expectativa de vida eram muito diferentes do que são hoje. Paulo Giordano, contudo, poderia ser descrito como um novo-rico de hoje em dia, essencialmente um playboy, definido pelo entusiasmo por cavalos, festas e reuniões sociais.

O aspecto mais perigoso da ausência de um cuidado pastoral e disciplina na vida de Paulo é que ele foi deixado por sua própria conta em Roma, uma cidade que oferecia muitas distrações e tentações para um adolescente sem supervisão. Ele poderia ter crescido como um nobre romano em um palácio, mas sua vizinhança estava repleta de tabernas frequentadas por bandoleiros e covis nos quais astuciosos jogadores de carta apostavam. Além disso, diferentemente da hierarquia da corte em Florença, onde a elite transitava apenas entre a elite, em Roma nobres e clérigos misturavam-se a caftens, criminosos e outros personagens de má fama. E numa cidade grande havia sempre gente disposta a tirar vantagem de um jovem aparentemente rico e sem rumo.

Não foi apenas o sentimento antipapista que valeu a Roma o título de "cidade das prostitutas". Em Roma prevaleciam os homens solteiros, como os clérigos, soldados e trabalhadores itinerantes, e dessa forma havia na cidade uma grande demanda pelas profissionais do sexo. "Roma não deseja *jolie dames*, em especial a chamada via Giulia", comentou o viajante inglês William Thomas a respeito da rua construída pelo bisavô de Paulo, o papa Júlio II, bem na vizinhança onde ele morava, "com mais de 800 metros de extensão, edificada uniformemente de ambos os lados, por bem dizer habitada tão só por cortesãs, algumas valendo 10, outras 20 mil coroas".[4]

Este mundo de prostitutas e caftens tornou-se um ambiente em que Paulo se movimentava com facilidade. Suas habilidades literárias podem não ter sido notáveis se levarmos em conta que ele era um nobre, mas ainda eram tais que os cortesãos de Roma o procuravam para "escrever uma carta à pessoa amada", como mais tarde revelou uma prostituta.[5] Alguns dos textos mais vulgares e grosseiros que esses círculos literários puderam presenciar são vistos nas cartas que Paulo enviou a Isabella à época do arranjo do casamento. Era comum que um casal de noivos prometidos empreendesse uma correspondência epistolar. No entanto, Paulo às vezes escrevia a Isabella de uma maneira inapropriadamente íntima. "A senhora minha irmã acaba de conceber uma menina", Paulo escreveu à noiva, então com 13 anos, "exatamente como antes, então não aprenda com ela, pois ela só sabe fazer meninas."[6] Um ano depois ele informava a Isabella: "A cada hora, eu daria mil anos para me ver passando uma noite com você. Eu a desejo tanto. Meu primeiro desejo é o de lhe falar sobre muitas coisas, e quanto ao segundo prefiro não dizer, mas lhe deixo um sorriso e beijo-lhe mãos e boca."[7]

Essas missivas tão pessoais, com alusões ao momento em que o matrimônio seria consumado, teriam certamente provocado surpresa, se não profunda desaprovação na corte dos Medici. As cartas de Isabella a Paulo dessa época não sobreviveram ao tempo. No entanto, ainda que não fossem redigidas pelos secretários e tutores da família, estes certamente teriam controlado seu tom e natureza, como acontecia em todas as cortes italianas. Mas não havia ninguém controlando a correspondência de

Paulo, e ele escrevia como se desavisado de quantos leriam aquelas linhas destinadas à jovem Isabella. As cartas, naquele tempo, raramente eram particulares: podiam ser ditadas a outra pessoa, lidas para o destinatário ou passadas de mão em mão, motivos pelos quais Eleonora, mãe de Isabella, tinha tanta aversão a escrevê-las. É provável que esse tipo de correspondência jamais tenha sido levado ao conhecimento da princesa. Quanto a ela, a percepção que tinha de Paulo, visitante ocasional da corte dos Medici, estava colorida pelo contexto em que o conhecera. Isabella passava todo o tempo com os irmãos e irmãs; tinha um irmão mais velho, Francisco, e um favorito, João; naquele momento da juventude, Paulo Giordano não era uma companhia masculina de todo necessária.

As atividades sexuais de Paulo e o tom não inteiramente aceitável de suas cartas para Isabella podiam ser contemporizados. Entretanto, havia outras facetas de seu comportamento que faziam soar o sinal de alarme na corte dos Medici. Quando se tratava de seus hábitos de consumo privados, ele se assemelhava ao tio Francisco. Quando jovem, era fisicamente bem-apessoado, alto e de boa compleição. Mas o que melhor o definia era o fato de ser "extremamente inclinado a gastos copiosos".[8] Paulo adorava roupas finas, móveis, cavalos, coches e acessórios de caça, como por exemplo cães e falcões. Além disso, comprava não apenas para si, mas para todo o entourage que gravitava ao seu redor. Como muitos barões romanos, a riqueza de Paulo não estava no dinheiro, e sim nas terras. Por volta dos 16 anos, ele tinha enormes dívidas pessoais, o que apenas exacerbava as frágeis condições da administração de seu espólio. Embora a usura fosse pecado capital, havia uma florescente cultura de dívida na Itália do século XVI. Até mesmo a Igreja Católica entrara no mundo da concessão de empréstimos. No final do século XV, o estabelecimento do Monte di Pietà permitiria a bons cristãos tirar vantagem de prestamistas judeus, "aqueles inimigos da cruz de Cristo", como o florentino Marco Strozzi os descreveu quando propôs o estabelecimento de uma filial do Monte em Florença.[9] Em 1598, um viajante inglês na cidade, sir Robert Dallington, traduziu o Monte di Pietà quase literalmente como "o Banco da Piedade; um palácio no qual qualquer homem pobre pode empenhar seus objetos domésticos e suas roupas".[10] Mas a elite também passou a utilizá-lo. Paulo, propenso a um estilo de vida excessivo, e dispondo de centenas de quilômetros quadrados de terras, era um excelente alvo para os credores. Ele tomava dinheiro emprestado alegremente e era indiscreto a ponto de deixar escapar que pretendia pagar a dívida ao se casar e ter acesso aos 50 mil ducados do dote da esposa.

Não levou muito tempo até as notícias das atividades de Paulo Giordano chegarem a Cosimo. O duque teria feito vista grossa a qualquer empresa amorosa do futuro genro; tratava-se de um mundo em que a fidelidade masculina — como a de Cosimo em relação a Eleonora — era a exceção, não a regra. Mas o que Paulo pretendia fazer com o dote de Isabella e o modo como seus hábitos desregrados de consumo afetariam a vida da princesa eram uma questão que ele, como pai e homem de negócios, não podia ignorar. Em outubro de 1557, o duque remeteu a Paulo uma carta extensa e severa na qual destacava os inúmeros defeitos do jovem Orsini: "Eu estaria faltando com o meu dever de bom pai se não lhe dissesse livremente coisas que você não terá prazer em ouvir", escreveu Cosimo. "Você não tem se comportado como o filho de uma casa tão honorável, nascido de tão raros personagens como os seus ancestrais." Ao contrário, julgava Cosimo, havia perigo de que Paulo se tornasse a mesma figura galhofeira que fora seu tio Francisco, pois "que opinião deve-se ter de você, você que é movido e persuadido por seus criados de acordo com o que lhes é mais cômodo?". Ele disse a Paulo que deveria aprender a "reconhecer suas qualidades e a aceitar o conselho daqueles que não pensam em se aproveitar de você, mas que almejam apenas a sua honra". Cosimo o advertia: "Você é um barco ao sabor do vento, na iminência de se espatifar contra as pedras, e os ventos são esses seus empregados desamorosos, que o consomem pouco a pouco, e as pedras são os seus credores, que o vão levar à falência com os juros que lhe cobram."

Cosimo chegou até mesmo a aconselhar Paulo sobre como administrar sua casa e cortar despesas. "Você deve reduzir seu entourage da seguinte maneira: não são necessários mais do que quatro cavalheiros para lhe servirem de companhia, um dos quais deve ser paladino, quatro cavalheiros para os aposentos, quatro ou seis pajens e quatro lacaios." Ele prometia a Paulo que, se este revisse suas maneiras, "não continuarei a admoestá-lo, ou atingi-lo na cabeça".

Mas as palavras que mais devem ter alarmado Paulo foram as seguintes: "Ouvi dizer que você prometeu o dote de minha filha aos mercadores (...) Não pense que poderá cuidar de seus negócios e dívidas desta maneira. Não desejo consignar o dote de minha filha a você, porque gastando e dissipando tudo você estará condenando donna Isabella a negociar com mercadores." O que Cosimo aparentemente temia era que Paulo Giordano transformasse Isabella de princesa Medici em ordinária dona de casa toscana. "Quando eu puder ver que você não deseja se arruinar, mas cuidar do seu bem-estar, não vacilarei em ajudá-lo de todas as formas que me forem possíveis, desde que isto não seja prejudicial a minha filha. Você tem idade o bastante para distinguir o certo do errado, verdade de falsidade."[11]

Pode parecer estranho que o duque desejasse entregar uma filha querida a um homem de quem aparentemente tinha receios profundos e bem fundados. Paulo era um esbanjador, e por conta do caráter fraco e do amor pelos prazeres deixava-se tragar por aqueles a sua volta. Mas a despeito de suas reservas, estava claro que Cosimo ainda desejava que o casamento entre Paulo e Isabella pudesse prosseguir. O noivo ainda era útil. A casa dos Orsini permanecia ampla e venerável, e Cosimo ainda pretendia assegurar a proteção de suas terras ao sul. Além disso, o papa Júlio III havia morrido, antes de consagrar João de Medici cardeal, e seu sucessor, Paulo IV, da família napolitana Carafa, não era tão maleável. Enquanto isso, o cardeal Sforza, tio de Paulo, tornara-se o homem do duque no Vaticano. Ele agora atendia de lá pessoalmente às demandas de Cosimo, como por exemplo o seu pedido por um controle maior das despesas dos escritórios eclesiásticos na Toscana.

A carta de Cosimo, no entanto, deixava claro a Paulo que ele não alimentava ilusões quanto às suas qualidades, e exprimia suas preocupações em palavras que surpreendem pela dureza e severidade num mundo em que repreensões e comentários desagradáveis eram desferidos em frases açucaradas. Cosimo fez Paulo saber que o reconhecia pelo que ele era, um homem de ascendência nobre e heroica com potencial para ser destruído por seus associados e perdularismo. Cosimo não permitiria que Paulo levasse Isabella à ruína em seu encalço. Não obstante ser um duque Medici, Cosimo preservava todos os instintos comerciais da família e estava mais do que preparado para explorar as fraquezas de Paulo em seu favor. E aquilo que o pai pensava do genro viria a influenciar o que a filha sentiria em relação ao marido.

Igreja de San Lorenzo

CAPÍTULO 2

O casamento das princesas Medici

O verão e o início do outono de 1558 deveriam ter presenciado os casamentos das princesas Medici. No entanto, a irmã mais velha de Isabella, Maria, estava destinada a não ser noiva; morreu em 19 de novembro de 1557, aos 17 anos. Cosimo condoeu-se por ela, a primeira de seus filhos adultos a morrer. "Ela tinha uma disposição como a minha", ouviram-no dizer, "e foi privada de ar fresco."[1] Ele conservaria o retrato da filha mais velha em seus aposentos até o dia de sua morte. Não obstante o pesar paternal, porém, Cosimo não podia permitir que a oportunidade de um casamento com o futuro duque de Ferrara escapasse aos Medici. Ele rapidamente entrou em negociações com Ercole d'Este, duque de Ferrara, para que seu filho Afonso tomasse como esposa (em lugar de Maria) a terceira filha de Cosimo, Lucrécia, então com 12 anos, uma substituição que Ercole e Afonso estavam dispostos a aceitar. As famílias formalizaram um contrato de casamento em abril de 1558, e Afonso chegou a

Florença em 19 de junho, sendo recebido pessoalmente por Cosimo "com as maiores honras" na Porta di San Gallo.

O casamento entre Afonso e Lucrécia aconteceu em 3 de julho, e a missa foi celebrada na capela do Palazzo Vecchio "com toda a corte e a presença da mãe e do pai [de Lucrécia]".[2] Também naquela noite houve uma festa no Palazzo Vecchio, com a presença de "110 senhoras florentinas, todas nobres e belas, quase todas casadas, em vestidos com adornos de ouro, pérolas e outras joias. Naquela noite houve cinco belíssimas mascaradas, os músicos vestidos em veludos de ouro e prata. Eram 12 indianos, 12 anciãos florentinos, 12 gregos, 12 imperadores, 12 peregrinos, acompanhados pela música mais extraordinária, e ao longo de toda a noite houve danças, música e outras diversões agradáveis".[3]

Paulo Giordano Orsini, ainda por celebrar seu próprio casamento com Isabella, insistiu em dar uma contribuição para a festa. Dessa maneira, poderia satisfazer seu gosto por exibição e, assim esperava, estabelecer sua própria posição entre os Medici e demonstrar sua *magnificenza* a Afonso d'Este, um membro da elite três anos mais velho que ele e a quem ansiava por impressionar. Paulo optou por um espetáculo apropriadamente masculino: uma partida de *calcio*, ou futebol. Agora conhecido como *calcio storico*, e ainda jogado em Florença em trajes de época, o *calcio* remontava à Idade Média e fora praticado com entusiasmo pelos Medici do passado. O objetivo das equipes de 27 homens cada era levar a pesada bola até o gol no fim do campo, empregando para isso todos os meios necessários. Essencialmente uma batalha encenada em praça pública, o *calcio* era um jogo duro e violento, que fazia vibrar a multidão. Ele alimentava ainda o arraigado instinto florentino de competição, com duas grandes partidas sendo jogadas a cada ano entre os distritos rivais da cidade: uma na piazza diante da igreja de Santa Maria Novella, a outra em frente à igreja de Santa Croce.

Mas como em qualquer torneio renascentista, havia muito mais em jogo do que a simples competição. Os competidores até podiam terminar as partidas sem camisa, extenuados após os esforços para a vitória, mas as cerimônias de abertura dos jogos exigiam desfiles nas mais festivas librés, e alguns florentinos tinham mais interesse nisso que no jogo propriamente dito. Com certeza os uniformes pareciam ser a principal atração da partida de futebol patrocinada por Paulo após um jogo anterior em Santa Croce. Como recordou um diarista: "Em 2 de julho, houve uma partida de *calcio* em Santa Maria Novella, trinta de cada lado, um dos times vestido em brocados de ouro sobre tecido vermelho, o outro em brocados de prata. Chamaram-no de o jogo dos rejeitados, porque os participantes não tinham sido aceitos para a primeira partida, no dia de são Pedro, em Santa Croce."[4] O jogo, como se registrou, foi patrocinado do próprio bolso pelo signor Paulo Giordano. Cosimo podia tê-lo alertado um ano antes sobre o excesso de gastos, mas não o advertira sobre gastar dinheiro que não possuía em uniformes feitos em brocados de ouro e prata. A partida acentuou as celebrações por Afonso, e portanto repercutiu bem para os Medici e a orgulhosa Florença, sempre a principal preocupação de Cosimo.

Paulo estava enganado se esperava que ao contribuir para as suntuosas festividades em comemoração à união entre Medici e d'Este teria retribuição semelhante em suas próprias núpcias com Isabella. Cosimo não tinha necessidade de investir em celebrações excessivas, pois não havia membros importantes da família Orsini que precisassem ser impressionados da mesma maneira que o duque ferrarense, pai de Afonso d'Este. No entanto, sobreviveram algumas lembranças da regalia encomendada para o casamento entre Medici e Orsini, provavelmente custeadas mais uma vez por Paulo: dois pratos, talvez parte de um aparelho maior, feitos do vidro veneziano de Murano. Eles se fazem notar pelo relevo finamente acabado, produzido com uma técnica nova de entalhe por diamante. As bordas do prato mostram a figura das rosas dos Orsini entrelaçadas com animais fantásticos. Ao centro vê-se um novo brasão, a rosa e o escudo dos Orsini entrançados com as *palle* dos Medici, que tanto Paulo quanto Isabella adotariam como emblema pessoal.

Se não pretendia patrocinar suntuosos banquetes e espetáculos teatrais, Cosimo encomendou poemas e canções para celebrar a união da filha com Paulo, e não poupar despesas no sentido de assegurar que

Isabella fizesse uma boa figura como noiva, autorizando a compra de quase 13 metros de damasco branco, tafetá, veludo e seda para o seu vestido de casamento. A cerimônia aconteceu na própria cidade de Florença, porém na villa de Poggio a Caiano, para onde a família se recolhera em seguida ao matrimônio de Lucrécia, a fim de evitar o calor brutal da cidade em agosto. O casamento foi um acontecimento familiar, seu tom intimista sugerindo que aquilo simplesmente fazia parte do dia a dia dos Medici; não havia o clima de solenidade que prenunciava a iminente partida de uma das filhas rumo à casa de outra família.

Em 3 de setembro, os Medici reuniram-se na villa, o ar perfumado pelas frutas maduras nas árvores plantadas nas terras de Poggio. Ouviram as letras e músicas compostas para dar as boas-vindas aos Orsini, uma inversão da regra segundo a qual era a esposa quem devia receber as boas-vindas da família do marido. "O mais forte de Roma, a mais sábia e bela de Florença, na Terra uniram os céus Paulo e Isabella", dizia um madrigal comemorativo composto para a ocasião por Felipe di Monte. "Agora quem pode ornar esta formosa cabeça e aquela outra, visto que pérolas, ouro e diamantes de nada valem a essas virtudes gêmeas, que excedem toda honradez."[5] Felipe enfatizou as qualidades de Paulo e Isabella que pareciam óbvias a todos: a imensa força física do noivo romano; a beleza e inteligência da noiva florentina.

O chefe dos músicos da corte, Francisco Corteccia, que compusera canções para os casamentos de Cosimo e Eleonora e, mais recentemente, de Lucrécia e Afonso, também escreveu um madrigal para a cerimônia de Isabella e Paulo. "Oh, Paulo", cantava um coro, "pináculo e glória da família Orsini, favorito e genro do magnânimo Cosimo. Você que age com força imbatível e retém na mente as artes do poderoso Marte e da casta Palas. Alegre-se imensamente agora que uma esposa lhe foi ofertada, pois em lugar algum há quem seja melhor ou mais bela. E gere à sua imagem uma progênie numerosa para governar o Lácio e a terra do Tibre."[6]

Essas palavras, cantadas em latim, soavam majestosas, até mesmo pomposas, embora a melodia fosse a de uma canção popular, o que provocava uma sensação de leveza e alegria mais que de solenidade.[7] De maneira significativa, o tom contrastava com o das canções que Corteccia compusera em homenagem a Afonso d'Este para o casamento deste com Lucrécia, um modo sutil de Cosimo lembrar o genro romano de sua posição na hierarquia dos Medici.

Outro cortesão que também compôs para o evento foi a poetisa Laura Battiferra, que imaginou Roma chorando a partida do "forte, sábio e justo" Paulo para Florença. No poema, Paulo era como um daqueles "velhos heróis que outrora triunfaram. Você nos veio a nós afortunados como um deus. Eis aqui Roma, a quem as crianças se viram e perguntam: 'É verdade que nosso Quirino prepara-se para nos deixar?'".[8] Paulo decerto não deixou de apreciar uma descrição tão laudatória de si mesmo, que o dizia magnífico e comparava-o a um deus.

Embora tenha havido declamação de poemas e música especialmente composta para a ocasião, assim como decorações festivas, o casamento de Isabella e Paulo sem dúvida foi muito mais modesto que o de Lucrécia e Afonso. Não chegaram a público relatos de espetáculos extravagantes, como ocorrera na união Medici-d'Este. Ao contrário, tudo que Florença parecia saber sobre o casamento de Paulo e Isabella era que "sábado à noite, o senhor Paulo Orsini, genro de duque Cosimo, consumou seu casamento com a senhora Isabella. No dia seguinte ele voltou a Roma, e estão dizendo que vai à Espanha, para a corte do rei Filipe II".[9]

Um dos modos que Cosimo encontrou para assistir Paulo financeiramente foi garantindo que recebesse incumbências diplomáticas com a Espanha. A jogada o favorecia em mais de uma maneira, uma vez que significava que Cosimo não teria de dar a seu novo genro dinheiro de seu próprio bolso. Cosimo assegurava também a lealdade de Paulo a seu senhor, o rei da Espanha, embora Paulo tivesse preferido sujeição à França, aliada tradicional dos Orsini. Além disso, com Paulo no exterior, Isabella poderia permanecer em Florença. Vinte anos antes, Cosimo confortara a sogra, na distante Nápoles, pela perda de Eleonora. Naquela ocasião, escreveu que "este é o destino da mulher, que não permaneça na casa onde nasceu e nem com aqueles que a conceberam". E ele tinha razão. Uma noiva, especialmente de uma família nobre, sempre deixava a casa do pai pela do marido.

Mas o que havia sido a experiência de Eleonora e o costume tradicional da época não se repetiriam com Isabella. Cosimo decidira que a filha não estabeleceria residência em Roma com Paulo. Ele decretou que o genro moraria sozinho em Roma e viria a Florença quando desejasse ver a esposa. A decisão foi em parte motivada por razões financeiras, uma vez que, se Isabella deixasse Florença levando seu dote, Cosimo estaria pondo seu bem-estar fiscal nas mãos de Paulo, em quem não confiava para tomar decisões inteligentes. Paulo dependia muito da generosidade de Cosimo e não estava em posição de objetar à decisão do sogro. Mas o desejo de reter Isabella em Florença não era somente uma questão de dinheiro. Cosimo não queria deixar partir a filha favorita. Com essa decisão, estava prestes a dar a Isabella, que acabara de completar 16 anos, um presente extraordinário, mais valioso que os 5 mil *scudi* em joias que ela recebera no casamento: um tipo particular de independência que lhe oferecia toda a proteção de uma mulher casada, e ao mesmo tempo a liberava da autoridade do marido. Uma condição que poucas mulheres de seu tempo desfrutaram.

Prato de vidro veneziano encomendado para o casamento de Paulo e Isabella

Jovem fidalga florentina

CAPÍTULO 3

Zibelinas e um chapéu almiscarado

À época de seu casamento com Paulo Giordano, Isabella posou para um retrato nupcial, mais uma vez produzido pela oficina de Bronzino. A maior parte desses retratos mostra as noivas ou pudicamente evitando o olhar do observador ou olhando de volta com uma expressão serena e em geral vazia, moças vistas mais como objetos e posses que como sujeitos em seu pleno direito. Mas não é o caso de Isabella; a mesma expressão zombeteira e divertida que exibia aos 8 ou 12 anos se intensificara, com o acréscimo de uma boa dose de autoconsciência e convicção. O observador fica ligeiramente confuso, com a sensação de a estar avaliando e ao mesmo tempo estar sendo avaliado por ela. Por mais coradas que possam ser suas bochechas, Isabella não é uma noiva envergonhada.

Ela ainda veste por baixo das roupas, como na infância, o *camiccioto* de colarinho alto. Agora, porém, ele é coberto por uma *sopravestita*, ou sobrevestido, adotada pelas donzelas ao chegarem à idade adulta. O sobrevestido de veludo escuro com mangas recortadas seria o traje que Isabella usaria no dia a dia, e no retrato ele se mostra ornado com pérolas dispostas na forma das *palle* dos Medici. O colar de pérolas e a cinta mostram uma fileira de joias na forma das rosas dos Orsini, um indicativo de que Isabella agora unia as duas casas. De modo mais significativo, preso à cinta e fiado ao longo da mão de Isabella está o que um observador moderno poderia confundir com uma pele de raposa, usada para aquecer ou simplesmente como motivo de decoração. Mas o animal, com sua cabeça dourada, é na verdade uma zibelina, arminho ou marta, da família da doninha, animal em que Lucina, parteira do pequeno Hércules, foi transformada por Juno depois que esta foi enganada e a criança nasceu. Esses animais eram, associados ao parto havia tempo, porém apenas mais recentemente suas peles haviam se tornado acessórios populares entre as noivas, como talismãs da fertilidade. Eleonora, mãe de Isabella, possuía ao menos quatro.

Apesar da consumação do casamento com Paulo, porém, a posse do peludo talismã tinha àquela época uma importância bastante simbólica para Isabella, uma vez que seu marido não estava ali em pessoa para engravidá-la. Após a partida dele em 4 de setembro de 1558, a vida da princesa prosseguiu praticamente da mesma forma como antes. Ela continuou a viver ao lado dos irmãos, inclusive Lucrécia, que só se mudou para Ferrara em fevereiro de 1560, já que o marido Afonso d'Este lutava na França. A família Medici — Cosimo, Eleonora e os filhos — permanecia unida. "Fui jantar com o duque, a duquesa e as crianças", embaixadores relatavam a suas casas, ou "o duque, a duquesa e as crianças estão prestes a partir em direção a Pisa", ou "o duque, a duquesa e as crianças retornaram a Florença".[1] Embora fossem agora adultos, Francisco, Isabella, João e Lucrécia já pareciam ter identidades públicas diferentes.

Em comparação com as comemorações do ano anterior, 1559 foi um ano de relativa calma para os Medici, que restringiram as diversões à esfera particular da família e da corte. Durante a primavera de 1559, quando passavam uma temporada em Pisa, o secretário pessoal de Francisco, Antonio Serguidi, enviou instruções sobre novas danças que podiam praticar: "a caça", que incluía perseguição e troca de parceiros; "a roda da fortuna", com muitos saltos e rodopios; "a batalha", com movimentos agressivos e muito sapateado; e o lento e dramático "o desafortunado".[2] Um acontecimento mais solene foi a transferência dos corpos de Lourenço, o Magnífico, e de seu irmão Juliano da Velha Sacristia concebida por Brunelleschi na igreja de San Lorenzo para o jazigo da adjacente Nova Sacristia desenhada por Michelangelo, espaço que impressionava pela sensação de paz e harmonia, proporcionadas pela utilização do aprazível e plácido arenito toscano cinza-claro, a *pietra serena*, contra o reboco branco. O corpo de Lourenço permanecia intacto, ao passo que o de Juliano estava "quase inteiramente consumido e transfigurado", embora a ferida na cabeça que o matara durante a conspiração dos Pazzi em 1478 ainda estivesse visível. Reverenciar os Medici do passado ainda era uma parte importante da existência da família.

Num âmbito mais público, pressionado pelo severo papa Paulo IV, um ex-frade da ordem dos dominicanos — líderes fanáticos da Inquisição —, Cosimo viu-se forçado a participar de atos contrários a seus instintos intelectuais. O papa havia expedido decretos determinando a queima de livros heréticos, e os governantes italianos precisavam reagir a essa ordem se não quisessem eles mesmos correr o risco de serem acusados de heresia. Cosimo tentou uma solução conciliatória, como explicou um de seus empregados em março de 1559: "O duque ordenou que queimemos os livros que digam respeito à religião, segundo as determinações de Sua Santidade, mas devemos preservar os que não tenham relação com ela, mesmo que proibidos ou no Index, porque Sua Excelência deseja que a queima sirva mais como uma ostentosa demonstração para satisfazer Roma do que como um ato propriamente eficaz, pois dessa forma poderemos manter seguros nossos pobres vendedores de livros, do contrário isto será sua ruína."[3]

A queima desses emblemas na cidade começou pouco após o decreto do papa: "Eles começaram a queimar livros, uma parte na Piazza di San

Giovanni [em frente ao batistério], a outra na Piazza di Santa Croce", registraram os cronistas florentinos.[4] Por mais pragmático que Cosimo tentasse ser, aos olhos de muitos dos espectadores era como se o espectro de um outro dominicano, Savonarola, e sua infame Fogueira das Vaidades tivessem voltado para assombrar a cidade. No entanto, enquanto a Contrarreforma — resposta católica à Reforma Protestante — tomava conta da Itália, o ambiente em Florença era um pouco mais moderado. Cosimo não cederia espaço à Inquisição, o núncio papal não poderia interferir nas questões de fé florentinas e os livros seriam os únicos objetos heréticos a serem queimados; pessoas, não. Por essa época, Cosimo também resistia às investidas da Igreja em perseguir a comunidade judaica da Toscana. Quando o papa Paulo IV quis expedir um decreto obrigando os homens judeus de toda a Itália a vestir amarelo, um secretário de Cosimo, Lélio Torelli, zombou: "Que ideia ridícula! Sua Santidade terá de permitir que os súditos de Sua Excelência se vistam e calcem segundo seus próprios costumes."[5]

Enquanto isso, Paulo Giordano, de volta a Roma, ao que parece cuidava da administração de seu espólio. No verão de 1559, ele solicitou ajuda a Cosimo para a aquisição de um jardim em Roma, mas Cosimo informou-o de que o proprietário recusava-se a vendê-lo. Paulo continuou a escrever a Isabella, utilizando os mesmos termos carinhosos dos últimos anos: "Eu a amo mais que a vida (...) Sinto-me tão mal em não estar com você." No entanto, naquele maio, surgiram indicativos de como ele realmente estava passando o seu tempo.

Em maio de 1559, Paulo teve uma participação nos acontecimentos que culminaram com o julgamento de Camilla, a Magra, prostituta romana que vivia na sua vizinhança e que fora acusada de atear fogo na porta de uma rival, Pasqua. O cáften de Camilla chamava-se Paulo de Grassi e era um bom amigo de seu homônimo Orsini, com quem passava bastante tempo. No tribunal, em 16 de maio, Camilla descreveu como, no sábado anterior,

Saí em direção à casa do signor Paulo Giordano (...) quando chegamos lá não consegui encontrar o signor Paulo, e segui procurando por ele. Descobri-o atrás da cama com uma mulher vestindo peles; não a reconheci. O signore veio em minha direção e eu perguntei: "Oh, que fedor é esse?", porque o signore tinha um festão de almíscar no chapéu. Nesse momento, a mulher se levantou, e vi que era Pasqua, a cortesã (...) Ela começou a falar, "O que quer dizer com 'fedor'?" O signore se aproximou para pôr os braços em torno de meu pescoço, e Pasqua começou a me chamar de vagabunda e quis me atirar um castiçal, mas o signore a deteve e lhe deu um grande empurrão. Os cavalheiros que me acompanhavam traziam esporas na mão, e, quando tentaram intervir, segundo me disseram, atingiram Pasqua superficialmente no rosto, provocando um grande arranhão. Eu quis ir embora. O signore não queria que eu fosse. Sentei-me. Pasqua recomeçou os insultos, eu lhe disse que não desejava brigar e que não me importava nem um pouco com as coisas que estava dizendo. E então o signore, que não desejava senão que saíssemos no tapa, e vendo que eu não me dispunha a isso, disse: "Já estou satisfeito. Retire-se." Então eu saí.[6]

O fato de Camilla — uma prostituta comum — citar Paulo — um dos mais importantes nobres de Roma — tão livremente em seu depoimento sugere quão previsível para os magistrados que ouviam seu caso era a presença dele nessa debacle suja e desagradável. Interessante também é o aparente desprezo da prostituta pelo pretenso grande nobre, quando zomba do excesso de almíscar em seu chapéu. O relato de Camilla ainda revela sobre Paulo uma outra coisa além de seu insaciável apetite sexual: ele não tinha aversão a ferir mulheres, e gostava de vê-las sendo feridas.

Se Roma não se surpreendia com tal testemunho do comportamento de Paulo Giordano, o marido de Isabella estava certamente nervoso diante da reação dos Medici à notícia, rapidamente disseminada. Se a família entendia que a fidelidade conjugal não fazia parte do contrato, tampouco esperava que Paulo se envolvesse em situações tão degradantes e ofensivas para Isabella e, por extensão, para o restante dos Medici. Em 22 de maio, Paulo enviou a Isabella algumas palavras de cautela: "Imploro que me diga se recebeu notícias minhas, e se está zangada com essas informações tão sinistras. Mas logo poderemos nos ver, de modo que poderei lhe explicar tudo, espere por minha chegada em no máximo oito dias."⁷ Mas a despeito das explicações que possa ter dado a Isabella e sua família com relação a sua conduta, é certo que não alterou seu estilo romano de vida.

Em agosto, Paulo Giordano escreveu aos Medici para falar de algo mais positivo: o irritadiço e difícil papa Paulo IV morrera. Quando teve início o conclave para eleger o novo pontífice, Cosimo prometeu à família d'Este que apoiaria a candidatura do cardeal Hipólito d'Este, irmão de seu genro Afonso, mas na verdade não tinha intenções de fazê-lo. Ele queria um papa cujos interesses principais se alinhassem com os seus, e não com os de seus inimigos em Ferrara. Se não havia um candidato no seio da família mais íntima, Cosimo estava disposto a endossar um outro Medici, um que não era parente mas cuja trajetória de relativa humildade significava que ficaria feliz em reivindicar laços com os Medici de Florença. Assim, o duque apoiou a candidatura do cardeal milanês João Angelo Medici, eleito papa Pio IV após um extenso conclave em 25 de dezembro de 1559.

Logo após sua eleição, o papa Pio IV começou imediatamente a pagar a dívida pelo apoio de Cosimo à sua bem-sucedida candidatura. Em 31 de janeiro de 1560, o tio de Paulo Giordano, o cardeal Guid'Ascanio Sforza, novo tesoureiro papal, fez uma visita a Florença. Trouxe consigo o prêmio pelo qual Cosimo e Eleonora haviam conspirado ao longo de quase uma década: o capelo de cardeal para João, então com 16 anos. Os Medici não contavam com um cardeal na família desde a morte de Hipólito de Medici, quase trinta anos antes. Com a eleição de João, renovaram-se as suas aspirações eclesiásticas, como expressa o poema comemorativo composto pela poetisa da corte, Laura Battiferra:

Terrestre Jove, em teus anos de formação, a ti
O imponente caminhante que nunca erra guarda as
Chaves e rédeas do paraíso e da terra para alegrar
Nosso mundo tomado de angústia;
Assim, em teu sagrado seio temporão Ele encerra
Amadurada sabedoria, a cada vez mais ampla, e após embate tão longo
Semeia doce paz em teu rosto
Mais sereno que o céu.
Ele vê teu justo, invicto e luminoso Saturno,
A quem serás pio e fiel, como o são
Dele os desertos e teu constante dever.
E a dadivosa Berecíntia medida por
Medida casa esperança e desejo de ver-te ainda um
Novo jovem Leão.[8]

A última linha do poema é a mais reveladora. O último cardeal João entre os Medici a se transformar, de maneira ovidiana, em jovem leão tornou-se papa Leão X em idade notavelmente tenra.

Em março de 1561, o jovem João foi a Roma para uma visita prolongada. Giorgio Vasari descreveu como, ao passar por algumas cidades toscanas a caminho de seu destino final, ouviu da população gritos de "*Papa, Papa*" em vez do tradicional "*Palle, palle*" usado para saudar os Medici.[9] *Palle*, que se poderia traduzir por "esferas" ou "bolas", evocava o símbolo dos Medici, e um homem da família, ao ouvir o cumprimento durante uma procissão, estava sendo louvado também em sua masculinidade.

Embora o experiente prelado florentino Alexandre Strozzi fizesse todo o trabalho de verdade, a posição de cardeal demandava constantes negociações políticas e burocráticas, e João com frequência estava fazendo contatos em jantares, caçadas e festas. Naquele momento, Paulo Giordano encontrava-se em Florença com Isabella, mas durante sua ausência de Roma João pôde conhecer melhor os parentes de Paulo: seu tio, o cardeal Sforza; sua irmã Felícia; e seu cunhado Marco Antônio Colonna.

"Beijei em seu nome a mão da signora Felícia", João escreveu ao irmão Francisco, "que é de fato digna do gesto, uma mulher da mais alta nobreza, extremamente afeiçoada à nossa casa, e ela manda retribuir-lhe, e à senhora Isabella, os mesmos cumprimentos."[10]

É por meio das cartas romanas de João que somos informados de que, por volta de abril de 1560, Isabella engravidara pela primeira vez. No início de maio, João escreveu a Paulo, então em Florença, para lhe fazer saber que "estou muito contente que a gravidez da senhora Isabella siga tão bem, como me disse em sua carta, e mais uma vez congratulo a todos por isto, nossa alegria coletiva, e rogo que mande a Isabella minhas mais afetuosas saudações".[11] Então João acrescentou algumas palavras que Isabella ouviria diversas vezes ao longo da vida. Ele solicitou a Paulo que "implore a ela para tomar cuidado, pois isto é muito importante para a sua saúde e a dos outros". O amor de Isabella por atividades como a dança e a caça não era adequado ao bem-estar de uma criança que ainda não nascera.

Mais tarde naquele mês, porém, Isabella perdeu o bebê. João pediu a Paulo que "a conforte, e faça com que tome todas as providências para salvaguardar sua saúde, de modo que ao tempo certo nós possamos, com a ajuda de Deus, ver surgir dela e de Vossa Excelência aqueles frutos que todos desejamos tanto".[12] Para a maior parte das moças, levadas para a casa dos maridos logo após o casamento, a vergonha de um aborto teria sido imensa, uma vez que o propósito da mulher dentro de casa era gerar um herdeiro. Mas para Isabella, que jamais deixara a família, o ímpeto e a importância da concepção não pareciam tão intensos, o que minorava a angústia e a tristeza que ela pudesse sentir. Quando João escreveu a ela no final de maio, não fez nenhuma menção ao término da gravidez. Disse-lhe apenas que enviava "essas poucas coisinhas que os padres costumam mandar de Roma [rosários, medalhinhas sagradas ou *agnus dei*], junto com o amor que tenho por você, que sei que a deixará contente".[13]

Apesar dos prazeres da sociedade em Roma, João logo começou a sentir saudade dos seus. Quando Francisco mencionou em carta ter passado algum tempo na companhia de Isabella, Paulo e do primo don Luís di Toledo, João se entristeceu. "Com infinito prazer, tomei conhecimento das maravilhosas atividades das quais tem participado com a senhora Isabella, o signor Paulo, don Luís, e invejo-o por desfrutar de tão doce companhia. Rezo a Deus para poder partir em breve."[14] Em junho, João finalmente voltou a Florença para o restante do verão, e os Medici novamente se reuniram.

Naquele verão, Cosimo voltou sua atenção para embelezar Florença ainda mais. Em junho de 1560, Bartolomeu Ammannati começou a trabalhar na criação de um grandioso pátio para o Pitti, que ampliaria a disposição do palácio para os entretenimentos. Cosimo queria ver a Piazza della Signoria tornada ainda mais espetacular com o acréscimo de estátuas representando deuses e heróis. Isso não apenas a embelezaria, mas pronunciaria também a grandiosidade dos Medici. Em 1554, Benvenuto Cellini finalizara a excepcional estátua de bronze que mostrava Perseu segurando a cabeça da Medusa — que por sua vez teria tido por molde a da amante do escultor —, e que foi instalada em seguida na Loggia dei Lanzi. Agora Cosimo desejava um novo colosso para fazer companhia ao *Davi* de Michelangelo. Em 22 de junho de 1560, "uma bela peça de mármore" chegou à cidade. Como no caso do *Davi*, já estava destinada a se transformar em uma estátua colossal, dessa vez uma representação de Netuno, decisão tomada antes mesmo que um escultor fosse selecionado para o trabalho. Então, em 7 de outubro, "o mármore destinado a representar Netuno foi erigido na grande loggia da piazza, para que pudesse começar a ser trabalhado pelas mãos de Bartolomeu Ammannati, cujo traçado agradava ao duque Cosimo ainda mais que o de Benvenuto Cellini".[15]

Nessa ocasião, o julgamento artístico de Cosimo se mostrou um triste equívoco. Mesmo hoje, ainda que impressione pelo tamanho e conte com o destaque oferecido pela fonte em que foi disposto, *Netuno* carece claramente da graça que Cellini teria imprimido à obra, e, ao lado do *Davi* de Michelangelo, soa ainda mais frustrante. "*Ammannati ruinati*", afirmou Michelangelo, aos 87 anos, sobre o prejuízo causado por Ammannati a uma peça de mármore outrora bela e impecável.

    Naquele mesmo outubro, enquanto Ammannati trabalhava a escultura na Piazza della Signoria, Cosimo tomou uma decisão sem precedentes na vida da família. Ele deixaria Florença nas mãos de Francisco, o *principe* de 19 anos, e faria uma viagem a Roma, levando consigo Eleonora, João, Garcia e Isabella.

Palazzo Pitti

CAPÍTULO 4

O duque e a duquesa de Bracciano

Desde que consagrou João de Medici cardeal, o papa Pio IV não parou de conceder distinções à família no governo de Florença. Em outubro de 1560, ele deu a Garcia, terceiro filho de Cosimo, o título de Comandante da Esquadra Papal. Como Garcia tinha apenas 13 anos na ocasião, ninguém pretendia de fato enviá-lo ao mar; mas, é claro, um rendimento acompanhava a posição, e os Medici encontrariam utilidade para ela. Ademais, se o filho mais velho um dia se tornaria governador de Florença e o segundo na sucessão seria cardeal, fazia sentido que o terceiro seguisse carreira militar. Pio ainda esperava que no devido tempo Garcia se casasse com sua sobrinha, embora Cosimo não fosse propenso a casamentos com famílias papais, dada a provável brevidade do valor da união.

Ao longo do verão de 1560, Cosimo trabalhara também para assegurar benefícios a Paulo e Isabella. "O arcebispo de Rozzano fará por amor a vocês tudo que lhe for pedido no que disser respeito ao signor Paulo",

João escreveu ao pai antes de deixar Roma, em junho, sobre o lombardo que tinha uma influência particular sobre o papa.[1] Em outubro, Pio IV publicou um édito de quatro páginas no qual anunciava que "criamos, constituímos e nomeamos Paulo Giordano duque e Bracciano ducado, com todas as distinções, títulos, prerrogativas, privilégios, transmissíveis a seus sucessores".[2] Como as terras de Paulo Giordano localizavam-se nos estados papais, somente Pio IV poderia torná-lo duque, e ao fazê-lo Isabella transformava-se por conseguinte em duquesa. A ocasião foi marcada pela cunhagem de uma medalha comemorativa desenhada por Domenico Poggini, chefe da casa da moeda florentina. O perfil de Isabella aparecia em um dos lados e o de Paulo no outro, ambos representados como figuras estáticas, solenes e importantes.

A ascensão a duque podia ajudar Paulo Giordano a receber comissões mais altas da Espanha. Além disso, pelo menos em termos de hierarquia, ela o punha em condições de igualdade com os Medici, d'Este, Farnese, della Rovere, Gonzaga e, principalmente, com seu grande rival romano, Marco Antônio Colonna, duque de Paliano.

Com essas novas distinções conferidas à família, Cosimo decidiu que uma visita dos Medici à Cidade Eterna, para apresentar seus cumprimentos ao papa, seria muito adequada. Além disso, ela poderia coincidir com as comemorações pela abertura do Concílio de Trento, que se reuniria para discutir reformas na Igreja Católica e garantir que não houvesse mais avanços de protestantes heréticos. A presença de Cosimo em Roma serviria ainda para enfatizar sua posição de bom governante católico.

Em 7 de novembro de 1560, o "duque Cosimo fez, por volta das sete da noite, sua entrada solene na cidade de Roma, onde foi recebido com grande honra pela corte papal e por um grande número de nobres, barões e cavalheiros".[3] Na mesma noite, Eleonora, acompanhada por Isabella, foi recebida por Pio IV na Villa Belvedere do Vaticano, espaço tradicional do palácio em que o papa podia entreter formalmente as mulheres da elite. Esses quartos serviriam como apartamentos para a família Medici durante sua estada em Roma. O cardeal João também dispunha de aposentos particulares no palácio papal. Paulo Giordano, ainda com boa parte de seu próprio palácio alugada ao cardeal d'Este, não contava com nada suficientemente magnífico para oferecer à esposa e aos parentes durante o tempo em que permaneceriam na cidade.

Havia muitos entretenimentos disponíveis para os Medici em Roma. Em 25 de novembro, eles assistiram a uma grande procissão eclesiástica, na qual toda a corte papal desfilou desde a Basílica de São Pedro até a igreja de Santa Maria sopra Minerva em comemoração à abertura do Concílio de Trento. Isabella em toda a vida jamais deixara a Toscana, e havia muitos locais a visitar que atraíam a atenção de uma jovem versada em estudos da Antiguidade. Quanto às obras modernas, havia muitas de Michelangelo, ex-protegido de sua família. Ele se recusara a voltar a Florença — seu modo de protestar contra o tratamento cruel dado por Cosimo aos exilados anti-Medici 23 anos antes. No entanto, o desarranjo nas relações da família com o maior artista vivo não diminuíam o interesse de ver as contribuições desse filho de Florença à cidade de Roma. Sob a direção de Michelangelo, negada a ele por tantas décadas, a construção da nova Basílica de São Pedro não mais definhava, dando agora passos largos rumo à conclusão. Suas paredes, gigantescas colunas e pilares já estavam terminados, e haviam começado os trabalhos no vasto tambor sobre o qual por fim repousaria o imenso domo. Michelangelo contribuíra também na recente construção da igreja de San Giovanni dei Fiorentini, iniciada pelo tio-avô de Cosimo, o papa Leão X, e frequentada pelos florentinos em Roma. A igreja, edificada na Via Giulia, ficava de frente para o rio Tibre, cujas águas, em períodos de cheia, alcançavam as fundações do templo, imergindo-as tal qual um João Batista.

A capela funerária que o cardeal Guid'Ascanio Sforza, seu tio por casamento, recentemente encomendara para a igreja titular de Santa Maria Maggiore, também interessava a Isabella. De maneira notável, Sforza conseguira convencer Michelangelo a conceber o projeto, em que paredes inclinadas pouco comuns conferiam extraordinária vida ao espaço (é muito intrigante, porém, onde exatamente o cardeal teria conseguido dinheiro para contratar o maior artista vivo da Itália).

O cardeal João de Medici estava muito contente por ter a companhia da família em Roma daquela vez, em especial a de Isabella e seu cunhado. Ele escreveu a Francisco em Florença descrevendo os jantares que tiveram: "Hoje", relatou em 17 de dezembro, "estivemos caçando perto de La Storta [terras arborizadas a nordeste do Palácio Vaticano], o signor Paulo, a senhora Isabella e eu. E embora eu não conhecesse o campo, não nos saímos nada mal."[4]

João, porém, estava ansioso por voltar à sua terra natal. Como todos os clérigos da família antes dele, seu coração estava em Florença, não no centro do mundo cristão. Roma podia oferecer aos Medici cenários que eles nunca haviam visto antes, mas carecia da ordem e coesão de Florença, para não falar de uma instintiva sensação de familiaridade. Ao contrário, Roma alastrava-se, suas paisagens estupendas, palácios e villas espalhados por bolsões de áreas arruinadas, perigosas e desaconselháveis à visitação. Não obstante os desejos de João, a partida da família foi atrasada devido a uma intoxicação alimentar de Cosimo causada por envenenamento, e os Medici não se puseram em direção ao norte senão em fins de dezembro.

Seguir rumo ao norte significava que passariam por Bracciano, feudo — e não ducado — de Paulo Giordano. O novo duque de Bracciano estava entusiasmado com a ideia de uma visita dos Medici ao seu território, e começou a se preparar para o evento o melhor que pôde. Estava particularmente ansioso para impressionar a esposa e sua família com o castelo em Bracciano, que pertencia aos Orsini desde o século XIV, antiguidade que os Medici não podiam reivindicar para nenhuma de suas residências. O problema com Bracciano era que estava muito desgastado. Não passava por reformas substanciais havia décadas; a aldeia em sua base era medieval sob todos os aspectos, suas ruas e habitações precisando com urgência de modernização. Paulo, no entanto, estava determinado a *fare la mostra*, promover uma exibição, expressão que o viajante elisabetano sir Robert

Dallington descobriu ser extremamente importante para o modo de vida italiano. Paulo contratou Taddeo Zuccaro, o pintor romano da última moda, para pintar a fresco a sala mais prestigiosa do castelo, conhecida como "*camara papalina*", por ter sido ocupada pelo papa Sisto IV em 1481. Em dezembro, a pequena câmara estava mais bem aquecida que os grandes salões expostos a correntes de ar, assim como os cômodos nos quais os visitantes de Paulo passariam boa parte do tempo. Zuccaro decorou o salão com uma alegoria da Paz e Vitória, signos do zodíaco, pequenas figuras de deuses pagãos, criaturas endiabradas e desenhos extravagantes. Tais imagens são conhecidas como "grotescas" — palavra derivada de *grotto*, ou gruta —, pois foram vistas pela primeira vez na Casa Dourada de Nero, que, ao ser descoberta em Roma no final do século XV, foi enterrada sob novas construções, seus aposentos com aspecto de grutas. Em meio aos ornatos havia o brasão dos Orsini e, sobre a porta, um escudo guarnecido com as *palle* dos Medici sustentadas por dois *putti*.

Paulo também se preocupava com o despreparo dos empregados de Bracciano em relação ao padrão da corte dos Medici, então perguntou ao bondoso João se este lhe emprestaria alguns servos de sua casa. João fez o melhor que pôde para ser afável, mandando dizer: "Quanto ao pedido do signor Paulo a respeito da viagem a Bracciano com Isabella, diga a ele que preciso de meu *credenziero* [camareiro], mas que de bom grado lhe cederei meu subcamareiro e meu cozinheiro."[5]

"Agora estamos em Bracciano", escreveu Cosimo ao duque de Ferrara em 29 de dezembro de 1560, sem fazer qualquer comentário sobre o castelo do genro.[6] Ele havia manobrado para que João se tornasse arcebispo de Pisa, e juntos avançariam pelo leste da Toscana antes mesmo de João receber oficialmente a mitra. Ausente de Florença, o duque mostrou-se disposto a ceder ao pedido do genro para que Isabella passasse o Ano-Novo em Bracciano. Pela primeira vez em sua vida de casada, Isabella ficaria sozinha com o marido em seu castelo titular.

Se Bracciano era com folga uma residência muito mais antiga que quaisquer dos palácios e villas que Isabella já havia ocupado, a antiguidade não necessariamente significava conforto e familiaridade. Isabella estava acostumada às residências florentinas, que davam para as ruas da cidade e onde falava-se o toscano, língua dela e idioma comum de grande parte da Itália. Agora o que a princesa mais ouvia era o dialeto estrangeiro do Lácio. Isabella passava bastante tempo no interior, mas as villas dos Medici eram ladeadas por campos e jardins magníficos, e montanhas belamente cultivadas com bosques de oliveiras. Bracciano não possuía jardins desse tipo; era uma fortaleza cercada por torres, encerrada, proibitiva e estranha a ela, sensação que se intensificara com a partida de sua família. Ela odiava o frio e a umidade, e jamais tinha vontade de se aventurar pelas ruas lamacentas; em um dezembro escreveu furiosa a Florença falando do "enorme frio, e embora usemos vestidos forrados, ainda assim não conseguimos nos aquecer, então permanecemos tão próximo da lareira quanto possível".[7]

Sob vários aspectos, foi este episódio em Bracciano que marcou a entrada real de Isabella, então com 18 anos, na vida adulta, mais do que os momentos em que perdeu a virgindade, ficou grávida ou sofreu um aborto. Ela estava muito longe de seu familiar mundo toscano, e também distante dos pais e do irmão, que haviam lhe acompanhado durante a temporada em Roma; ela deixara o pai "muito a contragosto".[8] Se Isabella alguma vez imaginara a razão de o pai insistir tanto na sua permanência em Florença em seguida ao casamento com Paulo, tudo agora estava bastante claro. A vida em Roma e no feudo aparentemente abandonado por Deus que o marido oferecia a ela, uma princesa Medici, simplesmente não era boa o bastante. Paulo podia descender de uma família venerável, mas seu novo status de duque não teria sido possível, ela imaginava, não fossem as relações com os Medici e as negociações de Cosimo com o papa. Quanto aos sentimentos de Paulo por ela, as cartas dele podiam estar repletas de termos afetuosos, mas Isabella não passara dois meses em Roma sem descobrir alguma coisa sobre como o marido realmente gostava de passar o tempo. O padrão de vida conjugal que ela conhecia — o de seus pais — era muito alto. Estava evidente agora que o dela não chegaria nem perto.

Mas como todas as mulheres nos primórdios do mundo moderno, Isabella entendia que o casamento raras vezes tinha a ver com amor, sendo uma transação comercial destinada a beneficiar as famílias envolvidas. Ela sabia que, apesar dos defeitos, Paulo tinha uma utilidade para o pai, e que era dever dela, como Medici, assegurar-se de que o marido fizesse a sua parte. Paulo, por sua vez, reconhecia o papel de facilitadora que Isabella exercia em sua vida, sendo uma conexão com o governador de Florença, de cuja boa vontade ele dependia. Se não tinha mais amor pela esposa do que ela por ele, apreciava sua inteligência e vitalidade. Se o aborto fora uma decepção, contava que ela engravidasse em outro momento e lhe desse os filhos que herdariam seu novo título de duque de Bracciano. A insistência de Cosimo na permanência de Isabella em Florença podia ser de certa forma insultante para a honra de Paulo, porque mostrava a todos que ele não estava no controle da esposa. Por outro lado, o arranjo lhe dava plena liberdade para buscar seus outros objetivos sexuais. Se decidisse lhe entregar Isabella, Paulo calculava, Cosimo se certificaria de que a filha passasse bastante tempo longe de Roma, ali em Bracciano, e portanto afastada de amigos do genro como Paulo de Grassi, o cáften, Camilla, a Magra, e Pasqua de Pádua. Isso era precisamente o que Isabella receava, ser encerrada em um lugar que lhe parecia horrível, distante de tudo que ela conhecia e amava. A lealdade de Isabella a Florença não era apenas uma vontade do pai, mas também um ardente desejo que ela nutria.

A aparência de um casamento amoroso, porém, precisava ser mantida, sendo essencial para a credibilidade tanto da casa dos Orsini quanto da casa dos Medici. Marido e mulher não podiam manter uma correspondência desprovida de expressões de afeto, pois havia o temor de as cartas serem interceptadas e se espalhar a notícia de um conflito entre as famílias. Havia muitos grupos ávidos por tirar proveito de qualquer discórdia desse tipo, entre eles os franceses, que haviam perdido o tradicional apoio dos Orsini quando Paulo, em conformidade com os desejos de Cosimo, começou a colaborar com os espanhóis. Por conta desse posicionamento, em tempos de guerra ele poderia chegar a ponto de reunir um exército e lutar ao lado da Espanha contra a França, tradicional suserana de sua família. Mesmo em tempos de paz, em Roma se saberia que o líder de uma das famílias mais poderosas da cidade era pró-espanhol e, se necessário, um porta-voz da Espanha.

Como representantes de ambas as casas, unidos pelo casamento, Paulo e Isabella eram com frequência obrigados a participar de negociações comerciais, promovendo seus interesses pessoais ou mútuos. Em janeiro de 1561, Paulo, que acabara de completar 20 anos, e Isabella, com 18, ficaram frente a frente no castelo do qual eram agora duque e duquesa. Sentaram-se para discutir um problema premente, um dos muitos que teriam a atenção de ambos ao longo dos anos. Paulo havia trazido a sua casa um ex-empregado dos Medici, Carlo Fortunati, que cinco anos antes, em Florença, cometera um assassinato e fugira. Ele desejava retornar à cidade e servir à casa dos Medici-Orsini. Isabella estava disposta a concordar com isso, uma vez que a mãe de Carlo já a servira anteriormente, então tomou da pena e tolamente escreveu ao pai. Seu tom é de um tipo que vai se tornando gradualmente familiar, um pouquinho brincalhão, predisposto ao exagero, e bastante certo de conseguir do *babbo* o que deseja. "Esta carta serve para suplicar a Vossa Excelência que garanta a salvaguarda de nosso empregado Carlo Fortunati. Como este é o primeiro favor que lhe peço, realmente espero que não me seja negado, e lhe peço isto com toda a humildade que poderia demonstrar."[9] Cosimo atendeu ao pedido da filha e mandou a Carlo um salvo-conduto com validade de dois meses.

A carta de Isabella ao pai concluía: "Rezo a Deus para que o veja muito em breve." A duquesa de Bracciano já tivera o bastante de sua casa titular. Era hora de voltar ao lugar a que de fato pertencia, e ela faria tudo ao seu alcance para se certificar de jamais voltar a Bracciano.

Jardins de Boboli

CAPÍTULO 5

"Meu irmão e eu"

Em meados de janeiro de 1561, Paulo e Isabella deixaram Bracciano a caminho de Florença. Fizeram uma parada em Pisa para encontrar Cosimo e João, e ali ficaram durante alguns dias. Havia uma confusão na corte pisana. Morgante, o anão, andara se envolvendo em brigas e trocando ofensas verbais com um dos camareiros de Cosimo, Antonio Vega. Este solicitou a ajuda do "signor Paulo para acalmar Morgante".[1] Paulo Giordano evidentemente chegou a um acordo com o anão, e achou-se por bem que Morgante passasse mais tempo junto ao séquito do casal ducal de Bracciano, onde estaria menos inclinado a entrar em disputas com os funcionários de alto escalão de Cosimo.

Quando a família retornou a Florença, Cosimo voltou sua atenção para a construção do edifício que viria a definir seu reinado, e que ao preço de 400 mil *scudi* encontra-se entre os mais dispendiosos do final do século XVI. O Palazzo degli Uffizi degli Magistratura, ou "palácio dos escritórios dos magistrados" — que seria conhecido como Ufizzi —, tinha por objetivo abrigar e portanto centralizar as agências administrativas de Florença, que incluíam guildas de mercadores, banqueiros e outras relativas ao comércio de seda, remédios, condimentos, fabricantes de carruagens e artesãos da madeira. Outros escritórios compreendiam a milícia ducal, o Tribunale di Mercanzia, o tribunal comercial, o Magistrato dei Pupilli para a salvaguarda dos direitos dos menores de idade, bem como o Ufficio dell'Onestà, que supervisionava a moralidade pública e a execução de prostitutas e homossexuais. E uma vez que a construção se estenderia do Palazzo Vecchio em direção ao rio Arno, a centralização também ampliava o controle de Cosimo sobre essas agências, que instintivamente esquivavam-se de ceder a uma autoridade maior.

Cosimo havia muito cultivava esse projeto. Em 1546, ordenou a demolição de fileiras de casas e lojas medievais na descida do rio, de modo a abrir espaço para a construção do Uffizi. Por conta disso, durante os 15 anos seguintes, um talho sujo, profundo e lamacento pela proximidade do rio, com frequência transbordando, maculou a paisagem florentina enquanto não se selecionava um arquiteto para construir os escritórios. Cosimo por fim se decidiu por Giorgio Vasari. Como o próprio artista escreveu depois: "Nunca construí nada mais difícil ou mais perigoso, uma vez que foi preciso instalar as fundações no leito do rio."[2] A construção, porém, é sem dúvida o ponto mais alto da carreira de Vasari como arquiteto. Seu projeto criava duas longas galerias de três pavimentos, com uma loggia no andar térreo, cada uma flanqueando uma piazza retangular. O desenho dos vãos, revestidos do arenito toscano cinza-claro, a *pietra serena*, era repetido diversas vezes, dando ao lugar um aspecto de asseio, severidade e corporativismo, que pelos séculos seguintes se tornaria referência em prédios de escritórios em toda a Europa.

A construção do Uffizi era também um símbolo adicional do domínio dos Medici sobre a cidade de Florença. Em abril de 1561, porém, notícias vindas de Ferrara jogaram um balde de água fria nas estratégias meticulosamente planejadas por Cosimo no sentido de assegurar alianças externas. Sua filha Lucrécia encontrava-se severamente doente havia mais ou menos um mês, a ponto de o duque enviar um médico da família, Andrea Pasquali, para assisti-la e retornar a Florença boletins mais detalhados. Os sintomas de Lucrécia — febre, violenta perda de peso, tosses constantes e sangramento contínuo no nariz — levam a crer, segundo o diagnóstico moderno, que ela sofria de tuberculose. Na noite de 20 de abril, Pasquali escreveu a Cosimo: "Chegamos ao fim. Se Deus não ajudá-la, duvidamos que ela passe desta noite."[3] Lucrécia estava morta no dia seguinte. Não havia filhos de seu casamento com Afonso d'Este.

Nem Lucrécia nem a irmã Maria chegaram aos 18 anos. Isabella, que ainda não completara 20, era agora a última remanescente das princesas Medici, e dessa forma se tornou cada vez mais preciosa aos olhos do pai. Nos últimos meses, ela se desprendera dos últimos resquícios da adolescência. Era uma duquesa de direito e aos poucos adquiria voz e hábitos próprios, nem sempre particularmente rigorosos, e sobre os quais falava com bastante franqueza. Por exemplo, não gostava de acordar cedo. "Pensei que Nicolau levaria a você uma de minhas cartas", escreveu a Paulo em Roma, "mas infelizmente o hábito dele de acordar cedo não me permitiu estar de pé e lhe escrever a tempo, antes que ele partisse." Ela reclamava de ter que escrever tantas cartas: "Você vai encontrar sua esposa com um dedo quebrado", advertiu o marido.[4] Tampouco parecia ter herdado dos Medici o gene para as atividades bancárias. Cosimo concedera a Isabella uma pensão, mas ela apresentava grande dificuldade em viver dentro de um orçamento, como ela mesmo explicita: "Estou pondo em ordem a venda de algumas de minhas joias, de modo a pagar aqueles que se disporiam a aceitar pertences meus, mas receio que seja como lançá-las ao rio, porque elas valem mil ducados, e os venezianos me oferecem apenas duzentos", disse a Paulo em carta de 10 de maio de 1561.[5] Há boas chances de Isabella ter conseguido mais que duzentos ducados pelas joias, que foram provavelmente empenhadas, e não diretamente vendidas, mas ela não permitiria que o marido soubesse disso, por medo de que ele, sempre sem recursos, pedisse uma parte do dinheiro. Mimada durante toda a vida, ela se aborrecia a qualquer sinal de doença, e com efeito, diante da morte das irmãs, tinha essa atitude encorajada por aqueles a sua volta. "Estou esperando até que possa fazer um pouco de exercício, para ver se finalmente consigo me livrar dessa sensação de biliosidade", declarou no mês de junho em Poggio a Caiano, mas não biliosa o bastante para deixar de se alegrar com o fato de que a "caça é boa".[6]

A caça era agora uma das maiores paixões de Isabella, assim como de outros membros de sua família, e sem dúvida o seu maior interesse em comum com o marido. "Não sou uma caçadora de pássaros", declarou a princesa, e quando o esporte era o único que uma excursão oferecia, ela afirmava não ter prazer algum nisso.[7] Por outro lado, participava da divertida caça dos *becaficchi*, passarinhos canoros apanhados com o auxílio de redes e verdadeiras iguarias culinárias, que ela vira sendo caçados, quando criança, por Morgante e sua coruja. Isabella também apreciava muito a pesca. Quando se tratava de caçar, para ela a emoção da perseguição não era o bastante, como na ocasião em que "tivemos uma péssima caçada (...) não pegamos nada senão um miserável javali, que morreu na rede".[8] Capturar um javali na rede era muito menos satisfatório que derrubar o animal. Para a princesa, um bom dia de caça seria como aquele na distante villa de Artimino, quando "matamos 42 javalis, dez veados e talvez 12 lebres com grande alegria", e ela percorrera quase "cinco quilômetros a pé" na perseguição à presa.[9] Isabella também mantinha e criava seus próprios cães de caça, de uma raça ainda conhecida como Bracco Italiano — perdigueiro de pelos brancos e castanhos observado na Itália pela primeira vez no século XIV. Ela se orgulhava particularmente da signora Anna, uma cadela cujos filhotes, ela ficou feliz em declarar, "abasteceram toda a província".[10]

O desdém de Isabella em relação a acordar cedo, suas extravagantes declarações de fadiga — "Estou morta de cansaço" — e sua desatenção com o dinheiro podem fazê-la parecer apenas uma mimada menina rica com poucas preocupações além de si mesma.[11] Mas mesmo aos 19 anos ela desempenhava seu papel como Medici e auxiliava na organização da sociedade sobre a qual sua família reinava. Entre uma e outra excursão de caça em Poggio a Caiano, Isabella tratou de um assunto referente aos Capponi, antiga família florentina de alta classe que vivia no Oltrarno, do outro lado do rio. "Há sempre moças a casar aqui em Florença, e agora que ganhei alguns anos comecei a tomar parte na formação dos melhores arranjos. Nos últimos dias uma irmã de João Batista Capponi morreu, deixando 3 mil *scudi* a serem redistribuídos. Seus pais agora o atormentam para que decida quem deseja tomar como esposa, e estou certa de que Capponi fará o que quer que eu lhe ordene." Isabella tornara-se agora a patrona da família Capponi. Em 18 de agosto de 1561, ela explicou ao marido: "Não posso me estender, sou esperada para o jantar por Madonna Lisabetta Capponi, que está casando uma das filhas."

Em outras oportunidades, o próprio transporte das cartas ao marido em Roma propiciava aos Medici uma ocasião para trocas políticas. "Não quero perder a chance de beijar-lhe as mãos e dar-lhe notícias do meu bem-estar, e espero ouvir o mesmo de você", ela escreveu a Paulo pouco depois de completar 19 anos. Então passava ao verdadeiro ponto da missiva: "O portador desta carta será um espanhol chamado Scalantese, que pedirá certos favores a Vossa Excelência, e espero que lhos conceda por amor a mim."[12] Certamente esses favores eram de natureza política e não podiam ser expressos por escrito. Apresentado como portador da carta de Isabella, Paulo saberia que Scalantese chegara a Roma sob a autoridade e proteção dos Medici.

Isabella desempenhava agora em Florença o tipo de papel que deveria ter cabido a sua mãe. Agenciava casamentos — estabelecendo relações e negócios variados com a nobreza florentina, certificando-se ao mesmo tempo da submissão desta — e até mesmo se correspondia com outros governantes italianos em nome daqueles que haviam servido aos Medici. Em fins de 1561, a jovem de 19 anos enviou a seguinte carta à duquesa de Mântua, com respeito a um soldado banido da cidade por conta de um crime de assassinato:

Com a confiança que me prometem a cortesia e bondade de Vossa Excelência, venho rogar com o melhor de minha persuasão para que me faça o favor de suspender o banimento de João Paulo Donato em sua cidade, por ter ele matado um certo Magrino, que previamente maltratou e claramente provocou o mencionado João Paulo, e sabendo que os parentes deste estão dispostos a garantir que se mantenha calmo, também ele deseja a benevolência de Vossa Excelência. Rogo uma vez mais, com toda a minha alma, que lhe faria alegre conceder-me o primeiro favor que jamais lhe peço. Permanecerei em profunda dívida com Vossa Excelência, e tanto quanto puder fazer em seu favor, farei o que quer que queira de mim, e com todo o meu coração me ponho a seu dispor e beijo-lhe a mão. Sua como uma filha, Dognia Isabella Orsina.[13]

Cosimo também escreveu uma carta à duquesa de Mântua sobre o assunto, usando porém linguagem muito mais prosaica e explicando que João Paulo tivera de "defender sua honra de soldado". Ele estava certamente por trás da explosão mais veemente da filha, sabendo que seu tom adolescente — mais apropriado, se não calculado — poderia influenciar a duquesa e torná-la mais predisposta a suspender o banimento de seu súdito florentino.

Mesmo a concessão do menor dos favores podia ser significativa. "Mutio Frangipani", escreveu Isabella de Poggio a Caiano com relação a um nobre romano, "me enviou uma missiva pedindo um par de luvas floridas, e as enviarei a ele na primeira oportunidade".[14] Ela podia não ser muito boa com dinheiro, mas entendia de maneira instintiva a importância da boa vontade e reciprocidade no sistema governamental. Sua mãe, criada em um mundo espanhol no qual a família respondia apenas ao rei, e não tendo feito esforço algum no sentido de se tornar florentina, não tinha essa habilidade, negando-se a fazer concessões e recebendo mais do que dando. Além disso, Eleonora recentemente afastara-se ainda mais de Florença e da corte dos Medici, passando seu tempo com os filhos mais novos. Não gozava do melhor de sua saúde e provavelmente sofria de tuberculose. Observou-se, em 1561, que estava "sempre doente e toda manhã vomita a comida".[15] Um retrato do final da década de 1550 mostra a duquesa com um rosto torcido e algo cadavérico, muito diferente da viçosa Madonna retratada não mais que uma década antes.

Com efeito, Eleonora — uma forte presença durante a infância de Isabella — parece não ter desempenhado nenhum papel na vida da filha à época de seus 19 anos. Era como se Isabella tivesse apenas um genitor, Cosimo. Em fins de julho, a princesa escreveu: "Meu senhor o duque e o cardeal rogaram-me ambos que viesse para uma temporada de três semanas no Pitti, e então eis-me aqui, e estamos todos bem, e me fizeram tantos afagos que eu não saberia dizer, e aqui escaparemos juntos do calor, em tal companhia que penso que o tempo passará de maneira muito agradável."[16] Esses abafados dias de julho e agosto transcorriam com pouco exercício físico, sem caçadas nem danças alegres. Em vez disso, Isabella, João e Cosimo passeavam pelas águas refrescantes da fonte e do viveiro de peixes dos jardins de Boboli, e à noite jantavam na loggia do Palazzo Pizzi, então aberta. Jogavam ainda o *tarocchi*, jogo de cartas havia séculos popular nas cortes italianas. Mesmo assim, no final do mês, Isabella, avessa a condições climáticas extremas, viu-se "profundamente incomodada pelo incrível calor nessas partes. Lidei com a situação o melhor que pude permanecendo no Pitti. No entanto, acho que dentro de seis a oito dias partiremos para as montanhas ao redor de Pistoia".[17] Entre os pertences de Isabella havia os *infrescatori* — dispositivos portáteis de refrigeração, potes dotados de cabos que podiam conter gelo e proporcionar certo frescor naqueles dias abafados.

Cosimo podia relaxar na presença de Isabella e João, livre, de certa forma, das pressões do ducado. Para ele, os destinos da filha que lhe restara e do filho clérigo estavam traçados. Cosimo obviamente desejava que Isabella concebesse um menino tão logo possível, para ver um fruto da união Medici-Orsini. Também desejava com grande força viver o bastante para ver João ser eleito papa, uma ambição menos improvável do que podia parecer. O último cardeal de nome João de Medici fora consagrado papa Leão X aos 37 anos de idade, e Cosimo tinha apenas 24 quando do nascimento de seu João. Assim, estaria na casa dos sessenta se o filho viesse a assumir o papado.

O filho mais velho de Cosimo, Francisco, era motivo de preocupações. Aos 20 anos, ainda era dado aos acessos de melancolia, tristeza e comportamento antissocial que exibia quando criança, o que raramente fazia dele a melhor das companhias. Essas qualidades agora combinavam-se a uma desatenção aos deveres de príncipe, gastos excessivos e um entourage desnecessário — não se tratava exatamente do homem de *virtù* que Cosimo esperava ver. Em agosto, o duque escreveu a Francisco uma carta, muito parecida em extensão e conteúdo àquela que enviara a seu genro Paulo Giordano quatro anos antes. Assim como fizera com Paulo, Cosimo chamava a atenção para a tendência de Francisco de ser "controlado e manipulado por seus empregados, tornando-se ridículo na frente de outros homens". Ele o aconselhava a "deixar para trás os bajuladores, conhecer as limitações das pessoas, das coisas e do dinheiro, porém nunca da própria honra". Ele preocupava-se também com o desrespeito e "falta de gratidão" de Francisco em relação à mãe, "que não pensa senão em sua grandeza, ainda que você mesmo não a deseje".[18] Cosimo instruiu ainda seus secretários a copiar a carta diversas vezes, para o caso de Francisco perder sua cópia e precisar ser lembrado de seu conteúdo.

As palavras duras de Cosimo ao primogênito eram uma tentativa de assegurar que o filho que um dia tomaria seu lugar fosse um homem de caráter firme, resoluto e virtuoso, um duque benquisto e popular. Francisco, porém, sentiu-se ofendido pela atitude do pai, e teve certeza de, na hierarquia das afeições de Cosimo, estar abaixo de Isabella e João. A personalidade e temperamento destes últimos certamente faziam deles companhias mais harmoniosas, mas Francisco parecia evitá-los, raramente reunindo-se a eles ou ao restante da família.

Isabella em geral ficava sozinha na companhia de João, que não gostava de permanecer afastado da irmã por muito tempo. "Sei que estou sempre com você em sua mente", ele escreveu a Isabella de Pisa no início de 1561. "Os passatempos aqui são os que correspondem a estas partes, mas você não deve me invejar, porque se pensa que não tem com quem se divertir em Florença, pense em quanto mais eu me divertiria na sua companhia, sem a qual penso que a vida é verdadeiramente imperfeita."[19]

Assim como eram incomuns as circunstâncias do casamento de Paulo e Isabella, também incomum era a relação adulta que se desenvolvera entre Isabella e o irmão. É possível dizer que Isabella mantinha algo mais parecido com um casamento com o irmão que com o marido. Ela certamente passava mais tempo com João, e o laço entre os dois, forjado no sangue e, principalmente, no amor verdadeiro, era muito mais profundo que aquele que havia entre ela e Paulo. Praticamente gêmeos em termos de idade, nenhum dos irmãos era capaz de recordar um tempo em que o outro não estivesse presente, e o máximo que haviam estado separados fora durante a viagem de três meses de João a Roma, no ano anterior. Raramente Isabella escrevia uma carta ao marido sem deixar de mencionar que o irmão estava por perto: "Os *signori* na corte mandam seus cumprimentos, em particular o cardeal." Era assim que ela geralmente concluía suas missivas.

Os interesses de irmão e irmã — música, caça, antiguidades — mostravam grande harmonia. Ambos interessavam-se por colecionar pequenas esculturas de mármore ou bronze, tanto antiguidades quanto cópias. João valia-se de sua posição de cardeal para adquirir tais artefatos, como "uma bela e pequena figura de mármore de um garotinho montando um golfinho, chumbada para uma fonte" ou um Laocoonte, ou para encomendar uma cópia "*al'antica* do torso de Baco que Luca Martini deu à duquesa nossa mãe".[20] Isabella, de sua parte, informava Paulo em Roma de que "desejo que Vossa Excelência me faça a gentileza de mandar confeccionar oito figuras de mármore — a maior gentileza do mundo".[21] Juntos, então, Isabella e João podiam comparar suas crescentes coleções.

Ao final da adolescência, ambos eram belos e de alguma forma se pareciam. É possível comparar retratos de Isabella, com seus cabelos ruivo-acastanhados, olhos escuros e boca sensual, com o rosto do João

Batista seminu de um quadro de Bronzino, que hoje em dia acredita-se ser João de Medici caracterizado como o santo. Seus temperamentos eram também compatíveis: Isabella era brincalhona; João, um pouco mais afável que a irmã, que aos 18 anos sabia como inserir críticas em seus comentários. Não que João não soubesse importunar os parentes. "Esperemos que em meu retorno [de Roma] vejamos alguma nova e bela invenção", ele escreveu a Francisco, referindo-se à obsessão do irmão pelos laboratórios do Palazzo Vecchio.[22] Sozinhos, Isabella e João podiam zombar das peculiaridades e singularidades de sua família e dos cortesãos, bem como de suas próprias fraquezas. Assim como a irmã, João não sabia lidar muito bem com seu dinheiro, admitindo que sua "casa está em desordem, por conta de tantas despesas", ao mesmo tempo que Isabella vendia joias para quitar dívidas.[23] Ele também recusou gentilmente o pedido de Paulo Giordano para que encontrasse lugar em seu entourage para um associado do cunhado, explicando a ele que "já é difícil o bastante para mim manter a *famiglia* que tenho, melhor portanto que não me sirva de mais empregados".[24]

Isabella e João passavam cada vez mais tempo sozinhos. Faziam excursões de caça a algumas das mais remotas propriedades dos Medici, como a de Monte Paldi, 20 quilômetros ao sudoeste de Florença. A villa ali era pouco mais que uma casa de fazenda, um local de reclusão ao qual poucos membros dos séquitos de Isabella e João eram levados. "O cardeal e eu estamos aqui para uma temporada de oito dias. A caça é excelente, grandes perdizes e lebres, o que é um enorme prazer", informou a princesa a Paulo Giordano em 30 de junho de 1561.[25] Caçar lebres com o auxílio de cães era o esporte favorito de Isabella, um indicativo de seu sincero interesse pela caça, uma vez que as lebres eram consideradas os animais mais difíceis de apanhar. Porém, por melhor que fossem as condições para o esporte em Monte Paldi, Isabella não desejava compartilhar com o marido o que desfrutava com o irmão, adiantando-se em dissuadir Paulo de juntar-se a eles. "Na verdade", Isabella prosseguia, "estamos aqui fugindo da praga que dizem já ter chegado a Bolonha. Em

Florença há uma enorme guarda aos portões e ninguém pode entrar na cidade sem um atestado de boa saúde, então, se você desejar vir, deve estar saudável."[26] O tom de Isabella pode ser brincalhão, mas decerto deixava implícita uma advertência: com uma praga à espreita, Paulo talvez desejasse permanecer longe. Não obstante a aparente ameaça, poucas semanas depois os irmãos estavam de volta à cidade, no Palazzo Pitti, com Cosimo e sem Paulo por perto.

Caçando pássaros canoros

CAPÍTULO 6

Tomada pela tristeza

Em 4 de janeiro de 1562, Isabella, que passara a temporada de festas longe de Paulo Giordano, escreveu ao marido para dizer "que meu senhor o duque e o cardeal de Medici lhe enviam seus cumprimentos. Meu senhor o duque, que disse que me emprestaria dinheiro, agora afirma que precisarei esperar mais quatro meses". Entretanto, ela devia estar bem provida o bastante para dizer a Paulo que "estou lhe enviando uma xícara de cristal e um belo diamante".[1] O ponto alto do inverno de 1562 em Florença era o carnaval, quando as "florentinas estão no auge de sua beleza",[2] como descreveu Rodolfo Conegrano, o novo embaixador de Ferrara, amante da diversão e que se tornaria uma fixação na vida de Isabella. Seu relatório de 20 de janeiro de 1562 ao duque de Ferrara observava que "a senhora Isabella e o signor Paulo estão chegando amanhã para o carnaval".[3] Paulo Giordano, portanto, fizera questão de cronometrar uma visita a Isabella de modo a coincidir com esses dias de festividades, desfiles e recepções que culminavam na Quaresma. Ele deixou Florença no início da primavera. "Eu lhe agradeço pelas trufas", escreveu Isabella sobre os preciosos fungos que ele lhe mandara após sua partida. "Ainda não comi nenhuma porque continuo de dieta e não pretendo sucumbir, mas guardei-as muito bem. Então beijo-lhe as mãos, assim como o cardeal."[4]

Dieta e exercícios eram importantes para o sentimento de bem-estar de Isabella. Tudo indica que ela não possuía uma percepção arraigada de espiritualidade, mas era religiosa por convenção e, como muitos de seus contemporâneos, estava disposta a venerar relíquias ou imagens milagrosas se isso pudesse mantê-la saudável. Havia em Florença uma dessas imagens, na basílica da Santissima Annunziata. A igreja de fato devia seu nome a uma pintura da Anunciação, feita por um frade durante a Idade Média com o auxílio de um anjo. Sendo assim, toda uma hoste de milagres era atribuída à veneração do quadro: a cura de cegos e aleijados; até mesmo um bebê que nascera negro e depois se tornara branco após a mãe rezar diante da imagem. O quadro em si não era na verdade visível, ocultado dentro de um elaborado tabernáculo assinado por Michelozzo e encomendado por Pedro, pai de Lourenço, o Magnífico, ainda em meados do século XV. Isabella, porém, desejava contemplar a figura milagrosa com seus próprios olhos, como explicou ao pai em novembro de 1561:

> Esta carta é para suplicar a Vossa Excelência que me perdoe a presunção, mas Vossa Excelência deve saber que quando estive doente fui até a 'Nuntiata para rezar e, estando lá no Dia de Todos os Santos, decidi ir mais uma vez realizar este *voto*, e então lá estive com várias fidalgas para falar com os frades e pedir-lhes que nos mostrassem o ícone, e eles replicaram "Somente com a permissão de Vossa Excelência", e sem isso negaram-me acesso, então rogo que Vossa Excelência o permita, e peço que me perdoe a presunção que, bem sei, talvez o impeça de conceder-me tal graça.[5]

Deve-se dizer que apesar do aparente desejo de Isabella de venerar a imagem sagrada, sua aparição na igreja com uma turba de amigas sugere que ela estava na verdade transformando a oportunidade de rezar ao ícone em um evento social. E o fato de apresentar-se na Santissima Annunziata sem aviso prévio para solicitar um exame visual da preciosa imagem aos frades, sem dúvida escandalizados e desabituados a pedidos desse tipo vindos de jovens mulheres, é indicativo de seu atrevimento e desrespeito ao decoro.

Por volta do fim de maio, a família Medici deu adeus a Francisco no porto de Livorno, "não sem as lágrimas da senhora duquesa", como assinalou Rodolfo Conegrano.[6] Francisco partia para uma temporada na corte de Filipe II da Espanha como representante dos Medici. Desejoso de receber aclamação em um litoral distante, ele vinha pedindo ao pai permissão para a viagem, e Cosimo havia muito considerava os benefícios de tal empresa para este *príncipe* menos que ideal. Ele advertiu o filho: "Você não pode se comportar da maneira que o faz em Florença" nesta corte obcecada e rigorosa nas questões de protocolo e etiqueta. Concedida a permissão, em uma quarta-feira, 6 de maio de 1562, o "príncipe Francisco promoveu uma ceia maravilhosa no Palazzo Pitti para um grande número de fidalgas florentinas, como sinal de sua benevolência e gratidão antes da partida para a Espanha" — um exercício de relações públicas sem dúvida iniciado por seu pai.[7] Apesar de seus apelos para partir, o sempre obstinado Francisco agora sentia-se como que mandado para longe, banido do convívio da família. Porém manteve contato com Florença, pedindo a João que lhe enviasse uma seleção de chapéus e bolas de palha; a Isabella, em carta separada, pediu que o mantivesse informado se o irmão faltasse com a cortesia, "como prometeu que faria".[8]

João e Isabella passaram o verão de 1562 praticamente da mesma forma que no ano anterior. Pularam de villa em villa para escapar do calor, à procura de qualquer esporte que pudessem praticar juntos. Mais tarde, Paulo reuniu-se a eles por algum tempo. Quando foi embora,

Isabella estava bastante abatida, e sua condição foi descrita em detalhes por João numa carta de fins de setembro a Francisco, na Espanha: "Beijo-lhe a mão, e dou-lhe as mesmas notícias quanto ao bem-estar de Suas Excelências e do restante de nós, e algumas outras a respeito da saúde da senhora Isabella, que agora faz alguns dias está inteiramente livre da febre. No domingo ela foi medicada, apenas para completar o procedimento da purgação, mais que por qualquer outro motivo, e assim permanecerá nos salões de Poggio um pouco mais, visto que o signor Paulo regressou a Roma para cuidar de negócios."[9] Paulo voltara a Roma, com os habituais problemas financeiros em seus calcanhares.

O próprio João foi obrigado a partir por conta de negócios um pouco depois. Cosimo queria que o filho, como arcebispo de Pisa, papel a que até então não dera senão importância nominal, o acompanhasse em uma inspeção das cidades da costa da Maremma — Livorno, Grosseto e Rosignano. Eleonora e os filhos mais novos Garcia e Ferdinando também faziam parte da comitiva. Isabella ficou para trás. Sua doença revelou-se uma nova gravidez. Ela estava sozinha em Florença, o que não parecia lhe preocupar muito, e vivia bastante feliz. Escreveu ao pai nos mesmos termos hiperbólicos de costume pouco depois da partida dele para Pisa, sem fazer nenhuma menção a seu próprio bem-estar: "Quero pedir um favor para meu velho empregado Francisco Taruga, que tem um irmão carnal que há muitos anos deseja imensamente estudar na Universidade de Pisa, e que poderia neste ano iniciar seus estudos, então rogo a Vossa Excelência que lhe conceda este favor, por amor a mim, sua mais humilde e obediente serva dognia Isabella Medici Orsina."[10]

João, mais do que Isabella, era quem se preocupava com a gravidez. Ele pediu a um de seus empregados, Titio, que ficasse de olho na irmã, pois estava convencido de que, não havendo ninguém por perto, ela não mudaria seus hábitos. "Recebemos sua carta", João escreveu a Titio em 25 de outubro, "e vimos o que disse sobre o estado da senhora Isabella, e desejamos as melhores resoluções no que diz respeito à condição dela. No entanto, temo por essa gravidez no caso de não haver quem a acompanhe de perto, por isso peço-lhe que a assista com a fé e diligência que lhe são características."[11] Evidentemente, Paulo Giordano não se preocupava de maneira especial com o bem-estar da esposa. João escreveu ao cunhado no mesmo dia solicitando seu "pronto regresso, como prometeu", embora seja difícil dizer se a presença de Paulo em Florença era um desejo de Isabella ou do irmão.[12] João teve sua aflição diminuída quando Isabella concordou em se mudar para os seus apartamentos no Palazzo Vecchio, de onde ele poderia receber relatórios diários sobre a saúde da irmã. Em 27 de outubro, escreveu ao camareiro Ugolino Grifoni (que vimos pela última vez quando Eleonora estava grávida de Isabella e vomitando copiosamente) para exprimir seu prazer diante "das alegres notícias que me dá sobre o bem-estar da senhora Isabella".[13] Mas, no fim das contas, não era a saúde de Isabella que devia preocupar João.

A maioria das moléstias na Itália renascentista continuava tendo causas tão indeterminadas quanto nos tempos da Roma antiga. A doença que veio a ser conhecida como malária ganhou esse nome porque acreditavam ser provocada por *mal'aria*, ou "mau ar", representado pelos vapores e névoas que emanavam de terrenos pantanosos e charcos de toda espécie ao longo da costa da Maremma. Não se sabia ainda que a enfermidade era causada por parasitas de mosquitos que se reproduziam naquelas águas. Na verdade, a doença nem chegava a ser referida como malária. Ao contrário, a malária era *la febbre* — "a febre" que podia provocar morte súbita. Ao longo dos séculos, na Itália, fez vítimas como santa Mônica, mãe de santo Agostinho. Este, aliás, não sem esforço conseguiu se recobrar da doença. O papa Gregório V também morreu em função da moléstia, assim como Inocêncio III, que havia chegado a se queixar, desavisado, de mosquitos na cidade litorânea de Subiaco. A doença fez sucumbir ainda, no final de um verão quente em Roma, o papa Alexandre VI e seu filho. Mas mesmo naquele tempo, nem sempre a malária era fatal. O cunhado de Paulo Giordano, Marco Antônio Colonna, conseguira se recuperar após uma epidemia no ano de 1557, em Roma, assim como o próprio duque Cosimo, em um episódio anterior.

Cosimo estava ciente dos problemas causados por *la febbre* na região da Maremma. Em junho de 1560, fez deslocar ao sul uma de suas galés estacionada nas águas de Livorno, porque os marinheiros começavam a adoecer. Também dispensou o médico da embarcação, substituído por um mais "zeloso e atencioso".[14]

Como a malária parecia se manifestar apenas durante o verão, os Medici em geral evitavam a costa da Maremma durante os meses da estação, restringindo suas viagens ao inverno — por isso Cosimo agendou uma excursão àquelas partes em fins de outubro/início de novembro. Os invernos no final dos anos 1550 e começo da década de 1560, porém, mostravam-se surpreendentemente quentes, e os mosquitos que em circunstâncias normais estariam mortos continuavam pairando no ar. As abundantes chuvas de primavera causaram ainda o transbordamento do Arno, provocando o alagamento de suas margens e tornando o terreno especialmente pantanoso.

Em 15 de novembro de 1562, um domingo, o cardeal João de Medici encontrava-se na cidadezinha de Rosignano, caçando nos bosques que margeavam o litoral. Começou a sentir uma febre, mas decidiu não dizer nada a ninguém e no dia seguinte rumou para Livorno, onde se reuniria aos pais e a dois irmãos, "feliz e cheio de disposição", como Cosimo o descreveu em carta a Francisco. Pela manhã de terça-feira, a família retornaria a Pisa, mas a febre de João piorara sensivelmente, a ponto de ele não conseguir se levantar da cama. Na quarta, Cosimo explicou: "Tiraram de suas veias três onças de sangue, e parecia que ele começava a reagir, mas em poucas horas havia piorado novamente." Na manhã de sexta-feira, "aplicaram sanguessugas, que removeram umas boas duas libras de sangue, e administraram todos os medicamentos possíveis". Mas à meia-noite da mesma sexta-feira, dia 20 de novembro, tendo recebido os últimos ritos, João de Medici expirou nos braços do pai. Cosimo, lutando para resignar-se com a morte do filho querido, disse a Francisco que o reconfortava o fato de João ter "passado desta vida com tanta bondade, e o reconhecimento de Deus, virtudes do verdadeiro cristão. E sua mãe, persuadida por mim, fica do mesmo modo contente e confortada".[15]

Mas a profunda dor de Cosimo era evidente a todos que sabiam o quanto ele amava o filho. Benvenuto Cellini descreve o acontecimento em sua autobiografia: "O veneno originário do mau ar daqueles pântanos primeiro atacou o cardeal, que foi tomado por uma febre pestilenta depois de poucos dias e morreu ao final de um breve período de doença. Ele era o braço-forte do duque, belo e bondoso, e sua perda foi sentida de forma mais aguda. Deixei passar vários dias, até pensar que suas lágrimas haviam secado, e então parti para Pisa."[16] Esta é a última entrada na autobiografia de Cellini, um texto que abrange o Saque de Roma, relatos de pragas e pestilências, meninos vestidos de meninas, louvores e censuras ao artista por duques, reis e Michelangelo, e que termina com a morte do jovem João de Medici.

Dois dias após o óbito, o corpo do "senhor cardeal foi levado de volta a Florença em um caixão coberto de veludo preto com bordados de ouro e carregado por mulas, acompanhado por todo o seu séquito".[17] Mas a tragédia dos Medici não chegara ao fim. Na carta a Francisco, Cosimo concluía dizendo que os irmãos do primogênito, Garcia, de 15 anos, e Ferdinando, de 13, também sofriam de "um pouco de febre, mas estão sendo bem assistidos, e não creio que seja verdadeiramente perigosa".[18] O otimismo de Cosimo, no entanto, sofreu um duro revés. Embora o jovem Ferdinando tivesse começado a se recuperar, a condição de Garcia piorou. Em 10 de dezembro, ele se encontrava "em um tal estado que os médicos decidiram sangrá-lo".[19] Dois dias depois chegou a informação de que "don Garcia partiu para uma vida melhor, os médicos dizem que a doença estava em sua cabeça, porque ele sempre sentira dor ali".[20]

A notícia das mortes de João e Garcia chegou a Florença e se espalhou mais além, tanto pelos canais oficiais — mensageiros da corte e despachos de embaixadores — quanto pelo boca a boca de mercadores, soldados e muleteiros. Houve espanto e surpresa pelo fato de as mortes terem ocorrido tão perto uma da outra. Apesar dos surtos de *febbre* por todo o norte italiano, começou a se espalhar uma versão muito mais sinistra das mortes de João e Garcia, embora as histórias não tenham sido registradas por escrito senão muito tempo depois. Em 1576, um correspondente veneziano descreveu um cenário no qual João e Garcia caçavam juntos, entraram em uma disputa e desembainharam espadas. Então Garcia "feriu o cardeal na face de tal modo que poucas horas depois ele estava morto. Garcia em seguida foi derrubado por um golpe de um dos empregados do cardeal".[21] Outras versões da história mostram Garcia sendo assassinado por Cosimo, num ato de vingança pela morte de seu filho favorito.

Todos os registros documentais contemporâneos refutam essa história, e havia ainda muitas pessoas junto ao leito dos irmãos para atestar que morreram ambos de malária. Além disso, investigações recentes nos cadáveres exumados de Garcia e João revelaram que não há sinais aparentes de que tenham morrido de causas violentas. No entanto, o confronto fictício dos irmãos reflete um embate real que ocorrera quatro anos antes e que está registrado em despachos oficiais, como este do embaixador de Ferrara, em 1558: "Perambulando juntos após o jantar, don Garcia arremessou um garfo na direção de don João, e dois dentes acertaram-no na perna, fazendo esguichar uma boa quantidade de sangue. Ferido, don João cambaleou então até Suas Excelências, que mandaram tratar o ferimento e puseram-no na cama."[22]

Na verdade, o que os Medici enfrentavam em Pisa não era um fratricídio, mas a aparente eliminação da família pela epidemia. Em seguida à morte de Garcia, chegou a notícia de que "a duquesa tem a febre, que se faz acompanhar por esses sofrimentos".[23] Os sofrimentos em questão eram, é claro, a morte de dois dos seus filhos apenas três semanas antes. Nos últimos cinco anos, Eleonora perdera também duas filhas, mas a morte dos filhos tinha uma ressonância especial. Era na existência deles que repousava sua imagem de *"La Fecundissima"*. Eleonora fora repetidas vezes retratada ao lado dos filhos, embora nunca com as filhas, e como Cosimo disse a Francisco, pensava em muito pouca coisa além da grandeza dos filhos, investindo sua energia para lhes assegurar distinções. Após a morte de João, "ela não se alimentou nem dormiu durante três dias", observou Cosimo.[24] Quando Garcia começou a piorar, e embora ela mesma apresentasse os sintomas da malária, "não se deixou orientar pelos médicos, como era seu costume", relatou o marido. Depois que Garcia morreu, Eleonora padeceu de uma "incrível angústia, e não conseguia comer, estava muito desesperada e aflita".[25]

A combinação de uma febre malárica galopante com a tuberculose e uma angústia mental provocada pelas mortes de Garcia e João foi demais para Eleonora, que perdeu a vontade de viver. Em 16 de dezembro, cinco dias após a morte de Garcia, o embaixador ferrarense Rodolfo Conegrano escreveu para casa, informando ao duque d'Este: "Acredita-se que a duquesa deixará esta vida. Os médicos perderam qualquer esperança."[26]

Eleonora morreu às três da manhã, e seu corpo foi preparado para o retorno a Florença, onde se daria o funeral. Trajaram-na em um vestido de cetim amarelo, com um justilho vermelho de veludo por baixo e meias de seda também vermelhas. Em vida, Eleonora dominava todo o seu entorno. Os acontecimentos se davam segundo o tempo e o ritmo ditados por ela. Mas, agora, o medo do contágio apressava aqueles que a vestiam e a deitavam no caixão: "Uma fita do justilho foi acidentalmente atada sem passar pelo ilhó; uma das meias foi vestida ao contrário; tiras grosseiras de seda prendiam seus pulsos e tornozelos dentro do caixão."[27]

Cosimo disse estoicamente a Francisco que, apesar do sacrifício de "dois filhos queridos, e de sua admirável mãe", consolava-o o fato de ainda ter "você, seus dois irmãos [Ferdinando e Pedro, este com 8 anos] e a duquesa de Bracciano, que está comigo".[28] É verdade que ter quatro filhos adultos na Itália renascentista ainda era um feito significativo. Mas que consolo havia para a jovem duquesa de Bracciano diante da morte de seu irmão cardeal?

O funeral de João em 24 de novembro na igreja de San Lorenzo foi uma ocasião especialmente majestosa, condizente com a posição de cardeal do jovem Medici, embora os membros da família em Pisa acometidos pela malária não tenham podido comparecer. Ainda assim, houve um cortejo fúnebre, com a presença de todo o clero florentino, o extenso séquito de Paulo Giordano, "todos enlutados", e toda a comitiva do próprio cardeal, incluindo o anão Barbino, "debatendo-se com um véu de luto seis vezes maior que ele".[29] O caixão de João foi carregado pelos cônegos de Santa Maria del Fiore. Logo atrás deles vinham Paulo Giordano e outros membros da corte dos Medici, entre os quais Júlio, filho de Alexandre de Medici. Na igreja de San Lorenzo, Pedro Vettori, o erudito que outrora servira de tutor ao jovem João, rezava uma prece em latim, exaltando as virtudes do rapaz morto e sem dúvida exagerando sua piedade e seu comprometimento com a igreja.

Sendo mulher, Isabella não pôde participar do cortejo, restrito aos homens. Em vez disso, permaneceu com a congregação na igreja de San Lorenzo. Tudo à sua volta era pura beleza: o design harmonioso das arcadas de Brunelleschi em *pietra serena*, os púlpitos de bronze de Donatello, símbolos da magnificência dos Medici e de sua aparente porém ilusória onipotência: eles eram incapazes de enganar a morte. Isabella ouviu a eulogia de Vettori, o homem com quem ela e João outrora haviam estudado latim e que lhes ensinara sobre o mundo de antiguidades que tanto os fascinou quando se tornaram adultos. Ela ouviu sobre os feitos do irmão em vida e sobre o que ainda iria fazer. Isabella não conseguia conter sua dor. Ignorando as regras do decoro, levantou-se e deixou a igreja apressada, sendo notada por alguns, se não por todos. "Enquanto a cerimônia era celebrada", apontou um observador, "um dos empregados pessoais do signor Paulo veio avisá-lo de que a senhora Isabella, tomada pela tristeza, havia saído, e imediatamente o signor deixou a igreja para consolá-la".[30]

Mas ao que parece Isabella estava inconsolável. Notícias da extensão de sua dor chegaram a Francisco, na Espanha, e ele mesmo se encarregou de escrever à irmã. A carta deixa bastante claro o quanto os Medici sabiam da profunda ligação entre Isabella e João. "Tenho por certo que ninguém sente a perda de nosso irmão cardeal tanto quanto você", Francisco escreveu, "porque sei que o amor entre vocês era infinito." E então suas palavras tornam-se ásperas. "Ao mesmo tempo", ele prossegue, "acredito que após quitar suas dívidas com os assuntos da carne, você deve ser capaz de abrir caminho à razão, que há de persuadi-la de que na adversidade podemos encontrar refúgio em Cristo, e nos congratular com o fato de que desta maneira somos diferentes das bestas, que se orientam apenas pelo sexo. Os homens possuem a razão, e você não deve desejar degenerar desse caminho. Você tem o exemplo do duque, que continua a viver como de hábito, e em breve espero saber que conseguiu dominar sua dor."[31]

Francisco escreveu essa carta em seguida às mortes de Garcia e Eleonora, embora não mencione nenhum dos dois na missiva. Ele parecia saber que, para Isabella, perder uma mãe de quem fora gradualmente se distanciando e um irmão com quem tinha pouco contato era algo de menor importância em comparação com a morte de João, sua companhia constante. Ao que parece, nem mesmo a morte de sua irmã Lucrécia, um ano antes, a afetara profundamente, visto que poucas semanas depois ela escrevia a Paulo Giordano com o espírito alegre. João é que lhe era especial. Também significativo é o fato de o irmão mais velho de Isabella não a incitar a buscar conforto no marido, sugestão apropriada a uma mulher com necessidade de aliviar a sua dor, como se ele soubesse que tal medida não fosse significar nada para a irmã. Ele nem mesmo a lembra da criança que ela deveria estar carregando no ventre; na verdade, Isabella pode muito bem ter sofrido mais um aborto nessa época.

Em vez disso, Francisco adota um tom repreensivo, no qual deixa claro ter notado algo de bestial em sua angústia diante da morte de João, algo fora dos padrões de comportamento dos bons cristãos, homens ou mulheres — "diferentes das bestas". Temos a impressão de que Francisco via na relação entre os irmãos alguma coisa além do simples afeto fraternal. "Mantenha longe dela todos os homens da família e não permita que ela conheça o prazer da companhia masculina. Porque, naturalmente, nosso amor permanece mais forte por aqueles com quem passamos a juventude", aconselhava Juan Luis Vives em *Instituição da mulher cristã*. Não há nada que possa sugerir que João e Isabella tenham partilhado de intimidade física; no entanto, havia uma intimidade profunda no amor que sentiam um pelo outro. Em João, Isabella tinha um parceiro de danças e caçadas, um amigo e confidente, um espelho, uma alma gêmea. Ele era a razão pela qual ela não precisava de verdade do marido, e de sua parte a princesa estava igualmente segura do papel que desempenhava na vida do irmão: por ser um clérigo, ele não se casaria. Aos 20 anos de idade, Isabella não conseguia imaginar uma vida em que ela e o irmão não pudessem estar sempre juntos. Paulo Giordano podia aparecer ocasionalmente para engravidá-la e fazê-la cumprir suas obrigações familiares, mas Isabella não tinha razões para supor que o centro de seu mundo algum dia se deslocaria de João. Agora, porém, João, que há pouco completara 19 anos, fora tomado dela, e uma Isabella devastada e desolada ainda não fazia ideia de como preencheria o vazio causado por essa partida.

PARTE III

A primeira-dama de Florença

Fidalga florentina com fidalga de Parma

Uffizi, Florença

CAPÍTULO 1
Depois de Eleonora

Segundo Francisco, a reação estoica de Cosimo diante das mortes da esposa e dos dois filhos foi continuar a "viver da maneira habitual". As responsabilidades envolvidas na administração de um ducado negavam a Cosimo a alternativa de se perder em lamentos, como fizera Isabella na sequência da morte de João. Para o duque, o falecimento de João não significava apenas a morte de um filho querido, mas a perda do único cardeal entre os Medici. Cosimo estava determinado a recuperar o posto para a família o mais rápido possível. Em 23 de dezembro, menos de uma semana após a morte de Eleonora, começou as negociações com o papa Pio IV para a transferência do cardinalato para seu filho Ferdinando, de 13 anos, que havia se recuperado da malária que custara a vida dos irmãos e que era agora seu segundo filho mais velho. Exatamente duas semanas depois, em 6 de janeiro de 1563, o papa aquiesceu ao pedido; a extraordinária rapidez na outorga a um candidato tão jovem foi percebida como um gesto de solidariedade do pontífice, um aliado do duque. A morte da mãe abalara Ferdinando, "mas ele irá realmente se alegrar com o capelo", declarou Isabella.[1] Ela sabia que a antiga posição marginal do irmão mais novo na hierarquia da família era coisa do passado. E Cosimo se certificou de que suas contrapartes italianas soubessem exatamente o que acontecera, informando o duque de Mântua apenas cinco dias depois sobre a generosidade de Sua Santidade em "reacender o esplendor do cardinalato em nossa casa".[2]

Cosimo fez mais do que se comportar da maneira habitual; ele demonstrou um extraordinário ímpeto de energia e atividade. Ao longo do ano de 1563, examinou novos e velhos projetos por todo o seu território, administrando os negócios com precisão microscópica, num grau incomum mesmo para ele, um duque sempre afeito aos detalhes. Por volta de 3 de fevereiro, ele se correspondia com o arquiteto Bartolomeu Ammannati a respeito do progresso das obras no Palazzo Pitti, instruindo-o a configurar a entrada para os jardins de Boboli de tal forma que o acesso fosse negado aos "patifes, aberto apenas aos cavalheiros".[3] No dia seguinte, encarregou um oficial da corte, Rafael Vacchia, de cuidar da abóbada de um amplo cômodo na villa de Poggio a Caiano, preparar Castello para uma visita e inspecionar os trabalhos hidráulicos na villa em La Petraia. Um mês depois, afastou Vacchia do projeto em Poggio a Caiano devido à insatisfação com o seu progresso. Naquele mesmo dia de início de fevereiro, Cosimo escreveu a Giorgio Vasari solicitando um relatório sobre os progressos no Uffizi e ao mesmo tempo o instruindo a trabalhar na Nova Sacristia da igreja de San Lorenzo. Pouco depois, trocou cartas com o arquiteto a respeito da construção de uma chaminé na capela, porque "estou descontente com o enegrecimento das imagens" provocado pela fumaça das velas durante a celebração das missas. Ele não desejava que a fuligem cobrisse *Dia* e *Noite* ou *Aurora* e *Crepúsculo*, estátuas opalescentes primorosamente esculpidas que repousavam sobre os túmulos de seus ancestrais. Pedia ainda a Vasari relatórios detalhados sobre locais propícios à construção da academia dos artistas, a Accademia del Disegno.[4] Na semana seguinte, o duque estava preocupado em ver derretidas velhas baixelas de prata, para que novas fossem produzidas, e em se desfazer das roupas antigas de Eleonora.

Em abril, Cosimo decidiu que a ponte que levava à pista de boliche de Poggio a Caiano precisava ser aperfeiçoada e, para economizar dinheiro, propôs a Ammannati que usasse os paralelepípedos que haviam sobrado das obras de recapeamento das estradas próximas ao Pitti, durante a ampliação do palácio. Ele autorizou ainda o transporte a partir de Elba de um bloco de granito para "a grande taça, 35 braccia [aproximadamente 12 metros] de circunferência, a ser levada ao Pitti" para servir de bacia à fonte que ainda hoje ali permanece.[5] Uma outra gigantesca peça de granito que chegou em Florença naquele ano foi uma antiga coluna, tirada das ruínas de banhos romanos em Caracalla, presente de Pio IV. Cosimo decidiu erigir a coluna perto da igreja de Santa Trinità, como um monumento que vinculava Florença à grandeza do mundo antigo. O duque manteve Vasari mais ocupado do que nunca. Além de todos os outros projetos para os Medici, o artista começou também a decorar o maior dos salões do Palazzo Vecchio, seguindo um projeto que batizava o espaço de Salone del Cinquecento, uma vez que seria ilustrado com os feitos dos Medici do século então em vigência. Aí se apresentava uma oportunidade para Cosimo brilhar, ao ser retratado, por exemplo, "planejando a guerra de Siena". Além disso, informou o duque ao artista, ele seria retratado sozinho, sem a presença de conselheiros à sua volta, "porque fui eu quem planejou tudo sozinho".[6]

Cosimo também tomou parte em uma disputa legal com Catarina de Medici. Com a morte do marido, Henrique II, em 1559, Catarina deixara de ser a esposa desprezada e compelida a abrir mão do poder em favor da amante do rei, Diana de Poitiers. Ela era agora uma poderosa rainha-mãe. Embora tivessem nascido no mesmo ano e partilhassem o mesmo nome, para não dizer o mesmo sangue, as relações entre Catarina e Cosimo nunca foram afetuosas. Tendo se mudado para a França aos 14 anos, para nunca mais rever Florença, Catarina considerava Cosimo inferior a ela, por ele se originar do ramo "cadete" da família. Eles agora haviam entrado em litígio quanto ao espólio de Alexandre, morto havia muito tempo, conhecido como meio-irmão de Catarina, mas na verdade seu primo. Apesar da animosidade, porém, Cosimo mandou dizer a Catarina que lhe enviava "os desenhos, esboços e o jardineiro que deseja Sua Majestade".[7] Esboços e jardineiro deviam ter relação com o Chenonceau, onde Catarina planejava instalar seu jardim italiano formal, em contraste com o jardim ao estilo francês de sua rival Diana de Poitiers, agora derrotada. Entretanto, com ou sem jardim italiano, Catarina era agora, antes de tudo, rainha-mãe da França.

Cosimo aproveitou para enviar pessoalmente a receita de um remédio descrito como *olio di caravita*, o "óleo da cara vida", ao príncipe de Piombino. O duque explicava ao príncipe que, para a poção ser efetiva, "é preciso embeber o óleo em escorpiões durante quarenta dias".[8] Na outra ponta do espectro social, Cosimo informou o gabinete de bem-estar social, o Ufficio di Carità, que pensava que o programa de distribuição de pão deveria ser mudado do início da manhã para o início da noite. "A razão", explicou, "é que muitos pobres vêm de longe para receber este que é o seu único pão, e viajam até aqui durante a noite por ruas nocivas e enfrentando mau tempo, o que muitas vezes causa a sua morte."[9] Uma gama tão ampla de preocupações absorvia a atenção de Cosimo, que ele se ausentou do trabalho por alguns dias em outubro para tratar de um cálculo renal "do tamanho de uma semente de funcho".[10]

Se o ducado dos Medici estava longe de empobrecido, suas despesas eram consideráveis, e os fundos de Cosimo para a execução de tantos novos projetos provinham ao menos parcialmente da vasta herança deixada por Eleonora. Embora ela tivesse deixado um bom legado para instituições religiosas e para parentes em Toledo, e até mesmo 4.500 *scudi* para Isabella, foi Cosimo quem herdou o maior quinhão de seu substancial espólio. "Tomei conhecimento", escreveu o embaixador ferrarense Rodolfo Conegrano a Afonso d'Este, muito interessado nesse tipo de questão, "de que Sua Excelência possuía 600 mil *scudi* em joias, 200 mil em patrimônio líquido, 50 mil em gado e 9 mil em grãos."[11] Havia ainda propriedades em seu nome, como um castelo e uma residência no interior da Espanha. Eleonora pode ter chegado a Cosimo com um dote de modestos 30 mil *scudi*, mas quando morreu tornou o marido um homem muito mais rico.

Cosimo começou imediatamente a cumprir os termos do testamento da esposa. Mandou iniciar na mesma hora os esboços do projeto para a construção do convento beneditino SS. Concezione, destinado a freiras de famílias nobres, que Eleonora desejara fundar. Essa atenção aos desejos da mulher e o rompante de atividades que se seguiu à sua morte podem facilmente ser vistos, e talvez com razão, como a reação de um viúvo que através do trabalho procura escapar da dor. Em sua vida particular, todavia, Cosimo começou a eliminar a presença e a influência da mulher com quem estivera casado por 23 anos, e isso de maneira bastante óbvia para observadores da corte. "Sua Excelência conserva a mesma mesa e as mesmas companhias dos tempos da duquesa", registrou Conegrano no ano seguinte ao falecimento de Eleonora. "Quer dizer isto que o signor Paulo está lá, a senhora Isabella, don Pedrino, mas a mesa está mais bem servida, e mais íntima. Ele a conserva desta maneira tanto pela manhã quanto à noite, e muitos entram para vê-lo."[12] Em outras palavras, Cosimo concedia a seus cortesãos um grau maior de familiaridade e acessibilidade, jamais permitidos por Eleonora. Além disso, o serviço de jantar melhorara agora que fora abandonado o protocolo espanhol, com suas pesadas demoras, que em geral resultavam em comida fria e impalatável. Enquanto a mulher era viva, Cosimo, marido obediente e amoroso, observara costumes que o irritavam. Agora que ela se fora, ele podia deixá-los para trás.

Quanto a Isabella, em 14 de janeiro de 1563, pouco menos de dois meses após a morte de João, o embaixador ferrarense Conegrano relatou ao duque d'Este: "A senhora Isabella melhorou bastante, embora de algum modo permaneça aflita. Todo dia ela sai para caçar com Sua Excelência."[13] As distrações da montaria pesada e da caça eram benéficas tanto para o pai quanto para a filha. Ao final daquele mês, Isabella assegurou a Francisco que havia se resignado com a perda de João. "Estou agora totalmente conformada com a vontade de Deus", escreveu ela ao irmão mais velho. Mas a memória de João permanecia. Em abril, Isabella enviou ao pai a seguinte petição: "Sinto-me tão compelida pela memória abençoada de meu irmão o cardeal que penso que devo aproveitar a oportunidade para fazer algo em benefício de suas criaturas [empregados], muitas das quais me ofereceram o seu consolo. Carlo Ceccharelli foi outrora o cavalariço-chefe de monsignor, e gostaria de conservar a posição junto ao cardeal [Ferdinando]. Por amor a mim, por favor, aceite-o nesta posição. Ele servirá com amor e lealdade."[14] Um secretário da corte, porém, escreveu a respeito de sua nota que "o cardeal não requer os serviços de um cavalariço-chefe". Ferdinando podia ser cardeal, mas era apenas um menino de 13 anos, que no momento sofria de sarampo e não tinha ainda necessidade de suas próprias "criaturas".

Ainda que não pudesse encontrar colocação para os antigos empregados de João, porém, a posição de Isabella em Florença mudara. Conegrano informou a seu mestre: "Fiz os gestos apropriados para receber sua bênção, e ela respondeu com as palavras mais amáveis que eu poderia desejar, e ela beija a mão de Vossa Excelência e agradece infinitamente por sua afeição permanente."[15] Esta passagem, o primeiro dos despachos de Conegrano que a partir de agora informariam regularmente o duque de Ferrara das atividades e do bem-estar de Isabella, é de particular relevância. No âmbito político, Isabella era agora mais que a esposa de Paulo Giordano, mais que a companheira de atividades de João. Ela fora alçada, à revelia, à condição de primeira-dama de Florença, e como consequência disso seus favores e boa vontade eram altamente desejáveis, uma vez que Isabella dispunha dos ouvidos do pai. Conegrano esforçou-se para cultivá-la, assegurando a seu duque que, "sempre que ela me encontra tenho precedência à mesa, depois dela mesma e do signor Paulo".[16]

DEPOIS DE ELEONORA

Entre os Medici, foi Francisco quem viu com pouquíssimo entusiasmo a ascensão da irmã na hierarquia da família. Ele já deixara claro a Isabella como esperava que ela se portasse em seguida à morte de João. Ao final de fevereiro de 1563, tendo transcorrido um período de luto apropriado, ele enviou de Madri uma carta a Isabella na qual falava sobre o papel que julgava adequado que ela desempenhasse com a morte da mãe. "Peço que proteja don Hernando [como os Medici referiam-se a Ferdinando], cuja promoção a cardeal me causou grande satisfação, ao renovar o esplendor de nossa casa. Com don Pietrino tenho certeza de que executará o ofício da mais amorosa das mães."[17] Francisco parecia enxergar Isabella como uma espécie de governanta, recolhida aos cuidados maternais, como Eleonora em seus últimos anos.

Mas Isabella não podia assumir o papel de mãe substituta com tanta prontidão, e nem essa era a função que seu pai pretendia que desempenhasse, ao contrário das expectativas do irmão. Cosimo desejava a companhia de Isabella, mas estava claro que não tinha interesse em reviver inteiramente o tipo de vida familiar que prevalecia durante o reinado de Eleonora. E as mudanças que tinha em mente iam muito além de oferecer uma mesa mais informal durante o horário das refeições.

Até esse momento de sua história, Florença não gozava da mesma reputação de licenciosidade sexual atribuída a Veneza ou Roma. Ao contrário dessas duas cidades, não havia patrocinado uma cultura cortesã que produzisse gente como Verônica Franco, em Veneza, e Fiammetta Bianchini, em Roma. É verdade que Cosimo e Eleonora deram as boas-vindas na corte florentina à poeta e cortesã Túlia de Aragão, mas ela desempenhou sobretudo o primeiro desses papéis. Mais escandaloso era o comportamento de seu amante, o erudito Benedetto Varchi, que quase foi preso após abusar sexualmente de uma menina de 9 anos. Cosimo intercedeu a seu favor, mas como punição exigiu de Varchi a composição da extensa *Storia fiorentina*, um panegírico da família Medici e do próprio Cosimo.

Ainda que as habilidades das prostitutas florentinas não tenham entrado para a história, a cidade tinha o seu quinhão de bordéis. O censo de 1562, "*la descrizione delle bocche* [bocas] *della città*", prestava conta das profissões de muitos dos 59.216 indivíduos residentes na cidade, listando o endereço das residências e estabelecimentos de profissionais de 310 áreas distintas. Eles iam de embaixadores e contadores a barbeiros, seleiros, vendedores de rua, cambistas e jardineiros, e a descrição era específica a ponto de listar profissões como a dos *peduccaio*, que vendiam pés de porco e de outros animais. Entre os empreendimentos comerciais constam as *"casi di meretrice"* [bordéis], localizadas principalmente nos quarteirões centrais de San Giovanni e Santa Maria Novella.[18] *Puttane* que trabalhavam nas ruas não foram contabilizadas. Na maioria dos casos, eram listadas apenas uma ou duas profissionais, como "Orsolina, meretriz, bolonhesa", "Lucrécia, meretriz, florentina" ou "Margarida, meretriz, de Lucca". Os maiores bordéis abrigavam cerca de 12 mulheres, que não eram identificadas pelo nome. Uma dessas grandes casas de meretrício era descrita como de propriedade de Chiarissimo de Medici, um primo distante de Cosimo, senador florentino e inspetor do Monte di Pietà, o banco e casa de penhores endossado pela Igreja Católica. O bordel de Chiarissimo ficava no elegante bairro de Trinità dei Monit, onde viviam membros de famílias ilustres como os Strozzi, o que indica que o lugar destinava-se à diversão da elite de Florença e de estrangeiros abastados.

No entanto, enquanto Eleonora presidia a corte dos Medici, havia uma profunda separação entre esses aspectos da vida florentina e o mundo que ela governava, e ela fazia sentir sua influência de várias maneiras. Em Veneza, por exemplo, Ticiano e seu grupo produziam em série quadros de belas, louras e convidativas Vênus e Floras. Inspiradas nas famosas cortesãs da cidade, as cálidas pinturas pressagiavam os prazeres da sedução, ao mostrar suas personagens acariciando-se durante a toalete ou ouvindo a música suave tocada por um admirador devoto. Por outro lado, uma das poucas obras de arte eróticas pintadas por Bronzino, artista da corte dos Medici sempre ocupado com retratos da família e dos cortesãos de Florença, é o quadro conhecido como *Vênus, Cupido, Lou-*

cura e Tempo, exposto na National Gallery de Londres. Concluído em 1545, mostra uma Vênus de corpo glacialmente branco, em contraste completo com a pele de tons melíferos vista nas suas representações por pintores venezianos, um sinal do que outrora fora descrito como obscenidade frígida. Ela se curva para abraçar Cupido, seu filho, com a boca aberta e a língua oscilante, para um beijo que definitivamente não será casto e maternal. Quanto a Cupido, suas nádegas protuberantes chegaram a ser consideradas tão escandalosas que um pintor do século XVII cobriu-as com folhas de hera, ocasião em que aproveitou para apagar também a língua de Vênus. Atrás dos amantes proibidos aparecem os símbolos das perigosas consequências desse amor: o Pai Tempo lembra ao espectador quão fugidios são tais prazeres; uma criança, acólita de Cupido, lança pétalas de rosa sobre o casal e sangra em um dos pés, ferido nos espinhos espalhados pelo chão; uma bela menininha segura um doce e sedutor favo de mel, mas da cabeça para baixo seu corpo é o de um grifo. O que mais chama a atenção, porém, é a figura de um homem insano e desesperado com as mãos sobre a cabeça, os dedos e unhas apodrecidos, numa alusão à sífilis, doença que assolou Florença no final do século XV, em seguida à invasão dos franceses. Cosimo por fim decidiu mandar o quadro de Bronzino para Francisco I. A maçã dourada que Vênus tem na mão é ao mesmo tempo o seu próprio símbolo e uma *palla* típica dos Medici. Seu duplo simbolismo é reminiscente das cestas de frutas que a família florentina gostava de enviar como presentes. Mas, neste caso, o presente diplomático implica uma sugestão de malícia talvez não tão sutil.

Por volta de 1563, entretanto, tais concessões à moralidade estavam em franco declínio na corte de Cosimo, que não desempenharia o papel de viúvo pesaroso e celibatário. Ele sempre gostara de mulheres, e era sexualmente ativo desde pelo menos os 14 anos. Em seguida à morte de Eleonora, um relatório do embaixador veneziano, em geral homem de língua afiada, observava que o outrora fiel Cosimo "ama liberalmente as mulheres, e, deixando de lado o decoro, ama muitas delas de maneira pública".[19] Uma nova era havia claramente chegado, e a corte dos Medici abandonara o decoro em favor de uma postura libertária. As fidalgas florentinas deixavam de ser modelos de virtude para se transformar em potenciais parceiras sexuais de seu duque.

Mas não eram apenas os galanteios de Cosimo diante das mulheres o que chamava a atenção dos cidadãos de Florença. Começaram a se espalhar rumores sobre a verdadeira natureza da relação do duque com sua filha Isabella. Os dois haviam sempre passado bastante tempo juntos, mas na companhia de terceiros; nos últimos tempos, quase sempre João. Agora não havia mais mediadores. Suspeitas foram lançadas sobre o que exatamente Cosimo e a filha adulta e casada — cujo marido estava com frequência ausente — faziam juntos em suas viagens, como por exemplo durante as suas solitárias excursões de caça. Tal companheirismo estava longe de poder ser considerado normal.

Abundavam rumores de que Isabella era "amada pelo duque Cosimo de uma maneira que alguns dizem ser carnal".[20] Uma história assinalava Vasari como testemunha involuntária de uma cena surpreendente: "Quando Giorgio Vasari estava pintando o grande salão do palácio ducal, em uma ocasião após o jantar ele descobriu o duque com a filha naquele aposento. Vendo o príncipe com a filha a distância, recuou e decidiu encerrar os trabalhos no salão aquele dia."[21] O incidente pode portanto datar de 1563, quando o artista começou a trabalhar na Sala del Cinquecento, pouco depois da morte da mãe de Isabella.

Previsivelmente, a história encontraria grande acolhida nos guias para a aristocracia inglesa em viagem pela Europa. Em *Memórias da Casa dos Medici*, Mark Noble reconta este incidente com um entusiasmo um tanto alarmante para um cura do século XVIII. Cosimo, ele escreveu, "é amoroso ao ponto de cometer crimes que seu predecessor Alexandre jamais poderia. Este último desonrou a cama de seus súditos e violou o claustro. Cosimo roubou a pureza de sua filha Isabella".[22] Alexandre Dumas certificou-se de incluir a cena em seu colorido relato da história da família Medici: "Ele viu Isabella entrar, por volta do meio-dia, ela tinha uma atitude fogosa", imaginou Dumas. "Ela puxou as cortinas e deitou-se em um sofá, e adormeceu. Cosimo por sua vez entrou, e seguiu até a filha. Isabella soltou um grito, mas a partir desse ponto Vasari nada mais viu, pois fechou os olhos e fingiu dormir."[23] Ele temia, Dumas explicou, o punhal ou o veneno, caso se revelasse ter descoberto um segredo tão terrível do duque Medici.

Não há nada no arquivo de Vasari, porém, que dê a entender que ele alguma vez tenha presenciado tal cena. Seu suposto testemunho nessas histórias talvez seja uma pura invenção, criada para dar mais cor e autenticidade a um relato impudico. Como trabalhava na Sala del Cinquecento, no Palazzo Vecchio, logo em seguida à morte de Eleonora, o artista estava no lugar certo no momento certo para servir à história como observador. Para o viajante inglês do século XVIII, então já convencido das depravações dos papistas italianos, bem como para Alexandre Dumas, um amante das intrigas, uma relação incestuosa entre Cosimo e a filha acrescentava um tempero picante à história dos Medici. E isso certamente tornava uma visita ao Palazzo Vecchio — em geral vislumbrado apenas como sede de um governo, decorado com motivos por vezes inescrutáveis das realizações dos Medici — em uma visão bastante excitante do centro de um escândalo familiar.

Tampouco há indício de que o que se passava entre Cosimo e Isabella fosse mais que apenas amor filial e paternal, embora de uma intensidade incomum para aqueles dias. Isabella se punha à disposição do pai sempre que este a solicitava. Como ela deixa claro em uma carta: "Eu na verdade não queria ir a Cafaggiolo. Mas agora recebi uma solicitação de meu senhor o duque para ir até lá encontrá-lo, então preciso partir imediatamente."[24] Em outubro de 1563, quando Cosimo sofria por conta de um cálculo renal, espalhou-se pela Itália que "o duque não consegue urinar". Isabella, que estava em Poggio a Caiano, "veio a Florença por uma noite, quando soube da doença do duque, e retornou no dia seguinte, segura de que Sua Excelência estava fora de perigo e passava bem".[25]

Entretanto, para aqueles fora do círculo mais íntimo dos Medici, cada vez mais ludibriados pelo que se sabia da relação de Isabella com o marido, esse cenário podia ajudar a explicar muitas questões. Paulo e Isabella estavam casados então havia cinco anos. Por que, perguntavam-se alguns, a duquesa de Bracciano não estava na distante Roma cumprindo suas obrigações maritais? Por que o pai insistia na sua permanência em Florença, senão por desejar fazer dela primeira-dama em mais de um sentido? As perguntas refletiam o que muitos sabiam sobre outra relação antinatural entre pai e filha: a de Lucrécia Borgia e seu genitor, o papa, que também quis impedir a partida da jovem após seu casamento. "É isto o que acontece quando uma mulher anda por aí sem o marido", concluíram a respeito do estilo de vida da princesa Medici.[26]

Palazzo Medici, na Via Larga

CAPÍTULO 2

Em casa com Paulo e Isabella

Embora Paulo Giordano estivesse em Florença apenas durante parte do ano, em 1563 ele e Isabella passaram a ter sua própria residência na cidade, separados do restante da família. A construção do novo Uffizi deixara vago um excelente imóvel: o Palazzo Medici, na Via Larga, que abrigara diversos escritórios burocráticos transferidos agora para o novo endereço. Não obstante sua presença irregular em Florença, Paulo era favorável à ideia de ele e Isabella ocuparem o Palazzo Medici, uma vez que a constituição de uma residência "Orsini" separada na cidade o faria parecer menos dependente da família Medici do que na verdade era. Ele se esforçou bastante pelo privilégio; imóveis no pequeno centro de Florença eram sempre muito procurados. Até mesmo cidadãos ilustres dividiam espaço, e havia um bom número de embaixadores, oficiais estrangeiros e dignitários dispostos a pagar caro, e não apenas em termos financeiros, para ocupar o velho palácio dos Medici. Paulo recorreu a

Cosimo, que levou algum tempo para tomar uma decisão. Frustrado, Paulo voltou-se para João, pouco antes de sua morte, mas este não se mostrou muito mais prestativo. O cardeal escreveu a Gianozzo Cepparello, o agente que Cosimo apontara para interceder em favor de Paulo na cidade: "Falamos com nosso pai o duque sobre a velha casa na Via Larga, cujos aposentos o signor Paulo deseja para seu próprio uso. Sua Excelência disse que depende, então não podemos dizer o contrário, pois devemos cumprir todas as suas ordens."[1] João, ao que parece, não estava particularmente ansioso em ver o pai conceder ao cunhado um quartel-general em Florença, uma vez que a irmã possivelmente se mudaria para lá, afastando-se dele.

Cosimo por fim aquiesceu ao pedido e permitiu que o antigo palácio da família fosse reservado ao uso da filha e do genro. Além disso, logo após a morte de João, Isabella começou a se interessar em estabelecer sua própria casa, quando antes contentava-se em residir onde quer que o irmão estivesse. Ela podia ser próxima do pai, mas agora desejava ter seu próprio lar. O Palazzo Medici ficou associado em especial à princesa, sobretudo durante os longos períodos de ausência de Paulo da cidade. Além disso, ela estava cada vez mais interessada em sua herança familiar, e habitar o palácio original dos Medici lhe oferecia uma conexão privilegiada e especial com a história de seus antepassados.

O novo lar de Isabella fora projetado no século XV de modo a assegurar Florença de que a ambição dos Medici não era desmedida e de que a família jamais pensaria em competir com a sede oficial do governo, o Palazzo Vecchio. Quando Cosimo, o Velho, comissionou o palácio em 1444, pediu a Brunelleschi que esboçasse um projeto, que o arquiteto lhe apresentou durante uma reunião da elite florentina. Cosimo felicitou Brunelleschi pelo trabalho, e em seguida acrescentou: "Mas é magnífico e suntuoso demais para mim."[2] Os compatriotas de Cosimo ficaram aliviados ao ver que sua ambição, aparentemente, tinha limites. Portanto, não expressaram nenhum protesto diante do quase diminuto, rústico e abertamente modesto palácio que o arquiteto Michelozzo começou a construir, brasonado com as *palle* dos Medici e lembrando um estabelecimento bancário. Em termos comparativos, era uma construção menor do que a proposta por Brunelleschi.

O patriarca dos Medici prosseguiu na criação de um ambiente de deslumbre para os visitantes, que perdiam o fôlego diante dos "estúdios, capelinhas, salas de estar, dormitórios e jardins, todos construídos e decorados com habilidade admirável, ornados com ouro e mármores finos, esculturas, relevos, quadros e mosaicos feitos em perspectiva pelo mais talentoso e perfeito dos mestres, até os bancos e todo o assoalho da casa (...) então um jardim concebido com as mais belas peças de mármore e diversas plantas, algo que parece ter sido pintado, e não uma coisa natural".[3] O neto de Cosimo, o Velho, Lourenço, o Magnífico, continuou a obra, e de maneira notável transformou o jardim em um pátio de esculturas onde estudou o jovem Michelangelo. O Palazzo Medici levantava-se como um símbolo do poder dos Medici, e foi atacado pelos florentinos quando a família foi expulsa da cidade, em 1494, sendo despojado de muitos de seus magníficos ornamentos. As estátuas de Davi e da combativa Judite, ambas de Donatello e esculpidas num bronze espantosamente sexual, foram transferidas para o Palazzo Vecchio, para servir como símbolos do triunfo contra a tirania.

Nas décadas que se seguiram ao retorno dos Medici a Florença, a família decidiu, por razões de segurança, erguer um muro para fechar a loggia original do palácio no andar térreo, com vista para a Via Larga. Utilizaram um projeto de Michelangelo, concebido em 1517, para preencher o espaço aberto com janelas de "extraordinária beleza". Enormes volutas sob os peitoris passavam a impressão de suportar uma carga particularmente pesada, representação simbólica da gravidade da família. Apoiando-se sobre as volutas, que numa analogia com o corpo humano fariam o papel de pernas, as janelas parecem se ajoelhar, e por isso tornaram-se conhecidas como *finestre inginocchiate*, ou "janelas genuflexoras", mais tarde adotadas por toda a Florença como sinal de lealdade aos Medici.

Não muito depois da mudança de Isabella para o velho palácio da família, as janelas de Michelangelo ganharam ainda mais valor e prestígio. Em 18 de fevereiro de 1564, em Roma, aos 89 anos e com a saúde debilitada, o arquiteto morreu. Isso irritou Cosimo, pois Michelangelo não expusera seus planos para a fachada da igreja de San Lorenzo, ainda incompleta. Mesmo assim, o duque autorizou um magnífico cortejo fúnebre para o artista, que expressara seu desejo de ser enterrado em Florença. Ao que parece, a cidade inteira compareceu, "apreciando-o muito mais agora do que quando era vivo".[4] Quando o caixão foi aberto em seu destino final, a igreja de Santa Croce, aqueles que estavam presentes ficaram maravilhados com o fato de o corpo não ter entrado em decomposição. "É um sinal divino", alguns disseram, "que o corpo não se tenha decomposto."[5] Michelangelo de fato tornara-se o *Il Divino* que acreditara ser. E o que Isabella agora via como "suas" janelas, um raro exemplo de arquitetura secular concebido pelas mãos de seu criador, tornara-se cada vez mais sagrado.

Paulo e a esposa ocuparam não apenas a residência dos ancestrais de Isabella. Ao lado do Palazzo Medici estava o Palazzo Antinori, de propriedade da família Antinori, leais colaboradores dos Medici que haviam mandado construir sua residência nos mesmos moldes do palácio vizinho. Eles alugaram a Paulo Giordano uma parte considerável do edifício, para acomodar a substancial comitiva que sempre acompanhava o genro do duque em suas viagens a Florença. Essa despesa, bem como as relativas ao Palazzo Medici, era custeada pelo próprio Paulo, ao longo de todo o ano, mesmo quando estava ausente da cidade.

Os gastos de Paulo e Isabella com a nova vida no Palazzo Medici eram registrados nos *Libri di entrate e uscite* [Livros de entrada e saída] — o sistema de escrituração contábil conhecido como partida dobrada, que os banqueiros dos Medici haviam ajudado a desenvolver, de forma precursora, mais de um século antes. A incumbência ficava a cargo do contador do casal, João Batista Capponi, que vinha de uma família de apoiadores leais de Isabella. Os livros abrangiam uma miríade de gastos,[6] a começar pela melhoria da estrutura do próprio palácio, descrita como *"amigliorando del Palazzo Medici"*, que incluía serviços como recolocação de argamassa e caiadura no conjunto de aposentos pessoais de Isabella, adjacentes ao jardim e ao pátio interno do palácio. Também sob o item *"amigliorando"* constava um pagamento a "Alberto Fiorentino, *natapharo"*, um mergulhador convocado para "limpar bem a cozinha, onde caiu um gato". Outras despesas aquáticas incluíam os barris de água regularmente trazidos do rio Arno "para os banhos da signora". Além disso, "Francisco della Camilla *scultore"* foi contratado para renovar a fonte do pátio.

Quando se mudaram para o Palazzo Medici, Paulo e Isabella compraram móveis novos, em sua maior parte escolhidos por Isabella, como por exemplo uma cama com dossel. Sob o item "despesas com assentos" vinham "bancos para *la signora*" e quatro cadeiras baixas estofadas em veludo turquesa. Aparelhos de jantar para 32 pessoas também foram adquiridos, o que dá uma ideia do número de convidados esperados para a refeição da noite. Havia ainda desembolsos relacionados ao transporte de objetos para dentro e fora do palácio, pois quando viajava para temporadas nas villas da família, Isabella levava sua própria roupa de cama, cadeiras dobráveis e reposteiros. A *spesa d'arme* constituía uma outra categoria de despesas: armas para proteger a residência, tais como bestas, arcabuzes, lanças e espadas. O Palazzo Medici fora construído de modo a se assemelhar a uma caixa-forte, mas só era seguro na medida em que aqueles atuando na sua proteção estivessem armados, como um ex-morador, Alexandre de Medici, aprendera ao custo da própria vida.

A *spesa di vestire* — despesa de vestuário — relacionava itens como uma seda amarela para vestir "Sua Ilustre Senhoria", sapatos de seda vermelha ou um chapéu "feito com plumas de pavão e borlas de prata, forrado de tafetá, de Andrea Cortesi, conhecido como o rico mercador". Paulo apreciava chapéus extravagantes, como a prostituta Camilla mencionara em seu julgamento. As camisas do duque de Bracciano eram compradas das freiras dominicanas do convento de Santa Caterina da

Siena, que ficava na subida da rua. Os Orsini também pagavam pelas roupas dos criados — librés para os lacaios, por exemplo — e não se economizava na qualidade dos tecidos. Grandes peças de seda vermelha e amarela, veludo e tafetá vermelho matizado de amarelo foram compradas para vestir os empregados da casa. Os pajens do palácio, cada vez em maior número, vestiam-se em dispendioso veludo azul. Eram filhos adolescentes de nobres florentinos, e havia muita competição entre as famílias no sentido de estabelecê-los na residência de um Medici, pois essa era uma maneira inestimável de ingressar e ascender na corte. Para Isabella e os seus, tratava-se de uma forma de assegurar a lealdade da geração mais jovem. Não era barato alimentar e vestir esse exército de adolescentes, tampouco lavar suas roupas. Catarina, a lavadeira, estava sempre ocupada com seus afazeres. Mas se as despesas ocasionadas por pajens, meninos de boas famílias, geralmente perpassam os livros de contabilidade, havia um outro exército de empregados bastante invisíveis: os escravos, vindos do Leste Europeu, ou negros africanos, como a mãe do último Alexandre de Medici, que vivia no sótão do Palazzo Medici. A despeito da presença de trabalhadores compulsórios, uma outra despesa é relacionada nos livros: a dos *staordimani* — pares extras de mãos —, que auxiliavam nos trabalhos na cozinha ou na sala de jantar quando necessário.

 Embora o Palazzo Medici tenha sido despojado de muitos de seus objetos originais, outros vieram substituí-los. Um Mercúrio dourado adornava a fonte no pequeno pátio interno, enquanto no pátio maior revelava-se o bronze de uma cabeça de cavalo. Havia mesinhas de madrepérola ou alabastro, e candelabros de prata. No *studiolo*, o pequeno estúdio, Isabella guardava objetos preciosos cuja posse agora reivindicava, tais como peças de ébano e a pele, completa com cabeça e cauda, de um animal identificado apenas como um "grande gato dourado", talvez um leão ou jaguar, "das Índias".[7] Entre os outros itens, xícaras trabalhadas em relevo e fabricadas a partir de conchas de náutilos recolhidas nos oceanos Índico e Pacífico e um leque confeccionado com penas vermelhas de papagaio. Havia ainda antigos camafeus, figuras entalhadas em ônix de dois tons ou fragmentos de ágata ou coral, todos avidamente colecionados pelos Medici. Isabella encomendara também alguns quadros, entre os quais um *Noli me Tangere*, a dramática cena em que Cristo revela-se pela primeira vez a Maria Madalena após a ressurreição.

Isabella utilizava também o fundo dos Orsini para a *spese di limosine* — donativos para caridade. As somas nunca eram muito altas, mas eram doadas a diversos indivíduos e instituições, como "a pobre companhia de órfãos", "Anna, a pobre viúva" e freiras do convento do Murate. Isabella também custeou uma ceia de noviciado quando uma certa Catarina Zoppetta entrou para o convento de Santa Chiara. A *spese di limosine* também incluía o vinho "encomendado pela signora para ser oferecido ao capitão Saldano, que chegou antes da Ilustre Signora na Sexta-feira Santa para rogar por caridade", bem como "duas garrafas de vinho" para seu confessor. Isabella ordenou também que o problemático Carlo Fortunati, filho de uma de suas empregadas e assassino outrora banido de Florença, recebesse "donativos" em dinheiro.

Uma boa parte dos fundos era direcionada às "despesas de caça", "despesas do estábulo" e "despesas do coche". A caça implicava a compra de cães e falcões e o pagamento de salários a seus tratadores, como por exemplo "Moretta da Melia, que administra os cães" — o chefe do canil. Tanto os cães quanto as aves de rapina eram ávidos consumidores de carne; as aves necessitavam de caparões, feitos em couro belamente trabalhado, e os cães demandavam trelas e coleiras. O esporte exigia ainda a aquisição de outros armamentos, para não falar dos cavalos, que dispunham de uma corte própria, com vários empregados e cavalariços para atender às suas necessidades. O cavalariço era descrito como um *famiglio*, familiar do estábulo, e havia por volta de 15 deles, vários dos quais provenientes do norte, como César de Módena e Jerônimo Piacentino (de Piacenza). Paulo e Isabella também conservavam mulas no estábulo, principalmente para o uso das damas de companhia da duquesa, mas se antes elas eram em maior número, agora os cavalos as ultrapassavam em quantidade. Todos os animais requeriam equipamentos acessórios: bocados, rédeas, arreios de veludo. Pisicotto, o seleiro, recebeu a substancial soma de 126 *scudi* para fabricar selas para os cavalos de montaria de Isabella e suas damas.

Os reis do estábulo eram dois garanhões: um árabe, chamado *il cavallo turcho*, e um negro, *il morello*, que Paulo gostava de usar em suas viagens entre Roma e Florença. Existe uma copiosa correspondência entre Paulo e seu chefe de estábulo a respeito de reforços adequados para sua *equipe*. Um estava "em boa forma, mas é um pouco caprichoso", outro tinha "um belo rosto, e é um cavalo sincero, porém friamente melancólico". Tais descrições dão uma boa ideia do entendimento e da obsessão que Paulo Giordano e seus associados tinham da relação entre personalidade equina e desempenho. Havia ainda no estábulo um caçador e um *chinea*, ou trotador, para uso particular de Isabella, mas o verdadeiro orgulho e alegria da princesa eram os quatro cavalos brancos perfeitamente idênticos utilizados na condução do coche. Ela havia tentado impedir a partida de seu irmão Francisco num alazão que faria parelha com outro de que dispunha em seus estábulos, mas fracassara. E tornou-se igualmente ciumenta de seus pôneis brancos, que detestava emprestar. "Diga ao seu cocheiro que é melhor ser cuidadoso com meus cavalinhos brancos", advertiu o marido quando este a persuadiu a emprestá-los a ele.[8]

A busca por cavalos idênticos era uma decorrência do mais novo símbolo de status, luxo e opulência na Itália: o coche, ou *cocchio* ou *carrozza*. Até meados do século XVI, as carruagens italianas haviam mudado pouco em relação às da Roma antiga: eram não mais que vagões cobertos, pouco fazendo para proteger o passageiro dos solavancos e trepidações da estrada. Enfim, um meio de transporte lento e sem glamour, longe dos padrões almejados pela elite italiana atenta às novidades. No entanto, no início do século XVI, os húngaros desenvolveram um sistema de suspensão com molas para as carruagens. A nova invenção proporcionava viagens muito mais rápidas e tranquilas nos veículos que os italianos denominavam *carrozza all'ongaresca*. E com o aperfeiçoamento das estradas, o coche passou a ser um objeto de desejo mais cobiçado do que nunca.

Na condição de jovens nobres e elegantes, Paulo e Isabella estavam em primeiro lugar na fila de espera por um coche, e desejavam ao menos um para o Palazzo Medici. O veículo era tão caro que Cosimo chegou a adiantar a Paulo 105 *scudi* apenas para cobrir os custos do revestimento interno em couro vermelho. Mais dinheiro foi gasto na pintura da carcaça, em vermelho e dourado.

Percorrer as ruas de Florença num coche vermelho e dourado conduzido por quatro cavalos brancos certamente provocaria uma visão deslumbrante. O escritor florentino Leonardo Salviati vangloriou-se da ocasião em que Isabella mandou seu grandioso coche para levá-lo até a casa dela. Ela também se esforçou para obter um meio de transporte mais imponente, porém não menos vistoso: uma *lettica*, ou liteira, que ela decorou com veludo azul de pavão e brocados. As liteiras eram em geral adotadas por mulheres grávidas e pessoas doentes, pois o transporte pelas ruas era mais confortável do que o oferecido pelos cavalos ou coches, que trepidavam muito. Isabella estava sempre propensa a exagerar suas moléstias e discuti-las em detalhes — descrições de uma otite são muitas vezes mencionadas em despachos da corte —, mas tais doenças nunca a impediram de caçar e participar de festas. Por isso, é razoável supor que o que Isabella, no início de seus 20 anos, achava atraente nas liteiras era o fato de poder aparecer em público erguida sobre uma plataforma opulenta, como se fosse a própria rainha de Sabá, a primeira-dama de Florença, para não dizer do mundo inteiro, ou pelo menos assim ela pensava.

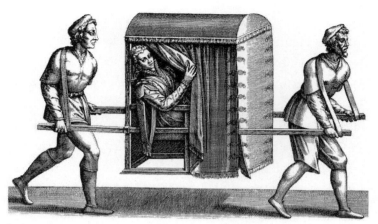

Senhora em uma liteira

CAPÍTULO 3

Dívida

Todas as despesas relativas à manutenção do Palazzo Medici — cavalos, cães, empregados, alimentação — eram de responsabilidade de Paulo Giordano. Estas eram as *uscite*, saídas, que sempre ultrapassavam as *entrate*, entradas, nos livros de contabilidade. Paulo estava acostumado a viver endividado; na verdade, mal podia se lembrar de uma época em sua vida em que não o estivesse. Aos 15 anos, já fora obrigado a entregar aos Bandini, família de mercadores florentinos, rendimentos de parte de suas propriedades, para quitar uma dívida pendente de 14 mil *scudi*. Aceitar as dívidas como um estilo de vida significava que Paulo jamais hesitava em gastar cada vez mais. É verdade que para a nobreza havia um certo prestígio associado às dívidas, na medida em que elas eram um reconhecimento ao nome e ao valor de um indivíduo, que por conta desse reconhecimento conseguia obter crédito fácil. Mas, ao contrário de muitos, Paulo não se envergonhava de se desfazer de porções de suas terras para pagar aos credores de quem havia adquirido esporas de ouro, não apenas para si, mas também para os integrantes de seu séquito. Outros itens preciosos que foi forçado a vender incluíam as joias que Benvenuto Cellini concebera para o casamento de sua mãe. Ele sacrificava esses artigos extraordinários para financiar a aquisição permanente de joias de menor valor. Um pingente "dotado de uma esmeralda, um pequeno rubi e uma pérola" de sua herança foi avaliado em 12 mil *scudi* quando posto no mercado.[1] Sua maior despesa até então, porém, eram os cavalos, que ele parecia incapaz de parar de comprar. Um de seus contadores em Roma lhe disse francamente que o espólio dos Orsini não estaria tão comprometido em dívidas "não fossem as despesas lesivas e supérfluas em Bracciano, em sua maior parte, se não inteiramente, relacionadas ao abençoado estábulo. As coisas, no entanto, podem ser resolvidas se o senhor se contentar em se restringir a cinco ou seis cavalos, liberando os outros, que geram tais despesas lesivas e supérfluas".[2]

Paulo também com frequência ignorava despesas necessárias, como a alimentação dos empregados, em favor de gastos mais exóticos. Um criado da família escreveu melancolicamente em dezembro de 1563: "Há arcos do triunfo, torneios, caçadas, e você não pode imaginar o dinheiro que se gasta nisso, mas nós cortesãos não podemos tocar nos fundos para a administração da casa ou para pôr o palácio em ordem."[3] Ainda assim as dívidas se acumulavam, exacerbadas pela má administração da propriedade em Bracciano pelo *fattore* Júlio Folco, mais tarde preso por peculato. Mas por razões particulares que nunca foram esclarecidas, Paulo insistiu na libertação de Folco, declarando que seu nome fora injustamente maculado, e recontratou-o. Isabella, porém, decerto não tinha confiança nele, como deixou muito patente em carta que escreveu a Folco a respeito de alguns itens importantes que ele supostamente deveria ter adquirido em interesse dela:

Tudo que já pude observar do senhor me faz sentir como se meu estômago estivesse sofrendo de má digestão. Deixe-me lhe dizer que não sou o tipo de pessoa com quem se deve brincar, e não pense que pode me apresentar o preto como sendo branco, apenas porque normalmente lido com pessoas que me dizem as coisas de forma clara, e não com os milhares de mentiras e subterfúgios que o senhor expõe. Vi o que escreveu a Gianozzo Cepparello [administrador dos negócios de Isabella] a respeito daquelas provisões procedentes de Nápoles, e sobre isso lhe digo que é melhor remeter-me o dinheiro imediatamente, sem quaisquer outras desculpas, e não pense que essas palavrinhas virão apenas de mim. Recomendo com veemência que ponha de imediato no correio, para mim, uma cópia do contrato, e que me diga exatamente onde está minha joia.[4]

Folco havia sido designado pelo tio de Paulo, o cardeal Sforza. Aos poucos, os Medici tiveram certeza de que ele também não resistira à tentação de se apropriar de fundos do espólio do sobrinho, o que explicaria como fora capaz de contratar Michelangelo para conceber sua capela em Santa Maria Maggiore, em Roma. Quando ele morreu, Isabella afirmou ao marido, com bastante aspereza: "Não posso dizer nada senão que seus pecados não fazem jus a uma punição menor. Eu poderia me estender infinitamente, mas paro por aqui, porque o cansaço me mata."[5]

Isabella jamais foi econômica. Ela sabia que o pai, Cosimo, quitaria suas dívidas pendentes antes que fosse tarde demais. Em fevereiro e abril de 1567, o duque liberou um total de 4 mil *scudi* "para serem entregues aos credores da senhora Isabella, filha de Sua Excelência". Entre os citados estavam "Marco Giachini, mercadores [total de 750 *scudi*], Costanzo Gavezzini, fabricantes de veludo, 200 *scudi*, João Batista Bernardi e companhia, *battilori*, 200 *scudi*, e maestro Vicenzo di maestro Carlo, *tiraloro*, 100 *scudi*". Os dois últimos eram especialistas no fabrico de brocados de ouro. A lista de credores incluía ainda "Agnolo Alessandrini e companhia, fabricantes de linho, 100 *scudi*, Bartolomeu de Filicaia e companhia, mercadores de seda, 100 *scudi* [e também mais uma meia dúzia de mercadores de seda], Soldo del Cegia, peleiro, 24 *scudi*, Maestro Berto Cino, fabricante de chinelos, 50 *scudi*". Pode parecer surpreendente que uma princesa Medici devesse 200 *scudi* a "Francisco Gaburri e companhia, *rigattieri*" — vendedores de artigos de segunda mão.[6] Durante o Renascimento, no entanto, não havia estigma social associado a artigos de segunda mão de vestuário e têxteis preciosos; na verdade, podia haver agregamento de valor a depender de sua procedência.

Cosimo também oferecia a Isabella uma mesada pessoal, embora ela com frequência a dissipasse antes de receber a seguinte. A princesa vibrou ao saber que o pai lhe adiantaria 4 mil *scudi*. "Posso pagar minhas dívidas e viver então como uma rainha", exultou a Paulo.[7]

Apesar da atitude despreocupada e da certeza de que o pai viria sempre em seu auxílio, Isabella costumava agir quando julgava as finanças da casa fora de controle. "Fiz João Batista Capponi vir com os livros, para que eu pudesse examiná-los. A casa caminha para uma grande ruína", escreveu a Paulo, em Roma, em julho de 1566.[8] Paulo, por sua vez, parece nunca ter convocado voluntariamente um guarda-livros para tentar determinar a extensão de seus problemas financeiros. Seu interesse permanente era saber o quanto Isabella poderia lhe emprestar. Sua resposta à carta em que ela mencionava os 4 mil *scudi* foi perguntar se lhe emprestaria quinhentos, e Isabella foi forçada a recuar em suas pretensões ostensivas de rainha: "Está tudo prometido aos mercadores, à exceção de 300 *scudi*", escreveu ao marido.[9]

Para levantar dinheiro, Paulo também empenhava artigos. Ele procurou prestamistas judeus, tais como Daniello Barocco "*hebreo*", de quem obteve 115 *scudi* por três candelabros de prata, e João Batista Cossetti, de quem tomou emprestados 215 *scudi* em troca de uma variedade de baixelas de prata e frascos.[10] Ele penhorava tecidos igualmente, e por alguns reposteiros de seda obteve 82 *scudi*. Outros itens foram levados ao Monte di Pietà, entre eles um tapete do Levante, uma xícara dourada e um aquecedor de cama fabricado em prata. Ainda que a penhora fosse um expediente tradicional entre a nobreza italiana para levantar dinheiro, era preferível que as transações ocorressem longe das cidades nativas de quem fazia os empréstimos, para evitar a criação de qualquer estigma. Isabella, aos 19 anos, negociara em Veneza, enquanto Paulo preferia Florença a Roma, onde vivia.

Um sinal de que o Monte di Pietà, em Florença, tornara-se uma extensão dos domínios dos Medici, operada por funcionários da família, era o fato de Isabella tomar empréstimos pessoais na instituição. Ela oferecia joias como caução em troca de quantias como 2 mil *scudi*, mas a proximidade do Monte significava que poderia reavê-las muito mais rapidamente. Cosimo, fiel à sua linhagem de banqueiros, transformara a instituição outrora destinada a proteger os pobres dos *"gli ebrei"*, os judeus, em uma máquina com o objetivo de beneficiar a família, oferecendo empréstimos a juros baixos, como este que se segue, concedido a Isabella: "Sua Ilustre Excelência fica feliz em se comprometer a pagar irrevogavelmente ao Escritório do Monte di Pietà 12 mil ducados em dinheiro e juros anuais de 5% durante três anos, segundo as atribuições estabelecidas pelo senhor nosso duque..."[11]

Em momentos de dificuldade, se necessário, Isabella empenhava joias ou tomava empréstimos. Paulo Giordano, no entanto, continuava disposto a vender frações de suas terras e outras propriedades para quitar dívidas com os credores, e tal atitude deixava Cosimo bastante desconfortável. Afinal, ele arranjara o casamento de Paulo e Isabella em parte para salvaguardar os territórios dos Medici ao sul. Se o patrimônio do genro estava destinado a cair nas mãos de outras pessoas, a união mostrava-se inútil. Assim, Cosimo decidiu emprestar a Paulo uma enorme soma em dinheiro, tirada da herança de Eleonora. "Signor Paulo me disse que Sua Excelência lhe emprestará 100 mil *scudi* para a quitação de suas dívidas, em troca dos direitos sobre a renda a ser obtida em suas propriedades no período de cinco anos", Rodolfo Conegrano informou a Afonso d'Este em fevereiro de 1563.[12] O duque Orsini exagerara: o empréstimo na verdade foi de 30 mil *scudi*, e Cosimo fez mais que assegurar a renda das terras. Um ano depois, ele readquiriu duas propriedades feudais dos Orsini — Isola e Baccano — dos mercadores florentinos da família Cavalcanti, a quem Paulo as havia vendido, para quitar uma dívida. As propriedades foram então doadas irreversivelmente a Isabella, garantindo-lhe assim alguma renda da precária fonte que era o seu marido.

Esse empréstimo de 30 mil *scudi*, ainda assim, não foi suficiente. Três anos mais tarde, Paulo anunciaria mais uma vez: "Tendo resolvido aliviar meus ombros de algumas chateações, ou seja, as dívidas que tenho, pelo bem da conveniência tomei a decisão de vender algumas de minhas propriedades."[13] E os empréstimos junto aos Medici continuavam. Por volta de 1568, o Monte di Pietà concedera um empréstimo tão grande que foi preciso separá-lo em contas diferentes. Além disso, uma vez que esse empréstimo ia além dos termos comuns da instituição, mantiveram oculta a identidade do beneficiário, identificando-o apenas pelas iniciais. Mas a inscrição relativa ao empréstimo de 40 mil *scudi* era facilmente reconhecível: "P.G.O."

O "gagliardo"

CAPÍTULO 4

Conflito

Não obstante o fardo financeiro adicional que representava manter uma residência florentina para si e para a esposa, Paulo Giordano tivera algum lucro em sua associação com os Medici. Os benefícios lhe chegaram através da calorosa relação entre Cosimo e o papa Pio IV, que, entre outras coisas, alçara o nobre Orsini à gloriosa posição de duque. O sucessor de Pio IV, Pio V, o lombardo Michele Ghislieri, parecia inclinado à mesma boa disposição, e em 1566 nomeou Paulo governador-geral da Igreja Católica, no comando das tropas papais. Como soldado da igreja, o novo governador-geral sentiu que era necessário operar uma mudança de comportamento. Paulo disse à esposa: "Optei pela via de Cristo, ou seja, ser um bom cristão, e toda manhã escuto a missa, abençoo a mesa e sobretudo vivo como um cristão, e não como o depravado e ignóbil que eu era antes."[1]

Isabella enxergava a pia conversão do marido com profundo ceticismo, e respondeu com sarcasmo: "Então agora que você se tornou um bom cristão, comecei a pedir que me leiam sobre quando jantar, para já ir me acostumando aos hábitos dos monges, e como o vejo seguindo por uma via na qual queira Deus que você persevere, e como Nosso Senhor ordena que deseje apenas uma mulher, e não cobice as mulheres dos outros, eu seria a mulher mais feliz do mundo se você observasse esses dois pontos. Mas deixemos de pilhérias, porque estou satisfeita demais com esse favor de nosso senhor [o papa]."[2] De maneira significativa, em seu gracejo aparentemente afetuoso ela não alude a uma outra questão mencionada por Paulo em sua carta: a de que se ele era o governador-geral da Igreja Católica, seria "melhor que você venha morar comigo em Roma". Ele precisava da dignidade de uma esposa presente, como informou a Cosimo: "Escrevo a Vossa Excelência para pedir que por favor permita que minha esposa venha a Roma, pois estou a serviço de Sua Santidade, que todo dia me faz milhares de favores, e, porque desejo continuar este serviço, creio que Vossa Excelência consentirá em meu pedido."[3]

Mas Isabella não iria a Roma, e em todo caso Paulo teve que deixar a cobiçada posição antes mesmo de assumi-la. Apesar de sua recém-declarada nova religiosidade, e mais fascinado do que nunca pela pompa e ostentação, ele fez uso de todas as regalias que acompanhavam a posição de governador-geral do papa, entre elas um estandarte gravado com o símbolo papal das chaves de são Pedro. Este, Paulo temerosamente mostrou ao embaixador francês, antes que Pio V houvesse oficialmente anunciado sua indicação, uma quebra de protocolo que chocou a todos no Vaticano. Dizem que o papa ficou tão horrorizado com a inabilidade de Paulo em observar a etiqueta que retirou sua oferta — "uma duríssima repreensão", como comentaram alguns.[4] Mas protocolos já haviam sido quebrados antes sem consequências tão drásticas. A possibilidade de uma interferência de Cosimo junto ao papa na revogação do oferecimento não deve ser descartada. Com certeza, a diminuição no status de Paulo negava a necessidade de Isabella estar junto dele em Roma.

CONFLITO

Cosimo também estava descontente com o fato de ter sido o embaixador francês que Paulo tentara impressionar. Em certas ocasiões, é verdade, o pai de Isabella fazia gestos aparentemente amistosos para a França, às vezes como uma maneira de contrapor este país à Espanha dos Habsburgo e ao Sacro Império Romano, de modo a não ser visto como um peão imperial qualquer. Mas até onde sabia, Paulo não tinha habilidade para esse tipo de sutileza política, e portanto devia seguir o caminho imperial escolhido para ele por Cosimo. Paulo começara a se irritar com as amarras dessa vassalagem prescrita. Os Orsini eram soldados e apoiadores históricos da França, e Paulo via-se cada vez mais seduzido pelas lisonjeiras propostas dos franceses, que tentavam persuadi-lo a voltar novamente sua lealdade para a França. Da perspectiva francesa, Paulo, logicamente, como chefe de Bracciano, trazia consigo apoio e soldados de outros membros da ampla casa dos Orsini. Com as guerras religiosas em vigor entre a coroa francesa católica e os huguenotes, o enorme contingente humano dos Orsini era algo que valia a pena assegurar.

Paulo, animado com a perspectiva de lutar pela França, ressentia-se igualmente da falta de retribuições militares lucrativas da parte dos espanhóis, compreensivelmente relutantes em lhe conferir um posto que exigisse bom gerenciamento e habilidades estratégicas, sendo ele tão mau administrador de suas próprias terras. Ele escreveu a Isabella dizendo que acreditava ter perdido a posição de governador-geral apenas por ter sido difamado pelo embaixador espanhol, e que agira como um súdito da Espanha apenas por conta da "dependência e relação que tenho" com Cosimo. Ele também mencionava o seu prazer em receber, em Roma, o embaixador francês, que, explicou, estava pronto a lhe oferecer um posto junto à França. Isabella percebeu de imediato o que estava acontecendo e contou ao pai. Ambos decidiram que o marido renegado, com o orgulho profundamente ferido diante da rejeição ao cargo de governador-geral, precisava ser adulado em alguma medida. Nessa ocasião, Cosimo não interferiu de maneira óbvia nos rumos da fidelidade do genro.

Em vez disso, Isabella enviou ao marido uma resposta em que se valia do mesmo tom áspero usado pelo pai ao lidar com pessoas caprichosas:

> Parece-me estranho que você deseje abandonar o certo pelo incerto e que queira apresentar ao mundo uma inteligência maleável, como seria o caso se fizesse tal coisa (...) Gostaria que soubesse que não acredito nesse posto oferecido pelo embaixador francês, porque se isso fosse verdade o rei lhe teria escrito uma carta, em vez de simplesmente mandar alguém para lhe dar a notícia verbalmente. No entanto, suponhamos que o embaixador disponha desse posto, então lhe peço que tome seriamente o exemplo daqueles outros que serviram à França, mas não obtiveram nada do que lhes foi prometido, e eles o vão conduzir de tal maneira, vão lhe prometer céus e terras, e você não receberá absolutamente nada. Você pode permanecer com o rei Filipe da Espanha sem nenhuma obrigação, e desejo lhe sugerir que ele precisa mais de você. Em tempos de paz, o rei Filipe lhe deu mais que qualquer cavaleiro italiano, e se esperar ele há de lhe dar mais ainda (...) Mande meu carinho a todos, mas saiba a diferença entre os seus verdadeiros amigos e aqueles que lhe fariam mal (...)

Isabella suavizava suas diretivas ao declarar que em última instância era o marido quem devia tomar as decisões. "Se você deseja ser francês, então serei francesa, se deseja ser imperial, então serei imperial. Sendo você muito mais sábio que eu, deixo que decida por si mesmo."[5] Mas tal subserviência feminina fazia parte da retórica literária com a qual Isabella invariavelmente adornava as cartas ao marido. Paulo Giordano entendeu o recado. Os Medici desejavam que permanecesse com a Espanha.

Isabella foi então incumbida da tarefa de conduzir Paulo de maneira a assegurar que seguisse os interesses de Cosimo, assim como os seus. À medida que o tempo passava, os desafios e tensões de seu relacionamento se multiplicavam. Paulo reconhecia que, contrariamente a um costume que unia as sociedades de todo o mundo, a esposa não estava sob seu controle; Isabella era uma criatura do pai, não dele. Seus pedidos — pois jamais podia exigir — para que viesse a Roma pouco tinham a ver com afeição genuína, estando mais relacionados a um sentido de honra, orgulho e masculinidade. Foi um tempo em que a braga, como acessório de moda, cresceu em proporções fora do comum, como que para indicar o pretenso gigante abrigado em seu interior, mas uma esposa além do alcance de Paulo transformava tais ornamentos em ostentações vãs.

E Isabella, tendo passado aquele lúgubre dezembro presa em Bracciano, estava determinada a jamais repetir a experiência. Seu plano de resistência diante dos pedidos do marido consistia em alegar que, apesar de sua ânsia por encontrá-lo em Roma, era necessária a permissão do pai. Cosimo acabaria mostrando-se indisposto e hesitante em consentir, e então outros assuntos se interpunham até que por fim Paulo mergulhava em outras questões. Em outros momentos, Isabella valia-se de artimanhas mais sutis, como revela nesta carta ao marido: "Prometo que estou inteiramente determinada a ir até Roma. Desejo muito confirmar essa certeza, porque o cardeal meu irmão me disse que gostaria de vir passar um tempo conosco, e também ele quer uma certeza e a data exata." Então Isabella prossegue com as seguintes notícias: "O cardeal Farnese chegou aqui e o cardeal e o duque lhe fizeram milhares de agrados, Deus permanece satisfeito de que esteja alojado no palácio do príncipe [Francisco], e meu irmão jamais o deixa só."[6] O cardeal Alexandre Farnese era primo de Paulo e inimigo pessoal do duque de Bracciano. Isabella sabia que a ideia da presença do cardeal em Florença na condição de favorito dos Medici certamente distrairia o marido de pensamentos como sua ida ou não a Roma. Mesmo se dissesse a Paulo que Isabella podia ir a Roma, Cosimo não hesitava em retirar sua palavra. "Do signor Latino Orsini", Paulo uma vez escreveu a Isabella, "recebi uma notícia que põe em dúvida sua vinda até aqui, pelo desconsentimento de meu senhor o duque, e fico infinitamente desgostoso com isso, pois ele voltou atrás em sua promessa."[7]

Embora as cartas de Paulo e Isabella em geral pareçam a correspondência de um casal apaixonado, os conflitos entre os dois manifestavam-se de diferentes maneiras. Isabella mostrava considerável desdém pelo nome Orsini. A despeito de assinar "Isabella Medici Orsini", raramente completava com "duquesa de Bracciano", e as pessoas a sua volta costumavam referir-se a ela como "signora Isabella". Sua importância, influência e posição repousavam no fato de ser uma Medici de nascimento, e não uma Orsini por casamento, como se nota em uma dedicatória a ela num pequeno livro de poesia. "Isabella de Medici" ocupa uma linha inteira em letras maiúsculas, e seu nome de casada e título de nobreza aparecem na linha seguinte, em tipologia mais desbotada, quase como uma reflexão tardia. Toda vez que se referia a "meu senhor o duque", Isabella falava do pai, nunca do marido. Ela era antes de tudo uma Medici, e raras vezes pensava em si mesma como Orsini. Para Paulo Giordano, se havia alguma coisa de que se podia orgulhar, era da antiguidade de sua casa. Ele não mostrava interesse pela organização de seus negócios, mas é creditado como o criador do "arquivo" de papéis da família, um registro portanto da história dos Orsini. Ele sabia que, outrora, a venerabilidade de seu nome havia atraído a família mercantil dos Medici, a tal ponto que se dispuseram a aceitar, mesmo sem dote, uma noiva Orsini — Clarice, bisavó de Isabella —, e agora Paulo fazia tudo a seu alcance para lembrar ao mundo a fama de sua linhagem. Encomendou ao escritor veneziano Francisco Sansovino a redação da *História da família Orsini*, pela qual ofereceu ao autor os proventos do aluguel de um matadouro e um açougue nas terras da família em Cerveteri. Dada a história dos Orsini, típicos soldados de aluguel, um pagamento de tal natureza apresenta certa simetria.

Nesse denso volume publicado em 1565, Sansovino destacava a longevidade da história da família, enaltecia os bravos feitos dos guerreiros Orsini do passado e, previsivelmente, concluía com um panegírico ao patrocinador do livro. Para esta última tarefa, o autor dispunha de pouco material para trabalhar, visto que as atividades lucrativas do duque Orsini eram bastante limitadas. Sansovino louvou sua "grande, bela e bem-composta estatura, um rosto que vai do riso à seriedade, com um aspecto bondoso que espelha as excelentes qualidades de seu coração generoso". Cosimo e Isabella ficariam espantados ao ler a conclusão do escritor veneziano, uma explicação de como o duque Medici teria escolhido Paulo para esposo de sua filha:

> Tendo recebido um supremo título de excelência, uma bela alma, e infinitamente valorosa, que o tornaram quase um rei (...) tendo preservado seus bens ao longo das perigosas guerras do reino, e exibido excepcionais qualidades militares, o senhor Cosimo de Medici, estimado por todos como o mais prudente e afortunado dos príncipes, reconhecendo com extraordinário julgamento as virtudes desse nobre (...) fez dele seu genro, oferecendo-lhe como esposa sua filha Isabella, uma mulher cuja incomparável bondade, cortesia e valor a tornam muito semelhante a seu excelente consorte.[8]

Se esse livro, com seu relato evidentemente falso das razões pelas quais Cosimo escolhera Paulo para marido de Isabella, tinha a intenção de impressioná-la, então não teve êxito. Isabella podia ter tido um ancestral Orsini, mas não podia se importar menos. Somente o sobrenome Medici a tocava. Ela fora criada em um mundo cercado de emblemas da grandeza de sua família, e não acreditava em nada senão na primazia dos Medici, citada em uma contenda com o marido que, segundo os relatos, ocorreu em seguida à composição do livro com a história da família Orsini. No meio da altercação, Paulo disse: "Em última instância, meu porte é maior que o de Vossa Excelência." Em resposta, Isabella escarneceu: "Os Medici, por sua grandeza e magnificência, são os príncipes da Itália, depois de Sua Santidade o papa, e você, em última instância, não é mais que um feudatário da Igreja Sagrada."[9] Paulo não respondeu verbalmente ao insulto da esposa, que aludia ao modo como ele adquirira o ducado. Em vez disso, esbofeteou-a no rosto. Como se sabe do julgamento de Camilla, a Magra, no qual a prostituta mencionava os empurrões de Paulo, este incidente não teria sido a primeira vez que o duque de Bracciano agredia fisicamente uma mulher.

Isabella, em uma rara carta em que revela a realidade mais brutal de seu relacionamento com o marido, talvez tenha aludido a este acontecimento ou a outro incidente similar após o qual cada um tomou seus próprios caminhos. Em fevereiro de 1565 ela escreveu de Pisa, onde obviamente se refugiara, para Paulo, em Florença: "Estou por fim lhe escrevendo porque tinha, com razão, a mesma opinião de que primeiro deveria contar a meu senhor o duque das injúrias que você me causou, mas agora decidi que é melhor para nós que eu não fale com ninguém sobre isso, uma vez que é tão prejudicial. É bom que saiba de seu erro, que é muito grande (...) ser meu marido significa me honrar, assim como a você mesmo. Ficarei contente em perdoar-lhe, contanto que providencie alguma reparação (...)."[10]

Embora Isabella não especifique a natureza das "injúrias" causadas por Paulo, é mais provável que tenham sido verbais e físicas. Ela não se sentiria tão ofendida por causa de um adultério, porque isso era de se esperar. No entanto, ser vítima de violência era uma injúria enorme a sua honra. Ninguém batia numa princesa Medici como se ela fosse uma prostituta ordinária. Além disso, embora alegasse guardar segredo do assunto, Isabella sabia muito bem que aludir a injúrias recebidas do marido por meio da escrita já era uma forma de registrá-las. Ela podia dizer que não contara nada ao pai, mas Paulo sabia que havia boas chances de que Cosimo tivesse sido informado de suas transgressões. Isabella podia não ser capaz de atingir o marido com seus próprios punhos, mas ela dispunha de uma outra arma, muito mais forte: ela possuía Cosimo, contra quem Paulo, tão profundamente em dívida, era impotente. Enquanto Isabella tivesse o pai, não havia batalha entre ela e Paulo em que o marido pudesse triunfar, nenhuma discussão que pudesse vencer, nada que pudesse obrigá-la a fazer algo contra a sua vontade. Nessa ocasião, como talvez em outras, ele recorrera ao único meio que lhe restara para dominá-la: a força física. Mas Paulo sabia que enquanto Isabella dispusesse de seu *babbo*, encostar um dedo nela era uma coisa na verdade muito pouco recomendada.

A villa do Baroncelli, c. 1550

CAPÍTULO 5

O Baroncelli

Com as obras no Uffizi quase terminadas, Cosimo de Medici incumbiu Giorgio Vasari de um outro projeto arquitetônico. Dessa vez, sua tarefa, que ele começou no início de 1564, seria projetar e construir a passagem suspensa e coberta que conhecemos hoje como Corredor Vasariano. O corredor estabelece uma ligação do Uffizi com o Palazzo Pitti, na outra margem do rio Arno, e utiliza como apoio parcial um dos lados da mais antiga ponte de Florença, a Ponte Vecchio, levando até os jardins de Boboli. A nova estrutura permitia que Cosimo e sua família e corte transitassem com segurança e privacidade entre as duas construções, transformando-as numa instituição mediciana maciça e monolítica. Abaixo deles, nos sentidos literal e figurado, os habitantes de Florença tocavam seus negócios, utilizando a Ponte Vecchio para cruzar a cidade ou adquirir artigos em uma das pequenas lojas espraiadas sobre a ponte desde sua inauguração, no século XIV.

A construção do Corredor Vasariano marcou a ligação de Cosimo com o Arno e as terras de ambos os lados do rio. No ano seguinte, ele fez subir o nível das margens no trecho entre a Ponte Vecchio e a Ponte Santa Trinità, "oferecendo a todos o prazer da bela vista proporcionada pelas águas do Arno".[1] A medida também reduzia, embora jamais chegasse a eliminar, o risco perene de inundação da cidade. A própria Ponte Santa Trinitá, construída originalmente em 1252, sofrera grandes danos numa enchente em 1557, e Cosimo esperava que Michelangelo empreendesse a restauração desse importante canal. Se *Il Divino* chegou a produzir alguns esboços, foi o ubíquo Ammannati que finalmente concluiu o projeto em 1567. No entanto, a ponte que liga as mais amplas vias do Oltrarno com o restante de Florença exibe de forma clara as marcas de Michelangelo. As graciosas linhas alongadas dos três arcos elípticos definem a construção, que mostra ainda a mesma qualidade elástica dos detalhes das mísulas de um outro projeto dos Medici encomendado a Michelangelo, o vestíbulo da Biblioteca Laurenciana. É preciso lembrar que a Ponte Santa Trinità que se apresenta hoje é uma réplica exata da construção do século XVI, uma vez que a original foi destruída por minas alemãs em 1944 para impedir a passagem de tropas aliadas. A Ponte Vecchio, dotada de um charme mais idiossincrático, não poderia suportar a passagem de tanques, e assim foi poupada; foi o Corredor Vasariano, afinal, que acabou proporcionando a linha de comunicação entre a resistência toscana e as tropas aliadas.

Isabella também tinha muito interesse pelo que havia do outro lado do rio, a ponto de decidir que queria estabelecer ali sua própria presença. No entanto, tal negociação tornava necessário o apoio de seu irmão Francisco, que voltara da Espanha a Florença no outono de 1563. Sua personalidade não parecia ter evoluído muito; ao contrário, ele piorara, somando a sua original falta de charme à inflexibilidade de modos característica de muitos cortesãos espanhóis. Cosimo desejava manter ocupado o filho potencialmente genioso. Sentindo que o *principe* de 22 anos necessitava de treinamento adicional para o cargo que um dia viria a ocupar, deu a ele maiores responsabilidades na condução do estado. Ele foi cuidadoso ao ratificar o papel de Francisco para outros governantes italianos, enviando por exemplo a seguinte mensagem ao duque de Mântua: "Como tenho por hábito comunicar-me com amigos nos quais confio, fico contente em depositar nas mãos de meu filho o príncipe a guarda e o governo de minhas propriedades (...) a paz que hoje reina na Itália me permite agir desta maneira, e também minha ciência quanto à propensão de meu filho para negociações inteligentes, o que me agrada."[2] Assim, quando em janeiro de 1565 Isabella tinha um pedido particular a fazer, Cosimo a instruiu a recorrer ao irmão: "Porque por muitos anos", explicou Isabella, aos 22 anos, "desejei uma villa próxima a Florença, rogo a Vossa Excelência que me conceda o Baroncelli. A proceder assim, estaria me concedendo não apenas o conforto da posse da villa, mas também o mais singular dos favores, pois vindo das mãos de Vossa Excelência (...)."[3]

Hoje funcionando como uma escola, a villa do Baroncelli ficou conhecida mais tarde como Poggio Imperiale, após ser adquirida, ampliada e radicalmente transformada, no século XVII, por Maria Madalena d'Áustria, da casa dos Habsburgo e esposa de Cosimo II de Medici. Localizada nos montes Arcetri, próximo à Porta Romana de Florença, a villa é vizinha ao Palazzo Pitti e foi construída originalmente no século XV pelo mercador Jacopo Baroncelli como uma sequência retangular simples de aposentos em torno de um pátio. No entanto, a família de Jacopo, à beira da falência em 1487, foi obrigada a vender a propriedade a um credor, Agnolo Pandolfini, que por sua vez a revendeu em 1548 ao banqueiro Pedro Salviati. Este investiu fortemente na villa, remodelando-a e guarnecendo-a com objetos concorridos, entre os quais um amplo quadro de Andrea del Sarto — o grande pintor de Florença na década de 1520 — representando a *Assunção da Virgem*. A imagem mostra sua beleza nos tons que imitam joias, e foi pintada segundo a técnica de *sfumato* desenvolvida por Leonardo da Vinci, as pinceladas simulando um efeito de fumaça, sem princípio ou fim. A peça servia de retábulo de altar à capela ao lado da villa e agora pode ser vista na Galeria Palatina, no Palazzo Pitti.

 Com a morte de Salviati, porém, Cosimo confiscou a villa e tudo que havia nela, bem como o que restava do espólio do banqueiro, com base em uma lei recém-promulgada segundo a qual o estado florentino estava autorizado a se apossar das propriedades de qualquer rebelde. Se Pedro Salviati fora conspicuamente leal, ou ao menos inconspicuamente desleal, à família Medici, seu filho Alexandre havia se tornado um rebelde. Em 1554, ele se juntara às tropas de Pirro Strozzi em Siena para lutar contra o exército de Cosimo. Após a derrota e captura de Alexandre, o duque, um Salviati pelo lado materno, ofereceu-lhe a oportunidade de se arrepender, mas ele a recusou e foi executado em 1555. Cosimo esperou pela morte de Pedro uma década depois para desfechar sua vingança contra o restante da família, que pagaria o preço mais alto pela traição de Alexandre — a perda de seus bens. Ao mesmo tempo, o duque lucraria.

 Como parte de suas novas obrigações, Francisco foi incumbido de redistribuir os itens do espólio de Salviati, certificando-se de que os Medici se beneficiassem não apenas em termos financeiros, mas também politicamente. O Baroncelli era a joia da coroa entre as propriedades confiscadas. Como o Pitti, era uma villa suburbana, com terras o bastante para fazer uma pessoa se sentir num recôndito do interior, embora ao mesmo tempo muito perto do centro de Florença. Além disso, seu novo ocupante receberia a mobília original da propriedade, cortesia de Salviati, que incluía o magnífico quadro de Del Sarto. Muitos ansiavam por tal prêmio, mas Isabella estava determinada a ser a contemplada.

 Francisco tinha outras ideias. "Não posso realmente escrever sobre o seu desejo pelo Baroncelli", disse ele em carta à irmã poucos dias após o pedido dela. "Tudo nesse confisco ainda precisa ser liquidado, mas de todo modo não me parece que faltem villas a você, que pode usar qualquer uma de nossa família como se fosse sua."[4] Isabella, insatisfeita com a resposta, fez o que sempre fazia em tais circunstâncias: recorreu a seu *babbo*. Cosimo podia ter incumbido Francisco do confisco dos bens de Salviati, mas ainda era a instância máxima de poder na família, e priorizava a satisfação dos desejos da filha sobre a autoridade concedida ao filho. "Dê a ela", ordenou a Francisco, como se os filhos disputassem um brinquedo. Francisco, sem dúvida irritado com o sucesso de Isabella em conseguir do seu próprio jeito o que queria, para não mencionar o fato de que agora ela tinha algo que ele não possuía — uma villa que não precisava dividir com ninguém —, foi forçado a ceder.

Não demorou muito até o Baroncelli ser inteiramente de Isabella — "*la mia villa*", como dizia a todos, inclusive ao marido. Pelo que sabia, a propriedade do Baroncelli — ainda o nome oficial da villa — não estava sujeita a partilha, e ela não perdeu tempo em pôr seu emblema pessoal no lugar. Para certificar-se de que a villa podia ser associada de longe ao nome de sua família, mandou ornar as paredes com centenas de esferas, as *palle* dos Medici. Mas esta não foi sua única contribuição para a ornamentação e melhoria do imóvel, como comenta um contemporâneo:

> Quando a villa do Baroncelli foi bondosamente cedida pelo Sereníssimo Duque a sua família, não era o palácio nem a villa de beleza, grandeza e magnificência que vemos hoje. Porque o palácio foi embelezado e ampliado pela senhora Isabella, como se pode ver pela inscrição de seu nome em várias partes. Ela planejou os aposentos e os muros do jardim, e o guarneceu com fontes e jardinzinhos, e promoveu melhorias nas casas dos operários (...) Todas essas melhorias custaram dezenas de milhares de *scudi*.[5]

Nas terras da fazenda além dos jardins formais havia uma vinha, árvores frutíferas, oliveiras e um aviário. Isabella também adquiriu outras porções de terra, como o terreno de Santi di Tito, pintor da corte dos

Medici. Isso lhe permitiu construir uma estrada até Florença passando pela igreja de San Felice, facilitando o acesso a seu novo domínio.

O maior prazer de Isabella consistia em transformar os jardins num mundo de fantasia habitado por deuses, como aqueles de sua infância em Castello, e também os do adjacente Boboli. As esculturas encomendadas para ornar os jardins da villa incluíam uma estátua em mármore de Dovizia, representação feminina da abundância e símbolo sempre muito caro a Florença, grandes bustos de mármore e vasos também em mármore para as fontes. De Roma, Isabella importou "dois painéis modernos de granito, um bloco de mármore no formato de um sepulcro [provavelmente um antigo sarcófago romano] e um busto igualmente antigo de uma romana".[6]

Do escultor Vincenzo de Rossi, que estava a serviço dos Medici, Isabella adquiriu duas esculturas amplamente admiradas e ainda presentes nas coleções da família, ambas estátuas em grande dimensão de figuras masculinas nuas, indicativas do tipo de independência de que a princesa desfrutava. Em geral, mulheres da nobreza não podiam encomendar estátuas, e as obras de arte que compravam eram invariavelmente de natureza religiosa ou moral, não de erotismo explícito. Em praticamente qualquer outro ambiente teria sido impensável que uma mulher selecionasse o que Isabella teve oportunidade de fazer com Rossi.

Uma estátua, *Baco com sátiro*, agora nos jardins de Boboli, dá uma ideia da mágica que essas esculturas teriam conferido aos jardins de Isabella. Baco, com uvas entrelaçadas no cabelo ondulado, as pernas fortes fincadas no plinto, o torso musculoso curvado, com uma das mãos sobre a fronte, dirige o olhar para o horizonte; o pequeno sátiro surge de trás de suas pernas. Originalmente localizada na montanha sobre a qual repousa a villa, a estátua foi posicionada de tal modo que Baco parecesse olhar para as terras abaixo de si. A relação entre a paisagem verdejante e a escultura em pedra cinzenta foi assim ativada, trazendo à vida Baco e seu companheiro.

A outra escultura que Isabella obteve de Vincenzo de Rossi foi um *Adônis agonizante*. A obra representava um deus prono, com a bela face torcida em agonia, enquanto o javali, enviado por uma irada Diana para destruí-lo, repousava a seus pés. Isabella escolheu tal objeto ao menos em parte para exibir sua erudição, uma vez que, nos tempos antigos, jovens mulheres como ela dedicavam-se ao culto de Adônis. Mas talvez a escolha comporte algo de sua história com o irmão João, que, tal qual Adônis, foi cruelmente levado antes da hora. Isabella podia se reconhecer na amante de Adônis, Vênus, e na desolada reação da deusa à morte do amado, como descrita por Ovídio em suas *Metamorfoses*, poesia que Isabella, versada nos clássicos, conhecia tão bem: "Quando ao descer o olhar do céu elevado ela o viu quase morto, o corpo banhado em sangue, saltou para baixo — rasgou as roupas, arrancou os cabelos e golpeou o peito com mãos indignas. E culpando o destino, ela disse: 'Mas nem tudo está à mercê do seu poder cruel. Minha tristeza por Adônis permanecerá, duradoura como um momento final.'"[7] E de fato, para acompanhar Adônis, Isabella encomendou uma outra estátua para o seu jardim: "uma Vênus em mármore", também nua, cujo olhar descendente aponta para o mármore de seu amado agonizante.[8]

A estátua de Adônis no jardim talvez lembrasse Isabella de João e de como ela o perdera. Os irmãos, que adoravam passar tempo juntos em uma das várias residências campestres da família, talvez tenham conversado sobre terem a sua própria villa. Eles poderiam orná-la com as antiguidades que, ainda adolescentes, haviam começado a colecionar com voracidade, dando forma a um mundo todo particular, exclusivo deles. Mas agora Isabella tivera que fazer esse esforço sozinha.

Para ela, ser proprietária do Baroncelli auxiliava na construção de seu próprio domínio. Ela gabava-se do microclima da villa — "o lugar mais fresco no verão", dizia. Queria criar um mundo todo seu, que, embora um satélite da corte de Cosimo, ela pudesse governar à sua maneira e decorar à sua imagem singular. Provavelmente não havia nenhuma outra mulher na Itália renascentista como Isabella. Ela era jovem, estava no início de seus vinte anos e não tinha filhos, uma condição que provocaria em qualquer outra fidalga casada vergonha e desespero. Mas, para Isabella, o fato de não ser mãe, ao contrário de deixá-la ansiosa, neste momento apenas reforçava a independência que o pai lhe concedia. Outras mulheres com o grau de autonomia que ela tinha, como por exemplo a avó de Paulo Giordano, Felícia della Rovere, em geral encontravam-se em posição de autoridade, servindo como viúvas administradoras de espólios. Assim, preocupadas com as responsabilidades que isso implicava, tinham pouco tempo para si mesmas e para buscar seus prazeres. Embora cumprisse seu papel nas maquinações dos Medici, Isabella não era sobrecarregada com a obrigação de servir às necessidades alheias. O prazer era uma parte importante de sua vida. "Estamos procurando *spassi* [passatempos]", ela dizia, "*facciamo l'arte di michelaccio*" — "desempenhando a arte da vadiagem".[9]

Entretanto, há um elemento de malícia em tais declarações. Nenhuma mulher decidida o bastante a ponto de ter sua própria villa podia ser de fato indolente. Alguns talvez enxerguem Isabella como uma "filhinha de papai", cujas posses e estilo de vida só eram possíveis através da autoridade paterna. Mas foram o espírito e a inteligência da proprietária do Baroncelli que conquistaram a admiração de Cosimo desde cedo, predispondo-o a conceder a Isabella o que quer que ela desejasse. Nesse sentido, ela não apenas tomava sem retribuir; sua própria existência exaltava o mundo que o duque de Florença havia criado. E Isabella usaria a villa do Baroncelli, sua mais recente conquista, como munição para iniciar uma nova fase em sua vida. Uma fase em que suas qualidades e talentos — seu conhecido poder e influência sobre Florença, sua inteligência, seu amor pelo saber, sua cultura e sociabilidade — se realizariam plenamente. Uma fase em que sua paixão por *spassi* cumpriria um papel, trazendo não apenas prazer, mas também a dor.

Palco florentino, 1565

CAPÍTULO 6

O teatro de Isabella

As duas propriedades de Isabella, o Palazzo Medici e a villa do Baroncelli, proporcionavam-lhe agora um palco sobre o qual podia encenar seus entretenimentos e representações teatrais: comédias, tragédias e melodramas. No mundo de Isabella, a linha entre a ficção do teatro e a vida real era às vezes indistinta; aqueles à sua volta podiam ser tanto atores quanto público em seus dramas pessoais. Pouco surpreende, então, que seu feriado favorito fosse o de carnaval, período em que era mais difícil distinguir entre a observação e a participação nas comemorações que culminavam na Quaresma. Festas e desfiles eram a ordem do dia. Membros da elite da cidade patrocinavam fantásticas alegorias, alçando seu nome ou identidade corporativa por meio dessas extravagâncias concebidas para o deleite do público. Certo ano, a família Capponi produziu uma cena de Osíris cercado por sua corte, e a associação dos mercadores genoveses em Florença organizou um *tableau vivant* representando uma bacanal de Sileno e seus foliões. Não se economizava nos gastos, os atores vestidos em sedas, veludos, peles e brocados de ouro e prata. Isabella, com sua animação e amor pelas festividades, parece ter impelido a corte a atingir o maior grau possível de diversão. Até mesmo Francisco admitiu, durante um ano em que a irmã e o pai passaram o carnaval em Pisa, que sem Isabella "não fazemos nada de especialmente bom".[1]

Se não possuía instintos particularmente maternais em relação aos irmãos mais novos, Isabella se certificava de que Ferdinando também pudesse participar do carnaval, como ele mesmo afirma, entusiasmado, aos 13 anos de idade: "Recebi a carta na qual manifesta seu desejo de que eu me mude para Florença — o que muito me conviria, como pode imaginar —, para que possa desfrutar das festividades daqueles poucos dias de carnaval (...) e não creio fazer mal em assegurar que comparecerei em meus melhores modos."[2] Tal asserção sugere que o jovem Ferdinando talvez nem sempre tenha se comportado bem no passado.

Em 1565, Isabella encomendou uma peça de carnaval, *La Gostanza* [Constância], ao clérigo e satírico Silvano Razzi, que mais tarde naquele ano publicou a obra, com uma extensa dedicatória à patrocinadora.[3] *La Gostanza* era uma farsa burlesca sobre o tema carnavalesco do mundo-virado-de-cabeça-para-baixo. Sua heroína, a bela e inteligente Constância, era um "espelho e exemplo de uma verdadeira vida cristã", e dividia seu tempo entre uma residência em Florença e uma villa fora da cidade. Apesar do casamento com Leonardo, há muito desaparecido, acredita-se que ela seja virgem e "constante" a ele; o que se revela é que, na verdade, Constância casou-se em segredo com outro, Antonio. A situação se complica quando Leonardo aparece, mas tudo termina bem quando ele concorda em se casar com a irmã de Antonio.

A audiência de *La Gostanza* não podia deixar de observar os paralelos entre a vida da patrocinadora da peça e a de sua heroína. Ali estavam duas jovens mulheres, uma delas sentada entre eles, a outra no palco, ambas supostamente fiéis aos maridos ausentes. Esse malicioso comentário do prelado Razzi sobre a vida de Isabella, porém, era sancionado pelo caráter de vale-tudo do carnaval, quando nada tem a pretensão de ser real e tais comentários passam sem controle, sendo até mesmo encorajados.

Isabella sempre gostara de teatro. Aos 19 anos, teve uma peça religiosa em cinco atos dedicada a ela. *A descoberta da cruz de Jesus Cristo*, de Beltramo Poggi, foi encenada em La Crocetta, um convento de terciárias dominicanas, e dedicada pelo autor, quando ainda na forma de manuscrito, à abadessa da casa. Sua representação, como muitas outras na época, tinha por objetivo oferecer educação espiritual e entretenimento às irmãs, que interpretavam elas mesmas as personagens da peça. O valor associado ao entretenimento era tão grande que as fidalgas penetravam as supostamente impermeáveis paredes do convento apenas para assistir às peças, não obstante as tentativas da igreja de coibir esta prática. Na ocasião da encenação da peça de Poggi, Isabella era a mais distinta nobre na plateia que observava as freiras encenando uma vez mais a descoberta da verdadeira cruz, empresa iniciada por uma mulher, Helena, mãe do imperador Constantino. Quando chegou o momento de publicar o texto, Poggi abandonou a dedicatória à valorosa mas pouco influente abadessa e substituiu-a pela princesa Medici.[4] No entanto, como no caso das obras de artes plásticas que encomendava, Isabella não procurava ativamente alinhar-se com trabalhos pios, religiosos. Seus interesses reais giravam em torno do mundano e do profano.

Mais do que as artes plásticas, mais do que o teatro, era a música que Isabella amava sobre todas as outras formas de expressão artística. A música lhe possibilitava assumir inúmeras identidades: realizadora, patrocinadora, criadora, sujeito, musa. Música era diversão e trilha sonora, algo que ela podia controlar e manipular, determinando ou alterando por capricho os ânimos de um aposento. Para o ouvido moderno, os madrigais da Itália renascentista podem soar uniformemente majestosos, decorosos e rígidos em suas harmonias sonoras suaves e por vezes melancólicas. Mas para Isabella e seus contemporâneos, havia surpreendentes variações e nuances nas canções, mensagens em seus versos e arranjos musicais que um ouvinte moderno não pode perceber de imediato. As insinuações sexuais das canções também podem passar despercebidas. Linhas aparentemente castas podem se mostrar embebidas de erotismo, tornando a experiência de sua audição ainda mais sedutora. Mas o mundo de Isabella não era do tipo em que a música pudesse se mostrar à vontade. Embora Florença dispusesse de muitos cantores de rua — *cantambanchi* —, ouvir vozes treinadas à perfeição e acompanhadas pelos mais finos instrumentos musicais, que Isabella possuía, era uma experiência completamente diferente. Participar de um espetáculo de *belle musique* na casa de Isabella de Medici era um privilégio por si mesmo, que conferia às canções raridade ainda maior. Ela buscava músicos de excelência. Paulo Giordano tinha em seu séquito romano um vocalista de Nápoles — cidade de cantores de renomada técnica — e Isabella o queria para si: "Você me faria o maior dos favores", escreveu ao marido, "em me mandar o napolitano que canta, porque me falta ainda um vocalista."[5]

Isabella manteve uma forte relação com a composição musical, como atesta o autorretrato que pintou por volta do ano de 1565. *Isabella e música* mostra a princesa Medici numa postura semelhante e vestindo roupas muito parecidas com as que se veem no quadro pintado quando tinha 16 anos, logo em seguida a seu casamento. Ela agora está mais magra, porém conserva o mesmo sorriso malicioso em torno da boca, ainda que sua expressão pareça um pouco mais cautelosa. Isabella está, a olhos vistos, muito diferente da adolescente que era aos 16 anos, como ela mesma anunciava: "Não sou mais uma menina, e o que eu não sabia naquela época agora eu sei."[6] Uma de suas mãos ainda aperta a corrente à qual está presa a zibelina, seu talismã de fertilidade, mas a outra segura uma partitura musical. Isabella foi exaltada como musicista e poeta, e uma breve composição atribuída a ela sobreviveu ao tempo. No texto, ela professa que viveria "feliz e contente, contanto que meu belo sol me mostre seus brilhantes raios". Mas então ela se lamenta: "Fico tão atormentada quando o vejo desvanecer que poderia morrer no mesmo momento."[7]

Ainda assim, surpreende que Isabella desejasse ser retratada segurando uma partitura. A presença de um acessório desse tipo constitui um desvio dos retratos usuais de jovens fidalgas, raramente acompanhadas por outra coisa que não um cachorrinho, uma criança ou um livro de orações. Na verdade, é a cortesã que costuma ser retratada com um instrumento ou notação musical, destinados a aludir a seus muitos talentos na arte da sedução. Mais uma vez, a confiança com que podia se apropriar de tal símbolo é um indicativo adicional da singularidade do lugar de Isabella no mundo, bem como da importância da música na sua vida.

Qualquer outra mulher em sua posição desejaria evitar a todo custo associações com mulheres de conduta moralmente condenável, ou com profissões de qualquer gênero. Mas a associação com o mundo do madrigal significava abraçar um mundo de romance e sensualidade, as próprias palavras ditando seu tom. E Isabella deixava que as palavras ditassem o tom de sua própria casa, sempre repleta de "bela música", como comentou Rodolfo Conegrano, um convidado frequente. A posição de autoridade e influência de Isabella no âmbito musical ia além de Florença. Era tamanha que a primeira compositora e cantora a ser publicada, Madalena Casulana, buscou e obteve seu patrocínio. Madalena era uma *mezzo soprano* estabelecida em Vicenza, na região do Vêneto. Enquanto cantava, acompanhava-se do alaúde, e sua vida incomum de musicista independente sempre em viagens deve ter intrigado Isabella. Aos 28 anos, ela dedicou à princesa Medici com as seguintes palavras seu primeiro livro impresso de madrigais, concebidos para quatro vozes:

> Eu gostaria, mais do que dar à Vossa Excelência uma prova de minha devoção, de também mostrar ao mundo (o tanto quanto me é permitido nessa profissão musical) o presunçoso erro dos homens. Eles acreditam tão intensamente serem os mestres das grandes dádivas do intelecto que, em sua opinião, essas dádivas não podem ser igualmente partilhadas pelas mulheres (...) Espero que essas obras sejam iluminadas pelo reputado nome de Vossa Excelência, a quem com reverência as dedico, e que dessa luz outras e mais elevadas mentes possam ser inflamadas (...)[8]

Madalena indicava seu reconhecimento ao raro fato de ela e Isabella serem ambas compositoras e *cognoscenta* do sexo feminino em uma profissão dominada por músicos homens e patrocinadores idem. Os madrigais em seu livro tematizam a princesa direta e indiretamente, e esta sem dúvida os ouviu em espetáculos organizados em sua casa. Uma canção, que abre o livro e que pode ter aberto uma noite musical em sua residência, é uma canção de louvor a Isabella intitulada "Quão alto se levanta a tua clara luz (...) para Isabella Medici Orsini". Quatro vozes elevam-se para declarar:

> Teu brilhante esplendor ergue-se tão alto, ó senhora
> Que a nossos olhos pareces um novo Sol
> E tão graciosamente brilhas
> Que inflamas cada alma a oferecer-te sublime louvor;
> Permita-se pois que o grande, adorável nome de Isabella trespasse altivo o céu.

Se a audiência esperava um peã em louvor à anfitriã, deve ter ficado surpresa ao ouvir o nome de Isabella entoado em estridente si.[9] O agudo correspondia ao lugar de Isabella na canção, uma princesa terrena transformada em deusa sobrenatural, um novo sol brilhando mais alto que tudo.

As canções de Madalena que se seguem a essa abertura convidam o leitor a um mundo de paixão ardente, de amores imortais, dolorosos, inextricavelmente entrelaçados. Em uma composição, os cantores proclamam: "Meu coração não pode morrer, eu gostaria de matá-lo, uma vez que isso o deixaria contente, mas ele não pode ser arrancado do peito (...)."[10] Em outro momento: "O amor gravou sua imagem em minha alma. Ele a queima com constância e com um toque tão ardente que ela está morrendo."[11]

Ardendo de amor, morrendo de amor. A audiência podia ouvir nessas canções vozes esvanecendo, fluindo, pulsando e subindo em crescendos. Podia perceber relações não tão sutis entre as declarações de amor e o próprio ato de fazer amor, das preliminares ao clímax. Mas esse tipo de erotismo musical não era exclusivo da corte de Isabella — madrigais semelhantes eram entoados em Ferrara e Mântua, por exemplo. Menos comum era que uma mulher fosse a única orquestradora de sua realização, como era o caso de Isabella. Ela sabia ainda como as canções podiam ser encenadas e interpretadas para passar mensagens e fazer afirmações meticulosamente elaboradas sobre sua vida. Contratou um poeta da corte, João Batista Strozzi, para escrever os versos de uma série de madrigais sobre o tema da *lontananza* — distância —, e instruiu-o a registrar que os havia escrito "por ordens da senhora Isabella, seu consorte o signor Paulo estando em Roma e ela em Florença". Os versos declaravam, de maneira semelhante à canção que ela mesma havia composto, que com a partida de "Meu ardente sol, não choro eu a cada hora? Porque me causa dor tão forte...".[12]

Nessas canções, Isabella parece assumir o papel da heroína virtuosa e melancólica, lamentando a ausência do marido. Podia-se presumir, pela exclusiva audição dos versos, que a anfitriã dos eventos nos quais esses madrigais eram executados resistia bravamente à separação forçada do marido. Os convidados do espetáculo seriam as companhias de uma mulher desesperadamente solitária, contando as horas para o retorno do amado, e dessa maneira desempenhavam um papel, cúmplices ou não, no teatro de Isabella. Mas as mensagens das canções não se restringiam ao benefício dos ouvintes. Versões impressas dos madrigais circulavam de corte em corte, indo muito além dos muros da residência.

Mas isso não quer dizer que Paulo estava sempre ausente. Ele às vezes servia de coanfitrião nesses eventos, como em 9 de setembro de 1564, quando "à noite o signor Paulo e a senhora Isabella ofereceram um banquete, com meia dúzia de fidalgas, e houve música e dança" em homenagem ao embaixador espanhol. O propósito desse evento foi de natureza política: assegurar uma conversa entre Paulo e o embaixador espanhol, com o objetivo de conservar a lealdade do marido de Isabella à Espanha, ao mesmo tempo garantindo que o embaixador lhe prometesse subsídios e honrarias. Mas Isabella ofereceu muitas festas na ausência de Paulo, e nunca lhe faltaram convidados. "Muitas belas fidalgas vêm jantar comigo hoje à noite", escreveu ao marido em maio de 1566, sugerindo uma noite só para moças sem a presença do duque de Bracciano.[13]

Seria normal imaginar que a *crème de la crème* da sociedade fosse decorosa e gentil, mas o grupo de Isabella era na verdade barulhento e desordeiro. Na década de 1560, muitos cidadãos trabalhadores eram privados de uma boa noite de sono porque "era nessa hora que multiplicava-se o número de coches em Florença, e com eles o barulho na cidade, e especialmente de madrugada, por volta das duas horas, quando signora Isabella partia com seus quatro coches, cantando, gritando e farreando, porque ela era jovem e não fazia ideia do escândalo que criava, sabendo muito bem que em sua companhia estavam alguns dos mais dissolutos jovens de Florença".[14]

Os "mais dissolutos jovens" eram, no fim das contas, os mais divertidos, aqueles que não precisavam trabalhar na manhã seguinte, e podiam ficar acordados a noite toda. Entre eles havia membros de séquitos de embaixadores, jovens nobres florentinos, cavaleiros e pajens adolescentes que viviam na casa de Isabella. Um bom número dos amigos e associados da princesa Medici figuram, assim como ela, no *Duecento Novelle* de Celio Malespini. O *Novelle* é uma espécie de *Decamerão* do Renascimento tardio, repleto de histórias de beberronias, seduções, artimanhas e infortúnios, porém baseadas em eventos reais que tiveram lugar em Florença e que ou foram observados em pessoa pelo veronense Malespini ou relatados a ele por terceiros. Depois que as histórias foram publicadas em Veneza, no ano de 1609, a uma distância segura de Florença, tornaram-se uma fonte para os dramas jacobitas, os ingleses já estando preparados para consumir as narrativas sobre o comportamento ultrajante daqueles papistas italianos.

Por Malespini ficamos sabendo um pouco mais de Elicona Tedaldi, "muito querido pela senhora Isabella e que encantava em improvisações de canto, e que atendia a qualquer pedido dela".[15] Um membro de seu séquito desde pelo menos 1561, ela às vezes o utilizava como mensageiro para entregar cartas por ela, mas na verdade o mantinha por perto por causa de sua habilidade no entretenimento. Outro personagem das narrativas de Malespini é o ferrarense Rodolfo Conegrano, então uma presença regular na casa de Isabella. Nas histórias ele é descrito como um eterno bufão de mente limitada, com um vasto conhecimento de grosseiras canções báquicas de sua terra e alvo de constantes chacotas. Não havia lugar em Florença que Rodolfo apreciasse mais que a casa de Isabella. "A senhora Isabella", disse ao duque de Ferrara, "tem um lugar [o Baroncelli] fora da cidade, na estrada para Roma, no qual oferece muita diversão por meio de música e dança, e ali é possível passar uma noite muito agradável".[16] No entanto, nesta carta a seu duque, Conegrano não menciona uma outra coisa de que gostava no Baroncelli: os "adoráveis jogos".

Os jogos eram havia muito um importante componente da cultura das cortes italianas, um modo de passar longas tardes e noites. Havia jogos de cartas, de dados e de memória, e outros destinados a testar os conhecimentos gerais de uma pessoa. Foi esta última variedade que formou a espinha dorsal do primeiro compêndio italiano de jogos a ser publicado — os *Cem jogos de liberalidade e ingenuidade*, de Inocêncio Ringhieri —, que surgiu em 1551 e foi dedicado a Catarina de Medici. Os jogos do livro de Ringhieri destinavam-se apenas às mulheres. No entanto, homens e mulheres disputavam uns contra os outros, e uma reclamação comum de algumas das melhores jogadoras das cortes italianas era de que seus parceiros as "deixavam" ganhar, o que tirava do jogo seu caráter de competição.[17]

Uma década após a publicação da coletânea de Ringhieri, o sienense Jerônimo Bargagli delineou um segundo compêndio, *O diálogo dos jogos*, para uma outra Medici, desta vez Isabella. Os jogos de seu livro, porém, eram muito diferentes dos de Catarina. Bargagli reuniu ao todo 130, e não havia dúvida de que os participantes deviam ser de ambos os sexos. Eram todos jogos festivos destinados a grupos grandes, privilegiando mais a interação entre os jogadores do que a busca por um vencedor indiscutível. Alguns são familiares: o "jogo do ouvido", que hoje conhecemos como "telefone sem fio"; o "jogo do ABC", em que cada jogador deve recitar um verso que comece com a letra seguinte do alfabeto; e o "jogo da música do diabo", cujo objetivo era imitar sons animais.

A maioria dos jogos tinha por fim encorajar o flerte entre homens e mulheres. Alguns incluíam elementos altamente intelectualizados e literários. O "jogo do retrato da beldade" e o "jogo da pintura" exigiam que os participantes do sexo masculino exaltassem a beleza física e interior das mulheres presentes utilizando a linguagem dos poetas Petrarca e Ariosto. Outros pretendiam extrair segredos do passado dos jogadores, como por exemplo o "jogo dos infortúnios", em que o participante contava sobre um infortúnio amoroso do passado, e um juiz decidia se tal infortúnio era ou não culpa dele.

Mas havia jogos claramente destinados para o fim da noite, quando todos estavam mais desinibidos. Imaginemos, então, a elite florentina na casa de Isabella jogando o "jogo dos escravos" e o "jogo dos empregados", nos quais participantes de ambos os sexos eram "vendidos" a quem quer que os desejasse mais. No "jogo da loucura", aqueles que se declarassem doidos por um amor não correspondido eram "trancados" num asilo. Outro jogo era o "mestre-escola", em que os participantes adotavam nomes infantis, tais como "docinho" e "cavalinho", e eram educados pelo jogador que assumia o papel de professor. Havia até mesmo jogos ao que parece altamente blasfemos para uma sociedade religiosa, nos quais os participantes fingiam ser monges e freiras celebrando ritos sagrados.

Está claro agora que as noites na residência de Isabella não eram afazeres sérios de uma *salonnière*. Um elemento adicional de suas festas apreciado pelo amigo Conegrano eram as "doces tentações" da casa. Quase todos os entretenimentos que Isabella oferecia envolviam o frisson do contato muitas vezes físico entre os sexos. Olhares e sorrisos eram trocados através de encenações teatrais; os convidados uniam-se em danças; dividir uma partitura para um canto conjunto significava o toque de mãos. Nos jogos que a princesa propunha, e que ficavam mais desgovernados à medida que a noite avançava, homens e mulheres escolhiam os membros do sexo oposto que achavam mais atraentes.

E com o progresso da noite e o marido a quilômetros de distância, estaria Isabella agindo apenas como um mestre de cerimônias? Simplesmente apreciando o espetáculo de seus convidados em ação enquanto resguardava uma solidão virtuosa, angustiada pelo retorno de seu "sol" e do prazer de seus raios, como insistia em lembrar todos à sua volta através da música? Estaria realmente imune às "doces tentações" tão estimadas por seus convidados?

Fazendo música

CAPÍTULO 7
Lealdades

Quando João de Medici morreu, não restou ninguém para refrear a negligência despreocupada de Isabella, cada vez maior. Era o irmão quem tinha influência sobre ela, quem se preocupava com a sua saúde e se assegurava de que se cuidasse. Sem João para contê-la, Isabella estava preparada para se aventurar em meio a todo tipo de risco. Por exemplo, parece improvável que, se o cardeal ainda estivesse vivo, ela contratasse o sienense Fausto Socino para servi-la como um de seus secretários. Com formação de teólogo e advogado, ele fazia parte do mesmo círculo intelectual de Jerônimo Bargagli, que fornecera a Isabella seu compêndio de jogos. Socino, no entanto, era também sobrinho de Lélio Socino, que mantinha correspondência com calvinistas e outros hereges. Fausto compartilhava as simpatias do tio e trabalhava para se tornar o fundador de um grupo antitrinitário do socianismo, como seria conhecido mais tarde. Entre outras coisas, os socianistas negavam a Trindade, afirmavam que Maria não era virgem e que são José era o verdadeiro pai de Jesus Cristo. Como secretário de corte, Fausto era obrigado a realizar inúmeras tarefas mundanas para Isabella e Paulo, que se aproveitava dos conhecimentos legais do funcionário para resolver situações delicadas em Siena, desviando-o portanto dos interesses naturais do seu espírito. Não obstante isso, sob o patrocínio de Isabella Fausto redigiu seu primeiro manuscrito, *Sobre a autoridade da Escritura Sagrada*, no qual exaltava a preeminência do cristianismo sobre as demais fés e a importância de ser corroborado por evidência histórica contundente. O conteúdo da obra sem dúvida serviu de base para alguns debates que tiveram lugar na residência de Isabella, onde intelectualismo e hedonismo coexistiam. Se João estivesse vivo, porém, com as aspirações dos Medici para que recebesse a tiara papal, Isabella teria sido bem mais cautelosa em relação a quaisquer associações com gente conhecida por simpatias heréticas.

Isabella também assumia muitos riscos físicos. Muitas mulheres de condição igual à sua montavam e caçavam, mas eram tradicionalmente cautelosas, conscientes dos corpos que deveriam servir para a gestação de filhos. A maior parte das mulheres que saía em excursões de caça, por exemplo, não teria saltado o fosso profundo que Isabella transpôs próximo à abadia de Certosa, nos arrabaldes de Florença, no verão de 1563 — com consequências desastrosas. O acidente que sofreu foi sério o bastante para que se chamasse o médico da corte, Andrea Pasquali, que em seguida escreveu um relatório ao pai da princesa:

> A senhora Isabella, por volta das 12 horas, tombou de seu cavalo em um fosso de aproximadamente cinco ou seis *braccie* [jardas] de profundidade, e bateu a cabeça de tal forma que há uma grande contusão, embora bastante superficial (...) O tórax está bem, assim como braços e pernas. No entanto, ela gemia muito, especialmente quando foi removida. Por segurança, extraí seis ou sete onças de sangue de seu lado oposto para fazer um desvio e permitir a evacuação. Ela comeu um pouco de pão e tomou água e leite, e então deixei-a para repousar.[1]

Um outro relato, no entanto, indica que, "enquanto caçava, a montaria da senhora Isabella espatifou-se num fosso de aproximadamente vinte *braccie* de profundidade". Parece que o dr. Pasquali reduziu as medidas para não alarmar tanto Cosimo. Estava claro, porém, que não havia quem detivesse Isabella, prevenindo-a do que devia ou não fazer.

O vazio que a morte de João instaurara na vida de Isabella era preenchido de certa maneira por um vasto círculo social. Da manhã à noite, nunca lhe faltavam companhias. Mas ela carecia ainda da intimidade, do sentimento de estar próxima de alguém que não compartilhasse apenas a sua idade, mas também as suas sensibilidades, como fora o caso com o irmão desde o dia de seu nascimento até sua morte. Isabella não podia reprisar o relacionamento que mantivera com João com nenhum de seus irmãos ainda vivos. Havia pouco afeto entre ela e Francisco: a gregária e ebuliente irmã era muito diferente do irmão sorumbático e misantropo. Quanto aos irmãos mais novos, Ferdinando e Pedro, eram nove e doze anos mais novos, ainda adolescentes quando ela já passava dos vinte; assim, não podiam servir de confidentes da mesma maneira que João.

Além disso, ainda que Isabella e João não tenham compartilhado intimidade física, a intensidade da relação entre os dois parece ter sido grande a ponto de mantê-la fiel a Paulo Giordano. Simplesmente não haveria espaço na vida de Isabella para mais ninguém. João era praticamente seu gêmeo; ela podia olhar para ele, ver-se refletida e gostar do que via. À medida que a década de 1560 avançava, Paulo Giordano, por seu turno, tornava-se cada vez menos fisicamente atraente. Nesse período, eram raros os comentários sobre a aparência física dos homens, a menos que houvesse nela algo fora do comum. O que era então notável em Paulo Giordano era sua cintura cada vez maior. O embaixador veneziano em Roma descreveu-o como "de tamanho extremo", mas serviu-se de diplomática precaução ao qualificar o comentário: "mas, com isso, extremamente forte e saudável."[2] A alcunha de Paulo em uma academia literária da qual participava era *largo*, ou "grandão". Nas cartas ao marido, Isabella às vezes refere-se a ele, com pretensa afeição, como "*il mio grassotto*" — "meu gorduchão" — ou "*il mio orso*" — "meu urso" —, um gracejo com a palavra Orsini. O próprio Paulo estava infeliz com suas medidas, e frequentava banhos termais num esforço para *smagrire* — emagrecer. Quando tinha por volta de trinta e poucos anos, era já incapaz de montar um cavalo de porte normal. Era por este homem inchado que Isabella supostamente se lamentava quando ele estava ausente, por preocupações de que não estivesse sendo fiel que se atormentava.

Ainda que desse importância ao assunto, Isabella não esperava fidelidade do marido. O adultério masculino era uma praxe na sociedade renascentista. Em *A instituição da esposa*, publicação da época a respeito de normas de comportamento, Pedro Belmonte aconselhava as leitoras a serem tolerantes com as "fraquezas" dos maridos, ao mesmo tempo conservando, é claro, a castidade e a virtude. Isabella, porém, gostava de deixar claro ao marido que sabia de suas atividades extracurriculares, como na ocasião em que observou esperar que a sua recém-descoberta nova religiosidade refreasse suas tendências de marido infiel. Em outra carta, declarou romanticamente que o seguiria a lugares tão longínquos como a Índia. E então mudou de tom, cortante: "Você me faria o favor", pediu com doçura, "de me enviar seu retrato gravado em um anel, como fez com aquela mulher?"[3] A mulher em questão não é especificada, mas podia ser uma das várias com quem Paulo mantinha relações, e que iam desde cortesãs romanas até uma sienense "muito bela e amável", em cujo favor intercedera junto a Francisco, para que lhe fosse permitido infringir a lei suntuária e usar roupas e joias reservadas a mulheres de posição social mais elevada.[4]

Mas a despeito do que pudesse estar fazendo, Paulo esperava que Isabella permanecesse casta em sua ausência. Não era apenas seu senso de masculinidade e honra que estavam em jogo, mas também seu patrimônio. Qualquer infidelidade da esposa significava que ele não poderia garantir a paternidade de um possível filho que ela viesse a gestar. Enquanto Isabella vivesse sozinha em Florença, com a permissão do pai para fazer o que bem entendesse, não havia nada que Paulo pudesse fazer para vigiar sua conduta sexual — mais uma razão por que queria que a esposa fosse morar com ele em Roma. E não havia motivo para que Isabella, que tanto desejara o afeto do irmão, se privasse de buscar tal atenção em outra parte, se possível. Em sua existência matrimonial epistolar, todavia, bem como nos campos da música e da literatura, ela preferia desempenhar o papel da esposa solitária e com frequência injustiçada. "Sua esposa, que dorme sozinha na cama" era um dos modos como às vezes encerrava uma carta a Paulo. Em outras ocasiões, destacava sua existência aparentemente solitária no Baroncelli: "Estou voltando para minha villa, para minha habitual solidão."[5] Sua mais extravagante declaração de tristeza e solitude está sem dúvida nesta missiva ao marido datada de 29 de março de 1566: "Estou completamente só, e muito descontente, e não me sinto muito bem, e esta manhã me vi na cama com minha dor de cabeça usual, mas creio que ela é nascida da grande solitude e aflição em que me encontro e me encontrarei por muitos meses. Perdoe-me se não escrevo mais, mas a dor em meu corpo não me abandona."[6]

Além disso, Isabella era rápida em reagir a qualquer calúnia que Paulo pudesse lançar a respeito de seu comportamento. Tendo acusado a esposa, em junho de 1566, de "fazer música com o signor Mario", Isabella replicou em uma longa carta que com habilidade desviava-se do assunto em questão. Ela lembrava a Paulo do que sabia de seu próprio comportamento, que ele tentava dissimular: "Não sou assim tão boba que, ao ouvir sobre os fatos, acredite nas palavras, e não creio que você possa imaginar que eu (...) Pareceria que você tem uma esposa de muito pouco valor (...) ainda que meu pai sempre o tenha amado como a um filho."[7]

Este último comentário, é claro, era um lembrete não muito sutil das obrigações financeiras de Paulo junto ao pai de Isabella. E quando abordava o tema das acusações de Paulo, Isabella tornava-se magnificamente sarcástica: "Estou no Baroncelli pois aqui consigo sobreviver melhor às minhas tristezas do que em Florença, e rogaria a Deus para que a música que você diz que faço com o signor Mario fosse em geral suficiente para distrair minha imaginação do pouco amor que tem por mim."[8] A extensa carta, cujo principal objetivo era destacar o fato de que o marido não dispunha nem de posição nem de estatura para questionar o seu comportamento, garantiria que Paulo, pelo menos por ora, não levantasse objeções ao que ela estava fazendo.

Havia alguns Marios nas vizinhanças de Isabella, e dois deles eram primos do próprio Paulo Giordano. O primeiro, Mario Sforza de Santa Fiore, detinha pelo menos uma posição militar cobiçada por Paulo. O segundo era um primo mais distante, Mario Orsino, do ramo Monterotondo da família. Como muitos de seus parentes, este Mario fizera a vida como soldado e passava algum tempo no séquito de Paulo e também na corte de Cosimo. Era o tipo de jovem que com facilidade encontraria lugar na residência de Isabella durante a ausência do marido, cantando, tocando um instrumento ou participando de algum dos jogos destinados ao entretenimento. Mas havia muitos como ele em volta de Isabella. Seria Mario alguém a quem ela devotaria particular afeição?

Em dezembro de 1562, Mario estava em Pisa, oferecendo suas condolências a Cosimo pela morte de seus filhos e esposa. Mas ele estava muito mais animado com a perspectiva de ingressar na nova ordem militar que o duque de Florença havia criado: os Cavaleiros de Santo Estêvão. Para isso era necessário dinheiro, que Mario esperava conseguir com seu irmão mais velho, Troilo Orsini. E era na verdade por causa de Troilo que Isabella podia se defender das acusações que Paulo havia lhe imputado. Porque era com Troilo, e não com seu irmão Mario, que Isabella andava fazendo música em meados da década de 1560.

Caça de veados

CAPÍTULO 8
Troilo

Não havia dúvidas de que Paulo Giordano Orsini era o membro mais privilegiado de seu vasto clã. Embora fosse incapaz de viver dentro dos limites, ele dispunha de rendas certas que vinham de suas amplas propriedades e recebia pensões e benefícios de pessoas tais como o rei da Espanha, sem na verdade precisar fazer nada por isso, como Isabella uma vez lhe observara. E apesar de se dizer ansioso pelo serviço militar, "ele viu muito pouca ação", segundo uma análise do embaixador veneziano. Este mesmo embaixador concluía um resumo sobre o nobre Orsini com observações a seu principal outro hábito: gastar desmedidamente.

Mas a vida não era tão fácil assim para a maioria de seus parentes na família Orsini. Nenhum deles contava com um espólio sequer comparável ao de Paulo Giordano, e precisavam todos de renda adicional. Alguns entraram para a igreja, mas a maior parte, para ganhar dinheiro, precisou engajar-se em guerras na condição de soldados de aluguel. Eles dependiam da boa vontade de cortesãos e embaixadores capazes de levar seus casos adiante e dispostos a promovê-los. Quaisquer qualidades que esses homens possuíssem — coragem, agressividade, determinação, inteligência, charme — eram bens negociáveis, e alguns as tinham em maior grau que outros.

Nenhum Orsini da sua geração foi mais determinado em ascender por seus próprios méritos do que Troilo Orsini, que tinha exatamente a mesma idade de seu primo Paulo. A linhagem de sua família, os Monterotondo, assim chamada por causa do feudo que possuía vinte quilômetros a noroeste de Roma, era aquela à qual pertencera Clarice, esposa de Lourenço, o Magnífico. Ela era bisavó de Isabella, o que tornava Troilo e a princesa, mais ou menos da mesma idade, primos distantes.

Uma das primeiras coisas que muitos notavam em Troilo era sua boa aparência. Se as prodigiosas medidas de Paulo eram notáveis a ponto de serem comentadas por seus contemporâneos, também a "grande beleza" de Troilo chamava a atenção dos embaixadores. "Ele é um homem elegante em todas as suas diligências, extremamente belo, um grande anfitrião e verdadeiro cortesão, amigo de todas as senhoras e cavalheiros", dizia à época uma descrição dele.[1] Embora produzido no século XVII, algum tempo após sua morte, um quadro pintado na corte francesa por Anastagio Fontebuoni, representando um encontro de Troilo com Catarina de Medici, dá uma boa ideia de como aqueles no mundo de Troilo o enxergavam. O polido Troilo tira o chapéu de plumas e faz uma grande mesura à rainha-mãe francesa. Seus cabelos negros são ondulados e lustrosos, sua barba pontiaguda bem aparada, suas feições refinadas, elegantes e delicadas. Ele parece em todos os aspectos o perfeito *cavaliere*, cavaleiro, como eram conhecidos em seu tempo quaisquer soldados de hierarquia mais elevada. Nesse quadro, mesmo a notoriamente inflexível Catarina de Medici parece seduzida por ele.

Além disso, o jovem Troilo não contava apenas com a sua bela aparência. Por volta de 1559, ele tentava levantar dinheiro para estabelecer sua própria companhia e levar a França para o combate nas guerras religiosas, e participou de várias campanhas militares nos anos seguintes. A muitos parecia evidente que, na presente geração dos Orsini, era em Troilo que vivia o espírito de seus ancestrais. A avaliação que fez dele o embaixador veneziano, na qual o descreve como um jovem "que viu muito da guerra e em quem se depositam grandes esperanças",[2] contrasta enormemente com a análise oferecida de Paulo Giordano. A imagem de Troilo como um cavaleiro hábil e alegre é reforçada pelo fato de, além de seu cavalo e cachorro, ele levar consigo durante as campanhas um violino, deste modo assegurando-se de que à noite todos desfrutassem de música e dança nos campos de batalha.

Entretanto, o belo rosto de Troilo, seu charme patente e suas habilidades como soldado não lhe garantiam uma existência despreocupada. Como muitas famílias da nobreza romana, os Orsini de Monterotondo nunca se recuperaram de verdade dos efeitos do Saque de Roma, em 1527, e passavam por dificuldades financeiras. O pai de Troilo havia morrido e, como filho mais velho, embora solteiro, ele era o responsável pelo irmão mais novo, Mario, e pela irmã casada, Emilia, que vivia seus próprios apuros no campo das finanças. Troilo não era o líder de seu ramo no clã dos Orsini, posição ocupada por seu tio Giordano, que esperava que parte dos ganhos de Troilo fosse dirigida à conservação de um espólio em vias de desintegração. Em períodos de paz e cessar-fogo, no entanto, não havia serviços militares, e portanto nenhum dinheiro a receber. Foi num desses períodos que Troilo se introduziu no séquito de Paulo Giordano, que contava com outros familiares e aproveitadores e estava instalado no Palazzo Antinori. Dessa maneira, Troilo em alguma medida conseguia viver às expensas do primo, ao mesmo tempo conservando um pé no território dos Medici, atento a quaisquer ofertas que pudessem vir de Cosimo. Até certo ponto ele trabalhava para Paulo, obedecendo a instruções como: "Porque você tem mais clareza sobre as questões do que eu, desejo que tome parte das negociações do Pignatello [um outro feudo dos Orsini] o mais breve possível. Estou enviando Maestro Bartucci, que lhe informará plenamente meus desejos."[3]

Na outra ponta do espectro, os parentes de Troilo em Monterotondo esperavam que ele lhes fornecesse relatórios das atividades de Paulo Giordano, pois o que quer que acontecesse ao líder do clã impactava de alguma maneira suas vidas. "Fico feliz em saber", seu tio Giordano escreveu em fins de 1563, "que os negócios do signor Paulo Giordano melhoraram (...) seus parentes, empregados e amigos também participam de qualquer honra ou glória que venha a ele".[4] Da mesma forma, qualquer motivo de vergonha afetava a família de Paulo. "Agora bastaria que ele apenas tivesse filhos", refletia Giordano em carta a Troilo.[5]

Todos os Orsini ansiavam por um herdeiro de Paulo, que cimentaria as relações entre eles e os Medici. No verão seguinte, Giordano escreveu a Troilo mostrando preocupação: "Rogo que me informe se a gravidez da senhora Isabella é real, e de quantos meses está, e se isto é certo, e peço que aproveite a oportunidade para aconselhar o ilustre senhor Paulo de que ele deve se certificar de controlar a esposa, para que a gravidez não fracasse como da outra vez (...)"[6] Esse comentário era uma referência à crença amplamente difundida de que fora o comportamento radical de Isabella, com suas festas e caçadas, a causa de seus abortos espontâneos no passado. E indicava também de maneira clara que a família Orsini sentia que Paulo não tinha controle sobre a esposa.

Bastante curiosamente, a respeito dessa pretensa gravidez, Rodolfo Conegrano informaria o duque de Ferrara: "Todos dizem que a senhora Isabella está novamente grávida, porém ela afirma que não é verdade."[7] O duque ferrarense devia decerto imaginar as razões por que esta princesa Medici mostrava-se tão resoluta em negar a verdade sobre tal boato, quando a maioria das fidalgas apenas ansiava por proclamar sua fecundidade no momento em que se vislumbrava uma possível gravidez.

A única coisa que preocupava Troilo em relação a Isabella era o fato de ela ser esposa de seu primo, instrumento por meio do qual sua família poderia prosperar livremente. Ele podia cantar e dançar com ela, mas a se jogar segundo as regras, ela deveria permanecer *intoccabile*, intocável. Ela era uma propriedade dos Orsini que não deveria ser maculada por suas mãos. Mas Isabella não se via dessa maneira, e Troilo era a personificação da ambição. Ele via que para progredir na corte dos Medici não bastava assegurar o favor de Paulo Giordano; Isabella era necessária. E Troilo desejava intensamente — mais do que isso, necessitava — prosperar. Além do mais, como outros em sua família, ele tinha pouco respeito por Paulo; que seu tio tenha lhe pedido abertamente para aconselhar o primo a controlar sua esposa sugere que eles enxergavam com bastante clareza as fraquezas de Paulo. Troilo não se arrependeria em explorá-las.

O interesse do primo de Paulo Giordano por Isabella já era aparente nos meses que se seguiram à morte de João, o que é sugerido pelo fato de um amigo ter lhe enviado um detalhado relatório do acidente da princesa durante uma excursão de caça, no verão de 1563, quando ela caiu em um fosso e Troilo estava ausente de Florença. A notícia é o único assunto da carta, e claramente sua própria razão de ser, o amigo tendo percebido que Troilo gostaria de saber o que acontecera a Isabella. Isso não quer dizer que este via na mulher do primo apenas uma maneira de ascender. A despeito da influência de Isabella junto ao pai, ela era a "estrela da corte dos Medici", a mais inteligente e enérgica mulher em Florença, por si mesma um objeto de desejo.

Quanto à reação de Isabella a Troilo, não é difícil imaginar por que ela se sentiria atraída por ele, e por que permitiria que esta atração fosse levada adiante. Ele era bonito e carismático; além disso, tinha um histórico como soldado e era autor de corajosos feitos militares. Paulo Giordano, por sua vez, falava sem cessar de seu desejo de lutar uma guerra, embora isso nunca tenha acontecido. Para Isabella, Troilo assemelhava-se mais a seu avô herói de guerra, João delle Bande Nere, ou a um daqueles heróis cavalheirescos das histórias de Ariosto, que haviam animado seu mundo desde que ela nascera. Sua persona vinha automaticamente imbuída de romance. O fato de ele ser primo de seu marido — e um primo distante dela mesma — podia apenas tornar o encontro com Troilo ainda mais agradavelmente picante, por todos os riscos que implicava.

Para facilitar uma relação desse gênero, Isabella dispunha de tudo que era preciso. Tinha sua autonomia, os próprios familiares de Paulo reconhecendo que ele não controlava a esposa; um ambiente, proporcionado pelo pai, onde a licenciosidade sexual era permitida — e Cosimo, é importante dizer, não privaria a filha de buscar tais atividades. Seu marido estava frequentemente ausente e ela possuía propriedades particulares, isto é, não era difícil que Troilo fosse até seus aposentos no Palazzo Medici, ou que ela o convidasse para o Baroncelli, onde dizia viver sua "habitual solidão". Deve ter havido um bom número de Marios, Eliconas e atraentes pajens e embaixadores com quem Isabella podia cantar e flertar. Eles, no entanto, não podiam oferecer a ela o tipo de relacionamento com o qual ela havia crescido, não eram homens com quem ela pudesse se conectar em um nível mais profundo e pessoal. Assim, Troilo Orsini não era simplesmente o amante de Isabella; ele tornou-se, tanto quanto possível, o substituto do papel outrora desempenhado por João. Talvez isso explique por que Cosimo permitia à filha tal relacionamento, sendo ele o único que poderia impedi-lo. Pai e filha sabiam ambos que o casamento não poderia trazer satisfação a ela, e Troilo de algum modo preenchia a lacuna na vida de Isabella que se abrira com a morte do irmão, e que o marido era incapaz de preencher.

Casal passeando

CAPÍTULO 9

Um caso "clandestino"

O relacionamento entre Troilo e Isabella devia ser conhecido por muitos, mas a regra tácita era não comentá-lo, menos ainda registrá-lo por escrito. Celio Malespini, por exemplo, tem uma história sobre Troilo e Isabella, mas por não poder romper o decoro e insinuar que a princesa era adúltera, transformou o casal em parceiro de crimes, em vez de amantes, em sua narrativa. Entretanto, conta uma história que permite fazer uma boa ideia do que poderiam gostar um no outro, à parte a atração física e a sedução dos interesses. Ambos apreciavam travessuras, e nem sempre as de boa natureza, em especial se vistas sob a perspectiva moderna. No conto de Malespini, Isabella está contrariada porque Rodolfo Conegrano, o embaixador ferrarense que ela via como seu bufão de estimação, está apaixonado por uma jovem que vem a ser uma namorada de Troilo. Então a dupla decide se unir num complô para ensinar a Conegrano uma lição.

Eles arranjam para que o embaixador convide a moça para um jantar em sua casa. "Após um momento, a senhora Isabella, vestida de homem, acompanhada de Orsini e dois outros senhores a par da encenação, seguem lentamente até o estábulo do embaixador, e lá tomam uma escrava trazida do porto de Livorno, suja e feia, como um monstro, porém muito jovem e com conhecimento de nossa língua."[1] Então abordam um estribeiro, fazendo-o jurar sigilo, e lhe perguntam quanto tempo falta para o fim do jantar do embaixador e seus convidados. "Está quase acabando", responde ele. "Então", pergunta a senhora Isabella, "podemos subir até seus aposentos sem sermos vistos?" O rapaz afirma que sim. Eles levam a jovem escrava até o dormitório de Conegrano e a depositam, "nua como no dia em que nasceu", na cama do embaixador, onde, "achando-a macia e delicada, ela imediatamente adormece".

Enquanto isso, no andar de baixo, a jovem convidada de Conegrano pede licença e diz a Conegrano que a encontre em breve no seu quarto. Em vez de dirigir-se aos aposentos do embaixador, no entanto, ela se reúne a Isabella e Troilo no estábulo. Conegrano sobe até seu dormitório às escuras, vê a figura adormecida sobre o leito e começa a fazer amor com ela. Nesse ponto, "a jovem escrava acorda e grita em sua própria língua, 'Não quero! Não quero, valha-me Deus!'". Conegrano salta da cama, acende a iluminação e fica horrorizado ao ver-se "confrontado com a feia escrava, que ele acreditava ser a bela jovem cujos lábios beijara muitas vezes".

Troilo e Isabella sobem correndo as escadas, e Isabella diz a Conegrano que espera que ele tenha aprendido a lição por sua inconstância a ela: "Você realmente merece punição ainda maior", diz a ele, "desrespeitando as mulheres do modo como faz." Desgraçado, Conegrano admite sua vergonha. Troilo propõe que seja permitido à escrava passar o resto da noite na cama macia, com a ressalva de que "você não a trate mal, como fez ainda há pouco". Conegrano assente, vê os visitantes partirem e "vai dormir em outra cama, acreditando que a sua agora está cheia de pulgas".

Embora na história de Malespini a relação de Troilo e Isabella pareça platônica, é no entanto com ele, e não com o embaixador, que ela perambula no meio da noite pelas ruas de Florença, vestida em roupas de homem, como faziam as cortesãs venezianas quando queriam sair. Para um leitor do século XVI, esse componente da história — uma princesa Medici apresentando tal comportamento — é tão ultrajante, se não mais, quanto a narrativa dos feitos sexuais. Então a verdadeira história é Troilo e Isabella juntos, cúmplices de uma travessura.

Isabella pode jamais ter declarado abertamente seus sentimentos por Troilo, mas valeu-se de outros meios, como a música e a poesia, para dar a conhecer o seu amor. Oficialmente, as canções apresentadas em suas *soirées* mostravam o quanto ela ansiava por Paulo Giordano quando ele estava longe de Florença, e eram uma forma de cultivar a imagem pública de esposa respeitosa. Mas os versos e sentimentos expressos nas canções tornam-se ambíguos, ao modo de Jano, quando se dirigem não a um marido, mas a um amante ausente, pois com frequência Troilo partia em missões e obrigações militares temporárias. Os madrigais no cancioneiro de Madalena Casulana dedicado a Isabella adquirem então ramificações muito mais passionais, em que "Um novo amor, um novo fogo, uma nova ordem que sinto dentro do meu coração (...) minha amada paz transformou-se numa guerra cruel". Ou, como diz a letra de outra composição, "Se és meu coração, minha vida e minha alma, agora que estou privada de ti, quem pode manter-me viva?".[2]

Isabella encomendou também ao compositor Stefano Rossetti um volume de madrigais com o tema único "O lamento de Olímpia", conto do *Orlando Furioso* de Ariosto. Talvez ela tenha escolhido essa história, dentre todas as de Ariosto, porque visse nela uma plataforma para justificar suas ações, bem como seus desejos de como esperava que as coisas acontecessem.[3] A Olímpia de Ariosto foi abandonada por Bireno, seu infiel marido. No entanto, ela termina bem quando Orlando lhe apresenta Oberto, rei da Irlanda, que se apaixona por Olímpia, condena Bireno à morte e se casa com ela. Talvez esses exatos pensamentos passassem pela cabeça de Isabella. Se Paulo Giordano morresse, o que a impediria de se casar com Troilo?

Outras expressões quase ocultas do amor de Isabella por Troilo podem ser encontradas nos versos que a poetisa da corte Laura Battiferra redigiu para a princesa. Encontrados apenas na forma de manuscrito, trazem ao lado das *stanzas* [estrofes] a inscrição "não publicar", como se os sentimentos ali explicitados fossem particulares demais para serem oferecidos aos olhos do público. Esses sentimentos são muito semelhantes aos das canções encomendadas por Isabella, refletindo um corpo e espírito atormentados de desejo e angústia ao simples pensamento da separação do amado:

> Como um triste corpo abandonado
> por sua alma mais nobre
> é habituado a se conservar cadáver gélido de curta vida
> assim fui deixada, ai de mim, à sua partida
> doce força da minha
> vida e arrimo prezado
> Amor Sagrado, tu que podes fazer
> o que aos outros é vedado, traz-me de volta a vida
> junto à alma de meu amado.[4]

Isabella só podia encomendar esse tipo de poemas e canções, reflexos de seus desejos mais íntimos, de maneira muito oblíqua, reconhecendo a importância da discrição. Ela acreditava que o que quer que alguém escrevesse e assinasse podia ser tomado como verdade, ainda que não o fosse, o que explica suas bombásticas declarações de amor a Paulo Giordano. De modo inverso, ela não faria nenhum anúncio público de seus sentimentos por Troilo, mesmo que o comportamento dos dois deixasse claro a todos que os observassem a real natureza de sua relação. Ela certamente não lhe enviaria cartas de amor redigidas de próprio punho, pois não importava quanto segredo pudesse haver na entrega, sempre havia uma chance de a missiva ser interceptada e descoberta. Omitir sua assinatura também não bastava, pois sua escrita, firme e distintamente inclinada, era muito fácil de identificar.

Mas a correspondência entre amantes é em geral necessária, para abrandar e exprimir emoções e comunicar quando não é possível falar pessoalmente. Existe um conjunto de sete cartas destinadas a Troilo escritas por uma mulher que se assina como "eterna escrava" e que se acredita ser Isabella. A caligrafia não combina com a dela, nem seu estilo é associável ao de nenhum nobre, homem ou mulher. A escrita regular, em lugar disso, parece ser a de um escriba profissional, um secretário, alguém que ganha a vida escrevendo. É bem provável que se Isabella desejasse enviar ao amado declarações de seus sentimentos por ele, protegesse sua identidade utilizando uma outra pessoa — um empregado leal de seu séquito — para registrar suas palavras, que não poderiam então ser relacionadas a ela.[5]

Além de não assinar as cartas e mascarar sua grafia, o autor faz ainda outros esforços para ocultar a identidade da remetente. Por exemplo, não data as missivas, menciona poucos nomes e lugares e fala de seus propósitos de maneira obscura. No entanto, revela o bastante para sugerir que quem as escreve é realmente Isabella, e o tom empregado de maneira geral — hiperbólico, enfático — corresponde ao da princesa Medici. Algumas das cartas deixam claro que eles não podem estar juntos por causa da presença de *"il maestro"*, que parece ser o codinome para o seu marido, que obviamente não está presente todo o tempo, como era o caso com Paulo Giordano e Isabella. Assim, escreve: "O mestre retorna e será o mais longo domingo de todos os tempos." Em outra ocasião, a linguagem utilizada para descrevê-lo é ainda mais dura: "Você sabe que o animal voltou, e quer ir a Pistoia, mas você não sabe de meu descontentamento diante disso, porque você estará lá, e não poderei lhe falar como desejo." Pistoia era um dos lugares que regularmente recebia a corte dos Medici para excursões de caça.

Isabella também alude a Cosimo: "Escrevi ao duque e você verá que está tudo bem, mas de uma maneira que não posso mencionar." Tal afirmação talvez diga respeito a alguma promoção para Troilo. Uma das cartas traz menções negativas a Francisco, cujo papel no governo, forçando-a a pedir-lhe favores, a irritava: "Sinto como se tivesse sido derrubada e forçada a me ajoelhar aos pés do príncipe (...) é evidente que todos observam suas maneiras desprezíveis da manhã à noite." Essa afirmação de muitas maneiras prova quase irrefutavelmente que é Isabella a autora das cartas, pois é muito difícil imaginar qualquer outra mulher em Florença expressando tais sentimentos de modo tão enfático.

O amor e a paixão exprimidos nessa correspondência são de natureza melancólica, e conservam o teor dos poemas e canções apresentados na residência de Isabella, sendo talvez até mesmo animados por essa propensão. É verdade que alguns sentimentos são declarados de maneira semelhante à utilizada por Isabella ao dirigir-se a Paulo Giordano, mas é preciso lembrar que as cartas de Paulo e Isabella destinavam-se ao consumo público, enquanto as missivas endereçadas a Troilo eram de caráter extremamente particular. As palavras adquirem então significações mais profundas e sinceras. A relação desses amantes implica certa dose de *páthos*, pois trata-se de duas pessoas que não podem manifestar abertamente seus sentimentos e que não podem estar sempre juntas. Em certa medida, Isabella deve ter explorado essa situação, que lhe oferecia ocasião para desempenhar o papel das heroínas românticas dos poemas que apreciava. "Recebi sua carta", Isabella escreveria, "que me causou grande contentamento, e mais, deu-me a presença do homem que desejo mais que a própria vida. Você fez mal em pensar que eu o deixaria, eu jamais me serviria da oportunidade de perder um nobre que tanto desejo, de quem sou escrava e por quem estou eternamente inebriada, e que em toda a sua bondade me concedeu seu amor. Você pode estar certo de que não o perderei por nada. Cada hora parece se multiplicar por mil, e não fosse pela grande esperança que tenho em revê-lo, por esta hora eu já estaria liquidada. Por favor, me diga que seu retorno se dará o mais breve possível, pois à minha vida ele é muito caro."

Embora haja menção de cartas a Isabella escritas por Troilo, apenas uma destas sobreviveu. Nela, Troilo omite o nome da destinatária, embora assine o seu. Ao que parece, trata-se da resposta a uma missiva em que Isabella o censura por ter falado muito livremente sobre a relação entre os dois. Esse é um dos temas que ela aborda em uma das cartas remanescentes. "Tenha cuidado com ele", previne Troilo quanto a sua relação com um certo Francisco Spina. "Ele é um homem que não sabe guardar segredos." Uma vez que Spina era tesoureiro do príncipe Francisco, Isabella tinha bons motivos para querer mantê-lo afastado do amante.

A carta respondida por Troilo falava da suspeita de Isabella de que ele não tivesse redigido sozinho sua última missiva, pois se mostrava bem versado demais na escrita toscana. Troilo era, afinal de contas, nativo de Roma. A língua materna da princesa Medici não era a mesma que a dele, e ela orgulhava-se de ser uma boa juíza de seu idioma. Troilo escreveu:

> Deixe-me pedir desculpas e exprimir meu pesar. Sei muito bem que seria melhor falar pessoalmente que escrever, mas quis escrever-lhe para lhe assegurar minha servitude. Não posso crer que me estime tão pouco a ponto de pensar que eu comunicaria a alguém sobre o que se passa entre você e mim, conservo ternamente em meu coração sua honra tanto quanto a própria vida (...) A respeito de sua declaração de que minha última carta não foi escrita ou composta por mim, a única prova que posso oferecer é o envio desta missiva, afiançando que minha inteireza é impelida por meu amor, e não posso fazer mais que reunir essas cinquenta palavras florentinas, que você tem, minha cara benfeitora, de seu servo mais leal, embora tenha provocado em mim uma certa suspeita de que não mais sou amado por você (...)

Entretanto, por mais precauções que tomassem quanto ao segredo de sua relação, e por mais pretensões que tivessem em mantê-la oculta, Troilo e Isabella sabiam que o caso entre os dois era conhecido. Um representante dos Medici, Ciro Alidosi, escrevendo da Emília-Romanha, pediu ao secretário da corte Antonio Serguidi que encaminhasse cartas a Troilo e Isabella, como se soubesse que os dois estariam juntos. Troilo recebia pedidos de amigos, familiares e conhecidos no sentido de ajudá-los a assegurar o patrocínio de Isabella, como mostra esta solicitação feita em agosto de 1564 pelo nobre Sforza Aragão de Appiano:

> Ilustríssimo primo: envio a Vossa Senhoria uma carta da senhora minha esposa para a senhora Isabella, em resposta a uma carta da princesa, uma vez que Sua Excelência concordou em segurar nos braços nossa menininha durante a cerimônia de batismo. Ela nasceu ontem às quatro da madrugada e graças a Deus tanto ela quanto a mãe passam bem. Talvez o senhor pudesse fazer a gentileza de transmitir-lhe esta informação, e obter uma resposta.[6]

Troilo era apenas um de vários parentes de Sforza Aragão na órbita dos Medici. No entanto, o primo de Appiano escolheu-o particularmente para dar a notícia a Isabella porque sabia da relação especial que mantinha com a princesa. Há muitas chances, aliás, de ter sido Troilo quem inicialmente persuadiu Isabella a concordar em servir de madrinha à filha do primo.

Boatos que chegavam até os becos mais escuros da cidade davam conta de que a linha de influência em Florença ia de Troilo a Isabella. Em maio de 1564, Troilo recebeu uma carta de um homem chamado Lepido Massarini, que lembrava ao Orsini ter servido com ele na França como soldado. Lepido estava encarcerado numa prisão sienense havia mais de um ano devido a um crime não especificado, "o que causou grande prejuízo a meus filhos e esposa". O prisioneiro esperava que Troilo pudesse "dizer apenas uma palavra a meu senhor Paulo Giordano, que poderia então dirigir-se ao príncipe e pedir por minha libertação. Sei que bastaria apenas uma palavra do signor Paulo".[7] Mas quer o signor Paulo tenha dito ou não uma palavra em seu favor, não foi de nenhuma ajuda a

Lepido. Quase dois anos depois, ele ainda definhava na prisão. Em abril de 1556, pediu a Troilo mais uma vez:

> Agora que já estou há 37 meses encarcerado aqui em Siena, sou forçado a enviar minha esposa à mais venturosa das cortes [a dos Medici]. Sei que se ela conseguir cair sob seus poderosíssimos e favoráveis braços, então talvez consiga assegurar minha libertação (...) Meu desejo é de que apresente minha esposa à senhora Isabella, que, por sua natural bondade e tendo em vista o caso, poderia levar minha súplica ao príncipe, e assim eu obteria do senhor o favor mais especial de Sua Excelência (...)[8]

Lepido podia estar numa prisão, mas estava bem relacionado o bastante com o mundo exterior para saber que tinha melhores chances de ver a luz do dia pedindo que Troilo intercedesse por ele junto de Isabella, e não de Paulo. Alguém com certeza lhe dissera que pôr sua esposa sob o amparo de Troilo garantiria uma audiência com a princesa Medici. E se um desgraçado prisioneiro numa cela de Siena podia estar a par de tal informação, é bem provável que muitos outros também estivessem. O caso entre Troilo e Isabella era certamente clandestino apenas no nome.

PARTE IV

Maquinações dos Medici

Frontispício dos Medici

Nobres germânicas

CAPÍTULO 1

A cunhada imperial

Em dezembro de 1565, a família Medici ganhou um novo integrante, com a chegada da noiva de Francisco: Joana d'Áustria, de 17 anos. O status de Joana era indicativo do grau a que ascendera a estrela dos Medici durante o reinado de Cosimo. Seu predecessor, o duque Alexandre, fora casado com Margarida, filha ilegítima do imperador Carlos V, e o próprio Cosimo casara-se com uma nobre espanhola da mais alta estirpe. Mas agora seu filho tomava uma esposa legitimamente imperial, a irmã do imperador Maximiliano II, que traria consigo um dote de 100 mil ducados. O prestígio do par era tamanho que, quando se anunciou o noivado, "uma missa dedicada ao Espírito Santo foi cantada no Duomo, como símbolo de felicidade ao casal, e todas as lojas foram fechadas".[1] Isabella declarou que "não poderia haver alegria maior em minha vida" diante da notícia da aliança imperial.[2] Tal afirmação é típica da hiperbólica princesa; entretanto, orgulhosa ao extremo do nome de sua família, ela sabia que o casamento projetaria os Medici em larga escala no cenário internacional.

Boa parte do ano de 1565 foi consagrada a preparar Florença para receber a filha do imperador. O Duomo foi restaurado, a fonte de Netuno na Piazza della Signoria foi enfim instalada e Giorgio Vasari recebeu uma nova encomenda. Dessa vez, ele e sua equipe ornariam o pátio do Palazzo Vecchio, pintando cenas da Toscana junto à decoração um tanto grotesca que Paulo Giordano encomendara para uma das câmaras em Bracciano quando Isabella e a família fizeram uma visita, durante o inverno de 1560.

Cosimo também organizou uma delegação para viajar até a Áustria com Francisco a fim de apresentar seus cumprimentos ao imperador, trazer sua filha de volta a Florença e cumular ambos de presentes. Ele instruiu Paulo Giordano a acompanhar o cunhado, confiando-lhe um diamante particularmente formidável a ser oferecido à princesa dos Habsburgo. Ao agir dessa maneira, permitiu que o marido de Isabella participasse da pompa e magnificência de que tanto gostava, ao mesmo tempo que o lembrava de suas obrigações imperiais. Seu plano parece ter funcionado, uma vez que Paulo escreveu animadamente de Viena à esposa:

> Não quero me esquecer de mencionar os infinitos favores que Sua Majestade Imperial me concedeu. Esta noite o imperador fez-me subir a seus aposentos e mais uma vez demonstrou-me sua infinita cortesia. Pela manhã, partíamos para Trento quando Sua Majestade ordenou que eu não fosse ainda, e ao longo de toda a manhã fez-me *infinitissime* cortesias, de modo que só à tarde pude seguir para Trento.[3]

Após sua chegada na Toscana e alguns dias de descanso na villa de Poggio a Caiano, a filha do imperador entrou pela primeira vez em Florença, em 16 de dezembro. A cidade inteira estava ornada de efêmeros arcos do triunfo, especialmente erguidos para a ocasião. A própria Joana vestia um opulento brocado e uma coroa sobre a cabeça. Antes de sua entrada, Cosimo enviou-lhe um bilhete pedindo que não usasse quaisquer outros ornamentos no cabelo, temendo que pudessem "quebrar ou provocar a queda e a perda das joias da coroa", conselho revelador de que os genes mercantis do duque Medici estavam muito bem conservados.[4] Como acontecera antes com outras noivas da família, a entrada de Joana em Florença foi planejada para que o maior número possível de cidadãos florentinos pudesse vê-la. Estes, por sua vez, jamais haviam visto uma pessoa acompanhada por um séquito tão vasto, e que incluía Cosimo, seu filho Pedro, Paulo Giordano e outros importantes membros da família, 34 pajens, sessenta representantes de ordens militares religiosas, 130 das terras da própria Joana e outras 82 "pessoas qualificadas".[5] Ela parou diante do Duomo recém-restaurado para receber uma bênção, antes de prosseguir até o Palazzo Vecchio, sob cujo pórtico a esperavam Francisco e Isabella, que oficialmente lhe deram as boas-vindas à nova família. Isabella seria uma companhia constante de Joana na animada série de eventos que se seguiria à sua chegada; ela era tão onipresente que ganhou espaço em uma tapeçaria do século XVII comemorativa do casamento de Joana e Francisco, na qual aparece atrás da noiva.

Isabella estava com Joana dois dias depois no coche que a levou ao Duomo, onde o casamento com Francisco foi celebrado e se cantou a missa nupcial. Então seguiram-se dois meses de comemorações, que incluíram eventos como caça a animais selvagens, com ursos e outras bestas ainda mais exóticas importadas para a ocasião, bem como as tradicionais festas, concertos e peças. As celebrações culminaram nas festividades do carnaval de 1566, convenientemente mais opulentas naquele ano. Paulo Giordano aproveitou a oportunidade de brilhar oferecendo uma *extravaganza* planejada para sobrepujar qualquer outra homenagem ao casamento de Joana e Francisco. Encomendou ao jovem e promissor pintor florentino Santi di Tito uma série de decorações efêmeras para exposição na Piazza San Lorenzo. Vasari mais tarde lembrou como Santi, "com enorme e inacreditável labor, pintou em *chiaroscuro*, em várias telas enormes, cenas dos feitos dos ilustres homens da casa dos Orsini".[6] Se essas imagens temporárias, mais tarde destruídas, eram com certeza dignas de louvor, não há dúvidas de que Paulo Giordano tentava um tanto grosseiramente inserir a história de sua família numa celebração Medici-Habsburgo. Ele fez então erigir na Piazza di San Lorenzo um enorme teatro de madeira, produzindo um espetáculo protagonizado por ele mesmo e pelo cunhado Francisco, e encenado para uma audiência que incluía Cosimo e, ao lado deste, Isabella, vestida em seda branca. Um outro espectador, Rodolfo Conegrano, informou em um relatório para Ferrara:

> Sábado houve o torneio do signor Paulo, muito bem-sucedido. O príncipe [Francisco] apareceu como uma estrela em forma de homem descendo dos céus até o centro do palco, e imediatamente iniciou-se a música, executada por quatro rapazes elevados em uma das laterais do palco e circundando-o. Não consigo encontrar as palavras para descrever como isso foi possível. Terminada a cena, o monte Etna abriu-se com grandes chamas e de lá surgiram o signor Paulo e Pirro Malvezzi [um famoso soldado], ambos vestindo uma armadura branca, brocados de prata e seda branca, e trazendo consigo dois pajens vestidos ao mesmo modo, seis tocadores de tambor, seis trompetistas, seis trombonistas e dois anjos. Eles pararam em uma extremidade do palco, onde reinterpretaram a cena do navio dos Argonautas com cinco cavaleiros (...)

A esses espetáculos seguiram-se justas das quais participaram Francisco, Paulo e outros nobres, e que culminaram num "suntuosíssimo banquete, findo o qual três damas e três cavaleiros nos mais belos cavalos apresentaram a 'dança da batalha', que foi algo maravilhoso de se ver". A despeito de suas fraquezas, Paulo estava na linha de frente dos assuntos equestres. Esse tipo de balé com cavalos assumiria ao longo dos séculos seguintes um importante papel nos estupendos entretenimentos cortesos.

Todos indagavam-se o quanto teria custado o evento, em especial aqueles cientes das dificuldades financeiras de Paulo Giordano. "Ficaram todos pasmados por conta da enorme despesa", escreveu um comentarista.

Conegrano foi mais preciso: "As despesas foram de 15 mil *scudi*, mas minha estimativa é de [que os entretenimentos tenham custado] sete ou oito, porque a maior parte da soma foi gasta no próprio teatro."

Terminada a série de eventos em sua homenagem que se estendeu por meses, Joana de Habsburgo devia agora estabelecer sua vida em um lugar e segundo um estilo muito diferentes daqueles a que estava acostumada. Ela trouxera de sua terra natal um séquito de damas de companhia, com quem podia conversar em sua língua materna e que em Florença eram conhecidas coletivamente como "*la tedesche*" (tudescas, ou germânicas). A despeito do conforto que lhe propiciavam essas mulheres, a princesa austríaca precisava se integrar igualmente a sua nova família. Por disposição natural, seu novo sogro, Cosimo, tendia a ser benevolente com as parentas. Desde o início do casamento, no entanto, Francisco deixara muito claro a Joana que seu interesse por ela não ia além de sua habilidade de procriar, a respeito da qual havia dúvidas, dada a sua "magreza e baixa estatura (...) portanto existe uma suspeita de que não esteja bem adaptada para conceber".[7]

Quanto a sua nova cunhada Isabella, é verdade que a esposa de Paulo Giordano e Joana não poderiam ser mais diferentes. O embaixador veneziano descreveu a austríaca como uma "deusa singular e exemplo religioso, de alma bela mas escassa beleza física, de baixa estatura, pálida e dona de um rosto não muito bonito, e uma mente plácida e tranquila mais que intensa e elevada".[8] Em outras palavras, a cunhada de Isabella provavelmente não participaria com muito entusiasmo dos jogos de freiras e monges no Baroncelli às duas da manhã.

Ainda assim, Isabella era mais amistosa com Joana do que seu irmão Francisco. Tendo se refugiado no Baroncelli no cálido mês de maio de 1566, Isabella escreveu: "Estou mais uma vez em Florença para visitar a princesa no palácio, e passamos juntas o dia e a noite."[9] Joana gostava muito de frutas, e sempre que Isabella se ausentava de Florença certificava-se de que a cunhada recebesse o que quer que houvesse nos outros pomares da família Medici. "Não quis deixar de lhe mandar algumas frutas assim que cheguei", Isabella escreveu de Pisa em maio de 1568, "e as poucas que encontrei estou despachando."[10] Em outubro, Isabella estava em Poggio a Caiano, "vagando por pomares onde encontrei estas poucas frutas; por favor, aceite-as junto com a boa alma que as acompanha".[11] Isabella sempre se dirigia a Joana, seis anos mais nova que ela, da maneira mais formal possível. "Quis escrever para me fazer lembrar por Vossa Alteza como a mais afetuosa serva que sou e serei enquanto viver", garantiu-lhe Isabella, ciente da etiqueta e do protocolo que era quase uma religião para os Habsburgo.[12]

Joana, sozinha e isolada, como muitas esposas estrangeiras em seus novos lares, e nem sempre tratada com gentileza pelos novos parentes, parecia apreciar a receptividade de Isabella. Mas é preciso dizer que os gestos da princesa Medici não eram inteiramente altruísticos. A esfera de influência de Joana não era enorme, mas ainda assim havia certas coisas que ela podia fazer por Isabella. A filha de Cosimo ficou contente quando um de seus empregados, Luís Bonsi, foi "aceito pela princesa para juntar-se a seu séquito por amor a mim, e ele a servirá de todo o coração".[13] Bonsi poderia atuar então como uma fonte adicional dentro do Palazzo Vecchio, e informá-la de possíveis comentários sobre ela no interior do palácio.[14] Além disso, encorajada por Isabella, é muito provável que Joana tenha servido de instrumento para designar Troilo Orsini para uma posição altamente cobiçada. Em 1567, Troilo viajou à Germânia na condição de representante dos Medici no casamento do primo de Joana, o duque da Baviera, que fizera parte de sua escolta a Florença pouco mais de um ano antes.

Era esse tipo de incumbências que Troilo havia muito tempo buscava, uma vez que elas ofereciam excelentes perspectivas de receber presentes, estabelecer relações sociais e estender seu perfil e reputação pelos cenários europeus. Isabella também criava oportunidades para o amante sempre que possível. Em janeiro de 1567, ele foi a Mântua como seu representante, portando uma carta em seu nome endereçada à duquesa de Mântua. "Incumbi-o, como amplamente testemunhado, de beijar-lhe a mão em meu nome, como sinal de minha singular observância à senhora", Isabella escreveu. "Rogo a Vossa Alteza que lhe conceda plena confiança (...)."¹⁵

No entanto, a viagem à Germânia era de longe a designação mais prestigiosa e de amplo alcance que Troilo jamais recebera. Foi necessária uma certa dose de astúcia para que Troilo — pouco versado em diplomacia e que nem mesmo era florentino — fosse indicado para a missão. Ele certamente não teria sido a primeira escolha de Francisco, que era quem seria tecnicamente representado, e isso sugere que Isabella persuadiu Joana a indicá-lo como o homem ideal para enviar a seu primo bávaro. Joana possuía alguma influência em questões relativas à sua terra natal, e pode ter recorrido a Cosimo quanto a isso. Ele sem dúvida teria visto a mão de Isabella por trás de tudo, e consentiria em fazer o aparente desejo da nora e da filha. Francisco, porém, se irritou com a escolha de Troilo. Ele fez o secretário da corte Bartolomeu Concino elaborar uma extensa lista de instruções sobre o que Troilo deveria fazer a cada passo de seu caminho, dirigindo-se a ele pelo pronome *tu*, como forma de lembrá-lo de sua subserviência. O mais importante, porém, segundo Concino, era Troilo "estar atento sobretudo à presença de um representante do duque de Ferrara, a quem não deve ceder sob hipótese alguma (...) para não prejudicar a precedência que temos sobre esse duque".¹⁶ Em todas as cortes italianas e europeias havia representantes florentinos e ferrarenses disputando precedência em procissões, encontros com chefes de Estado e mesas de jantar.

Troilo foi claramente bem-sucedido no papel de representante dos Medici durante o casamento na Germânia, a tal ponto que dois anos depois foi incumbido de questões políticas mais delicadas. Em abril de 1569, com instruções sobre "a congratulação à Sua Cristianíssima Majestade pela vitória sobre o príncipe de Condé", Troilo foi enviado à corte do rei Carlos IX, na França. O pretenso propósito da viagem era parabenizar Carlos e sua mãe Catarina pela derrota imposta aos huguenotes em Jarnac, um episódio das guerras religiosas travadas entre a coroa francesa e os protestantes. No entanto, entre as cartas que levava em sua *credenza* havia uma de Cosimo em que o duque oferecia mais que cumprimentos, prometendo seu apoio à França: "Mandaremos um subsídio de 2 mil soldados de infantaria da nossa milícia e cem cavaleiros (...) para que possamos derramar sangue, como precisamos, e suprimir e extinguir esses rebeldes e inimigos sediciosos."[17] Este é um dos momentos em que Cosimo via como de interesse político dos Medici que seu governante, favorável à Contrarreforma, fosse visto como apoiador da coroa francesa.

Poucos meses depois, os huguenotes sofreram uma nova derrota para a coroa francesa, na Batalha de Moncontour. Mais uma vez Troilo foi enviado a Paris, instruído não apenas a oferecer congratulações pela vitória, mas felicitações pelo casamento recente de Carlos IX. O rei francês casara-se com Isabel, filha do imperador Maximiliano e sobrinha de Joana. Esta na verdade fizera um pedido a Cosimo em favor de Isabel, perguntando se o duque permitiria que seu médico, Filipe Cauriano, servisse à sua sobrinha na França.

Foi uma cena dessa última missão — Troilo curvando-se diante de Catarina, o verdadeiro poder no país, e oferecendo-lhe congratulações nupciais — que mais tarde seria tomada como símbolo pictórico das relações entre a França e os Medici. Troilo era de fato bastante popular entre a família real francesa, em especial com Catarina e seu filho favorito Henrique, e por vezes suas visitas ao país eram prolongadas. Se ficava infeliz em ver-se afastada do amante quando partia em tais missões por alguns períodos de tempo, Isabella percebia que este era o preço que pagava pela afeição dele. Era em parte por causa dela que o Orsini que tinha como amante era mais considerado em certos lugares da Europa do que o Orsini que tinha como marido.

Vista da Ponte Vecchio com o Corredor Vasariano, Florença

CAPÍTULO 2

Vida familiar

Apesar de suas residências distintas, das atividades noturnas e da relação pretensamente clandestina com Troilo, Isabella ainda ocupava uma posição central na corte do pai. A descrição de Rodolfo Conegrano do papel da princesa na recepção de boas-vindas a Carlos, irmão de Joana e arquiduque da Áustria, em abril de 1569, enfatiza esse ponto. Recebido na Porta del Prata por Francisco, um grande número de nobres montados a cavalo e divisões militares, o arquiduque desfilou em procissão até o Palazzo Vecchio, "onde Sua Alteza [Cosimo] o aguardava em um aposento do andar térreo com a senhora Isabella e cinquenta fidalgas das principais famílias da cidade, todas vestidas em seda dourada e enfeitadas com joias. Sua Alteza usava uma túnica de veludo preto, ornada em ouro e prata. A senhora Isabella estava inteiramente vestida em branco e ouro, num brocado com infinitas joias e ornamentos, com as mais belas pérolas em volta do pescoço, tão ricamente vestida e enfeitada que não consigo prosseguir na descrição".

A aparência de Joana não suscitou descrição semelhante no despacho de Conegrano, embora ela naturalmente tenha tido precedência sobre Isabella no jantar que se seguiu. No dia seguinte, os Medici ofereceram turismo e entretenimentos. "Eles foram à missa em San Lorenzo", registrou Conegrano, "mas antes levaram-no para visitar a capela construída por Michelangelo, com aquelas belas estátuas, relíquias sagradas, a biblioteca e tudo o mais que devia ser visitado na igreja". Então, "às seis da tarde, o arquiduque dançou um *gagliardo* com a senhora Isabella, e assim prosseguiram até a hora de dormir".[1]

Esses dias foram de grandes acontecimentos na vida dos Medici, enquanto outros eram mais calmos, por exemplo quando Isabella ficava com Cosimo no Pitti, "em tranquilidade e sem causar problemas a ninguém", como escreveu a princesa. E agora que estava um pouco mais velho, Isabella também começou a passar mais tempo com o cardeal Ferdinando quando ele vinha a Florença. A vida de Ferdinando como cardeal era de certa forma diferente da de seu predecessor, João; embora não fosse mais religioso que o irmão, Ferdinando desde criança passava mais tempo em Roma. Roma lhe propiciava um papel muito mais central do que Florença, dominada pelo pai, o irmão mais velho e a irmã. Ferdinando tinha mais traquejo social que Francisco, mostrando-se na superfície mais bem-disposto a manter boas relações com todos, embora pareça ter tido dificuldades em dissimular seus sentimentos em relação a Paulo Giordano. "O cardeal Ferdinando tem desejado me ver mais do que antes", desdenhou Paulo a Isabella em julho de 1566, sugerindo que o irmão da esposa o desprezara em ocasiões prévias.[2] Quando vinha de Roma, Ferdinando muitas vezes hospedava-se no Palazzo Medici com Isabella.

Outros membros da família com quem Isabella se dava muito bem eram os irmãos de sua mãe, Luís e Garcia Álvarez di Toledo. Luís, agora tenente do Reino de Nápoles, tinha, assim como Isabella, profundos e amplos interesses intelectuais, e passara algum tempo em Florença quando ela ainda era criança concluindo um doutorado na Universidade de Pisa, a principal instituição de ensino do ducado da Toscana. Mais tarde serviria como procurador de Cosimo, recebendo formalmente a cidade de Siena em nome do duque após a vitória dos Medici. Era frequente hospedar-se com Isabella em suas viagens a Florença. Garcia, cinco anos mais velho que Cosimo e designado vice-rei da Sicília em 1565, era um dos militares mais admirados da Espanha e comandante em chefe da Marinha. Foi em parte devido a sua carreira militar que ele foi persuadido, após a morte da esposa, a deixar a filha, ainda bebê, sob os cuidados da tia Eleonora, em Florença. A menininha, também batizada Eleonora, era às vezes chamada de "Dianora", apelido carinhoso com o qual evitava-se qualquer confusão, mas acabou se tornando conhecida como Leonora.

Leonora nasceu em 1553 e passou a infância praticamente à sombra dos Medici, sendo criada pela *balie* da família sem chamar muita atenção. Ao deixar a meninice, estava claro que dispunha de um charme considerável. Era extremamente bela: seus retratos mostram uma mulher ruiva como uma corça, com enormes olhos negros, "como duas estrelas em sua cabeça", como os descreveria mais tarde um escritor. Leonora era também exaltada por ser graciosa e gentil, encantadora e afável.

Isabella não se interessara de maneira especial pela infante Leonora, que aos 5 anos de idade gostava de ficar grudada em Lucrécia, irmã mais nova da princesa. Porém mais tarde acolheu a florescente Leonora sob suas asas. Uma despesa listada no livro contábil da casa do ano de 1565 traz o seguinte comentário: "Por ordem da ilustre signora, três *giulios* de ouro para Madonna Leonora, como esmola para ser dada a Anna, a pobre viúva."[3] Tal registro evoca uma imagem de Isabella engajada num certo tipo de pedagogia da virtude, instruindo a prima de 12 anos na prática da caridade cristã. Por sua vez, Leonora via Isabella como um exemplo a ser seguido, e tomava parte dos mesmos tipos de atividades intelectuais, musicais e esportivas.

Cosimo também era profundamente afeiçoado a Leonora, a ponto de não ter o desejo de vê-la partir de Florença, o que viria a acontecer se seu pai, Garcia, encontrasse para ela um marido de outra parte da Itália ou da Espanha. Assim, antecipou-se a ele, arranjando, em 1568, o casamento de Leonora com seu filho Pedro, um ano mais jovem que a noiva. Filipe II aprovou oficialmente a união, uma vez que seu consentimento era obrigatório quando nobres espanhóis estavam envolvidos, ainda que Leonora tivesse passado toda a infância na corte dos Medici.

Ao arranjar o casamento de Leonora e Pedro, Cosimo tentava igualmente certificar-se de que o filho receberia por esposa uma pessoa acostumada a suas aberrações. Francisco podia ser desagradável por natureza, mas o consenso em relação a Pedro era de que sofria de perturbações emocionais. Ele tinha o que hoje se chamaria de dificuldades de aprendizado: era irritável e violento, e alguns acreditavam que o seu comportamento era resultado da morte da mãe e da subsequente "liberdade com que foi criado".[4] Ninguém — nem Eleonora quando estava viva, nem o pai — regulara a vida de Pedro da maneira como fora feito com seus irmãos mais velhos. Cosimo pensava que, por se conhecerem havia muito tempo, seria mais fácil para Leonora lidar com os problemas de Pedro, se comparada a alguma estrangeira trazida a Florença já quase adulta. Se isso, porém, teve alguma relevância para a decisão de Cosimo, não foi dessa forma que sua escolha foi interpretada pelo mundo quando se espalhou a notícia do noivado. Os boatos concluíam que Leonora permanecia em Florença pela mesma razão pela qual Isabella nunca pudera partir: Cosimo desejava para si a bela sobrinha da esposa, e a amava do mesmo modo vergonhoso como amava a filha.

Um dos resultados do arranjo entre Leonora e Pedro, e a subsequente permanência da nobre espanhola em Florença, foi que o laço entre ela e Isabella tornou-se mais forte. Ambas se aproximaram à medida que a sobrinha de Eleonora atingia a maturidade e participava das atividades mais adultas promovidas pela prima. Isabella não fora especialmente próxima das irmãs, mas Leonora viria a se tornar como uma irmã mais nova para ela.

Com certeza houve uma multiplicidade de Eleonoras na vida de Cosimo. A mulher que se tornou sua principal amante ao longo de 1565 foi mais uma delas. Eleonora degli Albizzi foi, nas palavras de um comentarista de seu tempo, "submetida pelo duque ainda em tenra idade, quando era ainda uma virgem (...) roubada secretamente sem o conhecimento do pai para suas villas". Eleonora tinha na verdade 21 anos quando iniciou seu relacionamento com Cosimo; então, a despeito de ser um quarto de século mais nova que ele, dificilmente era essa *fanciulla* (criança) que descreviam. Seu pai, Luís degli Albizzi, que descendia de um ramo dessa família florentina havia muito estabelecida, mas que passava por dificuldades financeiras, avalizou a relação da filha com o duque. Todos na cidade sabiam do caso.

Eleonora foi amante de Cosimo por mais ou menos dois anos. Ela rapidamente engravidou, concebendo uma menina em maio de 1566. Cosimo, que tinha uma queda particular pelas filhas, ficou tão excitado que declarou sua intenção de se casar com Eleonora a um dos empregados, Sforza Almeni. Sforza servira Cosimo e sua família durante várias décadas. Beneficiário da generosidade do duque, recebendo, entre outras coisas, algumas das propriedades dos Salviati na ocasião em que Isabella adquiriu o Baroncelli, fora inclusive promovido a camareiro-mor. No entanto, poucos dias após o nascimento da filha de Eleonora, o diarista Lapini anunciou:

> Em 22 de maio, quarta-feira, véspera da Ascensão, faleceu Sforza de Perugia. Ele era o camareiro-mor do duque Cosimo e seu favorito. Diz-se que foi o mestre quem o matou, por ter revelado um segredo, não sei qual, de grande importância.

Espalhou-se a notícia de que Sforza informara Francisco dos planos nupciais do pai, "acredita-se que na intenção de conseguir o favor do príncipe" — ciente, é claro, do tempo em que o filho sucederia Cosimo. Francisco, horrorizado com a ideia de tal casamento, de imediato "expressou seu desagrado ao pai". Cosimo, percebendo a fonte do vazamento de informação, tomou-se de imensa raiva. Sforza logo soube da fúria do duque e ao que parece tentou pedir a Francisco e Isabella que intercedessem em seu favor, mas nenhum dos dois mostrou-se disposto a isso. Ainda acreditando na afeição que Cosimo lhe tinha, Sforza optou então por tentar apaziguar ele mesmo o duque. Não tinha ideia, no entanto, da extensão da ira do pai de Isabella, cuja reação, ao confrontar o empregado, foi trespassá-lo com sua espada, gritando: "*Traitor, traitor!*" Refletindo mais tarde sobre o incidente, Cosimo teria dito apenas lamentar o fato de ter feito "honra demais" a Sforza ao matá-lo com as próprias mãos.[5]

Isabella desejava tão pouco quanto Francisco ver o pai casado com Eleonora. Ainda assim, esta última, na condição de mãe de sua meia-irmã, merecia atenção. Quando alguns meses depois Eleonora adoeceu, Isabella acompanhou Cosimo e um médico da corte para visitá-la. "Cheguei às dez da noite", escreveu a Francisco, que estava em Poggio a Caiano, "e encontrei donna Leonora, que não estava nada bem, com febre e erupções (...) mas o bebê alimenta-se bem (...)." O bem-estar da criança parece ter sido um ponto de grande preocupação para Isabella, porque acrescentou num pós-escrito: "Estamos aqui há 12 horas e ela ainda me parece muito indisposta, mas com tudo isso a amamentação vai bem."[6] Enquanto Eleonora se recuperava, porém, "*la putta*", a menininha cujo nome não se conhece, logo morreu.

Cosimo não se casou com Eleonora degli Albizzi; ao que parece, o incidente com Sforza Almeni fez com que ela perdesse o brilho a seus olhos. No ano seguinte, 1567, ela deu à luz um menino, mas Cosimo já planejara a dispensa da amante, arranjando para que se casasse com Carlo Panciatichi, de uma das famílias mais leais aos Medici em Florença. Cosimo concordou em suspender algumas acusações de assassinato contra Carlo caso ele se dispusesse a casar com Eleonora, que levaria consigo um dote de 10 mil *scudi*. Os dois se casaram pouco após o nascimento do menino, e Eleonora conceberia ainda outros três filhos de Carlo antes de ele trancá-la num convento em 1578, por suspeita de adultério. O menino que Eleonora teve com Cosimo permaneceu entre os Medici.

Ele foi batizado de João, em memória ao filho que partira, mas Isabella, de toda forma, preferia chamá-lo de Nanni.

Outros bebês juntaram-se à família Medici durante a segunda metade da década de 1560. Joana rapidamente provou àqueles que a julgavam magra demais para conceber que estavam errados. Em setembro de 1566, anunciou estar grávida de três meses, declaração que Isabella utilizou em seu proveito. "Você foi informado", escreveu a Paulo Giordano, que novamente articulava para que a esposa fosse a Roma, "de que desejo permanecer aqui para o parto de Sua Alteza, então preciso ficar aqui até o final de março, pois estas coisas podem levar tempo."[7] Foi na verdade em fevereiro de 1567 que Joana concebeu uma menina, mais uma Eleonora que se juntou à família.

Joana teve ainda outras duas filhas nos anos que se seguiram, mas nenhuma das duas viveu mais que poucos meses. Por isso, ela se angustiava ainda mais com a saúde da mais velha. Em setembro de 1570, ela estava em Siena com Francisco; Eleonora, de 3 anos, ficara em Florença sob o cuidado das amas. Mas quando chegou a notícia de que contraíra catapora, Joana quis que uma pessoa mais próxima na família assistisse a filha. Ela explicou ao sogro: "Escrevi um bilhete a donna Isabella, que fica contente em recebê-la em sua casa."[8] Isabella assegurou a Joana que estava "louca de felicidade" em cuidar da sobrinha.[9] Em outra ocasião, escreveu a um ausente Francisco para comunicar que a filha dele estava muito doente, recebendo do irmão uma resposta tipicamente lacônica:

> A doença sobre a qual escreve Vossa Excelência e que aflige minha menininha me desagrada mais do que poderia imaginar. Mas então não há outro remédio senão o que ordena Sua Divina Majestade, e não podemos fazer nada a não ser nos conformarmos a Sua vontade.[10]

Por até então não ter concebido filhos homens, Joana representava uma decepção para Francisco, e os sentimentos dele em relação às filhas eram muito limitados. Embora descontente com a ausência de um herdeiro, porém, pelo menos sua esposa estava procriando, ao contrário de Isabella. À medida que a década de 1560 avançava, a questão quanto à fertilidade de Isabella cercava-se de mistério. Sua habilidade de engravidar fora comprovada pelos abortos que sofrera em 1561 e 1562, mas não havia desde então nenhum relato concreto de uma gravidez dela. Em 1564, Rodolfo Conegrano escreveu que "todos dizem que a senhora Isabella está novamente grávida, porém ela afirma que não é verdade". Mais tarde, ao que parece, ela lhe teria dito que "não sabe se está ou não".

Isabella temia ver-se grávida e a data coincidir com um momento em que Paulo Giordano não estava em Florença, ao contrário de Troilo. Essas angústias e incertezas refletem-se de certa forma em histórias que circulavam pelas ruas a respeito da princesa. Uma voz dizia: "Ela teve, e não do marido, duas meninas, que foram mandadas para a Ospedale degli Innocenti [o orfanato local para crianças abandonadas]."[11] É inteiramente possível que tenha havido razões médicas para Isabella não anunciar uma gravidez, e suas festas intensas e a montaria pesada podem ter também contribuído para isso. Mas se Isabella não desejava engravidar, pode ter recorrido a substâncias tidas como contraceptivas ou abortigênicas desde que o grego Dioscórides escreveu o tratado de herbologia *De Materia Medica*, no primeiro século da era cristã. No tempo de Isabella, sua obra era ainda a principal fonte sobre tais assuntos, e um comentário italiano sobre o texto, de autoria do sienense Pedro Mattioli, fora publicado em 1547 em Florença. Mattioli propunha que a arruda "incita a urina. Neste sentido, extingue o nascimento e a flatulência". Raízes de ligústica tinham "propriedades de aquecimento, estimulando portanto o fluxo menstrual (...)". O pepino-do-diabo "provoca os fluxos menstruais e mata o feto", e Mattioli mencionava que um físico conhecido dele havia enriquecido com a venda desse elatério.[12] Uma outra erva incluída no tratado, o poejo, ainda era usada como abortigênico no século XX.

Em 1588, o papa Sisto V publicaria uma bula na qual proclamava que "as mais severas punições devem ser aplicadas àqueles que procuram venenos para extinguir e destruir os fetos concebidos (...) que por meio de venenos, poções e *maleficia* induzem a esterilidade nas mulheres (...) a mesma pena deve ser aplicada àqueles que ofertam às mulheres poções e venenos de esterilidade que impedem a concepção do feto, e que se esforçam em desempenhar e executar tais atos ou de alguma forma aconselhá-los, e às próprias mulheres que voluntariamente ingerem essas poções".[13] Se o papa fazia esse tipo de proclamação, era em resposta à convicção de que nas décadas anteriores a questão de mulheres que buscavam métodos contraceptivos ou o aborto se tornara prevalente.

Os itens descritos pelos médicos e herboristas como contraceptivos e abortigênicos eram facilmente encontráveis em uma botica renascentista da qual Isabella era excelente cliente. Uma conta quitada por seu pai somava substanciais 200 *scudi* para "Estêvão Rosselli e companhia, *speziali*", ou boticários.[14] Isabella, que desde o nascimento dispunha da atenção exagerada de médicos, jamais perdia uma oportunidade para reclamar de um pé dolorido, uma dor de ouvido ou de dente, e sem dúvida obtinha prescrições para remediar essas moléstias. Mas não há razão para imaginar que suas compras no boticário não incluíssem também outras "poções".

Quando o arranjo de seu casamento foi acertado, uma exortação que Paulo Giordano fez a Isabella foi que não seguisse o exemplo de Felícia Orsini, que "sabe apenas gerar meninas". Mais tarde, ele previu um "corpinho nascendo em seu corpo", e imaginou que estaria gestando um "Jeronimozinho" (nome de seu pai) ou um "Paulinho". Mas à medida que os anos 1560 iam chegando ao fim, com o casal unido em matrimônio havia uma década, o marido de Isabella começou a externar mais amplamente sua angústia diante da falta de um herdeiro. Em agosto de 1569, Paulo estava na Toscana, na abadia de Basignano, relativamente próxima, tomando parte de excursões de caça e desejando que Isabella se juntasse a ele, "se não tiver nenhuma necessidade particular de permanecer em Florença (...)". Ele então sugeria que precisava engravidá-la, e que "é difícil com tantas ausências".[15]

Isabella respondeu ao marido três dias depois. Disse que havia lido sua carta e entendido que havia algo que ele precisava pedir a ela, "mas peço que me escreva com mais clareza para que eu possa fazer o que for possível, e você sabe que estou sempre pronta a servi-lo. Estamos aqui em Cerreto e permaneceremos por três ou quatro dias, segundo meu senhor o duque, que passa muito bem e envia-lhe seus cumprimentos. Meus dentes estão melhores, mas minha alma está doente, porque estou sem minha *dognina* [talvez Leonora, aos 15 anos], a quem adoro. Tem havido boa caça de perdizes e lebres, e o restante do tempo jogamos piquê [o jogo de cartas]".[16] Por essa época Cerreto Guidi tornara-se um dos lugares favoritos de Cosimo, que alardeava: "A caça em Cerreto é tão boa e prazerosa que não se poderia desejar mais, e com aves e cães é possível matar tantas perdizes, lebres, veados e pequenos javalis que à noite voltamos para casa sobrecarregados de rapinagem (...) Creio que é mais agradável que o interior romano, pois combina ao mesmo tempo o selvagem e o doméstico."[17]

Pode-se notar que a resposta de Isabella ao trecho mais essencial da carta de Paulo servia para fingir que ela não entendia o que ele lhe pedia. Cerreto Guidi não ficava muito longe de onde Paulo estava, e ainda assim ela claramente não tinha intenção alguma de reunir-se a ele, nem o convidou para reunir-se a ela. Certamente não poderia haver indício maior de uma mulher tentando evitar ser engravidada pelo marido. A abstinência, afinal de contas, era o melhor dos contraceptivos.

Cosimo sendo coroado grão-duque no Palácio Vaticano

CAPÍTULO 3

Grão-duque

Em outubro de 1569, Cosimo de Medici despachou cartas aos duques de Mântua, Ferrara e Urbino, todas transmitindo as mesmas notícias, no mesmo tom. As missivas informavam suas contrapartes de que, na verdade, não eram mais suas contrapartes.

"Fui informado", escreveu Cosimo, "de que Sua Santidade o papa, livre de qualquer influência ou pedido meu, condecorou-me com o título de grão-duque da Toscana, com a mais honrosa preeminência e dignidade que eu jamais poderia conhecer, mas pela qual jamais poderia pedir. Os senhores sabem o quão longe estou de ambicionar tais honras", ele continuou, aparentemente sério, "mas recusá-las seria um insulto monstruoso. Não desejei esse esplendor, mas é por bem que o aceite, pelo paramento e por amor à Sua Santidade, por quem não tenho outro interesse senão amor e obrigação filial. Sei que Vossa Excelência", ele concluía brilhantemente, sem dúvida desfrutando a visão do rosto do destinatário, agora pálido, "ficará contente, sabendo do amor sincero que nutro pelo senhor."

Seria difícil encontrar uma carta mais dissimulada na história das relações diplomáticas. Cosimo havia muito manobrava para adquirir o título de grão-duque, que lhe asseguraria preeminência e precedência sobre qualquer família ducal na Itália, ao menos durante uma década. Embora a concessão do título de grão-duque a um nobre italiano pelo papa fosse um fato inédito, Cosimo tinha boas razões para acreditar que Pio IV, que fizera a seu "primo" Medici tantos favores, seria sensível a seu desejo. Infelizmente para o duque de Florença, Pio IV morreu antes que pudesse satisfazer seus desejos, e seu sucessor, o papa Pio V, não era assim tão maleável. Foram necessários alguns anos de promessas e concessões a Pio — o envio de tropas para lutar contra os heréticos nas guerras religiosas, o fornecimento de galés para defender o litoral romano — antes que este passasse uma bula em fins de agosto de 1569 sagrando Cosimo grão-duque.

Se suas cartas aos outros duques italianos eram pura jactância quanto a sua mudança de status, Cosimo precisava agir com muito mais cautela ao informar Filipe II, rei da Espanha, e Maximiliano, sacro imperador romano, de suas novidades. A concessão de títulos ducais era um privilégio daqueles governantes, bem como do papa, e fora Carlos V quem nomeara Cosimo duque mais de trinta anos antes. Quando, no entanto, Cosimo se aproximou dos Habsburgo no início da década de 1560 sondando uma promoção para arquiduque, eles mostraram-se muito pouco inclinados a atender seu pedido. Outros em posição semelhante à de Cosimo poderiam reivindicar a mesma honra, e haveria quem percebesse o episódio como "o declínio da honra dos Habsburgo".[1] Filipe II ficou particularmente descontente quando soube dos planos de Cosimo de passar por cima dele e de sua família em busca de ascensão, afirmando que ninguém que tivesse sido "beneficiado por ele deveria aumentar seu poder sem ele".[2]

Sendo assim, Cosimo escolheu judiciosamente as palavras em suas cartas aos Habsburgo, que não enviou até novembro de 1569, três meses após a publicação da bula papal. À Espanha ele explicou que recebera o título de grão-duque, "com plenas prerrogativas e precedência não inferior às de arquiduque, com a exceção do estado eclesiástico e de Sua Majestade [Filipe II]".[3] Em uma carta mais íntima e não inteiramente verdadeira a Maximiliano, com quem mantinha relações mais próximas por causa da nora, irmã do imperador, Cosimo especulava sobre os motivos de Pio para agraciá-lo com o título: "Fui alertado por um amigo secreto, íntimo de Sua Santidade, de que ele o viu assinar uma bula em que me concede o título de grão-duque (...) Isso só pode ter a ver com inspiração divina, tendo este grande presente vindo tão espontaneamente de um papa raro e santo. Acho que talvez ele tenha pensado em agradar Vossa Majestade, no sentido de que o esplendor será transmitido ao seu próprio sangue (...)"[4]

Em outras palavras, Cosimo tentou persuadir Maximiliano de que seu título de grão-duque era algo bom para os Habsburgo, uma vez que o herdeiro por nascer de Francisco e Joana eventualmente o receberia.

Cosimo cronometrara estrategicamente suas cartas para os Habsburgo, ciente de que levaria um bom tempo até que as cortes burocráticas e decorosas respondessem à novidade. Em 13 de dezembro, ele foi informado oficialmente sobre o título pelo papa, em uma cerimônia formal. Rodolfo Conegrano enviou o seguinte relatório ao duque de Ferrara, sem dúvida fora de si de tanta irritação agora que Cosimo — na opinião dos d'Este apenas um arrivista mercantil provindo de um ramo dos Medici de menor importância — podia com justiça excedê-lo em hierarquia: "Esta manhã o duque recebeu de Sua Santidade o título de grão-duque da Toscana. O príncipe foi ao Pitti, de onde levaram o [agora gotoso] duque numa liteira até o grande salão do Palazzo Vecchio, onde permaneceu sob um baldaquino. Sua Santidade enviara seu sobrinho ao signor Michele para anunciar o privilégio com muitas palavras amáveis em louvor a Sua Alteza. Aquela noite", concluiu Conegrano, chegando à parte dos eventos do dia de que mais gostava, "houve uma pequena festa no palácio, da qual participaram muitas mulheres da nobreza."[5]

No final de janeiro de 1570, Cosimo sinalizou sua intenção de ir a Roma, supostamente para agradecer o pontífice pela bula papal. Mas isso era apenas um pretexto para ocultar do irado império espanhol o verdadeiro motivo de sua viagem. O fato é que Cosimo estava indo a Roma para ser coroado grão-duque, e levava uma coroa fabricada especialmente para esse fim. Durante alguns meses, ourives florentinos trabalharam em uma nova coroa grão-ducal, que incorporava o símbolo de Florença, a flor-de-lis, "avaliada, disseram, em 200 mil *scudi*, com 75 pedras preciosas de todos os tipos, e no topo uma grinalda das maiores e mais belas pérolas".[6]

Em 3 de fevereiro, Cosimo partiu para Roma. Deixou Francisco encarregado de Florença, e seu filho mais novo, Pedro, também ficou na retaguarda. Isabella, porém, acompanhou o pai, para partilhar do orgulho e alegria que estavam por vir. Fizeram uma viagem bastante lenta em direção ao sul, passando por cidades toscanas e alcançando a Porta del Popolo, em Roma, em 16 de fevereiro. Lá, como era o costume quando havia visita de dignitários, hospedaram-se na Villa Giulia, construída pelo papa Júlio III e de cujo projeto arquitetônico participara Giorgio Vasari, arquiteto de Cosimo. O duque de Florença fez sua entrada formal em Roma dois dias depois, desfilando em procissão pela cidade até o Vaticano acompanhado por seu séquito suntuosamente ornado, como de hábito. Foi recebido pelo papa e sua corte na grande sala de conferências do Vaticano, a Sala Regia, e foi nesse momento que os emissários dos Habsburgo ali presentes tiveram a primeira pista do que de fato estava para acontecer. O papa convidou Cosimo a se sentar, privilégio concedido apenas a chefes de governo coroados. Os embaixadores dos Habsburgo deixaram o lugar, em protesto ao que percebiam como um insulto a seus mestres.

Sendo mulher, Isabella não pôde participar do evento. No entanto, poucos dias depois, "acompanhada de várias fidalgas, ela foi beijar os pés do papa, e foi recebida com extrema benevolência e cortesia".[7] Ela desempenhava o mesmo papel cumprido pela mãe na última visita dos Medici a Roma, uma década antes: o de representante feminina da família.

O evento que realmente motivara a viagem, porém, só foi acontecer mais de uma semana depois. Em 4 de março, na Capela Sistina, realizou-se a coroação de Cosimo. Ele vestia um brocado "além de toda riqueza", uma sobrecamisa e um manto de arminho. Desceu pela nave da igreja acompanhado de Paulo Giordano, segurando seu cetro, e outro alto representante da nobreza romana, o cunhado de Paulo, Marco Antônio Colonna, carregando sua nova coroa. Cosimo, no entanto, levava também um objeto. Quando chegou ao altar, onde o papa o esperava de pé, ofereceu-lhe de presente "um belíssimo cálice do melhor ouro, belissimamente trabalhado, com três belíssimas figuras, a Fé, a Esperança e a Caridade (...) obra de Benvenuto Cellini".[8] No altar, o papa instruiu Cosimo a "receber a coroa (...) saiba que está sendo convocado para ser um Defensor da Fé (...) compelido a proteger viúvas e órfãos e quem quer que esteja em miséria, e queira sempre ser um servo disposto e um governante notável aos olhos de Deus".[9] Outrora um membro desprezado e aparentemente insignificante da família Medici, Cosimo atingira alturas que mesmo seus ancestrais mais ambiciosos teriam julgado impossível. Ele era agora grão-duque da Toscana.

Na semana seguinte Cosimo e Isabella deixaram Roma e fizeram mais uma viagem deliberadamente lenta de volta a Florença. Joana juntou-se a eles quando se aproximaram da cidade, como registrou Conegrano em 22 de março: "Sua Alteza está em San Casciano, com a princesa e a senhora Isabella, que veio de Roma com Sua Alteza."[10]

Conegrano sabia que o duque de Ferrara se interessaria pelo fato de a visita de Isabella a Roma não ter sido mais extensa que a do pai. Muitos devem ter imaginado que Paulo Giordano pediria ao grão-duque que deixasse Isabella permanecer na cidade, como acontecera durante o breve período em Bracciano na última visita dela a Roma. Mas, se é que tentou interceder junto a Cosimo, não obteve sucesso. Isabella, ademais, nem mesmo hospedara-se com o marido durante sua estada. Em vez disso, como observou outro cronista, "alojou-se na casa de seu irmão o cardeal", o belo Palazzo Firenze, no Campo de Marte.[11] Em outros dias ela foi até a villa recém-adquirida por Ferdinando e que se estendia sobre o monte Pincio; como a Villa Medici, ela em breve se tornaria sua residência principal. Durante alguns dias Isabella se queixou, segundo um cortesão escreveu a Florença, de "incômodo e dores nos rins", acrescentando, "não sem esperança de gravidez".[12] Quando Paulo a questionou sobre o assunto, ela respondeu numa carta: "Quanto a minha gravidez, se eu estivesse certa disso, imediatamente o comunicaria (...) em face da situação, não há nada que eu possa lhe dizer."[13]

Paulo, todavia, estava lidando com uma agressão maior a sua honra do que o fato de ser privado da companhia da esposa e receber seus habituais comentários enigmáticos quanto a uma possível gravidez. Quando desceu pela nave da Capela Sistina com Cosimo e Marco Antônio, deram-lhe uma posição inferior à do cunhado: Marco Antônio levava a magnífica nova coroa, Paulo apenas o cetro. Em resposta a seu protesto diante do insulto, o mestre de cerimônias falou em voz alta, enquanto prosseguiam, que Orsini e Colonna vinham "sem prejuízo a si mesmos ou suas famílias", do contrário, ficou entendido, "Paulo Giordano não cederia a honra do lugar mais nobre a Marco Antônio". Em outras palavras, suas posições não deveriam refletir a precedência das famílias na cidade. Mas Paulo sabia que tal afirmação não podia dissimular o fato de que era o cunhado quem parecia mais estimado aos olhos da assembleia e, injúria ainda maior, isso se dava durante a coroação de seu próprio sogro. Mas a verdade é que era do interesse tanto do papa quanto de Cosimo favorecer Marco Antônio. Marco Antônio era almirante da esquadra papal. Além disso, possuía laços muito fortes com a Espanha: sua mãe era Joana de Aragão e ele passara muito tempo no país nos anos anteriores. A precedência que Cosimo lhe oferecia durante a coroação poderia servir para atenuar minimamente as estremecidas relações entre Medici e ibéricos. Quando se tratava de assuntos dessa ordem, a questão do orgulho de Paulo Giordano era irrelevante; para Cosimo, ela podia muito bem ser considerada parte dos juros sobre todos os empréstimos que fizera ao genro.

Retorno de Cosimo como grão-duque

CAPÍTULO 4

Cammilla

Se a investida de sucesso pelo grão-ducado causara ciúme e raiva em outros chefes de governo, o ato seguinte de Cosimo chocaria e deixaria horrorizados aqueles mais próximos de casa. Ele estava de volta a Florença pouco mais de uma semana após sua coroação quando despachos da cidade começaram a reverberar com a seguinte notícia: "Na quarta-feira, 5 de abril, descobriu-se, e agora é de conhecimento universal de todos, que Sua Sereníssima Majestade o grão-duque tomou por esposa legítima Cammilla, filha de Antonio di Domenico di Baccio Martelli, conhecido como Balencio."[1] Os Martelli eram uma antiga família florentina, e o avô de Cammilla era um partidário especialmente leal de Cosimo. Ainda assim, o grão-duque da Toscana estava se casando com uma mulher do povo.

Ao que parece, o novo grão-duque decidiu não incorrer no mesmo erro que cometera com Eleonora degli Albizzi. Não contou a ninguém de seus planos, e casou-se com Cammilla rapidamente e em segredo, anunciando o fato apenas depois de consumado. A explicação que deu a seu filho Francisco para justificar o casamento foi que "Deus me inspirou a fazer isso".[2] Alguns cogitaram que o matrimônio fazia parte do pagamento ao papa pela coroa de grão-duque, e que Cosimo assim se tornava referência em líder contrarreformista. Ao se casar com Cammilla, o grão-duque recusava-se a viver em pecado e dava o exemplo aos outros, endossando a rigorosa moral da igreja nos tempos da Contrarreforma. Foi nessa época que ele, antes refratário às investidas da igreja contra os judeus, declarou publicamente que se os judeus da Toscana desejassem permanecer no estado, deveriam "viver na cidade de Florença em certas ruas e lugares, de modo e sob condições e obrigações que serão anunciadas".[3] O grão-duque estabelecia um gueto na cidade, que persistiria ao longo dos séculos seguintes ao lado do Mercato Vecchio, nas ruas onde eram vendidas roupas de segunda mão, artigos-chave do comércio judeu.

Todavia, se a atitude de Cosimo em relação à população judaica mudara em resposta à nova dívida contraída junto ao papa, sua atitude em relação ao casamento na verdade não mudou. Em outra ocasião, ele estivera igualmente propenso a se casar com Eleonora degli Albizzi, e talvez tudo que se possa dizer a esse respeito é que era um tipo de homem afeito ao casamento. Mas a notícia com certeza surgiu do nada: Cammilla era amante de Cosimo havia pouco mais de dois anos, e mesmo assim não assumira nenhuma posição de preeminência na corte florentina. Com efeito, parece que muito poucas pessoas — incluídos os filhos de Cosimo — sabiam da relação.

À época do casamento, Cammilla tinha 25 anos e seu novo marido, 51. Embora tenha comentado que, "segundo meu julgamento, ela tem um rosto pouco atraente", um cortesão também observou que ela era "alta e bem-proporcionada".[4] Quando a filha de Cammilla, Virgínia, já era crescida e estava na iminência de se casar com o herdeiro dos d'Este (ela mais tarde tornou-se duquesa de Ferrara), um outro comentarista destacou que embora fosse bonita, "é um consenso geral que sua mãe é muito mais bela".[5] E mesmo que o rosto de Cammilla não agradasse a todos, ela dispunha de atrativos que ofuscavam a maioria de suas outras imperfeições, pois era "clara e loura", e os florentinos, mais que quaisquer outros italianos, sempre valorizaram "*la bionda*". Um retrato, agora amplamente considerado como sendo de Cammilla, apresenta uma mulher de pele branca e cabelos dourados. Cumulada de joias, em quantidade jamais exibida por Eleonora di Toledo em um quadro (no casamento, Cosimo deu a Cammilla vários colares e uma esmeralda magnífica), Cammilla parece em cada centímetro a esposa premiada do Renascentismo.

Os filhos adultos do grão-duque, Francisco, Isabella e Ferdinando, estremeceram todos, incrédulos, diante da notícia de que o pai havia se casado novamente. Após se encontrar com Cosimo, Francisco teria deixado o aposento em lágrimas, humilhado pelo fato de o pai, agora grão-duque da Toscana, ter se casado com uma mulher de uma das menos distintas famílias florentinas. Mas opor-se claramente a Cammilla não era uma opção disponível para os filhos de Cosimo. Francisco preveniu Ferdinando, em Roma, a "não causar desagrado e tristeza em Sua Alteza em nos ver desobedientes e desunidos dele".[6] Em sua correspondência de Roma, o cardeal Ferdinando conseguiu moderar sua resposta valendo-se da reação oficial do papado; em outras palavras, expressou sua aprovação diante da moralidade das ações do pai. Escreveu a Cosimo para lhe informar que o casamento fora "imensamente aprovado pelo Nosso Senhor o Papa, que ontem me chamou para me dizer, por meio de reflexões cristãs judiciosas, o quanto admira a servitude de sua alma (...) e quero lhe informar nessas poucas linhas de meu próprio contentamento (...)".[7] Ao irmão Francisco, Ferdinando escreveu: "Recebi de Florença muitas cartas contando-me do casamento de Sua Alteza o meu pai com uma jovem florentina, o que, como todas as coisas inesperadas, pôs-me num estado de animação suspensa, mais ainda por não ter recebido uma nota oficial. No entanto, ontem Sua Santidade me chamou, confirmou e parabenizou-me pela notícia, o que muito me consolou (...). Dada a extensão e grandeza das realizações que Sua Santidade proporcionou a nossa casa e a nós", concluía Ferdinando, "seríamos muito ingratos se ficássemos descontentes, e também desamoráveis, diante de algo que tanto prazer lhe traz."[8]

Cosimo sabia muito bem que a família não ficaria exatamente satisfeita com seu casamento. Com efeito, os primeiros que mandou chamar para "parabenizá-lo" foram "a senhora Isabella, então o senhor príncipe".[9] Ao quebrar o protocolo, mandando chamar primeiro Isabella, e não o filho mais velho, Cosimo talvez tenha pensado que teria uma recepção mais positiva por parte da filha. Mas se ocultou seus sentimentos do pai, Isabella estava chateada ao extremo com a novidade. Uma princesa que se orgulhava tanto de seu sobrenome, e que tinha o mais puro sangue espanhol correndo em suas veias, só podia pensar na associação com Martelli, relativamente insignificante, nos termos de uma mácula. Isabella também se preocupava com a possibilidade de Cammilla, agora esposa de seu pai, destroná-la da posição de primeira-dama de Florença, situação que não se dera com a esposa de Francisco, filha do imperador. Isabella decidiu, de maneira incomum e um tanto arriscada, desabafar seus sentimentos com o irmão Ferdinando, em uma longa carta escrita em 15 de abril de 1570:

> Eu estava decidida a não lhe escrever até que o desprazer dessa nova questão tivesse se dissipado. No entanto, imaginando que agora você sabe de tudo que há para se saber, não há outro remédio. O senhor príncipe, como é prudente, tolera a situação da melhor forma possível. O grão-duque está em Poggio com a consorte e don Pedro e Nanni [filho de Cosimo com Eleonora degli Albizzi]. Permaneci em Florença porque não me sinto bem. Meu desgosto diante da situação é grande, mas irremediável, então é preciso abrandar as coisas e não tornar essa ferida ainda mais dolorosa. Ela é esposa dele, ele se aferrará a ela, e nós, meu monsignor, somos seus filhos e devemos nos conformar a sua vontade. Ele diz que fez o que fez para aliviar

CAMMILLA

a consciência, e isto é decerto verdade, há muito poucos com eles na villa. Ela não receberá o título de grão-duquesa, mas ainda assim é sua esposa, porque faz as refeições com ele e ele está sempre com ela. Eles saem juntos de coche. Fui vê-la na condição de consorte de Sua Alteza, e imaginei a minininha que meu pai chama de esposa; a senhora Cammilla (como agora devo me referir a ela) surgiu e me tratou com muito boas maneiras, e me disse que embora seja a esposa de meu pai, deseja ser minha serva (...). A irmãzinha se chama Virgínia, ainda está na casa dos Montalvo, onde foi criada como filha de don Diego (...). Faça-me o favor de informar meu marido da notícia, e certifique-se de que não a comente, porque isto tornaria tudo ainda pior. Depois de ter pensado que morreria, me acalmei e deixei-me confortar pela ideia de que esta é a vontade de Deus. Rogo que queime esta carta, pois, caso a vejam, será minha ruína.[10]

Ferdinando claramente não obedeceu ao pedido da irmã para destruir a missiva.

Isabella chegou a fazer alusões sobre o que acontecera em sua correspondência com Paulo. Em 13 de abril, escreveu ao marido: "Aproveito o cavaleiro Navarrano [partindo para Roma] para lhe dar notícias de minha saúde. Louvado seja Deus por meu corpo estar bem, mas não tão bem a minha alma, por motivos que comunicarei em outro despacho, mas sou afligida por humores infindos. Amanhã irei a Poggio [onde estavam Cosimo e Cammilla] para concluir negócios seus, e espero que tudo corra bem." No entanto, dois dias depois, na mesma ocasião em que escreveu a Ferdinando, ela informava a Paulo não ter sido capaz de ajudá-lo com suas requisições, "pois no momento sofro de febres, provocadas por humores surgidos de algo sobre o qual meu irmão o fará saber".[11]

A novidade pode tê-la deixado doente; no entanto, os verdadeiros sentimentos de Isabella em relação à nova madrasta, dois anos mais nova que ela, não foram revelados ao mundo. Seus temores foram, como ela esperava, "abrandados" quando logo ficou bastante claro que Cosimo não pretendia que Cammilla desempenhasse um papel público. Como informou Conegrano ao duque de Ferrara: "Ela não sai em público. Acho que só a vi umas poucas vezes."[12] Ademais, Isabella deixou seus verdadeiros sentimentos de lado e se esforçou para agir publicamente como uma amiga de Cammilla, sabendo que isso deixaria o pai contente. Conegrano relatou a seu patrão: "Encontrei-a na rua com a senhora Isabella. Não estou certo do que faziam (...). Sei que ao jantar Isabella deseja que a esposa do pai tenha precedência sobre ela, embora eu não saiba como podem fazer isso em público."[13] Em outras palavras, insinuava Conegrano, os cidadãos de Florença não aceitariam de boa vontade que Cammilla Martelli tivesse uma posição mais alta que Isabella de Medici.

A aceitação ao que parece calorosa de Cammilla e dos Martelli por parte de Isabella foi tão bem-sucedida que levou o pai de Cammilla, Balencio, a pedir a Isabella que advogasse por ele na corte do grão-duque. A carta que Isabella escreveu a Montalvo, mordomo de Cosimo — e antigo guardião de Virgínia —, em interesse de Balencio Martelli revela também a permanente força de sua influência sobre Cosimo: "Sempre tentei evitar a aflição", escreveu. "No entanto, precisarei aborrecê-lo, porque deve saber que Sua Alteza está aflitíssima desde que descobriu que Balencio deseja instalar amanhã, sobre a sua entrada, o escudo de armas do meu senhor o grão-duque e também o da senhora Cammilla (...). Se Sua Alteza concordasse com isso seria uma atitude caridosa e gentil. Eu disse a Balencio que esperasse até a noite, enquanto obtenho uma resposta."[14]

Cosimo não queria atrair muita atenção sobre seu casamento com Cammilla, e isso era exatamente o que aconteceria se o pai dela exibisse o brasão dos Medici/Martelli sobre a entrada de sua casa. Esta carta de Isabella lhe informava da anuência da filha ao desejo de Balencio, e reassegurava Cosimo de que continuava a apoiar e aprovar seu casamento com Cammilla, no momento em que outras hostilidades surgiam. Além disso, Isabella podia utilizar a presença da madrasta em seu próprio proveito. Quando Paulo Giordano a pressionou sobre questões que ela devia apresentar no interesse dele, ela lhe respondeu: "Estou tratando do assunto como se fosse meu, mas a verdade é que se passam agora negociações muito demoradas a respeito da nova esposa."[15]

Se Francisco, Ferdinando e Isabella, nas palavras dela, "engoliam" a situação com Cammilla, reagindo e se conformando de acordo, havia uma pessoa na casa que não conseguia aceitar essas circunstâncias. Joana d'Áustria estava absolutamente horrorizada com o fato de o sogro ter se casado com uma mulher do povo. Sua atitude era tão contrária à mentalidade dos Habsburgo que a princesa imperial, que não era conhecida pelo excesso de egoísmo, percebeu essa nova união como uma ofensa direta a ela e a sua família. E o casamento ter acontecido pouco depois de sua aquisição furtiva do título de grão-duque apenas piorou as coisas segundo a perspectiva dos Habsburgo. Ela escreveu ao irmão, o imperador Maximiliano, e ele respondeu no mesmo tom: "Não consigo deixar de me admirar do que o duque [Maximiliano recusava-se a chamá-lo de 'grão-duque'] estava pensando quando se engajou em uma união tão feia e vergonhosa como essa, que a todos degrada. Acho que ele não está em seu perfeito juízo. Encorajo Vossa Alteza a não apoiar esta exaltada impudente, nem a manter nenhuma interação com ela, desse modo mostrando seu valor e a grandeza de sua alma."[16]

A carta de Maximiliano à irmã foi interceptada na corte florentina e traduzida para o italiano a pedido de Cosimo. O grão-duque então endereçou uma carta a Joana, informando-a de que não se deixava comover pela opinião dos Habsburgo: "Sua Majestade diz que talvez eu não esteja em meu perfeito juízo. Eu respondo que, quando for preciso, mostrarei que isso não é verdade, e que o que fiz foi para acalmar minha consciência, e para prestar contas a Deus e seu vigário [o papa] (...). Não sou o primeiro príncipe a tomar por esposa uma de suas súditas, e não serei o último. Esta senhora é minha esposa, e com a graça de Deus continuará a ser (...). Vivendo como um bom cristão, sempre servirei Sua Majestade e Vossa Alteza e, quando for preciso, mostrarei que estou em meu perfeito juízo, como jamais antes."[17]

Cosimo chegou mesmo a ordenar que Joana tivesse precedência sobre Cammilla em todas as funções dos Medici. Joana, porém, preferiu seguir o conselho do irmão e se recusar a "fazer qualquer negociação com a senhora Cammilla". Cosimo e a esposa estabeleceram residência no Palazzo Pitti, e Joana não punha os pés ali. Em agosto de 1570, Cosimo decidiu que era o momento de casar os prometidos Pedro e Dianora, "mas não no Pitti", explicou Conegrano, "uma vez que a princesa Joana não tem vontade de ir até lá, de modo que optaram por realizar a cerimônia nos aposentos do príncipe no andar térreo do Palazzo Vecchio. Então todos foram ao Pitti buscar o grão-duque, e em seguida dirigiram-se ao Duomo para a missa, e depois para aqueles aposentos, com a senhora Isabella, a princesa Joana, e na sequência veio a noiva. A senhora Cammilla não foi vista em parte alguma durante as cerimônias".[18] Joana proibira expressamente a presença de Cammilla nos eventos em que tomava parte.

Se Isabella estava preparada para aprovar a entrada de Cammilla na família, contanto que isso fizesse o pai feliz, Joana usava sua autoridade como Habsburgo para assegurar que a esposa de Cosimo fosse privada de uma parte da vida pública dos Medici. Infelizmente para Joana, o casamento de Cosimo com sua amante seria uma humilhação relativamente pequena diante do que ela estava para sofrer nas mãos dos homens da família Medici, e não tardaria para que ela se arrependesse de ter se isolado do sogro. E quanto a seu irmão Maximiliano, os acontecimentos políticos em breve lhe mostrariam que Cosimo agia com perfeito juízo quando era necessário.

Papa Pio V contra os turcos

CAPÍTULO 5

"I Turchi"

Não tardou muito até o escândalo provocado por Cammilla Martelli arrefecer, tanto em Florença quanto fora dela. Cosimo vivia com a nova esposa em completa tranquilidade, e assim era bastante difícil que uma mulher raramente vista em público provocasse ultraje ou boatos. Além do mais, durante a década de 1570, havia uma figura muito mais sinistra que a esposa loura de Cosimo dominando as mentes dos chefes de governo católicos. Eles estavam cada vez mais preocupados em aniquilar a ameaça que surgia na figura do infiel islâmico, na Itália geralmente denominado *"il turco"*.

O ano de 1453 viu o fim do império bizantino quando Constantinopla, governada pelo último imperador do "Leste Grego", Constantino XI, foi cercada e tomada pela dinastia otomana. O império formado pelos otomanos se expandiu a ponto de se tornar uma crescente ameaça ao Ocidente, aos monarcas dos Habsburgo, seus filiados e aliados. Por mais de um século, os otomanos rumaram em passo firme rumo ao oeste; em torno de 1463, uma década após a captura de Constantinopla, conquistaram a Bósnia, e a Herzegóvina vinte anos depois. Causavam alarme cada vez maior não apenas no império dos Habsburgo, mas também nos estados italianos, pois apenas uma pequena massa de água, o mar Adriático, separava a península desse inimigo agressivo e que dispunha de uma esquadra naval notavelmente poderosa. O estado de Veneza, banhado pelo Adriático, estava cada vez mais tenso com o comércio e o escambo com o mundo islâmico, e, do outro lado da Itália, Cosimo de Medici também começou a se afligir. A Toscana possuía um extenso litoral, um ponto de entrada vulnerável que em tese poderia permitir uma invasão fácil pelos incansáveis otomanos. Para resistir a ataques desse tipo, Cosimo construíra pesadas fortificações na ilha de Elba e no porto de Livorno. Em 1547, ele havia começado a reunir uma esquadra de galés, fabricadas com a madeira das árvores dos bosques de Pisa, onde seu filho João contraíra malária. Como quase todos os toscanos eram marinheiros inexperientes, as galés eram tripuladas por uma combinação de gregos contratados e venezianos, os chamados *buonevoglie*, ou voluntários. Eles eram acompanhados nas embarcações a remo por aqueles no "último grau da miséria humana", os condenados (*sforzati*) e escravos (*schiavi*).[1] Os últimos eram compostos por uma mistura de negros africanos, mouros e turcos, cujas algemas eram apertadas ainda mais quando os combates se davam contra seus compatriotas.

O primeiro grande sucesso que a pequena esquadra de Cosimo conheceu foi em 1555, quando derrotou os turcos que haviam tentado, com o apoio dos franceses, invadir Piombino, na costa da Toscana. Entretanto, foi a possibilidade de incidentes como este que em parte propiciou a Cosimo o incentivo para dar forma a uma nova ordem militar religiosa. "Se os antigos etruscos", comentaria mais tarde o viajante inglês sir Richard Clayton, "eram temíveis aos vizinhos marítimos por conta de suas piratarias, o primeiro grão-duque tinha propósitos mais louváveis, e buscava proteger o litoral da Toscana contra tais depredações. Com essa intenção criou uma ordem de cavaleiros como a de São João de Jerusalém".[2]

Essa nova ordem militar, os Cavaleiros de Santo Estêvão, foi instituída em 1562. Recorde-se que o irmão mais novo de Troilo Orsini, Mario, estava ansioso para juntar-se a ela, ambição que foi aliás alcançada. A primeira ordem militar desse gênero fora a dos Templários, cuja missão original era proteger Jerusalém dos infiéis. Quando foram subjugados pela Igreja e pela coroa em 1312, acusados de terem se tornado ricos, poderosos e autônomos demais, muitas de suas propriedades foram entregues a uma nova ordem, os Cavaleiros de Rodes, que haviam tomado a ilha homônima como sua base militar principal. Como cruzados, eles agiam ao modo dos piratas, pilhando a esquadra otomana sempre que possível, embora seu valor e bravura jamais fossem contestados. Após uma grande derrota para os turcos, que capturaram Rodes em 1522, os Cavaleiros de Rodes pediram a Carlos V em 1530 que lhes desse Malta, e daí surgiu o novo nome da ordem. Cosimo tomou os Cavaleiros de Malta como modelo para seus Cavaleiros de Santo Estêvão, com exceção às regras do celibato às quais os de Santo Estêvão não estavam submetidos, e sua base ficava mais perto de casa, em Pisa. Seu nome também transpirava a vitória militar dos Medici. O dia de santo Estêvão era comemorado em 2 de agosto, e foi nesse dia, no ano de 1554, que a Batalha de Marciano fora travada, com a vitória de Cosimo sobre os sieneses, franceses e florentinos opositores dos Medici.

Cosimo sagrou-se grão-mestre da ordem, que rapidamente atingiu quatrocentos membros, entre eles Júlio de Medici, filho ilegítimo de Alexandre. Sua igreja em Pisa veio a ficar "repleta de estandartes de rabos de cavalo e outros troféus tomados dos turcos por esses valentes campeões".[3] Giorgio Vasari projetou seu palácio na cidade. Os Cavaleiros de Santo Estêvão ficaram notórios em 1565 durante o Cerco de Malta, quando apoiaram os Cavaleiros de Malta na expulsão dos turcos. A Espanha e o império romano-germânico forneceram uma pequena ajuda na ocasião. Levou algum tempo até que Filipe permitisse a seu comandante naval, don Garcia di Toledo, tio de Isabella, que auxiliasse na libertação. Com efeito, os maiores insucessos que Cosimo experienciara no mar haviam se dado quando apoiava os Habsburgo, por exemplo durante a tumultuosa retomada de Trípoli em 1560. O império otomano fora subestimado ao ser derrotado em Malta. Em fevereiro de 1570, os otomanos cercaram todas as embarcações venezianas operando em suas águas. O imperador Selim enviou o seguinte despacho a Veneza, no qual afirmava: "Exigimos Chipre [possessão veneziana, bem como Creta e Corfu], que nos entregarão de boa vontade ou à força; e não provoquem nossa terrível espada, ou travaremos uma guerra muito cruel contra vocês em toda parte."[4] Veneza estava disposta a entregar Chipre aos otomanos, mas julgava uma questão de honra ao menos lhes apresentar um desafio, e deste modo, um tanto medrosamente, solicitou o auxílio espanhol na proteção de seus interesses. Como as tropas espanholas estavam engajadas sobretudo em ajudar seus primos Habsburgo nos conflitos com os protestantes ao norte, não houve boa vontade da Espanha em ir ao socorro de Veneza.

Foi Cosimo na verdade quem instou o papa Pio V a encorajar Filipe da Espanha a criar uma Liga Santa, no sentido de promover uma ofensiva contra *i turchi* nas águas ao sul do Mediterrâneo. Cosimo não se preocupava realmente com o fato de Veneza perder suas ilhas mediterrâneas, que os próprios venezianos estavam prontos a abandonar; com efeito, o que temia era que os turcos chegassem mais uma vez ao litoral da Toscana, caso não fossem detidos. O grão-duque de Florença acreditava que lutar contra os otomanos era do interesse de qualquer governante católico, porque refrearia a expansão econômica, política e religiosa da Turquia. As nações protestantes empenhavam-se agora em apoiar os otomanos — Isabel I mantinha com eles relações comerciais —, de modo que um ataque aos infiéis era também um ataque aos heréticos. Mas para os franceses, presididos por um governante conhecido tradicionalmente como "Sua Cristianíssima Majestade" e combatendo nas guerras religiosas contra os huguenotes, aderir à luta contra os infiéis seria ajudar demais os Habsburgo.

Filipe estava disposto a ouvir os argumentos a favor da luta contra os otomanos, uma vez que quem os apresentava a ele era o papa. Ele não permitiria, no entanto, que Cosimo participasse da Liga na condição de grão-duque, sob a alegação de que a Espanha não faria "nada que possa direta ou indiretamente confirmar o título concedido a Vossa Alteza", como Ferdinando escreveu de Roma ao pai.[5] A convicção de Cosimo, porém, de que combater os otomanos era o curso correto de ação era tamanha que ele concordou que sua esquadra lutasse sob a bandeira papal, com Marco Antônio Colonna no posto de comandante em chefe do papa. O comandante geral seria o enérgico e cativante João d'Áustria, de 24 anos e filho ilegítimo de Carlos V. Ele tomaria o lugar do cada vez mais instável don Garcia di Toledo, agora visto com frequência banhando-se nas águas sulfúricas dos arredores de Siena para aliviar suas moléstias. Don João era um combatente inato. Fora frustrado por Filipe em suas tentativas de participar da libertação de Malta em 1565, mas se tornara então reputado pela bravura, ousadia e impiedade na revolta mouresca de Granada. Ele era próximo da família Toledo, e pediu e obteve aconselhamento de don Garcia, que pronunciou: "Juro pela vida de são Pedro que, se gozasse de saúde melhor, serviria eu mesmo como soldado sob as ordens de João, da mesma forma que sob as ordens do próprio rei [Filipe]."[6]

Paulo Giordano Orsini também mostrava uma excessiva propensão a ir à guerra e provar seu valor militar. De certa forma, era conveniente que as embarcações dos Medici navegassem sob a flâmula papal e o comando do experiente Colonna, pois do contrário Paulo Giordano teria exigido ser o comandante da esquadra da família. Sua experiência naval estava restrita a um breve período em agosto de 1566, quando comandara uma pequena flotilha papal que vigiava as águas do Adriático ao largo do porto de Ancona, nas Marcas. A armada turca jamais chegou minimamente perto de Ancona, e um mês depois Paulo estava de volta a Roma. Com o posterior desenvolvimento dos planos de viagem da Liga para o sul, Paulo pediu a Filipe II para ser designado tenente de don João. Foi informado por um florentino em Madri, João Antinori, que havia relutância em lhe conceder a posição, uma vez que suas enormes dívidas haviam resultado no fato de "Vossa Excelência ter pouco crédito com Sua Majestade e outros do concílio".[7] Mas havia uma razão adicional de ordem prática para a hesitação em conceder esse tipo de incumbência a Paulo. Um comandante naval precisava ser ágil; era necessário manobrar pelos balouçantes deques do navio, potencialmente traiçoeiros, e as grandes medidas de Paulo constituíam um empecilho a isso.

De qualquer forma, Paulo Giordano estava determinado a ir à guerra em uma posição de respeito e autoridade. O fato de seu cunhado Colonna ser o comandante em chefe papal estava "arruinando minha honra", e ele exigia alguma forma de reparação.[8] Desejava que Cosimo lhe desse o comando de duas embarcações dos Medici, e como de hábito pressionou Isabella a falar com o pai e interceder em seu interesse. Isabella não queria de forma alguma tocar nesse assunto com o grão-duque, como deixou claro ao marido: "Recebi uma de suas cartas e entendo quando me diz desejar comandar duas galés, mas não quis mencionar nada a Sua Alteza sobre isso, pois acho que será melhor você mesmo abordar o assunto quando vier a Florença."[9] Uma coisa era Isabella conseguir empréstimos para o marido; incumbi-lo de uma tarefa sobre a qual pesavam tantos aspectos políticos e financeiros e para a qual ele tinha tão pouco preparo e capacidade era algo inteiramente diferente.

Foi apenas em junho de 1571, quando a Liga Santa já havia feito todos os outros arranjos e concordatas para navegar rumo ao sul, que os Medici decidiram permitir que Paulo Giordano comandasse uma única galé das 12 que enviariam ao mar. "Fui informado", relatou Rodolfo Conegrano a Ferrara, "de que o signor Paulo Giordano navegará a serviço de Sua Alteza, não sei se para grande satisfação desses senhores."[10] Além do mais, uma condição para que assumisse o comando do navio era que fosse responsável por todas as suas despesas — equipamentos, marinheiros, escravos, soldados, armamento, comida e água, cordas, potes de piche e todas as demais provisões. Previsivelmente, Paulo não soube gerenciar tais recursos. Ferdinando podia ter sido criado como um filho de duque, mas o modo como agia revela a extensão alcançada pelos genes bancários dos velhos Medici no jovem de 20 anos. Ferdinando enxergou de imediato como poderiam tirar proveito dos desejos e da situação financeira de Paulo, como comunicou a Francisco: "Visto que o signor Paulo deseja navegar com don João d'Áustria, e tendo dissipado o que resta de sua fortuna, ele propôs que comprássemos a propriedade de Palo, então escrevi a Sua Alteza [pai deles] sugerindo que a compremos por 20 mil ducados. É uma boa propriedade. Podemos alugá-la por 1.500 ao ano."[11] Em outras palavras, Paulo Giordano poderia ter o "seu" navio, e mesmo que ele fosse perdido os Medici ainda assim teriam adquirido mais uma peça do espólio dos Orsini, que sistematicamente tomavam do marido de Isabella.

Paulo, no entanto, sentia-se insignificante e tratado com desconfiança pelos Medici, e queixou-se a Isabella. Ela respondeu que havia muito pouco que pudesse fazer, que era impossível ficar do lado dele e contra a família, e o lembrou: "Não sou apenas sua esposa, mas filha e irmã deles."[12] Além disso, referiu-se ao conjunto dos embarques navais, que somariam 80 mil homens com destino ao sul, como *"vostra gita con don Giovanni"*. *Gita* é uma palavra um tanto alegre para designar uma viagem de lazer, "passear para lá e para cá sem rumo definido".[13] Está claro que Isabella escolheu deliberadamente essa expressão — quando o mais apropriado seria usar um termo mais ressonante, *viaggio*, viagem ou excursão — para banalizar e pôr de lado as preocupações de Paulo com glória naval, bem como para mostrar seu desinteresse pelo assunto.

A galé dos Medici que ficaria sob seu comando finalmente chegou ao porto de Civitavecchia, em Roma, em meados de julho. O capitão — que não foi escolhido por Paulo — seria um genovês de uma antiga família de marinheiros, Pedro Batista Lomellini, cuja perícia compensaria a falta de experiência do comandante romano, ou ao menos era o que se esperava.

A única vantagem em ter Paulo num navio era que ele trazia consigo um bom número de soldados experientes da família Orsini. Mas havia uma ausência notável na lista de convocados. Em fins de junho de 1571, Troilo Orsini enviou de Florença a Paulo Giordano o seguinte bilhete:

> A despeito das acusações de Honore Savello [nobre romano], confio em que Vossa Excelência perceba meus impedimentos para servi-lo no *viaggio* [Troilo não usa o termo *gita*] da armada, e sei que minha presença seria supérflua. Por favor aceite meus melhores votos quanto a essa empresa, e minha afirmação a Vossa Excelência de que não poderia haver nada melhor que servi-lo (...) Que Deus conceda a Vossa Excelência uma afortunadíssima viagem e sucesso em todos os seus empreendimentos (...) humildemente beijo-lhe as mãos.[14]

Troilo havia estado recentemente na corte francesa. Seus "impedimentos" podem ter relação com obrigações gaulesas e lealdade, uma vez que os franceses não faziam parte da Liga contra os otomanos e Troilo recebia favores naquela corte. Mas ao longo daquele ano Troilo não empreendera outras viagens à França, e, não obstante a lealdade devida ao país, é estranho que um militar dos Orsini não tenha participado de uma causa militar abarcada por toda a família. Em vez disso, ele permaneceu em Florença, assim como Isabella, enquanto Paulo Giordano navegava cada vez mais para o sul.

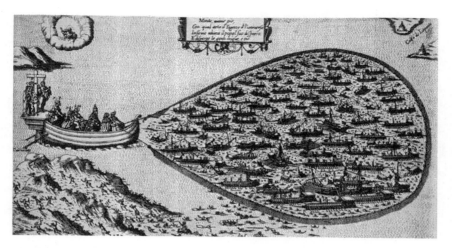

Flotilha da Liga Santa em Lepanto

CAPÍTULO 6
Lepanto e don João

As esquadras espanhola, veneziana e papal reuniram-se em Messina, na Sicília, na última semana de agosto de 1571, e don João chegou trazendo 21 mil homens. Apesar desse número impressionante, porém, don Garcia di Toledo, que se banhava nas fontes termais de Siena, estava preocupado com o fato de Filipe ter posto à disposição de don João homens imaturos, inexperientes, esperando assim imiscuir-se completamente dos custos da batalha. Filipe enviara até mesmo uma carta a don João em Messina instruindo-o a adiar os combates até o ano seguinte, mas seu meio-irmão já havia partido quando a missiva alcançou seu destino. "Os venezianos não devem saber", don Garcia preveniu don João, "o quanto interessa a Sua Majestade que não haja guerra."[1] Garcia queria que João ficasse atento aos venezianos, que pela sua experiência eram indignos de confiança.

Em 17 de setembro, a armada zarpou novamente, aportando nove dias depois em Corfu. A ilha, uma possessão de Veneza, acabara de ser saqueada pela marinha otomana, e sua presença podia ser notada nas capelas, onde retábulos de altar pintados por artistas venezianos estavam crivados de balas turcas, os olhos dos santos neles retratados arrancados fora a golpes de cimitarra. Os nativos de Corfu, entretanto, haviam capturado um marinheiro turco, que informou a Liga de que seu comandante em chefe, Ali Pasha, cunhado do sultão, rumara para o golfo de Lepanto para um período de descanso. Lepanto era uma estação naval otomana na costa da Grécia, cerca de 215 quilômetros a noroeste de Atenas. Seria esse golfo o destino final da Liga nessa campanha.

Em 5 de outubro, enquanto se preparavam para a batalha, uma notícia chegou à Liga com atraso de dois meses. Os otomanos haviam praticamente escorraçado os venezianos de Chipre, mas a capitulação final terminara em violência, quando em 5 de agosto malograram as negociações em Famagusta, no litoral nordeste, último bastião da resistência veneziana. O líder otomano, Lala Mustafa, não apenas matou Bragadino, o capitão veneziano em Famagusta, mas ordenou que fosse esfolado, e em seguida mandou estofar sua pele com palha e exibi-lo pela cidade. Don João usou esse relato de horror para estimular a esquadra veneziana, que do contrário não lutaria com todas as suas forças, segundo a opinião de don Garcia.

A frota otomana era maior que a da Liga Santa, com vinte galés a mais que as 206 dos católicos, e também ultrapassava a dos adversários em número de embarcações menores. Mas os 80 mil soldados da Liga sobrepujavam amplamente os 25 mil otomanos estacionados em Lepanto para o descanso temporário. Mesmo assim, Ali Pasha e seus homens, entusiasmados pelo recente êxito contra os venezianos, estavam confiantes em que poderiam triunfar mais uma vez.

A batalha teve início no dia 7 de outubro, um domingo, por volta das 11 horas da manhã. Em cada embarcação havia um frade dominicano ou franciscano ou um jesuíta empunhando um crucifixo para lembrar aos homens que aquela era uma guerra de Deus. O próprio don João foi de navio em navio para incitá-los ainda mais. "Onde está o seu Deus?", ele perguntava. "Lutem em Seu nome sagrado e na morte ou na vitória conquistarão a imortalidade."[2] Ele organizou a frota segundo os conselhos de don Garcia, em quatro divisões numa linha norte-sul, e assumiu uma das divisões centrais, junto com o comandante em chefe veneziano Sebastiano Veniero e Marco Antônio Colonna. Quando os combates tiveram início, os otomanos soltaram seus terríveis gritos de guerra, provocando um grande estrondo, que no passado sempre assustara seus inimigos. Mas don João, para mostrar que tal exibição de modo algum o perturbava, tomou seus segundos em comando e, como recordou mais tarde um observador, "dançou um *gagliardo* na plataforma de armas ao som de pífaros".[3]

Inicialmente, a divisão central da Liga sofreu duros golpes. Os turcos tomaram seis de suas galés e mataram todos a bordo. Duas das embarcações pertenciam a Cosimo: *Florencia*, tripulada pelos Cavaleiros de Santo Estêvão, que ficou tão destruída que precisou ser queimada no mar; e a *San Giovanni*, encontrada ao término da batalha com "cadáveres sobre os bancos de remo".[4] Mas a superioridade numérica da Liga acabou prevalecendo e os turcos foram subjugados. O momento decisivo veio quando Ali Pasha foi morto com uma bala na cabeça. Embora don João ao que parece tenha exprimido sua infelicidade diante do fato de um adversário tão valioso ter morrido daquela maneira, a maioria dos relatos concorda que ele tirou proveito da situação cravando um pique na cabeça de Ali diante de todos, o que serviu para estimular a Liga a seguir em frente e provocar desânimo generalizado entre os turcos.

Por volta das quatro da tarde, a Batalha de Lepanto chegara ao fim. As perdas turcas foram estimadas em trinta galés e 30 mil homens entre marinheiros e soldados. A Liga, por sua vez, perdeu comparativamente menos homens — 9 mil — e pôde libertar prisioneiros cristãos escravizados nas embarcações do inimigo. Era a primeira derrota naval séria dos otomanos desde o século XV, e um enorme golpe no prestígio daquele império.

Quando Cosimo soube da vitória, informou seu enviado Ferrante di Rossi di San Secondo: "Enviamo-lo para congratular Sua Alteza [don João], visto que uma carta não pode exprimir nosso consolo, nossa alegria e felicidade, que o senhor comunicará a ele, pois em um dia ele nos entregou os espólios e troféus daqueles Inimigos de Cristo que ao longo de tantos anos tantos potentados foram incapazes de dominar."[5] Cosimo sabia ter motivos especiais para se orgulhar de Lepanto, pois em primeiro lugar fora ele quem instigara a criação da Liga Santa, que de início havia enfrentado a relutância dos participantes.

A inclinação de don João era não informar de imediato seu "potentado" Filipe da vitória, pois, a despeito de ter posto à sua disposição uma tropa substancial, o rei espanhol tentara se certificar de que a guerra não ocorresse. João, porém, fez informar a don Garcia que sentia dever-lhe crédito pelo sucesso da empresa. Em 10 de outubro, o secretário Luis de Soto redigiu a carta adequada em favor de don João, citando aqueles que deveriam receber comendas: "O príncipe de Parma [o jovem Alexandre Farnese] esteve entre os primeiros a embarcar e assumiu a galé na qual estavam seus próprios homens. Paulo Giordano Orsini, o duque de Mondragone e demais nobres, vassalos e servos de Sua Majestade são outros a quem, se assim desejar, caberia escrever cartas de agradecimento."[6]

Naquele mesmo dia, Paulo Giordano também enviou uma carta a Isabella, para dar aos Medici seu próprio relato dos acontecimentos. Don João fizera de Paulo comandante da nau capitânia da ala esquerda da Liga Santa. Com o experiente Lomellini ao lado, capturaram o navio do comandante otomano Portù, que foi obrigado a fugir numa balsa.

> Envio o cavaleiro Di Fabi para relatar a Suas Altezas [o pai e o irmão de Isabella] sobre a inesperada graça que nos concedeu Jesus Cristo para quebrar a armada do inimigo, e particularmente a que concedeu a mim, permitindo-me atacar com o meu navio o de Pasha Portù, e que fosse eu o primeiro de nossa armada a atacar (...) como sabe don João, e como dirão os cavaleiros. Graças a Deus não sofri mais que um ferimento na perna de

A mãe de Isabella, a espanhola Eleonora di Toledo, "La Fecundissima", que deu à luz onze filhos.

O adorado pai de Isabella, Cosimo, que iniciou a vida como primo pobre dos Medici e terminou como o primeiro grão-duque da família.

Bia, filha ilegítima de Cosimo, morreu poucos meses antes do nascimento de Isabella. A pequena Isabella era vista como uma "compensação" pela perda de Bia.

"Isabellina", aos 8 anos, calma e confiante.

"Seu vigor nasceu com ela." Isabella aos 16 anos, à época de seu casamento com Paulo Giordano Orsini.

OS IRMÃOS DE ISABELLA: o cardeal João, amor mais antigo da princesa, retratado à guisa de São João Batista.

O frio e calculista cardeal Ferdinando.

Francisco, o irmão mais velho, presença cada vez mais sinistra na vida de Isabella.

Por volta dos 20 anos, uma beldade florentina com liberdade intelectual e romântica raríssima às mulheres de seu tempo.

Pedro, o caçula, se revelaria o mais perturbado dos irmãos.

Paulo Giordano Orsini, marido pouco presente, conhecido por esbanjar e por sua predileção pela violência.

Troilo, amante de Isabella, muito admirado por sua beleza, retratado nesta imagem cortejando Catarina de Medici.

O *calcio*, versão primitiva do futebol. A partida representada aqui foi realizada na Piazza Santa Croce, em Florença, sob o patrocínio de Paulo Giordano.

A bela Leonora di Toledo, prima e parceira de crimes de Isabella e esposa do irmão desta, Pedro.

Cammilla Martelli, segunda esposa de Cosimo e mulher do povo. O casamento escandalizou as cortes de toda a Europa.

Joana d'Áustria, esposa cada vez mais infeliz de Francisco.

Bianca Cappello, amante poderosa de Francisco, pretensa amiga de Isabella.

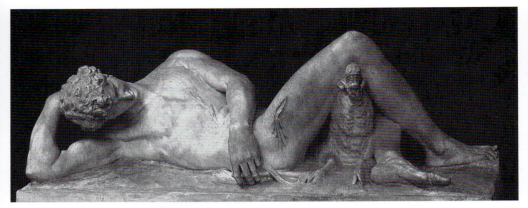

A VIDA PRIVADA DOS MEDICI, convencional e não convencional:

Uma cena ilustrando o noivado de Lucrécia, irmã de Isabella, em evento realizado no suntuoso Palazzo Vecchio, em Florença, de propriedade dos Medici, e testemunhado por cortesãos selecionados, entre eles um empregado anão.

Duas das estátuas dos jardins da villa do Baroncelli. Embora fosse muito incomum que uma mulher encomendasse estatuário profano e erótico como esse, Isabella criara um espaço próprio de prazer pessoal.

O anão Morgante, retratado aqui à guisa de Baco, com a coruja que usava na caça de pequenos pássaros, foi um dos últimos a ver Isabella com vida.

Uma cena do *Decamerão*, de Boccaccio, adverte sobre a punição infligida às mulheres inconstantes. Nela, um amante rejeitado persegue o fantasma da mulher que o abandonou, lançando seus cães para devorar-lhe o coração. A cena aqui é representada diante de um banquete com a presença de famílias florentinas, distinguindo-se ao fundo o brasão dos Medici.

Isabella (embaixo, à esquerda), seu pai Cosimo e o irmão Ferdinando atrás dela, Francisco e Paulo Giordano à direita. No quadro, eles são retratados como os santos que, em vida, certamente jamais foram.

pouca importância, por causa de uma flecha. O cavaleiro Orsini está morto (...) e há muitos outros cavaleiros e demais homens de menor relevância que estão mortos, bem como muitos turcos.[7]

A indiferença com a qual Paulo desconsidera a morte daqueles inferiores a ele arruína o relato que faz de si mesmo como primeiro herói de Lepanto. A Cosimo ele escreveu que "Estou bem, para quem sofreu um golpe menor. Espero que esteja satisfeito comigo como seu servo, porque lutei com Pasha Portù".[8] O tom desse trecho de correspondência parece um tanto truculento; é provável que a indisposição inicial do grão-duque em oferecer um comando a Paulo ainda o deixasse ressentido.

O sucesso em Lepanto propiciou a Paulo uma posição melhor nas campanhas da Liga no ano seguinte. Filipe designou-o general da infantaria italiana a serviço da Espanha em uma missão que tinha por objetivo recuperar o posto de Navarino, no Peloponeso, que os turcos haviam tomado dos venezianos em 1499. A ofensiva teve lugar em 1572, no mesmo dia da Batalha de Lepanto um ano antes, em 7 de outubro, data deliberadamente escolhida para trazer sorte à Liga. Dessa vez, Paulo tinha bem mais voz no processo de tomada de decisões, por exemplo sobre como e quando atacar. Na sequência do que todavia se mostrou um ataque malsucedido, tornou-se um alvo de recriminações. Ele havia retido seus navios, queixaram-se os venezianos, mostrando-se hesitante e cauteloso demais como comandante. Para outros, Paulo foi um objeto de chacotas, um sujeito incapaz de comandar com destreza seu próprio navio, "revelando-se tão inapto por conta de seu excesso de corpulência".[9] De qualquer forma, Navarino foi o momento derradeiro da carreira naval de Paulo Giordano. Ele receberia mais tarde uma carta do rei da Espanha informando-o de que era "amado e estimado pelo rei, mas ele não tem no presente ano nenhuma necessidade de incomodar Vossa Excelência".[10]

A despeito das incapacidades de Paulo Giordano, o fracasso em Navarino em 1572 era sintomático da inaptidão da Liga em coalescer e se expandir após a vitória em Lepanto. Ao afirmar que o empreendimento era uma *gita*, Isabella acabara se mostrando muito correta. Os combates contra os otomanos prosseguiram em terra firme, com o início, em 1594, da chamada Guerra Otomana, na fronteira com a Hungria.

Mas o lustre da vitória em Lepanto, considerada por alguns a contenda naval mais decisiva desde a Batalha do Áccio em 31 a.C., persistiu. O êxito da Liga Santa contra os infiéis foi atribuído à Virgem Maria, e Pio V fez de 7 de outubro uma data festiva, o dia de Nossa Senhora da Vitória (agora celebrado como Nossa Senhora do Rosário). E o carismático don João foi alçado a herói, louvado como o grande guerreiro de seu tempo. Havia uma verdadeira indústria confeccionando estátuas, retratos, medalhas e estampas com sua imagem e em sua honra. O estado de Veneza, outrora relutante em desafiar os turcos, viu mais de cem canções serem compostas em celebração a João e seus feitos. Em Florença, um agora obscuro poeta, Michele Capri, escreveu uma ode, "Em louvor do Seteníssimo Signor don João d'Áustria", que o comparava a deuses, imperadores e Alexandre, o Grande, e que servia muito bem aos fins de propaganda militar, religiosa e política. "A ele a quem os céus concederam a graça de ver a glória dos otomanos subjugados (...) que perseguiu os cães do túmulo de Cristo (...) a Europa lhe tem fé", concluía Capri, entusiasmado.[11]

Capri optou por dedicar o poema não àquele de quem tratava, mas a Isabella de Medici. Declarou na publicação impressa que as palavras compostas em louvor de don João e "este triunfo dos céus e dos mares" seriam apenas amplificadas com a associação à "admirável alegria e felicidade de Sua Valorosíssima Senhora (...). Sob a honra de seu nome (...) Espero que o leia e o mantenha em seu *studiolo*". A referência de Capri ao *studiolo* de Isabella lhe permite reconhecê-la como uma mulher de grande erudição, tal qual seus ancestrais.

Isabella talvez não tenha conhecido don João em pessoa até o final de 1574, quando foi até o porto de Livorno com a família para cumprimentá-lo, mas já possuía um forte laço com ele através dos tios da família Toledo, Luís e Garcia, de quem ele era muito próximo e em cuja casa napolitana passava bastante tempo. É preciso dizer que don João era certamente o tipo de homem que atraía Isabella: um personagem romântico, bravo e aventuroso, enérgico e ousado, um zombador das convenções. Se Isabella fosse promover uma apresentação da ode de Capri a don João em um de seus eventos, com certeza se certificaria de que o protagonista da canção soubesse disso.

Uma coisa que don João queria de Florença eram tapeçarias da oficina de Innocenti, onde trabalhavam os órfãos especialmente treinados que produziam naquele momento algumas das peças de melhor qualidade da Europa. Don Luís de Toledo encomendou, comprou e pagou por esses artigos no interesse de don João, e em seguida deixou Florença a caminho de Nápoles, esperando que as tapeçarias fossem enviadas. Ao ver que elas não tinham chegado, don João, que à época também residia em Nápoles, pediu ao representante dos Medici na cidade, Enea Vaini, para escrever a Francisco, solicitando ao príncipe que as despachasse, uma vez que possuía autoridade sobre as licenças de exportação: "O signor don João fez-me informar esta manhã que envia ao senhor por um mensageiro uma carta na qual roga que Vossa Excelência libere de Florença algumas tapeçarias compradas por don Luís, desejando também que eu lhe escrevesse. Respondi que o senhor agiria com prontidão, e pensei que seria supérfluo, compreendendo os desejos dele, e dificilmente necessário recorrer a outros."[12]

Está claro que Vaini não previa resistência da parte de Francisco quanto às tapeçarias de don João. Assim, foi um desconfiado e desajeitado Vaini que escreveu em seguida a Francisco para informá-lo: "Apresentei sua carta ao signor don João, e disse a ele o que o senhor me mandou dizer a respeito da exportação das tapeçarias de don Luís, explicando-lhe que não posso contrariar os desejos de Vossa Alteza nessa questão (...). Don João respondeu-me dizendo alegremente que as tapeçarias eram dele, e que por isso as havia pedido (...)."[13] Francisco havia claramente impedido o envio.

Francisco ouvira dizer que João pretendia dar algumas dessas tapeçarias ao meio-irmão Filipe. Mesquinho como era, é provável que Francisco se ressentisse de que um presente florentino fosse ofertado à Espanha por um não florentino. Ao embargar as mercadorias, nem sequer se preocupava em aborrecer, para não dizer constranger, não apenas don João, mas também seu tio don Luís. A truculência de Francisco talvez estivesse cimentada numa grande inimizade pelos Habsburgo, que remontava ao período que passara na corte espanhola no início da década de 1560. Seja lá qual tenha sido o seu motivo para reter as tapeçarias, o episódio evidenciava outras cisões no seio dos Medici. Cosimo e Isabella podiam se orgulhar de don João e manter uma relação calorosa com a família Toledo. Francisco, todavia, claramente não compartilhava desse apreço, não se importando em criar hostilidades entre as famílias.

Santo di Tito, *Busto de um menininho*

CAPÍTULO 7

Putti

Enquanto faziam-se os preparativos para Lepanto, Isabella preparava-se para seu próprio acontecimento. Em 23 de setembro de 1570, Rodolfo Conegrano escreveu animado a Afonso d'Este: "A senhora Isabella com certeza está grávida, já se nota, e ela vem sendo carregada por toda parte numa liteira."[1] Isabella não precisava se acanhar muito com esse anúncio; embora Troilo tivesse estado em Florença ao longo do verão, Paulo Giordano também viera em julho para um breve período. Apesar disso, ela só o informara da novidade uma semana antes. "Você me deu a maior alegria do mundo", ele escreveu a Isabella em 16 de setembro, "com a certeza de que está grávida."[2]

Isabella, todavia, não estava tão encantada com o novo acontecimento. Uma carta que escreveu no mesmo dia em que Conegrano anunciava a sua gravidez informava a Paulo de modo galhofeiro que "a criança envia-lhe mil recomendações",[3] mas ela mostrava-se mais preocupada com o fato de o marido lhe pedir emprestado seus cães de caça para uma excursão com o cardeal Ferdinando. Assim como não gostava de emprestar a Paulo os cavalos brancos de seu coche, tampouco apreciava ceder a ele seus cães, por pensar que o marido não cuidaria deles da maneira devida, e que terminariam escornados por um javali: "Envio-lhe meus cães e suplico que os ponha nas mãos dos caçadores, que hão de cuidar deles e garantir que não sejam mortos."[4]

Esta era a primeira vez, porém, que Isabella sustentava uma gravidez por um período maior que algumas poucas semanas, e ela ficou absorta, se não horrorizada, com as mudanças em seu corpo. "Preciso ter cuidado para apenas engrossar, e não engordar [*ingrossare non ad ingrassare*]", afirmou.[5] Mas em janeiro de 1571 dizia ao marido: "Estou tão imensa que acho que vou parir dois bebês. Não consigo ficar de pé por muito tempo, e passo tantas horas na cama que o dia torna-se noite e a noite torna-se dia. Quanto a seus negócios [Paulo a pressionara durante toda a gravidez para que o ajudasse a receber navios durante a ofensiva da Liga Santa], eles são generosos comigo o quanto podem. Peço-lhe no entanto que volte a tempo do meu parto, pois precisarei que levante minha cabeça, uma vez que a essa altura terei engordado tanto que estarei parecendo um búfalo."[6] O pedido de Isabella ao marido não passava de piada: os homens nunca estavam presentes quando as mulheres entravam em trabalho de parto.

Não obstante a proclamada enormidade e a incapacidade de levantar-se da cama, Isabella continuava a promover eventos em sua residência. "Estive há dois dias na casa da senhora Isabella", Conegrano escreveu a Ferrara em 24 de março, "onde só se falava de um túmulo de 570 anos de idade descoberto em Bolzano e gravado com o brasão dos Medici. Esses senhores ali escreveram para obter mais informações." Mesmo na iminência de dar à luz, Isabella estava fascinada com essa novidade, que poderia retraçar as origens de sua família ao século XI, provendo os Medici da antiguidade da qual careciam. Embora os boatos dessem conta de que o túmulo era falso, Cosimo não estava convencido e informou um representante: "Apreciaríamos muito que nos enviasse a pedra com o brasão, exatamente como foi descoberta, e o reembolsaremos por todas as despesas decorrentes do envio a Florença."[7]

Em outros momentos, Isabella pensava apenas que um outro ser crescia dentro dela. "Seu filho fica a cada dia mais forte", informou a Paulo.[8] Em 13 de abril de 1571, em nova carta, referia-se à criança de um modo que deixaria preocupado o marido — que já havia exprimido seu desejo e sua necessidade de um herdeiro, um "belo menininho". "A *nina* é tão cheia de vida", escreveu ela a respeito das atividades da criança em seu ventre, "que estou certa de que será a coisa mais doce." Mas talvez ela não tivesse tanta certeza de estar gerando uma menina, e na verdade apenas se vingasse ligeiramente do marido, no seu típico modo epistolar, pois a carta prossegue: "Você deve saber que Bernardo del Riccio [administrador das propriedades de Paulo em Bracciano] tem prometido a seus credores meu dinheiro e minhas joias. Mas sei", Isabella lhe assegurava docemente, "que essa ideia deve ter partido de seus ministros, e não de você."[9]

Nove dias depois, ela escreveu: "A criança em meu ventre há oito dias me trata da pior maneira que há no mundo. Não consigo comer o que quer que seja e me sinto inquieta."[10] Paulo, no entanto, continuava pressionando-a para que lhe enviasse os artigos de que necessitaria caso fosse à guerra, pois o restante de sua carta trata desses assuntos.[11] Isabella escreveu: "Quanto às armas, o signor Troilo há de enviá-las imediatamente. Encarreguei-o de cuidar de tudo." Se Paulo Giordano não estaria presente ao parto de Isabella, para ajudá-la a erguer a cabeça, parece que Troilo estava por perto. Pouco depois, nasceu o primeiro rebento de Isabella, uma menininha batizada de Francisca Eleonora, em homenagem às mães de Paulo e de Isabella, mas imediatamente chamada de "Nora" pela mãe.

Para uma mulher durante tanto tempo tão ambivalente em relação à gravidez e à maternidade, o laço instantâneo que Isabella estabeleceu com a filha foi digno de nota. Ela deu à luz na villa do Baroncelli, fora da cidade, e, embora uma ama de leite viesse amamentar a criança, Isabella permaneceu com a filha no interior. Com poucos dias de vida, "A *bimba* tem dores frequentes pelo corpo, mas não demora até começar a dizer *babbo*", Isabella escreveu a Paulo em maio de 1571. Mas dada a proximidade de Troilo, é de se imaginar a quem Isabella imaginava Nora referindo-se como pai. Com efeito, foi Troilo quem esteve com Isabella ao longo do primeiro verão de Nora.

Por volta de junho, Paulo preparava-se para o embarque rumo ao sul, e mesmo que jamais tivesse posto os olhos na criança, Isabella lhe disse: "Ela está mais bela que nunca e já chama pelo pai."[12] Isabella adorava a ideia de uma criança precoce: "A *pupa* [bebê] beija a mão a seu pai." Isabella lamentava que o parto a tivesse enfraquecido fisicamente. "Tenho um pé tão inchado que não consigo montar a cavalo", queixou-se mais ou menos três semanas depois do nascimento de Nora. "Acho que deve ter a ver com problemas no fígado."[13] Entretanto, por volta de 7 de junho, a situação havia melhorado: "Estou muito bem, e *la Nora* extremamente bem, e creio que está engordando [*grassina*] como deve."[14] Cinco dias depois, a princesa solicitava um novo cão de caça, para que pudesse voltar a seu esporte predileto.

Isabella enviou a Paulo, em Roma, um retrato da recém-nascida Nora, e ele assegurou-a de que *"tutta Roma* [toda Roma] já veio vê-la". Mas fora isso há muito poucas referências à filha na correspondência entre Paulo e Isabella, por vezes nem mesmo uma saudação à menina. Ele estava muito mais preocupado em pressionar a esposa para conseguir de Cosimo a confirmação de que navegaria com a Liga na posição de comandante. Ela achava difícil manter a paciência com ele, lembrando-o de que estava preocupada com "uma filha, tão bela e feminina e nascida de você", e, de qualquer forma, totalmente "no escuro a respeito dos acontecimentos, tendo, como é o caso, um bebê sobre os ombros".[15] As respostas não chegaram a satisfazer Paulo. "Escrevi extensamente e mais de uma vez sobre várias questões", irritou-se em carta à esposa, não tendo recebido respostas convenientes. Em julho, informou-a: "Rogo que escreva ao duque de Savoia agradecendo a ele por concordar em servir de padrinho, e confirmar que o batismo acontecerá quando de meu regresso."[16] Ainda que pudesse esperar para ver a filha, Paulo com certeza estaria presente a uma cerimônia atendida pelos cidadãos mais ilustres da Itália.

Enquanto aguardava o regresso do pai para poder ser batizada, Nora continuava crescendo. Em dezembro, "Ela está um pouco perturbada com os dentes, e já tem dois deles".[17] Isabella retomara plenamente suas atividades após a gravidez, viajando até a villa em Cerreto Guidi com a corte dos Medici, "onde permaneceremos durante oito dias para infinitos passatempos, com caçadas de todos os tipos, e é muito maravilhoso".[18]

Em 19 de janeiro de 1572, Paulo chegara a Florença, e Conegrano pôde relatar a Ferrara que "um nobre da parte do duque de Savoia chegou na condição de procurador para segurar nas mãos a filha de Paulo Giordano Orsini durante o batismo. A cerimônia particular aconteceu na capela do Palazzo Medici, e a menina foi batizada Leonora. A madrinha foi a duquesa de Tagliacozza, mãe de Marco Antônio Colonna [a formidável Joana de Aragão]. O nobre mencionado ofereceu à menininha uma joia no valor de 2 mil *scudi* e deixou dois colares de 70 *scudi* cada um à *balia* e outra acompanhante. À noite houve uma comemoração para a qual foram convidadas 12 fidalgas".[19]

A maioria dos batismos acontecia no Battistero di San Giovanni, em frente ao Duomo de Florença; uma cerimônia na casa de Isabella, na chamada Cappella Medici, embora particular e pequena, conferia ao evento um cenário de fundo que permitia a presença dos antepassados da família. Pintada nas paredes entre 1458 e 1462 por Benozzo Gozzoli havia a "Adoração dos magos", uma cena que incluía não apenas os três sábios, mas uma cavalhada na qual Cosimo, o Velho, aparece montado em sua mula castanha ao lado do filho Pedro e dos netos Lourenço e Juliano. Todos marcham na direção do altar, levando presentes para o pequeno Cristo, que é adorado pela mãe e representado num retábulo de Filippo Lippi (o original foi substituído por uma cópia). Nessa ocasão, todavia, as paredes pintadas testemunhavam não apenas o episódio da Natividade, mas também o batismo de Nora.

O carnaval de 1572 em Florença, no final de fevereiro, foi, segundo Conegrano, "o mais miserável em muito tempo". Cammilla Martelli fora proibida por Joana de participar de eventos públicos, de modo que Cosimo nada preparou, e Isabella ofereceu apenas "um *festino* [pequena festa] e convidou dez fidalgas à sua casa, e algumas outras pessoas".[20] Ela tinha outras coisas em mente, tendo havia pouco descoberto, Nora ainda aos nove meses de idade, que estava grávida novamente.

Advertida a não praticar sua gama habitual de atividades físicas, ela pediu em março que aquele "casal que confecciona tapetes seja trazido aqui para me servir de passatempo, para que possamos fazer alguma coisa".[21] Por volta de junho, no entanto, "estou de cama após cair da escada, o que decerto afetou muitíssimo meus rins, embora agora eu esteja tão bem que não corra mais perigo".[22] Nora também estava doente. "Ela está com sarampo", Isabella informou a Paulo, "mas com tão pouca febre que os médicos disseram que não pode ser tão perigoso. Parece que este ano ela teve todas as doenças que poderia (...) Sempre que posso, peço auxílio em minhas preces."[23] Isabella estava cercada de recordações de mortes na infância. Francisco e Joana haviam tido uma filha em agosto de 1571, apenas poucos meses depois do nascimento de Nora, e ela fora batizada em homenagem à tia, mas era conhecida como Isabellina. No ano seguinte chegou a notícia de que "a quarta filha do príncipe Francisco faleceu (...) e foi enterrada em San Lorenzo, sem pompa ou formalidades".[24]

Era claro, no entanto, o prazer que a filha propiciava a Isabella: "Estou na villa, onde permaneceremos pelo bem da saúde de Nora, que estou certa de não me enganar em seu amor, sendo verdadeiramente a coisa mais doce do mundo. Na verdade, tanto é assim que acho que darei à luz uma outra menina, embora esta gravidez me pareça bem diferente da anterior."[25]

Podemos imaginar quão deliciado ficava Paulo Giordano diante das suposições de Isabella a respeito do sexo da criança. Conegrano, porém, escreveu a Ferrara em 13 de setembro de 1572: "Na última quinta-feira, às 15 horas, a senhora Isabella deu à luz um grande e belo menininho, para enorme satisfação do senhor duque e todos os nobres. E quando Sua Excelência soube que ela entrara em trabalho de parto, estava fora em seu coche, e imediatamente foi até ela, mas não chegou a tempo, porque a senhora havia concebido apenas pouco tempo antes. Ela passa muito bem, graças a Deus, e não tem nenhum tipo de febre. Um mensageiro foi enviado ao signor Paulo imediatamente para transmitir-lhe a boa notícia."[26]

O filho de Isabella era o primeiro neto de Cosimo, e seu retrato logo seria pendurado, em testemunho do orgulho do avô, no Palazzo Pitti, agora a residência em tempo integral do grão-duque. Após 14 anos do casamento entre Isabella e Paulo, a união Medici-Orsini finalmente alcançava seu propósito. Permitir a Paulo batizar o filho com um nome da família Orsini era então algo de importância menor. Ele foi chamado Virgínio, em homenagem a seu trisavô, um daqueles hábeis *condottieri* que os Orsini outrora produziam com tanta facilidade.

Dez dias após esse momento triunfal para os Medici e Orsini, porém, um estranho e trágico acontecimento se passou, sendo vividamente recontado por Rodolfo Conegrano:

> A senhora Isabella está vivendo no Palazzo Medici, onde deu à luz, com toda a sua família. Na noite de quarta-feira, às quatro da manhã, teve início um incêndio num quarto onde vivia uma das escravas, que fora dormir levando uma vela dentro de uma caixa, por sua vez derrubada de tal modo que o fogo se alastrou com incrível rapidez. A escrava foi tragada pela fumaça, não pôde ser salva e queimou até a morte. A senhora Isabella, que dera à luz uma quinzena antes, foi alertada contra o fogo, imediatamente se levantou e teve tempo de escapar com os filhos e outras senhoras para as casas vizinhas. Então o príncipe chegou e levou-as ao Palazzo Vecchio, onde

esperaram com toda a diligência possível até o fogo ser apagado. O palácio não ficou tão queimado, menos da metade, mas as coisas de sua senhoria, sim: todos os seus vestidos e roupas de linho, entre outros infinitos artigos, a ponto de dizerem que Vossa Excelência terá que dar a ela mais de 10 mil *scudi* para que tudo seja substituído. E esta soma virá da herança que de outro modo seria legada ao signor Paulo, então veremos o que ele terá a dizer sobre isso.[27]

Paulo podia ter ganhado um filho, mas ao que parece perdera 10 mil *scudi*.

Piazza di San Marco, Florença

CAPÍTULO 8

Bianca

Em maio de 1572, Rodolfo Conegrano escreveu a Ferrara para comunicar o mais recente escândalo com respeito à família Medici: "O signor Mario Sforza retornou e dizem que o príncipe Francisco está aborrecido com ele e igualmente com sua esposa [Fúlvia], que disse a Sua Alteza [Joana] que o senhor príncipe tem mantido relações com a nobre veneziana Bianca Cappello. O que não entendo", caçoava Conegrano, "é como não o percebeu ela mesma."[1]

Bianca Cappello nasceu em 1548, não muito depois da nova esposa de Cosimo, Cammilla. Era o arquétipo da beleza veneziana e, segundo aponta o retrato feito por Ticiano, possuía fartos cabelos louro-avermelhados. Com sua pele branca e um busto verdadeiramente impressionante, era como uma Vênus ou Flora terrestre. Também dispunha de pedigree, pertencendo a uma venerável família de Veneza, que no final do ano de 1526 havia acolhido o grão-duque, ali enviado pela mãe para ser protegido das tropas imperiais que invadiram Florença em seguida à morte do pai de Cosimo. Mas os Medici não tinham relação com a ida de Bianca a Florença. Ela chegara à cidade em 1563, tendo escandalizado a família e toda Veneza ao fugir para se casar com o florentino Pedro Buonaventura. Ele trabalhava como caixeiro para o tio, que gerenciava a filial veneziana do banco florentino Salviati, cujos escritórios ficavam de frente para o palácio da família Cappello. Bianca, que mais tarde afirmou que sua vida em casa fora miserável devido à mesquinhez da madrasta, também insistiu em que Pedro a seduzira em parte, reivindicando ser um membro dos Salviati. Foi apenas quando chegaram a Florença e se mudaram para a pequena casa alugada dos pais dele na Piazza San Marco, não muito longe do Palazzo Medici, onde vivia Isabella, que ela se deu conta de que Pedro não era o que pretendia ser.

Assim, a vida em Florença não mostrava a Bianca sinais de que seria mais agradável que em Veneza. Ao contrário do que imaginava, ela não se juntou imediatamente à nobreza da cidade. Seus movimentos eram também extremamente limitados. Não obstante ter dado à luz uma filha, Pellegrina, a família a queria de volta a Veneza, e havia um temor de que ela fosse raptada, encarcerada num convento ou mesmo assassinada por ter maculado a honra dos Cappello. Pedro, cujo tio fora aprisionado em Veneza como forma de retaliação, tinha que andar por Florença com bastante cuidado, por medo de ser morto. Obviamente, o casamento começou a sofrer sob essas tensões. Com o declínio do romance, Bianca se mostraria receptiva a propostas exteriores.

Os relatos divergem a respeito de como Francisco teria conhecido Bianca. Ele pode tê-la encontrado pela primeira vez na própria corte dos Medici, pois tanto Pedro quanto Bianca tiveram que ir até lá por conta das petições venezianas solicitando a extradição dela de Florença. Em fevereiro de 1564, Pedro começou a trabalhar no *guardaroba* da corte dos Medici, o escritório de provisões, que pagava razoáveis mas não pródigos seis *scudi* por mês. Outras histórias são mais coloridas. Celio Malespini, autor de *Duecento Novelle*, que inclui a história sobre Isabella,

Troilo e a escrava na cama de Rodolfo Conegrano, parece ter estado a par de um bom número de relatos envolvendo Bianca. Ele diz que, originalmente, ela captou o olhar de Francisco ao se curvar sobre a sacada da triste casinha dos Buonaventura, da qual era mais ou menos prisioneira. Francisco passava por ali a caminho do laboratório que mantinha no cassino adjacente à igreja de San Marco, onde fazia seus experimentos alquímicos e confeccionava porcelanas e venenos. O príncipe arranjou em seguida para que ela fosse convidada à residência dos vizinhos — da família espanhola dos Mondragone, muito próxima dos Medici —, podendo dessa maneira declarar-se a ela e cortejá-la de tal forma que "ao final a senhora estava contente em oferecer seu amor ao enamorado [Francisco]".[2] Mas quaisquer que tenham sido as circunstâncias do encontro, uma coisa é certa: Bianca Cappello foi o único ser humano capaz de despertar em Francisco o tipo de devoção obsessiva que ele só mostrara até então ao estudo da química e da alquimia.

Uma vez iniciado o relacionamento de Bianca e Francisco, o padrão de vida tanto dela quanto do marido melhorou consideravelmente. Em 1566, Pedro começara a adquirir propriedades muito além do que lhe permitiam seus ganhos anuais de 72 *scudi*, por exemplo terras em Mugello no valor de 1.650 *scudi*. No ano seguinte ele gastou 1.800 *scudi* em uma casa na Via Maggiore no Oltrarno, não muito longe da Ponte Santa Trinità. Descrito por Malespini como "um belíssimo palácio em que [Pedro e Bianca] viveram felicíssimos com abundância de tudo neste mundo", ficava também muito perto do Palazzo Pitti.[3] Era ali que Francisco visitava a amante, relegando o marido dela a um apartamento no andar de baixo. O rio Arno propiciava distância suficiente do Palazzo Vecchio, onde residia Joana, de modo que Francisco podia manter um relacionamento discreto com Bianca.

Em 1569, Pedro fora promovido a chefe do *guardaroba*. Seu salário mais que duplicou e ele estava "extremamente contente com a grande sorte e fortuna que o amor do príncipe por sua esposa lhe trouxera".[4] O elevado status de Pedro ratificava a presença de Bianca na corte. Ela não era mais a jovem ingênua de 15 anos que acreditara em um namorado que lhe dizia pertencer a uma família da elite florentina; ao contrário, Bianca estava agora ela mesma versada na arte do embuste. Impudentemente, tentou estabelecer laços de amizade com uma ignorante Joana e, de maneira ainda mais notável, teve êxito nessas tentativas. Em julho de 1571, o primo de Bianca, Andrea Cappello, recebeu a notícia de que ela "encontrava-se muito feliz perto da princesa em Florença. Está sempre com ela em seus aposentos ou em seu coche".[5]

Como observou Conegrano, é difícil entender como Joana foi incapaz de enxergar o que estava tão óbvio para todos a sua volta. A obsessão da princesa Habsburgo com as questões de protocolo, no entanto, significava que ela não aprovaria que um inferior da corte se aproximasse dela sem convite portando tais notícias, e seu italiano limitado a impedia de captar facilmente as fofocas ao redor. Ninguém tampouco desejava alertá-la, sob o risco de provocar a ira de Francisco, já que a ignorância da esposa lhe convinha muito bem. Quando Fúlvia Sforza contou a Joana quem Bianca realmente era, ela e o marido devem ter calculado de antemão que a fúria de Francisco teria como contrapartida a gratidão do imperador Maximiliano. Como agradecimento por esclarecer a irmã do imperador, Mario, um soldado de carreira, poderia obter designações militares no império.

Mas saber da verdade sobre Bianca não fez a Joana bem algum; na verdade, a revelação serviu apenas para deixá-la muitíssimo infeliz. "Justo quando eu pensava ser a mulher mais feliz da Itália, considero-me o ser mais infeliz que já viveu", escreveu ela ao irmão imperador numa carta interceptada e traduzida na corte dos Medici. "Pensei que tivesse em meu marido um nobre e benfeitor que me ofereceria proteção e seria o mais devoto e atencioso servo de Vossa Majestade. Vejo agora que a verdade é o oposto (...) e está claro que não sou amada por ele."[6]

A infelicidade de Joana foi exacerbada quando ela recorreu a Cosimo para protestar contra o lugar de Bianca na corte e foi recebida com pouca simpatia pelo grão-duque. "Cada uma das inquietações de Vossa Alteza me causa grande perturbação", Cosimo informou a nora em uma carta. "Entretanto, não é preciso acreditar em tudo que lhe dizem nas cortes, onde todos se deliciam em disseminar escândalos. Sei que o príncipe deseja o melhor para a senhora e para si, mas é necessário que concedam certas coisas um ao outro, que deixem os fatos da juventude seguirem seu curso, que tolerem com prudência aquilo de que o tempo se encarregará de corrigir, do contrário a senhora inflamará aos poucos um desprezo e um ódio que jamais poderão ser extintos. Não creio que o príncipe permita que lhe falte coisa alguma. Ele lhe oferece companhia constante e estará sempre contente em provê-la do que quer que a senhora ou a sua casa necessitem (...)."[7]

Não teria sido um grande problema para Cosimo instruir Francisco a manter Bianca afastada da corte, para Joana ao menos poder salvar as aparências. Mas o tratamento que a princesa dispensava a Cammilla e a recusa dos Habsburgo em reconhecer seu status de grão-duque tornavam Cosimo, se não malevolente, pelo menos indiferente por completo à situação da nora. Em comparação, certamente, a presença de Bianca tornava a de Cammilla uma provação muito menor.

Joana tentou promover uma reunião de classe. Convencida de que parte de seu problema com Francisco estava na sua incapacidade em lhe dar um filho, ela empreendeu uma peregrinação a Loreto. Seu objetivo era rezar — como antes dela haviam feito outras mulheres ansiosas por herdeiros — no santuário que se acreditava conter a casa em que Maria teria concebido Jesus. Ela "convidou a senhora Isabella para acompanhá-la, mas esta não está resoluta quanto a isso, e diz que precisaria primeiro escrever ao signor Paulo em Roma", relatou Conegrano.[8] Uma vez que esta seria a primeira vez na vida que Isabella pediria a permissão de Paulo para o que quer que fosse, o mais provável é que não quisesse fazer todo o caminho até Loreto ao lado de uma dolorosa Joana. Tendo sido tão amargamente humilhada e ferida por Bianca, porém, Joana acreditava agora que Isabella era sua única amiga. Mas ainda que propensa a agir dessa forma, Isabella não poderia retribuir tal lealdade.

Como todos na corte, a princesa havia muito sabia do caso do irmão com Bianca, e também estava ciente da forte influência que a amante tinha sobre o príncipe, assim como o irmão dos dois, Ferdinando, que em uma carta de janeiro de 1572 pediu a Isabella para "mandar minhas recomendações à senhora Bianca" em seu nome.[9] Todavia, não era do interesse de Isabella, definitivamente, revelar a Joana uma linha sequer sobre o assunto, ainda que tivesse cortejado e cultivado a cunhada em seu próprio favor e no favor de Troilo. Embora o pai fosse seu principal facilitador, aquele que sancionava suas atividades e lhe dava dinheiro quando tinha necessidade, Isabella não podia negar a extensão do poder e influência do irmão. Ela e Francisco não eram próximos por natureza, e ela não desejava fazer nada para se indispor com ele. Isabella também percebeu o potencial de Bianca, então com 24 anos, após Cosimo ter deixado claro a Joana que nada faria para impedir a presença dela na corte. Isabella podia entrever em Bianca uma rival para a posição de mulher mais preeminente de Florença, assim como acontecera inicialmente diante de Cammilla, até o pai tornar patente que a nova esposa manteria um perfil discreto e não a ameaçaria. Mas Bianca era sem dúvida muito mais agressiva e ambiciosa que Cammilla, e, como revelava sua falsa amizade com Joana, bastante inteligente. A obsessão de Francisco com a amante apenas aceleraria sua ascensão ao topo. Isabella precisava encontrar um modo de neutralizar Bianca, mas para isso eram necessárias uma alavanca e uma oportunidade.

Vista para a Ponte Santa Trinità, Florença

CAPÍTULO 9

Um assassinato

Pedro Buonaventura desfrutava os benefícios que lhe chegavam através da relação de sua esposa com Francisco. Tinha um bom emprego e vivia numa casa magnífica, e no entanto Florença o percebia apenas como um corno. Havia inúmeras piadas sobre os "chifres dourados" que ele usava, e pilhas de cornos de veado surgiam na entrada de sua residência na Via Maggiore. Em certo sentido, para resgatar um pouco de sua masculinidade, ele começou a procurar outras mulheres, uma delas em particular: uma jovem viúva, Alexandra de Ricci Bonciani, às vezes chamada, muito apropriadamente, de Cassandra. Um parente da moça, o diarista Juliano de Ricci, declarava que suas atividades extraconjugais haviam resultado em "12 homicídios praticados por causa dela" pelo marido ciumento antes de ele morrer.[1]

Os Ricci eram uma das famílias mais ilustres de Florença. Muito próximos dos Medici, eram proprietários de um grande banco e tinham entre seus membros um arcebispo e um comissário-geral da esquadra naval da Toscana. Eram infinitamente superiores a Pedro em status; o caso de Bianca e Francisco não lhe trouxera nenhum ganho hierárquico, e a associação entre ele e Alexandra constituía uma grave ofensa aos Ricci, do mesmo modo como o fora, em outra ocasião, para a família de Bianca em Veneza. Ninguém entre os Ricci, porém, reagiu com mais intensidade à ligação entre Pedro e Alexandra do que o sobrinho desta, Roberto, que em 1570 havia integrado o cortejo que acompanhou Cosimo a Roma quando o pai de Isabella foi coroado grão-duque. Roberto foi até Francisco pessoalmente para lhe pedir que pusesse um ponto final no relacionamento de sua tia com Pedro. Este, é claro, optou por ignorar as palavras previdentes de Francisco, dando prosseguimento à relação. Cada vez mais irritado, Roberto fez uma visita a Isabella, que inspirara o nome de sua filha mais velha. "Sendo o mais leal servo da senhora Isabella", Celio Malespini recontaria mais tarde, "recorreu a ela porque precisava reagir à insolência e temeridade de Buonaventura, dizendo à princesa que não mais toleraria o escárnio surgido [a partir do caso] e que faria o possível para vê-lo terminado, sem nada temer, nem a perda de propriedades ou o que quer que fosse. Ouvido por essa grande senhora, esta foi ter com o príncipe, e o fez entender a ruína completa que estava na iminência de se dar. Ao saber do novo estado da situação, Francisco lhe disse que tornaria a tentar."[2] Desta vez o marido de Joana aconselhou Pedro a sair de Florença, pois sua vida corria perigo. Pedro apenas disse que "estava certo de prevalecer, e que não mudaria sua vida e seus hábitos".

O que Malespini não revela é que o envolvimento de Isabella foi muito além de pedir ao irmão que falasse com Pedro. Outras fontes dão conta de que em agosto de 1572, em gravidez avançada, ela teria sido cúmplice de Roberto na formação de um grupo de assassinos, que se reuniu em 28 de agosto para tirar a vida de Pedro. "Dizem que entre eles estava Carlo Fortunati", observou um relato escrito poucos dias após o acontecimento.[3] Carlo, vale recordar, era um servo de Isabella que não podia ser empregado e recebia sua caridade. Mas ele levava jeito para o assassinato pelo menos desde 1560, quando a princesa pedira ao pai em favor dele um salvo-conduto para que pudesse retornar a Florença e ver a mãe. De acordo com esse mesmo relato, outro no grupo era o próprio Celio Malespini, o que explicaria como foi capaz de fazer uma descrição tão gráfica e explícita da morte de Pedro.

O bando de assassinos pusera-se de tocaia à espera de Pedro enquanto ele cruzava a Ponte Santa Trinità em torno de uma hora da manhã, quando Pedro supostamente voltava de um encontro com Alexandra. "Ricci", narrou Malespini, "o líder, começou a gritar: 'Matem, matem o traidor...' Ele [Pedro] estava extremamente bem armado, defendeu-se corajosamente e derrubou dois deles. Ricci avançou, com a intenção de matá-lo, mas Pedro o viu, aplicou um golpe de direita, o que o fez desacelerar, e em seguida feriu-o na cabeça. Então o primo de Ricci atingiu pelas costas o pobre Pedro, atravessando seu peito, e ao mesmo tempo a cabeça, abrindo-a inteiramente, deixando parte de seus miolos colada à parede (...) e então viram o desafortunado Pedro morto, com mais de 25 feridas mortais."

Ricci, que estava ferido, providenciara de antemão um lugar seguro para se esconder. Nenhum oficial da lei investigando o paradeiro dos assassinos de Pedro tarde da noite entraria na residência de uma princesa Medici, então Ricci foi "diretamente até o palácio da senhora Isabella, onde foi visitado por cirurgiões, e embora a ferida fosse perigosa e mortal, eles lhe restituíram a saúde". Em seguida, Roberto fugiu para Veneza para evitar ser acusado do crime, mas não permaneceu lá por muito tempo.[4]

Quanto a Alexandra, seu papel na desonra da família não foi esquecido. Malespini concluiu: "Na noite seguinte, dois homens mascarados invadiram a casa da miserável Bonciani e cortaram sua garganta, deixando-a banhada e tingida em seu próprio sangue."

O conluio de Isabella na morte de Pedro, oferecendo abrigo a pelo menos um dos assassinos, Ricci, após o atentado, é prova de que tinha interesse em ver-se livre do marido de Bianca. Mas além de ajudar um servo leal a manter sua honra, o que ela teria a ganhar com a morte de Pedro? Isabella calculara que Bianca, na condição de viúva, ficaria muito mais vulnerável e maleável do que era quando casada, mesmo sendo amante do príncipe. Enquanto era vivo, Pedro lhe oferecia a proteção de um marido, que Francisco talvez não pudesse lhe dar. O fato de ter um marido legal era o que em grande medida impedia seus parentes de forçá-la a voltar a Veneza. Isabella estava certa de que o potencial isolamento que teria à frente a partir de então deixaria Bianca agradecida por qualquer proteção que lhe fosse oferecida. Isabella apresentou-se como a benfeitora de Bianca, sua *patrona*, e Bianca recebeu a sua oferta de proteção com aparente prazer.

Na sequência da morte de Pedro, Isabella viveu alguns dias de grande atribulação. Duas semanas mais tarde, deu à luz Virgínio, e pouco tempo depois ocorreu o misterioso incêndio em sua residência. Mas ela não deixou de pensar em Bianca, pois percebia que aquela era a ocasião certa para se inserir na vida veneziana e pô-la na direção que desejava. Escreveu à amante do príncipe no dia seguinte ao incêndio no palácio, indicando que qualquer angústia provocada pelo acontecimento era claramente secundária em face de outras questões:

> Minha magnificentíssima irmã, como passo por mil angústias devido ao grande incêndio em que me vi ontem à noite envolvida, não podemos falar em pessoa como eu desejaria, e como seria possível se eu estivesse em minha casa, pois lhe teria enviado um coche fechado e teríamos podido conversar mais elaboradamente do que será possível nestes poucos versos que lhe dirijo. Você sabe muito bem que eu a amo, e que não lhe daria conselhos que não fossem para seu bem e sua honra. Fui informada de que seu pai enviou alguém aqui na intenção de levá-la de volta a Veneza. Não pretendo ser indolente em lembrá-la da pouca consideração que ele lhe demonstrou nesses últimos oito anos; seus modos estranhos de agir, buscando tomar o que é seu e mostrando impiedade àquela a quem deu a vida, e por causa de um erro cometido mais pelos outros que por você, causaram espanto em todos. Agora pense no que acontecerá caso se deixe tomar pelas mãos dele,

e em como será tratada. Lembro, como uma irmã que te ama, que você é dona de seu próprio nariz, e que não deve abrir mão disso em favor de seu pai, cujos indícios passados mostram que lhe tem pouco amor, assim como seu irmão e seu primo. Satisfação alguma uma tal resolução lhe há de trazer. Pense bem no assunto e considere que tudo o que lhe digo é apenas porque a amo, e lembre-se de que jurei ser sua irmã, e você me prometeu nada fazer sem o meu conhecimento. Se pudéssemos falar pessoalmente, eu lhe poderia provar que o modo como seu pai se comporta com você se deve mais a exibição que a amor. Caso se tratasse de verdadeiro amor paternal, a essa altura eu já saberia (...)[5]

Isabella manteve-se muito próxima a Bianca, participando junto dela de vários eventos. "Nada mais direi agora", escreveu Bianca em 9 de janeiro, já em negociações com a família em Veneza, "porque estava em uma igreja quente com a senhora Isabella, durante a Epifania, e ao sair para o ar frígido apanhei um resfriado."

Isabella não queria que Bianca voltasse a Veneza tão pouco tempo depois da morte de Pedro, pois sabia quão irado ficaria o irmão. Ele podia ter aprovado a morte de Pedro, mas Isabella também estava envolvida no caso, e não desejava que Francisco a responsabilizasse pela partida de Bianca. Então a princesa maquinou duas possibilidades, um Plano A e um Plano B. No Plano A, Bianca permanecia em Florença, mas apenas de modo a beneficiá-la.

"Se eu desejasse", escreveu Bianca a seu primo Andrea em março de 1573, "nesses meses minha ilustre senhora Isabella estaria disposta a me oferecer a um nobre da casa dos Orsini, um cavalheiro romano com ganhos anuais de 4 mil *scudi*: um homem bastante principesco e parente distante da senhora mencionada."[6]

Parece mais que provável que esse Orsini, parente distante de Isabella, fosse ninguém menos que Troilo. Afinal de contas eles eram primos, tendo em Clarice Orsini uma ancestral comum. Aos olhos de Isabella, a união resolveria um bom número de questões e satisfaria todas as partes envolvidas. Com Troilo ocupado com Isabella, Bianca estaria livre para conservar sua relação com Francisco, mais uma vez respeitavelmente casada, porém com um marido que não se incomodaria com sua relação extraconjugal. O casamento asseguraria a Troilo uma posição permanente em Florença e, previa Isabella, benefícios futuros da parte de Francisco, semelhantes aos concedidos a Pedro, só que melhores. E também tiraria Troilo do mercado, caso pensamentos matrimoniais lhe passassem pela cabeça. Se Isabella não podia ela mesma casar-se com ele, o arranjo era o mais próximo possível do ideal.

Mas Bianca, após a morte de Pedro, valia agora 30 mil *scudi*, graças às propriedades adquiridas pelo casal com o intermédio de Francisco. Ela sabia que podia aspirar mais alto do que Troilo desejaria que o fizesse. Para Isabella, então, o Plano B era, na eventualidade de não conseguir convencer Bianca da união com o Orsini, persuadi-la a retornar a Veneza triunfantemente com um novo marido. Isabella disse a Bianca que se casar novamente asseguraria que os Cappello não se vingassem dela tomando sua riqueza e a trancafiando num convento. Para a princesa Medici, Bianca estando casada em Veneza, dificilmente voltaria para Francisco em Florença.

"Mesmo que eu desejasse voltar a Veneza", Bianca escreveu ao primo, "a senhora Isabella, minha benfeitora, jamais permitiria, por medo de que eu venha a sofrer algum mal. Mas se eu estivesse casada, isso a deixaria contente."[7]

Ao longo de todo o ano, Bianca comportou-se bem ao modo de Isabella diante dos pedidos de Paulo Giordano para que fosse a Roma: com imprecisão, procrastinação, dizendo a todos — à família em Veneza e mesmo a Isabella — o que desejavam ouvir. Em agosto, escreveu ao irmão: "A senhora Isabella ficará desgraçada quando me vir fazendo provisões para retornar a Veneza." Mas tal viagem nunca aconteceu. O fato é que mesmo que Francisco passasse a impressão de estar quieto, aparentemente desconectado do assassinato de Pedro Buonaventura, e que jamais fosse mencionado na correspondência de Bianca à família em

Veneza, sua presença na vida dela é incontestável. E nenhuma maquinação da parte de Isabella alteraria a situação da amante do príncipe enquanto ele estivesse apaixonado por ela. Bianca sabia disso, e suas orgulhosas exclamações sobre a proteção recebida de Isabella eram apenas fachada, como antes a suposta amizade com Joana. À medida que o ano de 1573 progredia, ela não se casava com ninguém nem ia a parte alguma. Bianca estava em Florença para ficar. O assassinato de Pedro não beneficiara ninguém a não ser ela mesma, agora independente e rica, pronta para desfrutar o privilégio de sua condição de nobre veneziana sem nenhuma relação com um ex-caixeiro de banco. Na primeira metade do século XVII, o teatrólogo jacobita Thomas Middleton dramatizaria a história de Bianca em *Women Beware Women* [Mulheres agem com cautela diante de mulheres], na qual Bianca evoluía de jovem inocente a especialista em manipulação enlouquecida por poder. Isabella, não obstante todo o seu brilhantismo, fora manobrada por uma mulher para quem a manipulação era há muito tempo um meio de sobrevivência. Além disso, seu poder, diferentemente do de Isabella, vinha não de Cosimo, mas de seu herdeiro.

Alegoria festiva

CAPÍTULO 10
A melhor das épocas

Não obstante a incapacidade de neutralizar Bianca, o período que se seguiu ao nascimento de Virgínio foi muito bom para Isabella de várias maneiras. A princesa Medici continuava a desempenhar um papel ativo na vida dos filhos, que com frequência estavam a seu lado. Isabella dedicava muito mais tempo a eles do que a mãe lhe dedicara. O desenvolvimento de Nora e Virgínio a deliciava e fascinava. Na verdade, eles revelaram nela o que de outro modo permaneceria um interesse e um talento ocultos: a pintura. "As crianças estão bem", escreveu Isabella ao marido em 6 de abril de 1573, quando Virgínio não completara ainda sete meses, "e hoje comecei a pintar um retrato dos dois juntos, que enviarei a você."[1] Embora, via de regra, as nobres recebessem alguma instrução sobre desenho e pintura quando jovens, este talvez seja o único documento a registrar uma mãe da nobreza de fato pintando um retrato dos filhos. Isabella poderia ter recorrido a qualquer artista da corte, que sem dúvida teria feito um trabalho melhor do que o dela, mas obviamente quis experimentar o prazer de registrar ela mesma a imagem de suas crianças.

    O retrato decerto demandou algum tempo até ser concluído. Mais de um mês havia se passado quando declarou: "Enviarei o retrato que estou fazendo assim que estiver terminado. Pus os pés no bebê, que tem agora dois dentes e é o filho mais impetuoso que você jamais poderia ver."[2] Só em junho o quadro ficou pronto, e se chegou até Paulo não sabemos, pois sua correspondência com Isabella no período não faz nenhuma menção a ele. A essa época, Virgínio "está fervendo de tanta energia, e acho que ainda este ano estará andando; já consegue ficar de pé sozinho segurando-se num banquinho".[3] Isabella talvez já o tivesse posto num *girello*: como um moderno andador, constituía-se em uma armação circular sobre rodízios, com o intuito de oferecer ao bebê mais confiança nos pés.

    Em outras casas, a chegada de um herdeiro homem marginalizaria a existência de qualquer irmã mais velha, mas não na de Isabella, que permanecia tão encantada com os movimentos de Nora quanto com os do vivaz irmão mais novo desta. E se Virgínio herdara a disposição enérgica da mãe, ao que parece Nora já tinha a língua afiada. Isabella levava a filha à igreja pessoalmente — na verdade, à Santa Trinità, que ela mesma frequentara quando criança e na qual um Francisco menos melancólico certa vez imitara um padre, benzendo as irmãs com água benta. Em 17 de maio, como disse ao marido, "levei-a à missa na Santa Trinità, onde celebravam a festa. Então, voltando para casa, a ama perguntou a ela quem na igreja estava bela. E ela, com grande *sossiego* ["gravidade de modos", palavra há muito fora de uso na língua italiana], respondeu: 'A senhora mãe', o que, para uma menininha de 26 meses, parece uma resposta bastante afiada! Se ao escrever pareço uma velha caduca, então a culpa está no fato de ser mãe".[4]

    Embora se definisse como uma mãe, "que não tem outras preocupações senão as deles [dos filhos], e disso podem estar certos", a posição de preeminência de Isabella na vida e na cultura florentinas não diminuiu. Aos 20 e poucos anos, suas comissões e patrocínios haviam permanecido no âmbito da música e do teatro, mas ao entrar na casa dos 30 expandiram-se para outras áreas. Quando criança, Isabella tivera uma instrução básica em astrologia e astronomia: sabia como funcionavam um astrolábio ou uma esfera armilar, e a *loggia* em Castello estava ornada com o alinhamento de estrelas que guiara seu pai ao poder. Cosimo era fascinado pelo cosmos, e em 1571 designou o matemático, cartógrafo e cosmógrafo Egnazio Danti, um frade dominicano, para a posição de "cosmógrafo do grão-duque da Toscana".[5] Cosimo apreciava muitíssimo passar tempo com seu novo contratado estudando o céu noturno. Isabella também se deixava fascinar pelo que Danti tinha a ensinar. Se não mostrava nenhum interesse pelo mundo terreno além de Florença, a ideia do que os céus tinham a oferecer com certeza era intrigante. Enquanto o cardeal Ferdinando, em Roma, compartilhava desse interesse pela cosmografia, Francisco, em Florença, era hostil tanto à disciplina quanto a Danti. Assim, Danti recorreu ao patrocínio de Isabella, que ficava atrás apenas de Cosimo. O cartógrafo também lhe dedicou dois de seus livros: dois tratados sobre as esferas, um deles publicado em 1571, e o outro, em 1573. Ele salpicou as dedicatórias com sua apreciação pelo "quão ela se delicia nesta nobilíssima e agradável ciência", dizendo ainda que era "instruidíssima nessa disciplina" e lhe concedera "infinitos benefícios, que dela recebo continuamente".[6]

Foi também durante esse período que Isabella patrocinou uma leitura do poema épico de Torquato Tasso, *Gerusalemme Liberata*, recém-composto mas publicado apenas em 1581. É de se imaginar que o úmido mês de julho constituiria um estorvo para os grandes debates intelectuais, mas ele não impediu que Isabella e seus amigos travassem tais discussões na villa do Baroncelli. Em 20 de julho de 1573, Isabella atuou como juíza num debate entre dois jovens que integravam seu séquito de verão.

"A senhora Isabella Medici Orsina, duquesa de Bracciano, nós elegemos para decidir e determinar a disputa surgida nos últimos dias entre don Pedro della Rocca de Messina, por um lado, e Cosimo Gaci, por outro, a respeito da interpretação da palavra 'nunca' no seu uso em nossa língua toscana, se para afirmar ou negar aquilo a que foi coordenada (...)." Eis o veredicto de Isabella: "Declaramos que o cavaleiro don Pedro della Rocca, que sustenta que 'nunca' nega sem a negativa [isto é, um advérbio de negação cria uma ideia de negação nas orações sem precisar recorrer a construções do tipo não/nem], compreendeu o assunto e sustenta bem sua tese, de acordo com o uso coloquial e correto no falar toscano, enquanto o mencionado Cosimo Gaci, que defende que isso não é possível sem a negativa, não entendeu bem a questão, pois contraria o uso coloquial e correto no falar toscano."[7] Ironicamente, seria Cosimo Gaci, recém-nomeado camareiro-mor de Pedro, irmão de Isabella, quem teria no futuro uma carreira de poeta. Pedro della Rocca, um Cavaleiro de Malta, mais tarde se tornaria grão-almirante da ordem.

A base para o julgamento de Isabella em favor de Pedro veio, explicou ela, do "*Decamerão* do senhor Giovanni Boccaccio, que destaca que no falar coloquial toscano 'nunca' é adotado para uma negativa sem 'não', como se pode ler também naqueles bons textos, redigidos à mão durante a época do florescimento da língua toscana, e nosso próprio senhor Giovanni Boccaccio em seu *Decamerão* utilizou 'nunca' como negativa sem recorrer a 'não', como se pode ler no texto escrito oito ou nove anos após a morte daquele senhor, copiado do original autêntico, que se encontra em nossa casa dos Medici (...) À fé", concluía Isabella, "uma vez que o que escrevemos é nossa exaltação, declaração e sentença, isto deve ser afirmado por nossa mão, e marcado com nosso selo usual. Determinado em nosso palácio no Baroncelli". Para tornar oficial a decisão, Isabella teve a declaração testemunhada por duas de suas companhias: a vizinha florentina Joana Antinori e um certo "senhor Roberto de Ricci". Menos de um ano antes, Roberto dera um fim à vida de Pedro Buonaventura; agora acompanhava na villa de Isabella a disquisição sobre as sutilezas do toscano.

Troilo também desempenhou um papel de destaque no universo social de Isabella durante esse período. "Como espero viver nas boas graças de Suas Excelências a senhora Isabella e donna Leonora", escreveu o conde de San Andrea a Troilo, de Nápoles, em junho de 1573, "rogo que lhes beije as ilustres mãos em meu nome, uma vez que aquelas princesas possuem todas as virtudes e beleza deste mundo, acompanhadas de graça sobrenatural." Acrescentava o conde: "E ao signor Bardi, o cavaleiro Conegrano e todos os outros cavalheiros daquela nobre companhia, beije-lhes igualmente as mãos."[8] Mas Troilo não apenas fazia parte da multidão. Sua proximidade com Isabella permitia-lhe assumir um papel cada vez mais preeminente na sociedade florentina. O soldado que apreciava viajar com um violino começou a promover entretenimentos teatrais em seu próprio lar em Florença, como por exemplo o espetáculo da "Commedia di Zanni", no Natal de 1572. O Zanni, mais conhecido como "Commedia dell'Arte", era uma trupe de atores cômicos que faziam truques, imitações zombeteiras, travessuras e apartes sarcásticos. Em outubro de 1573, Joana homenageou Troilo ao oferecer no Palazzo Vecchio um jantar de casamento para uma de suas damas de companhia, para o qual convidou-o na condição de representante do irmão dela, o duque da Baviera. Notória foi a ausência de seu próprio marido no evento.

Com efeito, Francisco parecia participar apenas com relutância das atividades sociais que envolviam sua família. Em 10 de outubro de 1573, como descreveu Conegrano, "a senhora Isabella ofereceu um banquete à Sua Alteza, à senhora Leonora, ao cardeal Medici, a don Pedro e a mim, bem como às damas de sua casa, que eram por volta de trinta. Também convidou seis fidalgas da cidade, e houve belíssima música e dança até as primeiras horas da manhã. O príncipe chegou antes do almoço, e em seguida foi embora, e não mais voltou".[9] Conegrano observava que aparecer apenas para as refeições era o comportamento padrão de Francisco: "não é possível encontrá-lo naquelas danças e jogos que eles promovem".¹⁰ Agora que seu relacionamento com Bianca era de conhecimento público, Francisco não tinha necessidade de fazer segredo de onde preferia passar seu tempo.

Ferdinando, no entanto, "comparece de boa vontade" aos eventos da irmã. A essa época, ele e Isabella estavam bastante amigos, unidos ao menos em parte pela desconfiança em Bianca, e Isabella não tinha problema algum com o desprezo declarado do irmão por seu marido. Em fevereiro de 1573, ela ajudou Ferdinando com um favor à família do novo papa, Gregório XIII, nascido Ugo Boncompagni de Bolonha. Gregório, embora reconhecido como um instigador da reforma católica, seria também o último papa a ter um filho, que reconheceu e promoveu abertamente: Jacó, de 25 anos. Em 27 de fevereiro de 1573, "Um filho natural do signor Jacó Boncompagni, castelão do castelo de Santo Ângelo e governador da Santa Igreja, foi batizado e nomeado Gironomo. O padrinho foi o cardeal Ferdinando de Medici, e a madrinha, a senhora Isabella. A mulher da qual nasceu a criança foi Beatrice de Garze, uma espanhola que pariu o menino na última noite de carnaval na casa de Ruoti da Campestri, em Mugello, para onde havia sido levada, grávida, em 25 de junho, por ordem e comissão do referido cardeal Ferdinando".¹¹ O irmão de Isabella, assim, transferiu de Roma a amante de Jacó, enquanto o pai deste, Gregório XIII, iniciou as buscas por um par de prestígio para o filho. Ao mesmo tempo, Ferdinando e Isabella concediam ao bebê o reconhecimento oficial dos Medici, ao servirem ambos de padrinhos.

No início do mês de fevereiro do ano seguinte, Ferdinando estava em Florença, onde caiu doente "com uma infecção na garganta, que os médicos chamam de *sprimantia*, e que lhe trouxe grande perigo de vida".¹² A *sprimantia*, ou amigdalite, era uma forma severa e potencialmente letal de tonsilite, e Isabella veio do Baroncelli "para assisti-lo, embora ele tenha partido ainda doente". Enquanto estava em Florença, ela promoveu um jantar no Palazzo Medici, em 8 de fevereiro, para os influentes Francisco Pacheco di Toledo, cardeal espanhol, e conde Clemente Pietra, que servira recentemente como enviado florentino na Espanha. Pacheco e Pietra deviam viajar juntos a Gênova para conversas com o primo de Isabella, o grande general espanhol Fernando Alvarez di Toledo, duque de Alba. Mas Pietra, "pouco depois de deixar o palácio, dirigindo-se a sua casa na Via San Gallo, havia percorrido mais da metade da Via Larga quando foi atacado por Francisco Somma de Cremona, que o feriu na perna, provocando sua morte dois dias depois".[13] Segundo os rumores, Pietra havia tentado resolver uma contenda entre Somma e outro homem, e Somma ressentiu-se de sua interferência. Mas pode ser que alguém hostil às relações e negócios entre florentinos e espanhóis o tenha contratado para cometer o assassinato.

Isabella em seguida "padeceu de um pouco de febre e deixou a cidade. O carnaval", escreveu taciturnamente Conegrano, "será realmente frio. A senhora princesa [Joana] irá promover a comédia (...)".[14] A ideia da cada vez mais melancólica Joana promovendo os espetáculos ribaldos havia muito esperados por todos era difícil de imaginar. Mas Isabella apressou-se a salvar o dia. Em 20 de fevereiro, ela voltou a Florença para dar uma festa, "e dançamos a noite toda", alegrou-se Conegrano. Poucos dias depois, o carnaval chegou ao fim com uma justa de exibição.[15] Os participantes foram Troilo e um cortesão de Isabela, Belizário Simoncello de Orvieto, ambos reputados por suas habilidades no manejo de armas. Quase toda Florença assistiu ao evento, mas Francisco "não foi visto em lugar algum". Naquele mês, Troilo e Isabella foram os verdadeiros rei e rainha do carnaval florentino. Se houve algum momento na vida da princesa em que ela pôde se sentir como uma heroína de *Orlando Furioso*, então há de ter sido esse, ao observar o amante lutando como um herói daqueles tempos cavalheirescos.

A posição de Isabella na cidade como filha de Cosimo foi ainda mais ratificada quando o bolonhês Mario Matasilani dedicou a ela seu *La Felicità del Serenissimo Cosimo Medici, Granduca di Toscana*. O tema da dedicatória eram as razões para a fortuna e felicidade de Florença. Mas uma vez que o tema e o objeto da dedicatória eram femininos, ao louvar Florença o autor louvava Isabella, a primeira-dama da cidade, não obstante as outras pretendentes àquele posto. "Florença", escreveu Matasilani, "é afortunada pela fertilidade de suas graciosas terras, frutuosas e abundantes de todas as coisas que poderia desejar a humanidade, pela doçura daqueles lugares deliciosos, que oferecem todo tipo de genuíno prazer, guarnecida de campos, rios e montes de clima temperado e ar fresco (...) todas as províncias da Itália miram seu exemplo, a reverenciam e honram como sua patrona, senhora e rainha."[16]

Após os trechos dedicatórios, a oração de Matasilani comparava Cosimo ao imperador Augusto, proclamando que a fortuna do grão-duque fora predeterminada pelas estrelas. Florença havia séculos esperava por ele para governá-la, para levá-la ao pináculo de suas realizações. Hoje, muitos consideram os Medici pré-ducais — Lourenço, o Magnífico, e Cosimo, o Velho — os membros verdadeiramente ilustres da família, sob cujos auspícios desabrochou o Renascimento florentino; depois disso, nada mais seria o mesmo. Mas sem o grão-duque Cosimo a reputação dos Medici teria morrido com Lourenço. Foi esse jovem Cosimo quem ressuscitou a família, e mesmo Florença — "tendo encontrado um caos, legou a seus sucessores um estado bem organizado".[17] Quase meio milênio depois de seu reinado, a marca de Cosimo na cidade que amava ainda é visível; é indiscutivelmente sua mão que delineia o itinerário de qualquer um que visite Florença. Sem ele não haveria o Uffizi e os jardins de Boboli pelos quais passear, e praticamente todas as igrejas da cidade conservam um retábulo de seu tempo. O alcance de Cosimo estendeu-se muito além dos muros de Florença, pois foi ele quem deu à Toscana a estampa dos Medici — as villas, o campo, o mar. Sob seu reinado, as outrora impetuosas Siena e Pisa foram convertidas em meros satélites.

Está bem claro que foi Cosimo quem instilou em Isabella um sentimento de orgulho igualmente impetuoso pela condição de Medici e pelo que significava ser florentino, como destacou Matasilani. Ao longo da vida, a paixão da princesa se destacou de diferentes maneiras: na sua angústia por atestar a profundidade das raízes da família; na sua crença de que eram os primeiros na Itália "depois do papa"; e na sua satisfação com o fato de os Medici possuírem o manuscrito de Boccaccio, pai da Itália moderna. E foi Cosimo quem imaginou uma maneira de reter a filha na cidade que significava tudo para ela, permitindo-lhe saborear em grande medida prazeres e independência negados a qualquer outra mulher de seu tempo. Isabella cumpriu igualmente o seu papel: gerou o filho necessário para fazer ter valido a pena seu aberrante casamento com um Orsini esbanjador.

Como era inevitável, porém, havia uma sombra na vida de Isabella, uma verdade implicitamente reconhecida, porém examinada pela princesa apenas em raras ocasiões e com relutância. A natureza livre de sua vida, a possibilidade de viver longe do marido e a permissividade da qual desfrutava, tudo isso era possível graças à aprovação do pai. O que aconteceria não fosse isso? "Isabella", advertia-a Cosimo segundo relatos, "eu não viverei para sempre."[18] Mas a vida sem Cosimo devia parecer inconcebível para ela, uma vez que se tratava de um jovem pai com filhos adultos, que tinha apenas 23 anos na ocasião do nascimento de Isabella. Haveria alguma razão para ela temer de verdade a vida sem o endosso e a bênção de seu *babbo*?

PARTE V

Desgraças de uma princesa Medici

Escudo de armas do grão-duque Francisco de Medici

Catafalco do grão-duque

CAPÍTULO 1

O declínio de Cosimo

Sendo o *capofamiglia* dos Medici, a saúde e o bem-estar de Cosimo tinham extrema importância, e eram objeto de discussão e atenção constantes. Sempre que o pai sentia-se indisposto, Isabella largava tudo de lado e corria para ficar junto dele. O maior susto aconteceu na casa dela durante o carnaval de 1568, quando, após um dia e uma noite de festas no palácio da Via Larga, Cosimo foi atingido por "um cano de esgoto que caiu sobre ele. Pensou-se que poderia estar morto (...)". Cosimo sofreu mais do que apenas uma concussão: teve um pequeno derrame, que resultou em um "braço impedido assim como sua fala".[1] Ficou bastante enfraquecido durante algum tempo, mas proibiu que fizessem qualquer comentário a respeito de sua condição. Mesmo depois de se recuperar, preferia ser transportado em liteiras. Mas nenhuma deterioração aparente em seu estado de saúde o impediu de fazer uma bem-sucedida campanha pelo grão-ducado, de casar-se com Cammilla e de servir como decisivo instigador da Liga Santa contra os turcos. Na verdade, Cosimo parecia valer-se da má saúde quando lhe convinha, como uma desculpa para se afastar da vida pública e desfrutar seu tempo com Cammilla.

Com efeito, para alguém que pretendia ter transmitido o governo do estado ao filho, Cosimo continuava envolvido como nunca numa pletora de amplas questões concernentes a Florença e ao estado toscano. Ao longo do ano de 1572, ele se dedicou a uma vasta gama de assuntos. Com a morte do papa Pio V, Cosimo desejava ver assumir o pontificado um cardeal de menor importância, um que ele pudesse influenciar; agiu nesse sentido, através de colaboração e suborno, para a eleição do bolonhês Ugo Boncompagni, que se tornou o papa Gregório XIII. Cosimo preocupava-se igualmente com o desenvolvimento de fortificações, armas, galés, construção de pontes e ferramentas mecânicas na Toscana. Exigiu saber por que a qualidade do chumbo extraído do solo toscano mostrava sinais de deterioração. Continuou a regatear com Catarina de Medici sobre o espólio de Alexandre de Medici, morto 35 anos antes. Cosimo jamais confiara nos jesuítas. Temia que seu fervor e carisma pudessem prenunciar uma nova era savonarolana em Florença, e ficou consternado ao saber que eles desejavam tomar a elegante igreja de Santa Trinità dos monges valombrosanos que a ocupavam. Imediatamente impediu a ação, informando ao papa que "aqueles monges ali vivem religiosamente e sem escândalo (...) ademais, a igreja é uma das mais antigas na cidade, construída por cavalheiros florentinos, que ali têm túmulos e capelas, e eles sempre estiveram contentes com aqueles monges".[2] Cosimo propôs que os jesuítas ocupassem o monastério de San Frediano, do outro lado do Arno, a uma distância segura e em uma parte mais depredada da cidade, onde sua influência seria reduzida. Mostrou-se mais impiedoso do que nunca diante dos rebeldes anti-Medici, instruindo o governo de Lucca a tomar e exibir em público o cadáver enforcado do revoltoso João Catasta, "para que possa ser visto de todas as terras dos arredores e servir de exemplo aos outros".[3] Mas decidiu perdoar um certo Fornaino, flagrado roubando valiosos adornos em coral de fontes florentinas, "porque ele é velho e pobre, e puni-lo ainda mais não será de grande ajuda".[4]

O embelezamento de Florença ainda constituía, porém, uma grande prioridade para Cosimo. Ele ficara contente com o fato de Giorgio Vasari ter sido convidado para decorar a Sala Regia do Palácio Vaticano, mas lhe pediu para "acelerar os trabalhos, para que possa voltar e finalizar a pintura na cúpula" do Duomo de Florença.[5] Antes de enviar alguns escravos recém-adquiridos para as galés em Livorno, ele observou, "destinamo-los para o trabalho na construção do Pitti".[6] Embora havia muito Francisco detivesse o título de regente, Cosimo ainda não considerava o filho proativo o bastante no governo do estado que um dia viria a herdar, e o instruía, por exemplo, a familiarizar-se com os assuntos ligados à disputa dos boticários sobre a venda de um novo tipo de bálsamo indiano. Também o fez ler um "livrinho" detalhando a reorganização do banco Monte dei Paschi em Siena.

No início do ano de 1573, todavia, Cosimo mais uma vez começou a se sentir indisposto, sofrendo longos períodos de paralisia parcial e agitação. Além disso, sua esposa perfeita começava a mostrar distintos sinais de deslustre. Em fevereiro, Francisco enviou seu secretário particular Antonio Serguidi a Pisa, onde se encontravam Cosimo e Cammilla. Em teoria, Serguidi estava na cidade para cuidar de negócios rotineiros da corte, mas na realidade sua incumbência era espionar Cammilla e enviar relatórios ao secretário-chefe de estado, Bartolomeu Concino, o que fez com prazer. Referindo-se depreciativamente à esposa de Cosimo como "La Cammilla" (quando a forma respeitosa seria "a senhora Cammilla"), Serguidi encheu os ouvidos do colega com histórias do terrível comportamento da mulher do grão-duque: "Sempre se soube que Cammilla era vaidosa e desamorável, mas esses dias ela tem estado pior do que nunca. Ela não move um dedo por Sua Alteza, não o alimenta mais, como costumava fazer, deixando esse encargo a Madonna Constância [sua principal dama de companhia], e, à noite, se o ouve queixar-se de algo, não vai até ele, e se enfeita com roupas e vaidades como nunca antes. Hoje mesmo, pela manhã, quis ir à missa toda embelezada, com um véu dourado sobre a cabeça, ao estilo romano, e quando Sua Alteza a viu, seu pulso disparou. Ele não quis voltar a dormir até que ela tivesse retornado, e enquanto ela esteve fora ele não fez nada a não ser chorar."[7]

De acordo com Serguidi, Cammilla negava atenção a Cosimo se ele não cedesse aos desejos dela. "Ontem", escreveu a Florença, "Cammilla foi até Sua Alteza e suplicou-lhe insistentemente que fizesse do primo dela, Domenico Martelli, um dos camareiros de don Pedro. Sua Alteza replicou que isso cabia ao príncipe, e que não desejava interferir para mudar esse arranjo. Ela se ajoelhou diante dele para insistir mais uma vez, e ele novamente recusou o pedido. Naquela noite ela não quis dar o jantar a Sua Alteza, embora ele tenha chamado por ela."[8]

Cammilla também apartava outros membros da família. Em março, relatou Serguidi, "O grão-duque continua melhorando, e os desprazeres domésticos igualmente prosseguem, pois Cammilla teve discussões com a senhora Leonora [prima de Isabella], que Sua Alteza desejava que viesse visitar, e ela não quis vir, então Sua Alteza foi forçada a ir buscá-la".[9] "E ela persegue os empregados", concluía Serguidi. Não obstante os atritos que causava e quão desagradável pudesse ser, Cammilla dispunha porém de sua própria influência sobre Cosimo. Em uma noite ruim, os médicos do grão-duque trouxeram a seus aposentos uma cama separada para Cammilla. Cosimo "inflou-se de cólera, mandou-os levar embora a cama, pois queria a esposa bem a seu lado".[10] Os médicos, pelo bem da saúde do paciente, desejavam que ele se abstivesse do intercurso sexual com Cammilla, recomendação que Cosimo não tinha a intenção de seguir. "Após fazer com a esposa aquilo que não deveria, ele voltou ao mesmo estado de má saúde", relatou Serguidi. "Se não se abstiver das atividades de Vênus, o mesmo tornará a acontecer."[11] Espalhou-se o boato de que Cosimo havia legado a Cammilla em testamento uma pensão anual de 4 mil *scudi*.

Todos ficaram mais tranquilos quando o grão-duque deixou Pisa e voltou a Florença, e "o príncipe e o cardeal vão visitá-lo todos os dias, assim como as senhoras Isabella e Leonora. Porém", acrescentava Conegrano, "jamais a princesa Joana, por causa de Cammilla". Cosimo também saía, frequentando a casa de Isabella para as festas e bailes, mas sua condição deteriorou quando perdeu a capacidade de se mexer e falar. "Ele me parece", observou Conegrano em janeiro de 1574, "uma estátua imóvel numa liteira, embora se alimente e durma bem."[12] O embaixador veneziano foi mais além, ao comentar: "ele perdeu todos os sentidos, e vive mais como uma planta que como um homem."[13]

Misericordiosamente, para alguém que vivera com tanto vigor e energia, o grão-duque da Toscana foi poupado de uma existência prolongada em tal condição. Sua saúde piorou ainda mais no início de abril, e por volta do fim do mês era de conhecimento público que sua morte era iminente. "Em 20 de abril, por volta da meia-noite, começaram aquelas dores que dão cabo de tudo", escreveu um observador, "e espalhou-se em Florença a notícia de que ele estava morto (...) mas ao mover ligeiramente o braço esquerdo deu esperança àqueles a sua volta e tomou as mãos da senhora Cammilla, sua esposa (...)."[14] Este seria, contudo, o último gesto do grão-duque. No dia seguinte, "às sete da noite, Sua Sereníssima e Invencível Alteza Cosimo de Medici, grão-duque da Toscana, passou à outra vida no Palazzo Pitti".

Francisco foi convocado e surgiu uma hora mais tarde, proferindo sua primeira ordem como novo governante da Toscana. Cinco horas depois, "à uma da manhã, a senhora Cammilla Martelli foi enviada ao convento de Murate com quatro acompanhantes mulheres e dois empregados (...) e com ela seguiu sua principal dama, [Constância] Pitti".[15] O Murate era uma instituição rigorosa e severa, e os surtos histéricos de Cammilla ao ver-se de forma tão inesperada em tal ambiente resultaram em sua transferência para o cenário menos espartano de Santa Monica, no Oltrarno. No entanto, Cammilla só transporia novamente aqueles muros 12 anos depois, quando receberia permissão para assistir ao casamento de sua filha com Cosimo, Virgínia, com o duque de Ferrara.

Tendo se livrado da madrasta, Francisco agora precisava cuidar do adeus ao pai, que exigia mais elaboração. Em 22 de abril, "o Palazzo Pitti foi aberto, todas as igrejas começaram a soar o sino fúnebre, e o corpo do grão-duque foi exposto no palácio, a coroa na cabeça, o cetro na mão e o uniforme de Cavaleiro de Santo Estêvão a seus pés. O palácio foi inteiramente coberto com seda preta, desde o portão externo principal. Em volta do grão-duque foram postados 18 ou 20 guardas germânicos armados".[16] O corpo de Cosimo foi exibido num catafalco rapidamente improvisado, onde "um tapeceiro trabalhou dia e noite confeccionando os travesseiros, os reposteiros do catafalco e seu baldaquim, e os mosquiteiros de tafetá preto".[17] Cosimo ainda precisava ser embalsamado, e as moscas não respeitam hierarquia.

No dia seguinte, o corpo seguiu para o embalsamamento na igreja de San Lorenzo. O funeral em si foi atrasado para que dignitários por toda a Europa fossem informados do falecimento e tivessem tempo de enviar seus representantes à cerimônia fúnebre. Francisco enviou Troilo Orsini ao imperador Maximiliano, e em seguida ainda mais longe, à Polônia, onde Henrique, filho mais novo de Catarina de Medici, fora recentemente entronado, com relutância.

Nesse meio-tempo, seguiram-se os preparativos para um funeral tão opulento e ostensivo quanto as mais recentes cerimônias de casamento. Incrivelmente, Giorgio Vasari — que fora o braço direito de Cosimo em quase tudo aquilo que o grão-duque imaginara para a cidade — não esteve envolvido nos arranjos da cerimônia, embora vários de seus alunos tenham participado. Ele próprio encontrava-se debilitado, e morreria em junho daquele mesmo ano. O funeral de Cosimo foi realizado em 17 de maio. Teve início no Palazzo Vecchio, onde uma efígie do grão-duque fora disposta sobre o catafalco, o rosto e as mãos feitos de cera, com o caixão por baixo. O catafalco foi então carregado numa procissão até a igreja de San Lorenzo. O cortejo começou com seis trompetistas montados a cavalo e vestidos em preto e escarlate, seguidos por cem archoteiros rodeando o portador de uma grande cruz, um grupo levando 13 pendões e "seis notáveis e belíssimos cavalos, usados na montaria pelo falecido grão-duque, cobertos em veludo preto, de rabos compridos e com plumas sobre as cabeças, desprovidos de montador e alinhados pelos cavalariços".[18]

Havia também no cortejo representantes de todas as cidades toscanas e da Universidade de Pisa, de todas as guildas florentinas, os Cavaleiros de Santo Estêvão, os magistrados de Florença e embaixadores. Entre os nobres da cidade contavam-se membros das famílias Strozzi, Albizzi, Machiavelli, Capponi, Rucellai, Pucci e Frescobaldi. Roberto de Ricci, assassino de Pedro, marido de Bianca, também esteve presente. Acompanhado do núncio papal e do irmão Pedro, Francisco marchou em procissão, fazendo uma sinistra figura trajado em uma *gramaglia* — comprido manto de luto — e com a face ocultada por um capuz de pala. Paulo Giordano vinha logo atrás dos irmãos Medici.

Na piazza em frente à igreja de San Lorenzo, barricadas foram erguidas para reter as multidões. O interior da igreja foi decorado com drapejados negros, e os ornatos incluíam pendões com o escudo de armas dos Medici, divisas da família e esqueletos enlutados segurando pergaminhos. O caixão foi disposto sob um baldaquim diante do altar-mor, cercado por centenas de velas bruxuleantes, e então a missa fúnebre foi celebrada. Ao fim do serviço, o caixão foi retirado, para ser conduzido à Velha Sacristia da igreja, onde o corpo de Cosimo seria depositado ao lado do de sua esposa Eleonora, em cuja ausência ele levara uma vida tão diferente. Quando o funeral chegou ao fim, Francisco de Medici recolocou o capuz de pala e o cortejo retornou ao Palazzo Vecchio, de onde as ornamentações negras da manhã haviam sido removidas, bem como o brasão de Cosimo. Em seu lugar fora instalado o de Francisco, o novo grão-duque. Uma nova era formalmente se iniciara.

Como já ocorrera no funeral de João, Isabella, por ser mulher, não pôde participar da cerimônia do pai. No entanto, fez-se ouvir e exprimiu seu sentimento de perda através de uma carta escrita para o duque de Mântua duas semanas após a morte de Cosimo. As palavras escolhidas por

Isabella parecem inspiradas nas letras dos madrigais executados em sua casa, as canções em que amantes expressam sua dor diante do abandono:

> Não podemos escapar à morte, e esses acidentes que acontecem são tão intoleráveis a mim quanto aos que tiveram perdas semelhantes. Não obstante, é com a mais amarga e desentranhada dor que me vejo privada do sereno grão-duque meu senhor e pai — *sopra tutti gli alti amori* [acima de todos os demais amores] (...)[19]

Cosimo fora o arrimo fiel de Isabella, o único que estivera junto dela em cada momento de seus 31 anos. Mais de 11 anos haviam se passado desde que João a deixara, ao passo que o excêntrico estilo de vida de Troilo, dependente das oportunidades e favores de outros, significava que a princesa jamais poderia estar inteiramente certa de que ele permaneceria sempre a seu lado. Mas Cosimo sempre protegera a filha, permitindo que tivesse uma vida luzente e encantadora em Florença, preservando-a de uma existência e de um marido em Roma que ela não desejava. Agora, com a morte dele, Isabella não estava apenas privada de um pai que amava e que a amara. Pois quando falou sobre estar desentranhada, sabia que o cerne de sua própria existência estava agora ameaçado, as entranhas de seu estilo de vida sob risco de evisceração.

Vista da villa de Artimino

CAPÍTULO 2

A negociação das crianças

Em seguida à morte de Cosimo, toda Florença quis saber como o grão-duque distribuíra sua herança. De acordo com alguns registros, "Além do estado da Toscana, foram deixados a ele [Francisco] o Palazzo Pitti, as villas de Poggio a Caiano e Castello". Ferdinando receberia uma renda anual de 80 mil *scudi* e Pietro, de 30 mil. "À princesa Isabella, sua filha, ele legou 7 mil *scudi* anuais, além dos rendimentos de impostos alfandegários em Siena, bem como a villa do Baroncelli."[1] Embora pareça ter deixado menos a Isabella que aos demais filhos, as despesas dela deveriam ser menores, de modo que na verdade Cosimo pretendeu deixá-la muito bem provida.

Além disso, sabendo das vicissitudes da "fortuna" de Paulo Giordano, o grão-duque tomara a decisão muito incomum de prover também os filhos de Isabella, um dever que em geral cabia ao pai das crianças. Cosimo desejava deixar 30 mil *scudi* para o dote de sua neta Nora, 10 mil a mais do que o estipulado para Virgínia, sua própria filha com Cammilla. O problema é que o testamento do grão-duque jamais fora formalizado, e a Francisco caberia cumprir os desejos do pai como bem entendesse.

A villa do Baroncelli estava no nome de Isabella, e era portanto uma propriedade autônoma que não poderia ser contestada por Francisco, por mais que ele se irritasse com o fato. Isabella, porém, estava muito preocupada com o bem-estar e a situação financeira futura dos filhos. Os Medici não tinham obrigações legais em relação a Nora e Virgínio, que levavam o nome dos Orsini e eram responsabilidade de Paulo Giordano, apesar de residirem em Florença. Já no início do ano de 1573, quando observou o pai entrando em declínio, Isabella julgou sensato iniciar com Francisco conversas sobre a herança em dinheiro que Nora e Virgínio poderiam esperar, e as maneiras de salvaguardá-la. Uma boa parte do que deveria constituir o patrimônio das crianças pelo lado dos Orsini fora adquirido pela família Medici, uma vez que Paulo Giordano fora obrigado a se desfazer de bens para quitar dívidas ou adquirir patentes militares. Isabella não via problema nessas aquisições, mas desejava se certificar de que um dia Virgínio e Nora se beneficiariam disso. Assim, na primavera de 1573, ela deu início àquilo que chamou em sua correspondência de *"il negotio degli putti"* — "a negociação das crianças". O que Francisco estava disposto a considerar era uma proposta pela qual o "signor Paulo doa ao filho todas as suas posses antes que as arruíne completamente. O plano parece bom e proveitoso para o menino (...)".[2] Isabella, contudo, sabia que o marido não toleraria ser desapropriado dessa maneira, e esperava chegar a um acordo por meio do qual garantisse uma herança para os filhos, mas sob termos com os quais Paulo consentiria. "Quanto à negociação das crianças", escreveu ao marido, "você sabe que é melhor discutir as coisas comigo e não diretamente com o príncipe, e que estou fazendo por elas tudo que posso. Não se surpreenda caso eu demore a responder, porque esta negociação é muito importante."[3] As palavras de Isabella sugerem que não confiava no marido para intermediar questões com Francisco de maneira que satisfizesse a ela. A negociação, contudo, implicava claramente promessas e papeladas da parte de Paulo, possivelmente com respeito à provisão de rendas e outras somas em dinheiro. Em maio, ela escreveu ao marido: "Não recebi papéis do tipo que você menciona. Faça-me enviá-los para que não fiquemos numa situação ruim, porque estou tentando concluir isto o mais rápido possível."[4]

No momento da morte de Cosimo, entretanto, a questão ainda não fora resolvida. Não havia nenhum registro por escrito que vinculasse os Medici contratualmente à provisão dos filhos de Isabella. O funeral, o período de luto subsequente e o tempo necessário até que Francisco se acostumasse ao manto grão-ducal significaram que apenas em junho de 1574 Isabella conseguiu concluir as negociações com o irmão. "Sinto-me como um navio fustigado pelo vento, sem esperanças de encontrar porto", ela escreveu ao marido no início de julho, dando a entender que as discussões com o grão-duque mostravam-se problemáticas. Em meados do mês, todavia, ela parecia feliz com o desenrolar dos acontecimentos. "Nossa negociação vai bem, delineia-se uma via para a resolução", afirmou.[5] Mas ao final do mês as coisas não haviam se passado da maneira que ela previra, como explicou ao marido:

> O desembolso é difícil por muitas razões. Primeiro, há dívidas de nosso pai o grão-duque que somam 270 mil *scudi* e que ele é forçado a pagar até próximo maio (...) essas questões são de fato difíceis, e urgentes, e assim a negociação deve vir depois delas, e levar o tempo que for preciso (...) devemos ser pacientes e esperar que Deus não abandone essas crianças (...) temos que fazer o melhor em benefício de nossos filhos.[6]

O tom estoico de Isabella é incomum em se tratando dela, e nesta carta a Paulo ela interpreta o papel da boa princesa Medici para quem os problemas no estado da Toscana devem vir em primeiro lugar. Ela recomenda que o marido tenha paciência, uma vez que ele decerto previa algum tipo de recompensa com respeito a essa questão das crianças. E a ênfase que ela põe ao dizer "em benefício de nossos filhos" é sugestiva do temor de que, nesse meio-tempo, Paulo se desfizesse de outras propriedades. Mas Isabella não estava contando ao marido a história toda. Ao que parece, ela chegara a algum tipo de arranjo particular com Francisco, mas em algum momento das prolongadas negociações ele a traíra.

Francisco voltara atrás em um acordo que Isabella assinara pessoalmente, um acordo que ela acreditava salvaguardar o futuro dos filhos e que não só satisfaria Paulo como também a beneficiaria. Uma carta avulsa e não assinada pode ser encontrada nos arquivos florentinos, introduzida entre a correspondência dos secretários dos Medici. Esta carta só pode ser atribuída a Isabella, e indica que ela concordara e assinara um arranjo subsequentemente alterado por Francisco. Diz o texto da carta:

> É com imenso desprazer que tomo ciência de que a carta de Vossa Majestade com minha assinatura foi alterada. Se eu tivesse cogitado que isso seria feito, jamais a teria assinado, sendo minha única intenção servi-lo, e fazer a coisa certa. Mas ao pensar que a negociação fora concluída por boa graça de Vossa Majestade, não tendo mais ouvido falar da questão, fui persuadida de que proporcionava o elevamento de minha honra, e desta casa, meus filhos, sobrinhos, sobrinhas e empregados, de quem Vossa Majestade é o patrono. Tampouco é necessário que me digam que Vossa Majestade sente contentamento em assegurar meu bem-estar, o de meu marido e o de meus filhos, pois sendo sua irmã decerto deve ter por mim o amor fraternal que se origina do sangue, e faz por merecer minha disposição, como a de toda essa casa, em servi-lo e em ver a sua suprema exaltação. Não preciso ir mais além para expressar meu desgosto, exceto dizer que me viu condenada. Vossa Majestade deve lembrar bem que também sou filha da gloriosa memória que é nosso Pai, e que grandes príncipes, que dispõem de bens e empregados à sua devoção, os granjearam com sacrifício e habilidade, enquanto Vossa Majestade tem sua casa sem tal sacrifício (...) Asseguro-lhe que jamais encontrará satisfação e contentamento.[7]

A natureza exata da traição de Francisco a Isabella é incerta. No mínimo, podemos imaginar que ele retirou sua promessa de prover fundos para os filhos da irmã e rendimentos para ela mesma, bem como para Paulo. Sem o dinheiro que lhe fora prometido pela "gloriosa memória" do pai, a boa vida de Isabella em Florença estava de certa forma ameaçada. Ela tinha o Baroncelli, com uma fazenda operante, e uma parte do Palazzo Medici, da qual Francisco não podia despejá-la à força. Ainda assim, ele tornara a vida da irmã muito mais difícil. Nunca houvera muito amor entre ela e Francisco, que amava apenas Bianca, como Isabella deixa claro em carta a Troilo referindo-se aos "modos desprezíveis" do irmão. Mas uma coisa é fazer tais afirmações a alguém numa carta supostamente secreta. A carta a Francisco, que de maneira deliberada e notória Isabella absteve-se de assinar, destaca-se pela demonstração de sua ira, sem recorrer a nenhum subterfúgio de diplomacia cortesã. Pelo contrário, o emprego da expressão "Vossa Majestade" parece repleto de escárnio, pois a carta prodigaliza sarcasmo. E não é tão sutil o subtexto segundo o qual era Isabella a verdadeira filha de Cosimo, Francisco sendo apenas o beneficiário passivo de riqueza e privilégios, que nunca lhe trariam prazer e que ele haveria de dissipar. Trata-se de uma carta na qual Isabella identifica seu adversário na figura do irmão. Ela pode não ter declarado guerra total a Francisco, mas esta missiva certamente demarca linhas inimigas entre os dois.

A carta de Isabella mencionava verdades que ela não poderia assinar com seu nome. No passado, ela recorrera a canções para desabafar seus sentimentos, para se expressar por intermédio de meias verdades, para fazer alusões que poderiam ser interpretadas de mais de uma maneira por ela mesma e por aqueles a sua volta. Nesse novo período de sua vida, ela voltou sua atenção para a pintura, encomendando ao pintor florentino Giovanni Maria Butteri uma imagem que pode dar a impressão de ser um ícone à piedade da família, mas que possui um enfático subtexto. Trata-se de um quadro da *Sagrada família com os santos*, representados por seus familiares.[8] Sua mãe Eleonora aparece como a Virgem Maria, e a avó Maria Salviati na figura de santa Ana. O menino Jesus tem os cabelos ruivos que Isabella mostrava quando criança, e pode ser uma representação do filho dela, Virgínio. Se nenhum Medici pode ser reconhecido de imediato no infante João Batista, o próprio nome João é um indicativo de quem Isabella pretendia que estivesse sendo representado.

É entre os santos ao redor do grupo central, porém, que se desenvolve o drama real do quadro. Três figuras são retratadas à direita de Cristo. Cosimo de Medici aparece, tal qual em outras pinturas, como são Cosme, enquanto Ferdinando, em trajes clericais, surge atrás do pai na figura do companheiro de Cosme, são Damião. Os Medici avocavam esses santos martirizados para si havia muito tempo, porque ambos tinham sido médicos, *medici*. Sentada aos pés de Cosimo vemos Isabella no papel de santa Catarina, tendo ao lado o símbolo de seu martírio, a roda. Esse posicionamento deixa clara a ligação entre pai e filha, reforçada ainda pelo fato de tanto Cosimo quanto Isabella terem nas mãos livros de couro brasonados com o escudo de armas dos Medici, como se a sabedoria e a herança do pai estivessem sendo transmitidas à filha. Eles têm às mãos, ainda, potes de tinta e penas de ave, para indicar que não são apenas os destinatários da história da família, mas também seus autores. Catarina, que não mantinha nenhuma relação particular com os Medici, era uma santa que Isabella deve ter julgado que lhe cairia muito bem. Segundo a lenda, Catarina, que viveu no início do século IV, foi uma jovem fidalga de grande erudição e coragem que teria confrontado o imperador Maximino e o condenado por sua perseguição cruel aos cristãos. Nem o imperador nem os acadêmicos que ele convocou para debater com a santa puderam refutar sua argumentação, e assim Maximino resolveu condená-la à morte. Catarina, então, é a santa erudita, superior no intelecto a seus congêneres do sexo masculino.

Se Isabella não tinha altercações com aqueles do lado direito do quadro, o que dizer das figuras à esquerda? Ali, Francisco e Paulo apareciam lado a lado, vestidos como santos guerreiros inidentificáveis. É difícil deixar de notar Francisco, que, ao contrário dos demais personagens, não gesticula de maneira visível ao espectador, como que espreitando sinistramente ao fundo. Quanto a Paulo, o artista de certa forma disfarçou sua corpulência dotando-o de uma capa estrategicamente posicionada. Mas é possível notar a distância espacial e psicológica entre ele e a esposa, e o modo como são João, sentado como Isabella/Catarina, se interpõe entre os dois.

Na superfície, o quadro pode parecer uma manifestação notavelmente pia da parte de Isabella, que estaria venerando a família como aos santos. Mas ao que parece ela enxergava a fé como algo a ser invocado em seu auxílio quando exigia a ocasião: relíquias podiam ser veneradas para curar uma moléstia, ao passo que a confissão era uma boa maneira de aclarar uma semana de pecados. A vida da princesa não fora marcada pelo fervor espiritual, e ela não precisava se servir da Igreja como um meio de autoexpressão, ao contrário de outras mulheres de seu porte. Nesse exemplo, portanto, o quadro lhe permitia fazer uma declaração sobre sua vida familiar e suas alianças. O arranjo das figuras na pintura não é casual. Aqueles de quem ela está mais próxima são João e Cosimo, e sua ligação com o pai é realçada por meio dos livros brasonados com o emblema dos Medici. Do mesmo lado ela também pôs Ferdinando, que, embora não fosse seu aliado mais forte, tampouco constituía um inimigo. As figuras centrais — Eleonora (Virgem Maria), Maria Salviati (a sagrada avó santa Ana), Virgínio (menino Jesus) e João (João Batista) — são influências benignas, mas ou estão mortas ou são muito jovens para vir em seu auxílio. São as figuras do outro lado do quadro — e que a despeito do halo estão vestidas em trajes de guerra — que representam seus inimigos: o marido e o irmão, a quem Isabella precisará confrontar, a exemplo de Catarina com o imperador. Lograria sucesso onde a santa fracassara ou seria apenas mais uma nobre erudita transformada em mártir?

Vista do rio Arno e da Ponte Santa Trinità

CAPÍTULO 3

"Minha chegada"

A disputa com Francisco para assegurar uma herança a Nora e Virgínio não era o único problema que Isabella enfrentava. Ao perder o pai, ela perdera não apenas o homem que desejara garantir o bem-estar de seus filhos, mas também aquele que por quase duas décadas permitira que ela vivesse como uma Medici em Florença, sem a necessidade de uma transferência indesejada para Roma. Da última vez que estivera na Cidade Eterna — para a coroação do pai, em 1570 —, Isabella se hospedara na residência do cardeal Ferdinando. Ao que parece, não pôs os pés na casa do marido em Monte Giordano, e decerto não passou nem perto do úmido e melancólico castelo de Bracciano.

Mas agora, "após a morte de seu pai, não havia razão para ela permanecer em Florença".[1] Esta avaliação recente do relacionamento entre Paulo e Isabella, que se fia unicamente na "enxurrada de amor" observada em suas cartas pretensamente particulares, porém na verdade públicas, sugere uma Isabella desesperada para se unir ao marido em Roma. Segundo esta versão, a princesa estaria preparada para abandonar a vida que havia adorado e cultivado em Florença: seu lar no Palazzo Medici, a villa do Baroncelli, seus amigos e sua família, até mesmo sua vida romântica. Ela abandonaria tudo isso, sem falar na sua independência, para viver em Roma sob o jugo de Paulo Giordano. Seu marido podia ser o líder dos Orsini, mas Isabella tinha perfeita ciência da estima de que efetivamente gozava na corte romana. Os Orsini e Colonna podiam estar igualados na hierarquia das famílias, mas no âmbito pessoal Paulo Giordano estava muito atrás de seu primo Marco Antônio Colonna. Isabella estava acostumada a ser a primeira-dama de Florença. Como então poderia assumir um papel secundário numa cidade estrangeira, uma em que circulava o famoso provérbio *"In Roma vale più la puttana che la moglie"* — "Em Roma mais vale a puta que a esposa"?[2] Além dessas questões, havia algo ainda bem mais desagradável a considerar: que punição lhe estaria reservada por seu envolvimento com Troilo?

Em julho de 1574, Isabella informou a Paulo: "A beleza que o fez apaixonar-se por mim não mais existe, pois foi levada com os anos. No entanto, congratulo-me com o fato de que me ama com aquele amor que existe entre marido e esposa."[3] "Ela se sentia feia e velha, e agora temia não mais conseguir satisfazer o marido", insinua uma interpretação recente da autoestima de Isabella.[4] Segundo essa versão, a princesa estaria angustiada com o fato de não mais atrair o homem que durante esse período confessara que "devido ao grande peso e condição do meu corpo, nenhum cavalo é bom o bastante".[5] Paulo Giordano engordara demais para poder ser transportado por qualquer cavalo comum. E se é verdade que os retratos podem enganar, as imagens de Isabella da época, entre as quais a pintura da *Sagrada família*, sugerem que ela não havia perdido o encanto. Assim, é possível que tenha feito tal comentário na esperança de refrear o entusiasmo do marido em vê-la junto de si em Roma. Mas a aparência de Isabella pouco importava a Paulo, e não por causa do "amor que existe entre marido e esposa". Ter a esposa ao lado, ou mantida em Bracciano enquanto ele prosseguia com sua vida habitual em Roma, restabeleceria a sua honra. Paulo não precisaria contribuir para a manutenção de um lar em Florença e poderia desfrutar a renda proveniente do Baroncelli, agora que a esposa não mais ocuparia a villa.

Mas se pretendia adiar sua transferência para Roma, para não dizer frustrá-la por completo e definitivamente, Isabella precisava agir com cautela e calculismo, e evitar escrever qualquer coisa indicativa de sua relutância. Ela não mais dispunha de Cosimo para defletir e retardar as solicitações de Paulo para que a esposa fosse mandada a Roma. Francisco não tinha autoridade sobre a irmã para forçá-la a partir, mas tampouco a ajudaria a permanecer em Florença. Em uma carta a Paulo datada do verão de 1574, Isabella afirma ao marido "que senti muito desespero desta última vez após sua partida". Ainda assim, ela obviamente dissera alguma coisa de que agora se arrependia, talvez tivesse sido um pouco honesta demais com o marido, pois prosseguia: "Deus seja louvado que minha cabeça esteja de volta no lugar, porque o que disse não foi em meu interesse."[6]

Ao longo do verão, para adiar sua ida a Roma, Isabella valeu-se da desculpa de ter que cuidar do *"negotio degli putti"*. No final de agosto, enviou a Paulo uma diretiva que faz parecer que ela de fato planejava deixar Florença: "As crianças estão bem, embora o filho em meus braços me atormente. Peço que me envie as medidas da pequena câmara e do aposento em que vou ficar, para que eu possa mandar confeccionar dois reposteiros pretos", uma sugestão do luto que velaria pelo pai.[7] Mas ao que parece isto era apenas mais uma técnica de protelação, pois do contrário por que ela não pediria ao marido que simplesmente decorasse seus aposentos da maneira adequada? Além disso, Isabella não se comportava como alguém que se preparava para uma partida iminente. Dois dias depois, Carlo Fortunati — visto pela última vez junto ao bando que assassinara o marido de Bianca Cappello — escreveu a Paulo: "Minha senhora partiu com o cardeal e don Pedro e a senhora Leonora para as montanhas de Pistoia em busca do frio, e deixou as crianças sob os cuidados de minha mãe, que as adora, e como esta manhã certas damas na casa contraíram varíola, minha mãe por precaução levou os pequenos para os jardins de don Luis [di Toledo]."[8] Os amplos jardins do tio de Isabella, guarnecidos com uma imensa pérgula e enormes fontes, encontravam-se logo ao leste da Piazza San Marco, e foram demolidos no século XIX para abrir caminho à expansão urbana de Florença. A epidemia, como registrou o diarista Bastiano Arditi, atacava sobretudo "crianças de pouca idade" e era tão virulenta e letal que na cidadezinha de Borgo San Lorenzo nove foram enterradas em apenas um dia.[9] Um infante entre os Medici — Lucrécia, a filha mais nova de Francisco e Joana — sucumbira em função da doença, o que significa dizer que, das cinco filhas que Joana dera à luz, três delas agora estavam mortas.

Tampouco os adultos da família escaparam da enfermidade. Pedro e Leonora adoeceram, mas se recuperaram. Isabella, de volta a Florença, ao que parece escapou, ainda que tenha sofrido o que o médico da corte descreveu como *"un gran flusso di sangue"*, uma forte hemorragia menstrual, atribuída a "um estômago intemperado e um fígado úmido e frio".[10] Ao mesmo tempo, o próprio Paulo Giordano ficou gravemente doente, atacado por uma infecção viral que também atingiu outros a sua volta. No final de setembro, Isabella escreveu a ele para falar de seu "enorme contentamento com sua excelente melhora (...) Não deixei de orar em sua intenção (...) afirmo-lhe que ser privada de você seria impossível". Ela garantia ao marido esperar que "minha própria condição melhore, uma vez que não há nada que eu deseje mais que servi-lo e vê-lo".[11]

Assim, nos meses de outubro e novembro, foi como se Cosimo jamais tivesse morrido. As cartas de Paulo mostram refrões bastante familiares. Em 28 de outubro de 1574, ele escreveu: "Compreendo que esteja resolvida sobre sua vinda para cá (...) Vou preparar a casa de Monte Giordano e espero que fique confortável, bem como as crianças."[12] Mas ao que parece Isabella silenciou. No mês seguinte, Paulo escreveu: "Desejo saber sobre sua vinda, rogo que me faça informar."[13] Isabella respondeu com uma de suas clássicas evasivas: "A respeito da minha chegada, nada posso dizer senão que depende sobretudo do cardeal, que chegou aqui neste exato momento."[14] Não está claro exatamente o que Ferdinando tinha a ver com a partida da irmã ou o que pensava do assunto, mas podemos imaginar que se o cardeal da família em Roma fosse João ela teria partido muito mais alegre. Talvez ela mesma se desse conta disso; em seguida à morte de Cosimo, Isabella se refere pela primeira vez em muito tempo às "felizes memórias que guardo de meu irmão o cardeal".[15]

Por volta de dezembro, Paulo estava distraído demais com as "necessidades enormes de meus negócios" — que culminaram na venda de mais um lote de terras dos Orsini, em Galera — para questionar por que Isabella ainda não aparecera em Roma.[16] A princesa aproveitou a oportunidade e se ofereceu mais uma vez para entrar em negociações com Francisco em favor do marido, prometendo-lhe em janeiro que "não deixarei de cuidar de seus negócios como se fossem os meus". Prosseguiu dizendo que "na verdade, quanto a minha chegada, já escrevi mencionando que preciso tratar de certas questões a respeito de coisas que me pertencem (...) mas não posso dizer exatamente quando". E concluiu com um estribilho familiar: "Vossa Excelência deve estar certo de que não há nada que eu deseje mais que vê-lo e servi-lo."[17] Ao longo dos seis meses anteriores, Isabella prometera partir ao menos em duas ocasiões: primeiro no início de setembro, quando ao que parece foi dissuadida por uma doença; depois em novembro, mas tampouco dessa vez se materializou em Roma. Agora ela voltava a protelar, sob a pretensa alegação de pôr em ordem algumas questões imprevistas.

Um mês depois, o cardeal romano Savelli recebeu uma carta de Paulo Giordano à qual respondeu com as seguintes palavras: "Respondo a sua carta de 2 de fevereiro, na qual o senhor me recomenda o caso de Lourenço di Giovanni Bolognese, a respeito da esposa que dele fugiu. Estou convencido de que é por bem que a mencionada esposa, junto com a mãe, seja presa. Elas se mostraram muito obstinadas no desejo de não retornar ao marido, a mãe em particular, devido aos muitos maus-tratos que asseguram ter sofrido nas mãos dele (...) No entanto, quando deixarem a prisão (...) se isso o faz contente, bem como ao mencionado Lourenço, faremos com que a esposa volte para ele."[18] Paulo Giordano não costumava mostrar muita solidariedade e sensibilidade pelos outros, mas se havia algo que incitava sua empatia diante de um indivíduo, então seria a condição de Lourenço. O que ele precisava era de alguém para forçar Isabella a partir em seu encontro, da mesma forma como a infeliz esposa de Lourenço seria retornada ao marido.

Santi di Tito, *Cavalheiros na corte*

CAPÍTULO 4

O novo embaixador

Não foi apenas a morte do pai em 1574 que marcou para Isabella o fim de uma era. Em julho daquele ano, Afonso d'Este precisou chamar de volta a Ferrara um integrante-chave da alegre comitiva da princesa, o embaixador Rodolfo Conegrano. Conegrano havia se envolvido em algum problema relacionado à chegada a Florença de um nobre ferrarense, que viera à cidade para matar outros dois conterrâneos. "Parece", escreveu Juliano de Ricci em seu diário, "que o embaixador aqui presente no interesse do duque de Ferrara o havia convidado, mas o grão-duque não consentiu com a sua vinda, então ficou decidido tacitamente que ele, o embaixador, deve deixar Florença (...)."[1]

Isabella e Rodolfo trocaram cartas, mas apenas parte da correspondência do embaixador sobreviveu ao tempo. Ele escreveu suas missivas num estilo amoroso embora platônico, talvez evocando deliberadamente as cartas que o poeta Pedro Bembo enviara a Lucrécia Borgia, avó de

Afonso. Rodolfo tinha muitas saudades de "Florença, essa cidade bela, mágica, repleta de tantos nobres distintos e afetuosos".[2] Mas declarava que era de Isabella que sentia mais falta. Escreveu à princesa em novembro de 1574:

> Minha senhora, tão digna de apreço e reverenciada, estimada e amada por mim, tantas virtudes e qualidades lhe reconheço, tenho-lhe afeição singular. Guardo sua bela imagem esculpida em meu coração, e seu retrato mantenho próximo a mim, aqueles objetos a que uma vez me referi naquelas *stanzas* improvisadas (...). Asseguro a Vossa Excelência que em relação a seu bem-estar me aflijo tanto que não consigo fazer tudo o que deveria (...). Que eu viva ou morra há de ser contemplando seus encantos, e creio que meu espírito me deixará por eu não mais poder vê-la. Começo a encurtar a noite para então sonhar em acordar na residência de Vossa Excelência, desfrutar a delicadeza de sua conversa, e aquela bela música, os jogos e as mais doces tentações. Eras o meu sol...
> A senhora deve se lembrar de que me emprestou 250 *scudi*. Com a volta do signor Alexandre [Strigio, músico] a Florença, não pretendo mais postergar a quitação dessa dívida. Retorno-a como um sinal da lembrança que guardo da senhora, bem como um chapéu de veludo, trabalhado em preto, ornado com perolazinhas pretas e uma plumagem de quatro coroas, para demonstrar que a senhora é a rainha de quatro reinos. Beijo-lhe as belas e honradas mãos.[3]

A resposta de Isabella a Conegrano estava tão "repleta de cortesia e afeto, trouxe-me tanta alegria ao ler que me deleitei mais do que seria possível compreender. Porém, satisfação ainda maior tive em saber que o chapéu é inteiramente de seu gosto". Rodolfo estava envolvido na reforma de sua casa, e pediu a Isabella para "me fazer o favor de vir como se fosse a sua", caso desejasse "escapar de cerimônias".[4] Em abril de 1575, ele lhe falou de planos para "construir uma casa para Vossa Excelência, que espero que ainda possa ver algum dia. Rogo que me ordene o envio de um esboço colorido de seu escudo de armas, para ser pintado nessa casa".[5]

O NOVO EMBAIXADOR

Isabella e Rodolfo sabiam que uma visita dela a ele, especialmente nesse período complicado da vida da princesa, era quase impossível. Mas se não se sabe o que ela escreveu ao ex-embaixador, pode-se depreender que ele reconhecia a sua necessidade de escapar de problemas. E a prontidão de Conegrano em quitar uma dívida com Isabella sugere que ele sabia que ela passava por uma certa dificuldade financeira.

O ex-embaixador também disse à princesa em sua carta de dezembro o nome daquele que o substituiria em Florença — "Ercole Cortile, cavalheiro ferrarense, um jovem de 30 anos, casado" — e prometeu a ela que o amigo em comum de ambos, Alexandre Strigio, a informaria do que sabia sobre o sucessor. Rodolfo Conegrano deixava implícito que se sua lealdade primordial era para com "meus senhores e patronos" em Florença, seu substituto poria Ferrara em primeiro lugar, e provavelmente não seria tão discreto quanto ele a respeito das coisas que vira e das quais participara.

Cortile chegou logo após o Ano-Novo em 1575. "Por essa época chegou para viver em Florença o embaixador do duque de Ferrara, não ele, que esteve aqui há muito tempo", comentou Bastiano Arditi, que percebeu a mudança. "Ele se mudou para a casa Botti na Via Chiara [agora parte da Via dei Serragli, no Oltrarno]. Era jovem, com esposa e família."[6] Em 15 de janeiro de 1575, Cortile enviou um despacho a Ferrara para informar o duque d'Este de como estava se saindo. A grão-duquesa Joana o recebera com muita afabilidade, ele disse, "mas ainda não pude visitar a senhora Isabella, apesar de minhas diligências, porque ela disse estar se sentindo um tanto indisposta. No entanto, pessoas mais habituadas à situação esclareceram que ela não deseja ser visitada a menos que se sinta nas mais perfeitas condições".[7] Levou ainda mais uma semana até Isabella concordar em ver o sucessor de seu amigo.

Pelo fim do mês, os despachos do novo embaixador deixam bastante claro que, se a longa estada de Rodolfo Conegrano em Florença o haviam transformado num "nativo", segundo o jargão diplomático, então Ercole Cortile chegava com um novo par de olhos e ouvidos. Em 29 de janeiro, por meio de conversas com o elegante pregador e frade franciscano Francisco Panigarola, muito próximo à devota Joana, Cortile constatou que a grão-duquesa "era profundamente perturbada e permanece infeliz ao extremo".[8] Uma semana depois, Cortile havia feito amizade com a marquesa de Citona, Eleonora Cibò, neta de Lourenço, o Magnífico, e inteirada dos assuntos da corte. "A marquesa", explicava Cortile, "fala muito abertamente, em parte porque é de sua natureza, e em parte porque se sente insatisfeita com esses nobres." Ela ressaltou a infelicidade de Joana a respeito de Bianca Cappello e também contou a Cortile que "a senhora Isabella anda bastante de carruagem com 'BC'".[9] Isabella havia claramente decidido tentar manter-se próxima de Bianca, cuja ascendência mantinha-se conservada sob o reinado de Francisco.

A influência da veneziana sobre o outrora misantropo Francisco nunca deixou de fascinar aqueles à volta do casal. Cortile assinalava ao duque d'Este que "eles parecem crianças juntos (...) isso não apenas provoca o riso de nós embaixadores, mas que as pessoas vejam esse grande príncipe, tão imponente e sábio, mais como uma criança que como um homem" diante da presença de Bianca.[10] A existência da amante do grão-duque tornava-se cada vez mais pública, e o comportamento dela era mais o de uma duquesa que o de uma concubina. Em dezembro de 1574, ela partiu para uma peregrinação em Loreto com a filha Pellegrina, e contemporâneos relatam terem-na visto "acompanhada do mesmo modo que a grão-duquesa no ano anterior".[11] A viagem serve para fazer duas importantes afirmações. Durante a excursão, Bianca tivera a companhia de nobres florentinos arranjados por Francisco, assim como acontecera com Joana, o que significa dizer que ele aprovava o fato de a amante viajar da mesma maneira que a esposa, estabelecendo assim uma equiparação entre as duas. Além disso, todos saberiam o motivo da viagem de Bianca a Loreto. Bianca, como tantas mulheres antes dela, visitava o santuário para rezar pela vinda de um bebê. Ao contrário de Joana, talvez suas preces fossem atendidas e ela daria um filho a Francisco.

O NOVO EMBAIXADOR

Nenhuma gravidez resultou da peregrinação, mas ao menos um objetivo foi alcançado: uma nova humilhação para Joana. Ela "está cada vez mais melancólica" era um eterno refrão de Cortile. Quase houve um incidente diplomático quando Joana e Bianca tentaram cruzar ao mesmo tempo a Ponte Santa Trinità em seus coches. Nenhuma das duas recuou, embora ao final Bianca tenha acabado piscando primeiro. A única reação de Joana à rival era, como fora o caso com Cammilla, recusar-se a participar de qualquer evento que a incluísse. Mas se Cosimo fizera um favor à honra de Joana mantendo Cammilla no Palazzo Pitti e assegurando-se da exclusão de Bianca dos eventos, como mandava o decoro, Francisco não mostrava tais intenções.

A influência política de Bianca tornou-se ainda mais evidente quando um emissário veneziano, que viera prestar suas condolências pela morte de Cosimo e suas congratulações a Francisco pela ascensão ao grão-ducado, ocupou a casa de sua conterrânea enquanto ela estava ausente, em Siena. Bianca transformava seu domicílio na Via Maggio numa elaborada peça de autopromoção. Utilizando recursos da casa da moeda florentina, encomendou ao artista Bernardo Buontalenti, da corte dos Medici, um *sgrafitto* monocromático, que ainda hoje pode ser visto, para decorar a fachada da residência. Seu emblema pessoal, o *cappello* — chapéu —, aparece no desenho de forma notória.

Os papéis de Isabella e Bianca haviam se invertido. Agora, não era a Bianca que a boa vontade de Isabella poderia ser útil; ao contrário, era a princesa quem realmente precisava da boa disposição de Bianca como um meio de influenciar Francisco, que era "como uma criança" nas mãos da veneziana. Por mais que desprezasse o irmão e visse nele um inimigo, era de seu interesse tê-lo em alguma medida bem-disposto em relação a ela. Assim, aferrava-se à esperança de apoio por parte de Bianca.

No verão de 1575, o irmão de Bianca, Vitório, esteve em Florença, e Isabella fez questão de que se sentisse bem-vindo. "Permaneço atento aos resultados da afeição de Vossa Senhoria por nossa casa", ele escreveu à princesa quando de volta a Veneza. "Vejo que procura com toda a disposição de sua alma, com todo o zelo de espírito, benefícios para minha irmã, e não apenas em relação à pessoa dela, mas também com respeito ao casamento de sua filha, e ao agir dessa maneira torna-se igualmente sua protetora."[12] Então, ao que parece, não podendo decidir quem Bianca deveria tomar como segundo marido, Isabella investia em promover o casamento de Pellegrina com uma família sobre a qual pudesse ter influência. Apesar da relação de sua mãe com Francisco de Medici, Pellegrina era ainda assim filha de um homem do povo, que apenas três anos antes fora assassinado por ultrapassar limites sociais. As perspectivas do casamento da jovem ainda não satisfaziam a família Cappello, e Vitório deve ter acreditado que a boa vontade de Isabella poderia se mostrar útil a sua sobrinha.

Mas se Vitório observou seu apreço pela aparente benevolência de Isabella, sua irmã parecia encarar a situação como parte das obrigações da princesa. Bianca era incansável. Em outubro de 1575, houve um momento crítico: o evento inaugural na villa não muito distante de Poggio a Caiano que Francisco dera a ela: "Houve uma refeição na villa de Madonna Bianca", narrou mais tarde o diarista Arditi, "belissimamente preparada para receber cada grande nobre, e foram estes os personagens: o cardeal Medici, don Pedro e sua senhora [Leonora], a senhora Isabella e seu marido, signor Paulo Giordano, o conde de Bagno e a esposa, assim como muitos outros nobres. Foi extraordinário."[13] Embora o evento tenha sido realizado no campo e não na cidade, o fato de todos os Medici terem ido visitar oficialmente a anfitriã Bianca era um sinal da confirmação de seu status.

Se a respeito desse evento houve algum diálogo entre Isabella e o cardeal Ferdinando, foi talvez o reconhecimento tácito de que a festa era uma evidente manifestação da vitória de Bianca. Se havia alguém que permaneceria no grão-ducado de Francisco de Medici, essa pessoa era Bianca Cappello.

Villa de Poggio a Caiano

CAPÍTULO 5
Leonora

Isabella de Medici não foi a única mulher da corte a quem a morte de Cosimo provocou angústia, se não absoluta miséria. Cammilla Martelli foi prontamente despachada para o confinamento monástico, e Joana de Habsburgo via-se mais torturada que nunca ante a humilhação sofrida nas mãos de Bianca. A jovem prima de Isabella, Leonora di Toledo, casada com Pedro, irmão da princesa, também estava infeliz. Cosimo havia arranjado o casamento em parte para manter a encantadora Leonora em Florença, para não falar do substancial dote que lhe estava atrelado — 40 mil ducados de ouro e 5 mil em joias. Mas o grão-duque esperava também, talvez, que uma mulher que conhecesse Pedro desde a infância pudesse ajudá-lo com os problemas mentais de que ele aparentemente sofria. Se, entre os filhos de Cosimo, Francisco podia ser descrito como misantropo e Ferdinando como pragmático, então Pedro seria absolutamente perturbado. Ele tinha apenas 6 anos quando a mãe morreu, fora criado com total liberdade e "agora nutria-se dos bens deixados a ele pelo pai (...) que a cada dia o transformam no jovem mais dissoluto do estado".[1]

Não obstante as esperanças de Cosimo, o casamento com Leonora não serviu para curar o filho. Um indício de sua perturbação se tornou evidente no momento da consumação oficial do matrimônio. Em 26 de abril de 1572, Conegrano relatou a Ferrara que "don Pedro consumou seu casamento com donna Leonora".[2] O casamento fora na verdade realizado dois anos antes. O intervalo entre os eventos é particularmente extenso. A noiva tinha agora 19 anos, o noivo, 18, e havia muito ambos eram maduros o bastante para ingressar oficialmente nas relações maritais. Além disso, espalhou-se o boato de que mesmo àquela altura Pedro relutara ao extremo para tomar a esposa, tendo sido "forçado a penetrá-la", como comentou mais tarde o embaixador Urbino.[3]

Uma vez que Pedro tinha pouquíssimos atrativos físicos, enquanto Leonora gozava da reputação de jovem beldade da corte dos Medici, tal relutância da parte dele em manter relações sexuais com a esposa só pode ser encarada com estranheza. Existem registros documentais de atividades de Pedro com outras mulheres, de modo que ele claramente tinha razões próprias para repudiar Leonora. No início de fevereiro de 1573, entretanto, Leonora concebeu um menino, a quem batizaram Cosimo e que se tornou conhecido como "Cosimino". Pedro pediu aconselhamento a Francisco na questão da escolha dos padrinhos (don João d'Áustria e a duquesa de Savoia): "para não cometer um erro, espero ansioso pelo juízo mais sério de sua deliberação mais madura."[4] Mesmo quando o pai ainda estava vivo, era a Francisco, 13 anos mais velho, que Pedro recorria em busca de conselhos; se havia alguém que o conduzia, então essa pessoa era o seu irmão mais velho.

Pouco antes do nascimento do filho, Pedro havia sido designado General dos Mares da Toscana, herdando a profissão naval que teria cabido a seu irmão imediatamente mais velho, Garcia, que todavia morrera em 1562. Pedro embarcou em missões que o levaram para longe da cidade. Durante esses períodos, Leonora passava cada vez mais tempo na companhia de Isabella, e se estava fora de questão que Isabella era a principal anfitriã do grupo, Leonora era seu braço forte, louvada e admirada por aqueles que visitavam. Se não dispunha da profunda instrução e erudição da prima, Leonora queria ainda assim acompanhá-la em suas buscas intelectuais. Por seus próprios méritos, a corte de Isabella era uma espécie de academia. Leonora, que residia no Palazzo Vecchio com os cunhados, sem dispor de uma cadeira própria, veio a servir como patrona da academia literária, a Accademia degli Alterati. Os Alterati reuniam-se duas vezes a cada semana para discutir poesia, prosa, peças teatrais e a promoção do toscano puro, tema de conversação corriqueiro na própria residência de Isabella.

Mas havia diferenças entre Isabella e Leonora que iam além dos 11 anos de diferença de idade entre as duas. Isabella conduzia sua vida com um certo grau de prudência e cautela. As canções entoadas em sua corte pareciam ser lamentações a um marido ausente e bem-amado; ela não assinava ou escrevia de próprio punho cartas potencialmente perigosas; esforçava-se para não fazer nenhum comentário deletério a respeito de Paulo Giordano ou qualquer outro na frente das pessoas erradas, e também para não ser pega em nenhum tipo de comportamento comprometedor que pudesse dar margem a comentários. Aceitava igualmente que sua vida de casada e sua vida romântica eram duas entidades separadas; preservar esta última parte da sua existência era algo a que dava muita importância e que não desejava pôr em risco. Por sua vez, Leonora parece ter levado a infelicidade do casamento para um lado muito mais pessoal e, em consequência disso, agia com muito menos cautela. No final de fevereiro de 1573, Cammilla Martelli tentara pôr Leonora em apuros ao mencionar um flerte que afirmava ter testemunhado entre Leonora e um empregado da comitiva de Pedro, Alexandre Gaci, quando estavam em Pisa.[5] Acredita-se que foi essa indiscrição que levou as duas a "travarem discussões", como relatou a Florença o secretário de Francisco, Antonio Serguidi.

Alexandre era irmão de Cosimo Gaci, que discutira sobre o uso da palavra *mai* — "nunca" — diante de Isabella, na villa do Baroncelli. E foi na casa de Isabella que os problemas de Leonora começaram realmente a se multiplicar. Havia ali, na reunião de vários homens simpáticos, um surpreendente manancial de tentações para uma moça solitária, de belos pajens a cavaleiros mais velhos, irmãos destes. Ao contrário de Pedro, eles a desejavam, queriam jogar com ela, flertar, avançar até onde ela permitisse, sempre prontos a ouvir o que quer que ela tivesse a dizer. Mas não havia pares de ouvidos mais ávidos que os do novo embaixador ferrarense Ercole Cortile, que não hesitou em relatar ao patrão as conversas que travara com Leonora. Em 22 de janeiro de 1575, ele escreveu a Afonso d'Este: "Fui convidado à casa da signora Isabella, e donna Leonora me pediu que representasse em uma comédia. Havia um pouco de festa no aposento, e comecei a dançar com Leonora, que, de provocação, me perguntou se eu vira um velho embaixador apaixonado dançando sem capelo e espada, e eu havia visto o núncio papal sem a sua Beretta dançando um *gagliardo*."[6] Tendo os dois zombado do núncio, Leonora deu um passo adicional muito desaconselhável: confiou em um embaixador estrangeiro que mal conhecia. Deixou que ele soubesse que "ela está muito infeliz, e a razão é o marido. Ele não dorme com ela, frequenta apenas prostitutas e dedica-se aos vícios. E ela começou a chorar. De fato", destacou Cortile, "ela é realmente a mais desafortunada e infeliz princesa que já viveu, em especial por ser tão bela e polida".[7] A solidariedade do embaixador de Ferrara, porém, não chegava ao ponto de compungi-lo a guardar para si essas confidências.

Agora, a discórdia entre Leonora e Pedro de Medici perdera a qualidade de boato e rumor; ela fora registrada segundo as palavras da própria Leonora no despacho oficial de um embaixador. Se não estivesse tão envolvida com seus próprios problemas, Isabella poderia ter instruído a prima a não lavar roupa suja de maneira tão pública, a acalmar dores que porventura sentisse com maior tranquilidade. Em vez disso, autorizou de forma efetiva o colapso das relações familiares dos Medici. Ao permitir que sua casa servisse de palco para os lamentos de Leonora, ela tomava o partido da prima Toledo em detrimento de seus irmãos. Talvez pela primeira vez na vida o fato de ser um Medici não tenha vindo em primeiro lugar para Isabella.

Justa

CAPÍTULO 6
Temporada de duelos

Francisco de Medici serviu como príncipe regente da Toscana por quase uma década antes de assumir o grão-ducado. Se não estava investido do poder que Cosimo gostava de alardear ao mundo exterior, seu período como regente deveria funcionar como preparação para o dia em que se tornaria o governador do estado da Toscana. Mas Francisco só era um aluno aplicado nas questões que de fato o interessavam. Ao contrário de seu pai, não era um estadista inato; era negligente com os assuntos militares e tampouco se preocupava com as instituições sociais florentinas que Cosimo promovera. Não tinha a inteligência de seu predecessor para os negócios. Quanto ao embelezamento da cidade, seus interesses não iam muito além das ciências e do apoio a academias intelectuais. Francisco aceitava sua herança como uma obrigação, ao que parece sem se importar que seu estado fosse um jardim cujos cuidados lhe haviam sido confiados. Isabella percebia essa falta de zelo no irmão e não teve medo em lhe dizer que não havia comparação entre ele, que herdara tudo que tinha, e aqueles como seu pai, que haviam lutado e pelejado pelo que possuíam. Mais tarde, alguns tentariam explicar a disposição taciturna e misantrópica de Francisco nos termos de sua dieta. Ele preferia os pratos mornos, "bebia muita água destilada", desdenhava das carnes e tinha uma predileção considerada excessiva pelas hortaliças, das quais ingeria quase todos os tipos.[1] Em outras palavras, não se alimentava como um homem de verdade.

Mas a diferença crucial entre o primeiro grão-duque da Toscana e o segundo é que Cosimo zelava por Florença e pela Toscana como se fossem uma extensão de seu próprio corpo, sentimento que Francisco não partilhava. Não há dúvida de que após a morte de Eleonora a corte de Cosimo se tornou em muitos aspectos libertária; no entanto, todos os indícios refutam as alegações inglesas feitas no século XVIII de que "ao mergulhar na dissipação, ele [Cosimo] renunciou àquela vida ativa e moderada a que se havia acostumado, passando da incomparável atividade à mais letárgica indolência. Sua paixão pelos prazeres de toda sorte o levou a ações que o desonraram e que eram absolutamente incompatíveis com a prudência pela qual era tão admirado (...)".[2] Enquanto Cosimo vivia, Florença não era percebida como uma cidade anárquica, fora de controle. Mas a anarquia começou a prevalecer no momento em que Francisco, aos 33 anos, assumiu o trono do grão-ducado. "Florença havia se tornado uma cidade repleta de assassinos", censurava Bastiano Arditi. "Toda noite havia injúrias e morte e vários outros incidentes terríveis. E desde o dia em que morreu o duque Cosimo, 18 de abril [sic] de 1574, até 12 de julho de 1575, foram registrados 186 casos de mortes e injúrias."[3] Com efeito, trata-se de uma grande prova de que Francisco, interessado sobretudo em Bianca e no segredo da fabricação da porcelana — então conhecido apenas pelos chineses —, pouco se importava com a cidade que supostamente deveria governar. Florença transformou-se em "um antro e bosque de assassinos vindos de Roma, Nápoles, Gênova e Milão, e sobretudo de Veneza, Ferrara, Lucca, Urbino e outros lugares".[4] Apesar do influxo de degoladores estrangeiros, eles não eram os únicos responsáveis pela elevação da taxa de assassinatos na cidade. A jovem elite masculina de Florença, sem temer as reações autoritárias dos tempos de Cosimo, agia segundo sua obsessão com a honra e a tendência natural para a belicosidade, aproveitando para travar duelos, combates e matanças como nunca antes.

Muitos dos incidentes registrados no diário de Arditi e nos de seus colegas dizem respeito a rapazes ligados ao círculo de Isabella. Em 1568, ela escrevera a Paulo em Roma, informando-o de que "o portador desta carta será Luís Bonsi, que veio a servir Vossa Excelência, embora a princesa Joana o tenha aceitado por amor a mim (...) No entanto, eu lhe ficarei grata se puder incorporá-lo ao seu serviço, uma vez que há uma questão com Cornélio Altoviti [da importante família florentina de banqueiros], que disse à própria esposa palavras dificilmente convenientes a um cavalheiro, e esse jovem rapaz apressou-se em defender a honra dela e atingiu Cornélio".[5] Todavia, como Altoviti não estava armado, Bonsi corria o risco de ser acusado de assalto, e desse modo Isabella desejava mantê-lo afastado de Florença, pelo menos por ora. Vários anos depois, contudo, a questão entre esses dois homens ainda não se resolvera. Em 19 de abril de 1574, "com licença de Sua Alteza o príncipe", registrou Juliano de Ricci, o "cavaleiro Luís di Matteo Bonsi e Cornélio di Francesco Altoviti tiveram seu duelo. Altoviti recebeu dois grandes golpes na perna. Ele morreu".[6] Como a disputa fora legalmente sancionada, Bonsi tornou-se Cavaleiro de Santo Estêvão. Sua morte, em decorrência de uma doença, veio em 1579, no mar, quando dirigia-se a Portugal para lutar uma guerra.

O duelo entre Bonsi e Altoviti foi seguido por uma disputa envolvendo Belizário Simoncello, que mais cedo naquele ano participara de uma justa de exibição com Troilo Orsini. "Um Cavaleiro de Santo Estêvão", Ricci dizia, "Jacopo di Domenico Bartoli, afrontou o signor Belizário Simoncello de Orvieto (...) atingindo-lhe um primeiro golpe na cabeça (...) Cada um empunhava suas armas, e então Bartoli caiu, tendo recebido vários golpes no rosto e nas pernas e muitos outros que teriam acabado com ele se não tivesse clamado por sua vida, pelo amor de Deus. Por fim, depuseram espadas e punhais e decidiram que seria melhor se fossem para casa, Simoncello com um ferimento e Bartoli com vários."[7]

Ao longo do outono e inverno de 1574 houve mais contendas. Dois sienenses, Leandro Berti e Jacopo Federighi, lutaram em 16 de outubro, com a morte de Federighi poucos dias depois em decorrência dos ferimentos. No final de novembro, Jacopo Mannucci — que ascendera de fabricante de lã a camareiro de Cosimo — foi ferido por um assaltante desconhecido. Em 22 de dezembro, Nicolau Carducci morreu pelas mãos de um salteador desconhecido. "Tem havido muitos homicídios e injúrias", destacou Ricci, "mas jamais se encontra ou pune o agressor."[8] Parece que o grão-duque simplesmente não se preocupava com ideia de justiça em sua cidade.

Ricci, no entanto, dispunha de informações muito precisas sobre o assassinato que descreve na seguinte entrada de seu diário: "Em 28 de dezembro", ele escreveu, "ferido com consentimento e de maneira letal às 2:30 no lado externo do Stinche [a antiga prisão florentina] estava o senhor Torello de Nobili da Fermo, jovem de 20 anos, servindo no momento como camareiro dos aposentos do signor Pedro de Medici. Este Torello estava munido com todo tipo de armamento: camisa e mangas de cota de malha de ferro, espada, punhal e um barrete fino de aço."[9] A despeito da armadura, "ele foi morto pelo signor Troilo Orsini por causa da senhora Isabella de Medici, por quem ambos estavam apaixonados".[10]

O diário de Ricci é considerado uma das crônicas mais cautelosas de seu tempo, uma vez que ele relutava em registrar qualquer coisa que não soubesse ser verdade ou que não tivesse ouvido de fonte autorizada. Sua anotação insinua que o caso de Isabella e Troilo já era conhecido muito além dos muros de suas residências. Sugere ainda que, se rapazes na casa dos vinte anos ainda a consideravam atraente e estavam prontos a se declarar a ela, não era muito propositada a alegação de Isabella ao marido de que a beleza de sua mocidade se fora.

A vida de Troilo andara bastante agitada desde a morte de Cosimo, quando teve de empreender uma longa viagem à Polônia. Na condição de emissário oficial da notícia da morte do grão-duque de Florença, ele estivera na corte de Henrique III de Valois, na Cracóvia, durante algumas semanas dos meses de junho e julho. Dali enviou relatórios a Francisco, cujo tom informal talvez devesse ter repensado. "O rei apresentou-me algumas desculpas por não falar o italiano bem o bastante, e então, misteriosamente ignorando o fato de que eu compreendia francês [Troilo era uma presença frequente em Paris], voltou-se ao seu vice-chanceler para me responder, com termos e frases que eu desejaria terem sido mais afáveis. A entonação de que fez uso permitia que todos os nobres próximos o ouvissem, e Vossa Alteza entenderá melhor o conteúdo desses termos assim que eu voltar."[11] As relações entre a França e Florença estavam cada vez mais frias, e Troilo pretendia sugerir que não haviam abrandado. Em 24 de agosto de 1572, os huguenotes invadiram Paris para celebrar o casamento do príncipe Henrique de Navarra, um Bourbon protestante, com Margarida, filha de Catarina de Medici. Acontecimentos posteriores provocaram a morte de milhares deles pelas mãos da coroa francesa, não só na cidade como além dela, no que ficou conhecido como o Massacre da Noite de São Bartolomeu. Em consequência disso, Catarina acusou seu primo Cosimo de conspirar com os huguenotes, talvez injustificadamente. Mas é verdade que Cosimo desejava cultivar Henrique de Navarra, acreditando que seria ele o futuro da monarquia francesa tão logo a impotente chama dos Valois se extinguisse.

Em uma carta posterior enviada da Polônia, Troilo aconselhava Francisco, caso este decidisse estabelecer um embaixador em tempo integral no país, a "cuidar para escolher um homem belo e bem-vestido, e o senhor será tratado com distinção. Todos por estas partes dão muita importância às aparências". Troilo também dava um conselho não solicitado a respeito da amizade de Francisco com o seu homônimo, o duque de Montmorency, comandante dos exércitos franceses: "Sei que não precisa de conselho algum; no entanto, Vossa Alteza não deve se enternecer em favor de Montmorency. Realmente acredito nisso, e peço-lhe perdão no caso de estar sendo muito presunçoso." Montmorency mantivera associações com José Bonifácio de la Môle, que naquele mesmo ano fora decapitado por participar do complô para levar ao trono o filho mais novo de Catarina de Medici, o duque de Alençon. Mesmo assim, o tom empregado por Troilo nas cartas a Francisco de fato era inadequado para a correspondência com um grão-duque. É um pouco informal e familiar demais, típico de um homem um tanto arrogante e autoconfiante, que na intimidade zombava e fazia pouco-caso do destinatário, em geral na companhia da irmã deste. Como Isabella, Troilo muitas vezes conquistava as pessoas com seu charme, mas ao final do dia seus instintos eram sempre os de um soldado, um cavaleiro, e não os de um diplomata de carreira.

Na Cracóvia, esses instintos emergiram quando Troilo se envolveu em uma disputa com o embaixador ferrarense, estabelecido na Polônia em tempo integral. O episódio teve lugar em 9 de junho, antes da celebração de uma missa real, e foi provocado pela questão sempre controversa entre Florença e Ferrara a respeito da precedência de seus representantes em eventos cerimoniais. O embaixador ferrarense, Batista Guarini, ainda não chegara, e Troilo tomara seu assento, que ficava perto do rei. Guarini então apareceu e, segundo um observador, disse a Troilo: "Este não é o seu lugar, levante-se." Troilo respondeu: "É o meu lugar." Henrique de Valois ofereceu outro assento a Guarini, que replicou: "Vossa Majestade, advirto-o que não faça isso com o meu duque, que aqui me enviou para honrá-lo." Troilo retorquiu que o lugar deveria ser dele porque "'seu duque era grão-duque'. Ao que o embaixador ferrarense contestou, alegando que o seu já era duque há 150 anos". Troilo admitiu depois que teria "levado uma espada a Ferrara", mas decidiu resolver a situação cedendo o lugar, "como Troilo Orsini, e não como embaixador". Troilo apenas fazia seu trabalho, tendo sido instruído em ocasiões anteriores a não ceder a Ferrara. Ainda assim, diante de toda uma congregação, o incidente foi desagradável, e com suas ações Troilo dificilmente fez uma boa imagem de Florença.

Cinco dias depois, chegou a notícia de que o rei Carlos IX da França havia morrido. Seu irmão mais novo, Henrique de Valois, poderia abdicar do reinado da Polônia — que por sinal nunca o entusiasmara — e tomar a coroa francesa, que sua mãe, Catarina de Medici, havia muito desejava para ele. A corte polonesa foi dispersada e Troilo iniciou o caminho de volta à Itália. Cauteloso e sem saber muito bem qual seria sua próxima posição, julgou prudente escrever a Paulo Giordano em termos muito mais humildes que os utilizados três anos antes, quando informara ao primo que não iria a Lepanto. No início de setembro de 1574, ele dizia: "Venho a Vossa Excelência que é meu príncipe. Rogo que acredite não haver nada que me comova mais (...) sempre foi meu desejo servir Vossa Excelência."[12] Mas se Troilo tentava se resguardar por meio de agrados ao homem com cuja esposa estivera envolvido por mais de uma década, suas atividades subsequentes desmentiam qualquer nova lealdade ao primo. O fato de ter matado Torello de Nobili pouco mais de três meses depois era uma prova de que seu relacionamento com Isabella estava bastante vivo e bem. A presença de Troilo em Florença poderia apenas incitar o desejo e o fervor da princesa em permanecer na cidade, de modo que sua atitude, num momento tão delicado da vida da amante, foi imprudente, chamando atenção para os dois num momento em que a discrição seria mais lucrativa. Mas Troilo estava pensando com a espada. Aproveitara-se do ambiente de anarquia e violência que Francisco permitira florescer na cidade para abater um rapaz provinciano, que não devia realmente ser considerado um rival pela afeição de Isabella. Mas o jovem Torello havia ultrapassado um limite que suas contrapartes florentinas sabiam que não devia ser cruzado. Mesmo naquele momento precário, quando se dizia e se fazia de tudo, Isabella ainda era a mulher de Troilo Orsini.

O Bargello, Florença

CAPÍTULO 7

A conspiração dos Pucci

O assassinato de Torello de Nobili por Troilo pode ter encerrado o ano de 1574, mas as contendas e os homicídios prosseguiram pelo ano seguinte. No final de fevereiro, um empregado da Ricasoli, fabricante de brocados de ouro, matou o advogado da firma após "certas disputas". No primeiro dia de março, Agnoletta, "uma prostituta famosa", foi abatida por um cliente francês e encontrada em "sua camisa de baixo, com ferimentos de punhal, na igreja de San Lorenzo".[1]

Foi um inverno amargo. "O carnaval está tão frio quanto poderia", escreveu Isabella a Paulo Giordano em 3 de março, "ainda que eu tenha obtido grande prazer das atividades carnavalescas."[2] Ela talvez tenha se dado conta de que cometera um erro ao soar como alguém que estivesse se divertindo, e dois dias depois redigiu uma carta muito mais longa, explicando que "tive febre terçã [um tipo de malária] ao longo de duas semanas, e fiquei livre dela por três dias, mas agora ela voltou (...). Envergonho-me em dizer que fui negligente em relação às negociações".[3] A febre terçã, porém, não a impedira de receber um embaixador de Filipe da Espanha, que, explicou Isabella a Paulo, "foi aqui enviado para expressar em nome do rei suas condolências pela morte do grão-duque, e que depois de cumprir sua missão oficial veio me visitar, e durante uma discussão me perguntou se você gostaria de embarcar em uma missão no exterior este ano, e respondi que não sabia, mas que estava certa de que você desejaria servir nosso rei".[4] Está claro que, se pudesse ser persuadido a tomar parte de qualquer expedição fora da Itália, Paulo não estaria por perto para pressionar Isabella a deixar Florença.

Além da febre terçã, Isabella contou ao marido que "os médicos me disseram que toda a minha doença deve estar relacionada a desordens de fígado que começaram em agosto último, e que preciso fazer exercícios. Eles colheram 18 onças de sangue pelos meus pés, e estou indo à villa para me exercitar".[5] Isabella de fato tinha algum problema nos pés, jamais inteiramente especificado senão nos termos de um inchaço.

Em 20 de abril de 1575, um ano após a morte de Cosimo, Pedro escreveu a Isabella de Nápoles em resposta a uma carta da irmã, embora não fizesse referência ao aniversário. "Sua carta me trouxe grande felicidade", ele lhe dizia, "em saber de sua boa saúde, mas também enorme desprazer em tomar conhecimento da doença de minha consorte." Nesse momento, então, Isabella estava bem, ao contrário de Leonora.

A carta em questão constitui um raro fragmento da correspondência entre Isabella e o irmão mais novo, e contém algumas informações muito interessantes. Pedro prosseguia: "Li a carta de Vossa Excelência na qual me faz saber que a senhora Cammilla pediu que, na minha volta a Florença, eu lhe envie secretamente 14 pedras preciosas e outras coisas. Por favor, faça a gentileza de me informar o que devo fazer."[6] Pode-se depreender das palavras de Pedro que Cammilla esperava que ele usasse de sua autoridade para tomar e enviar a ela certos pertences deixados no Palazzo Pitti. Isabella claramente deixara aberta uma linha de comunicação com Cammilla, a quem era permitido receber visitas no convento de

Santa Monica, não muito distante do Baroncelli. Cammilla sabia que não podia recorrer a Francisco, e Isabella estava disposta a preparar o caminho para que o irmão mais novo ajudasse a ex-madrasta, do contrário não lhe teria enviado a carta dela.

Pode parecer estranha a disposição de Isabella em ajudar a ex-esposa do pai, a quem mostrara boa vontade apenas quando Cosimo era vivo, por questão de prudência política. Cammilla não dispunha agora de nenhuma influência, mas com a morte de Cosimo ela e Isabella passaram a ter mais em comum que durante a época em que o grão-duque ainda vivia. Tinham um inimigo comum: Francisco, o genro que trancafiara a ex-esposa do pai em um convento, o irmão que retinha um dinheiro prometido pelo avô aos netos. Se incapazes de qualquer outra coisa, Isabella e Cammilla podiam ao menos se sentar no *parlatorio* do Santa Monica e insultar o grão-duque em privado.

Insultar o grão-duque tornara-se uma atividade corriqueira em Florença. Não eram apenas os diaristas como Juliano de Ricci ou Bastiano Arditi que se chocavam e horrorizavam com as taxas de homicídio e a alta de impostos. Francisco transformou-se também num alvo ainda maior da animosidade do populacho, porque se podia perceber que não havia mais uma frente unida na família Medici. Quando Cosimo era vivo, mesmo depois de incidentes como a recusa de Joana em dirigir a palavra a Cammilla ou sua fúria diante da presença de Bianca Cappello, a família podia ser vista caminhando numa mesma direção. Agora esse sentido de unidade deixara de existir. Em vez disso, tinha-se uma Joana miserável, uma Leonora infeliz, uma Isabella angustiada, um Ferdinando ausente e um Pedro dissoluto. Havia apenas uma unidade que Francisco deixava transparecer, o vínculo com o único ser humano por quem externava preocupação, isto é, Bianca, desprezada por muitos como uma *puttana*, uma prostituta.

Nesse período ressurgiram também os sentimentos de rebeldia nutridos pelas famílias que outrora haviam mantido condições de igualdade com os Medici. Na primavera de 1575, um grupo de jovens nobres florentinos começou a passar as noites "na companhia de diversas fidalgas", conspirando sobre como poderiam derrubar o abominado grão-duque e matar seus irmãos. O grupo era liderado por Horácio Pucci, cujo pai fora executado em 1560 sob a alegação de traição a Cosimo. Seu bando de coconspiradores incluía membros das famílias Capponi, Machiavelli e Alamanni, bem como um primo de Cammilla Martelli, Cammillo. Dadas as circunstâncias dificilmente secretas de suas discussões, os conspiradores não foram muito longe antes de serem descobertos. Tamanho descuido talvez tenha relação com o que era percebido em Florença como um estado de frouxidão da lei, uma crença de que pouco aconteceria a eles se seus planos fossem revelados. Mas quanto a isso, os conspiradores se esqueceram de fazer uma consideração: quando se tratava de vingança pessoal, Francisco revelava a tenacidade e a obsessão até então reservadas apenas à amante e aos experimentos científicos. Ele era bom, muito bom em vingança, a principal característica que herdara do pai. A diferença entre eles, porém, era que Cosimo nem sempre levava as coisas pelo lado pessoal. Para ele, precisava haver algum motivo em jogo, algo de valor, como a villa do Baroncelli, que pertencera aos Salviati e precisava ser confiscada. Francisco, por sua vez, buscava a vingança como um fim em si mesmo, e só se satisfazia uma vez que seu alvo fosse eliminado. Podemos ver com que rapidez enviou Cammilla Martelli para o convento, cuidando da questão antes mesmo de fazer os preparativos para o funeral de Cosimo. De maneira semelhante, mandara executar o líder da conspiração contra sua pessoa, Horácio Pucci, em 22 de agosto, embora Cammillo Martelli só tenha sido decapitado em 1578. Quanto a Pedro Capponi, que conseguira fugir de Florença, foi perseguido com paciência pelo grão-duque, que mandou assassiná-lo em Paris, em 1582, sete anos após o complô original.

A família Capponi mantinha uma aliança muito próxima com Isabella. Mas ainda que não tivesse conhecimento do complô, a princesa trabalhou arduamente para que seu nome não fosse envolvido na questão. O mesmo não pode ser dito de sua prima Leonora. Em 25 de julho, Ercole

Cortile reportou ao duque de Ferrara: "Pierino Ridolfi foi acusado de conspirar para matar don Pedro quando este se encontrasse em um bordel, assassinar seu filho e envenenar o cardeal Ferdinando. Ele está no serviço de donna Leonora, e o duque está furiosíssimo com ela por ter dado a Pierino um colar no valor de 200 *scudi* e um cavalo para fugir."[7]

As acusações parecem exageradas. É pouco provável que Ridolfi planejasse matar o filho de Leonora quando ela estava tão pronta a vir em seu auxílio. O assassinato de seu marido, no entanto, só poderia beneficiá-la. Sem dúvida, ela e Ridolfi viam o plano dele como algo repleto de cavalheirismo e galantaria, Leonora sendo salva de um marido cruel e sem amor. Não há tampouco dúvida alguma de que ela via romantismo em oferecer a Pierino uma joia e um cavalo para a fuga. O que deve ter irritado Francisco foi o êxito da prima em ajudar Ridolfi, que fugiu para a Germânia e só algum tempo depois foi capturado e encarcerado. Não surpreendia portanto, registrou Cortile, que Francisco estivesse "preparado para lavar as mãos em relação à cunhada".[8]

As queixas públicas de Leonora a respeito de Pedro eram bastante perigosas. Agora, ao incitar e auxiliar Pierino, ela se viu envolvida em uma traição, e foi igualmente implicada na conspiração dos Pucci. Ao mesmo tempo, Francisco não sabia muito bem como lidar com ela por uma razão muito importante. Leonora di Toledo era uma nobre espanhola da mais alta cepa. Por mais ambivalente que fosse sua relação com a Espanha, Francisco ainda precisava da ratificação do título de grão-duque pelas monarquias dos Habsburgo. Era necessário dar seguimento a suas relações com os espanhóis de maneira bastante cautelosa, e lavar as mãos em relação a uma cunhada problemática não era assim tão fácil.

Apenas algumas semanas depois da fuga de Pierino, Leonora participava de uma reunião em sua academia literária, cujas minutas apontam que ela "gostaria que se fizesse uma avaliação do livro de Maestro Alexandre Piccolomini sobre a poética de Aristóteles", recém-publicado.[9] Ao menos por ora, a vida parecia seguir em ritmo veloz nessa família Medici fragmentada.

Vista do Stinche, antiga prisão florentina

CAPÍTULO 8

Troilo, Bandito

Ao longo da primavera de 1575, Isabella continuou renegociando com Francisco termos de empréstimos e reembolsos em favor de Paulo Giordano, bem como o acordo relativo às crianças. Mas pode-se dizer que protelava as questões. "A senhora Isabella me enviou uma carta muito antiga, datada de 14 do último mês", Ferdinando escreveu a Francisco no final de março, "a respeito de negócios com o signor Paulo Giordano e junto com os novos estatutos." Ferdinando afirmava "não ver como esses estatutos podem ser benéficos para os filhos dele", embora admitisse que chegaria um tempo em que seria preciso "provê-los e ajudá-los, dada a impudência incorrigível de seu pai". Ainda assim, os irmãos Medici estavam certos de ter Paulo sob controle. "Você sabe a maneira", continuava o cardeal Ferdinando, "como juntos podemos quebrá-lo *presto presto* (...).”[1]

Em 28 de abril, Paulo escreveu a Isabella para lhe agradecer "pelos esforços que está fazendo em meu nome (...). Rogo que tente concluir as coisas (...). Estou pondo ordem nos aposentos de meus castelos e construindo um jardim".[2] Ele parecia indicar que Bracciano aguardava Isabella. Cinco dias depois, Isabella escreveu a Paulo para lamentar o fato de que "minha indisposição" de saúde havia atrasado as negociações, mas que ela estava utilizando toda a diligência necessária.[3] Duas semanas mais tarde, "com a ocasião do cavaleiro Beccaria [de estar em Roma], não quis perder a chance de beijar-lhe as mãos, e dar notícia de minha melhora. Com um pouco de paciência espero recobrar minha saúde. Aqui estão todos bem, e na sexta-feira o duque de Parma [Otávio Farnese], aquele belo e refinadíssimo cavaleiro, virá jantar comigo".[4] Isabella parecia não resistir à tentação de mencionar os primos Farnese do marido, de quem ele tinha inveja. Assim, a negociação e a saúde da princesa, as únicas questões que justificavam sua permanência em Florença, são praticamente os únicos assuntos sobre os quais ela escreve. Às vezes discutia-se alguma coisa a respeito das crianças. Em janeiro de 1575, Isabella fez um de seus empregados escrever a Paulo para lhe perguntar se poderia enviar a Florença "o anel e relicário de santa Brígida para ajudar Virgínio, que está um pouco doente, de causa que não pôde ser determinada (...) como Vossa Excelência possui imensa fé nas relíquias sagradas, está determinada a que os enviem a ela".[5] A fé religiosa de Isabella estendia-se à crença no poder das relíquias; lembremos que na década anterior ela atormentara o pai para que convencesse os frades da Santissima Annunziata a deixarem-na ver o miraculoso quadro da Anunciação. Santa Brígida, uma sueca que vivera no século XIV, passara os últimos vinte anos de sua vida em um convento fundado por ela mesma na Piazza Farnese, em Roma, e onde atualmente funciona um hotel administrado por freiras. A família Orsini possuía um fragmento de uma veste de santa Brígida engastado num anel, que se acreditava ter propriedades curativas. Era um dos maiores tesouros da família, mas Paulo não podia se recusar a enviá-lo a Florença no auxílio de seu filho único. No tempo devido, Virgínio se restabeleceu, e pelo fim de maio de 1575 Isabella informava o marido de que "Virgínio [que ainda não completara 3 anos] está montando, como se já tivesse nascido sabendo como fazê-lo".[6]

Naquele verão, Troilo Orsini retornou de Nápoles, para onde fora mandado por Francisco na condição de enviado a don João. Por essa época, Isabella silenciou a respeito de Paulo, embora conservasse suas atividades sociais em Florença e cultivasse Vitório, o irmão de Bianca Cappello. Ela sabia que Paulo travava conversas relativas a dinheiro com Ferdinando, em Roma, e desse modo não era preciso que fizesse "negociações" em seu favor. O silêncio, assim, era uma boa estratégia, pois lhe permitia evitar a questão de quando seguiria para Roma. Isabella recebeu uma carta do marido em 3 de setembro, na qual ele ralhava: "Enviei-lhe seis cartas e nenhuma foi respondida. Ouvi sobre a doença de Nora e que ela foi posta em quarentena, e desagrada-me ter de saber por outros que minha filha esteve às portas da morte. Senhora, rogo que se lembre de que sou seu marido, e se eu ou minhas cartas a aborrecem, não mais escreverei."[7]

Em 17 de setembro, Isabella fez contato com Paulo: "Recebi duas notas e assinei um acordo para pagá-las em meados de outubro, e o farei por meio de um empréstimo do Monte di Pietà, pois de outra maneira seria impossível. Estive à procura de arquitetos e encontrei mais de um que pode servi-lo [Paulo planejava reformas em suas propriedades]. Continuarei a melhorar cada vez mais, como a chuva, porque agora faz três meses que não chove aqui." E concluía sua carta: "Espero em breve recobrar a saúde, pois estou muito melhor, à exceção de uma perna ruim que não me permite o exercício. As crianças estão bem, Deus seja louvado, e continuam a crescer. Não há nada que eu deseje mais do que servi-lo, então peça de mim o que quiser."[8]

Uma noite antes de Isabella escrever essa carta ao marido, dois outros assassinatos foram cometidos em Florença. Uma das mortes foi a de um espião anônimo a serviço do Ufficio dell'Onestà, o escritório burocrático estabelecido em 1415 no Uffizi para fiscalizar crimes e atividades nefandas na cidade, entre elas a prostituição. O outro assassinato foi o de Cammillo Agnolanti, cujo pai trabalhava com aquisições na corte dos Medici. Ele perdeu a vida nas mãos de um integrante da família Martelli, Horácio. Se os motivos que levaram Horácio a matar Cammillo permanecem desconhecidos, após o crime ele buscou e recebeu abrigo na casa de Troilo Orsini.

Poucos dias depois, Juliano de Ricci registrou: "Pelo assassinato de Cammillo Agnolanti (...) sob suspeita de envolvimento, os empregados do signor Troilo Orsini foram levados em custódia, junto com o irmão dele, que estava doente em sua casa." Troilo não hesitou em reagir de imediato às prisões. "Ele foi ver o grão-duque, que estava em Pratolino [sua nova villa], e fez uma queixa a Corbolo, o secretário dos Oito [a *"magistratura degli otto"*, corpo judiciário mais elevado em Florença], pedindo que fossem soltos. [Corbolo] respondeu com uma negativa, dizendo que não podiam ser libertados, pois as regras da justiça deveriam ser seguidas."[9]

Troilo sabia muito bem que vários crimes e assassinatos haviam ocorrido em Florença nos últimos 18 meses sem que houvesse nenhuma intervenção dos oficiais da cidade. Acolher um assassino, mesmo que sua vítima fosse o filho de um empregado dos Medici, dificilmente constituiria um crime que autorizasse a prisão dos empregados e do irmão de Troilo. Diante de Corbolo, não foi preciso muito tempo até que ele percebesse que as prisões eram apenas um ensaio preliminar para aquela que seria a principal detenção: a dele próprio. Ele voltou-se para o secretário e falou: "Se do senhor não posso obter graça ou favor, então devo me retirar." "E sem voltar a Florença", Ricci narrou, "pôs-se na direção de Bolonha."

As suspeitas de Troilo provaram-se corretas. Em 22 de setembro, ele era "citado nas piazzas [uma ordem de prisão contra ele fora emitida], junto com seu *maestro di casa* e um empregado. Acredita-se", explicava Ricci, "que os motivos sejam o assassinato daquele espião do Ufficio dell'Onestà, ou o abrigo que ofereceu a Horácio Martelli, que matou

Cammillo Agnolanti, ou na verdade ter nos últimos meses assassinado Torello de Nobili da Fermo."[10] Essas alegações eram suficientes para justificar a publicação de uma ordem de prisão contra Troilo, exceto que eram infrações relativamente pequenas. Não havia nada que o ligasse ao assassinato do espião do Onestà, e ele tampouco estivera diretamente envolvido no assassinato de Agnolanti. Torello de Nobili era um sujeito de pouca importância se comparado a Troilo, que servia regularmente como embaixador dos Medici. Além do mais, o assassinato ocorrera dez meses antes, então por que processá-lo apenas agora? Os motivos reais para essa atitude devem portanto ser buscados em outro lugar. Dada a sua elevada posição, nada seria feito contra ele sem a autorização de Francisco. Fora o grão-duque quem planejara a sua prisão e o castigo subsequente. Sugeriu-se que Troilo fazia parte da conspiração dos Pucci, ainda que seu nome não fosse mencionado junto ao de outros, e isso precipitou o movimento de Francisco. É perfeitamente plausível que Troilo estivesse envolvido ou ao menos tivesse ciência do complô. Entretanto, é igualmente provável que Francisco, cujo gosto por vingança fora despertado pela trama secreta contra ele, tenha decidido capturar Troilo por este ter sido amante de sua irmã, e os assassinatos ao qual estava relacionado ensejavam um bom pretexto para sua detenção. Troilo era um elemento crucial no mundo de Isabella, um ao qual amoldara-se a jovem e traidora prima de Francisco, Leonora, de cuja responsabilidade ele também desejava "se eximir". O grão-duque apenas esperara pelo momento propício para tratar de Troilo Orsini. Este era o seu talento particular: estava sempre pronto a aguardar pelo momento oportuno de executar sua vingança.

Troilo podia ter conseguido escapar da prisão, mas não podia voltar a Florença sem ser detido. Ele precisava, a bem da verdade, desaparecer rapidamente. Os relatos de Ricci e Arditi sobre a partida de Troilo são reforçados por Cortile, que confessa desconhecer o exato motivo da fuga do primo de Paulo, mas menciona ter ouvido dizer que "ele causou a morte de um dos espiões desses nobres". Não restaram na correspondência dos Medici comentários a respeito da partida de Troilo, tampouco na dos Orsini. Mas se não há registros dos sentimentos de Isabella quanto a essa situação, parece que ela reagiu com bastante violência à notícia e a suas implicações. Se Troilo seria perseguido, o que então poderia acontecer a ela?

Naquela mesma semana, privada da oportunidade de dar adeus ao amante, Isabella de Medici começou a decair profundamente. Em 26 de setembro, seis dias após a partida de Troilo, seu irmão Ferdinando escreveu a Paulo Giordano para lhe dizer que "ela não consegue sair da cama por medo da hidropisia" e sugerir que ele viesse a Florença.[11] Até esse momento, todas as menções à má saúde de Isabella originam-se apenas dela mesma, mas dessa vez a princesa manifestou uma gama de sintomas tão complexa que dois médicos da corte dos Medici, Francisco Ruggiero e Baccio Strada, foram instalados no Baroncelli para zelar por sua saúde.

Em 8 de outubro, um Strada um tanto aturdido enviou um relatório a Francisco: "A somar-se às moléstias antigas, encontramos Sua Excelência incapaz de manter a comida no estômago, bem como um pouco febril, e achamos que esse fluxo pode ter sido provocado dois dias antes de sua partida para a pesca em Galluzzo [lembremos que em 17 de setembro Isabella queixava-se a Paulo de não poder se exercitar devido a uma perna ruim, mas seu médico aqui indica que ela estava bem o bastante para sair em pescaria pouco tempo depois] (...) onde ingeriu muitos ovos na casa de um camponês (...) fizemos todos os esforços para abrandar seu estômago com óleo de lentisco [da árvore de mesmo nome, e que se acreditava auxiliar na indigestão] (...)."

Strada escrevera também a colegas "em Roma e Pisa para confirmar a opinião de que os inchaços que ela uma vez teve nos pés, a febre, as palpitações do coração e outras moléstias provêm da mesma fonte (...) humores fleumáticos e ríspidos produzidos por um estômago intemperado, um fígado frio e o desânimo adquirido um ano atrás com aquela hemorragia sofrida ao voltar das montanhas de Pistoia (...). Esta manhã a encontramos com febre alta, e eu lhe disse que não desejava deixá-la até que estivesse melhor (...). Por ora estamos tentando cuidar da febre, e mudar os remédios, como parece exigir a ocasião. E o que fizermos será informado a Vossa Alteza".[12]

Sugeriu-se que "muito provavelmente era Paulo Giordano quem dava ordens ao médico", que "mentiu sobre a razão de seus sintomas [ingestão de ovos] para não preocupar seu marido".[13] O consumo exagerado de ovos era certamente uma razão bem mais neutra para a doença do que o frenesi causado pela partida de um amante em circunstâncias tão aterradoras. Se era Paulo quem dava ordens a Strada, ele não menciona a presença do marido de Isabella a seu lado no relatório a Francisco. Mas Paulo estava em Florença no final de outubro, quando o estado da princesa melhorara tanto que, num relatório do dia 27 sobre a saúde da corte, Strada observava: "Podemos considerar que a senhora Isabella melhorou porque não tem mais febre alguma, e não apresenta nenhum sintoma de que ela vá retornar."[14] Cortile escreveu a Ferrara dizendo que "a senhora Isabella, que exibia diversas intumescências pelo corpo, não está mais inchada, e recobrou o bem-estar após uma grande purgação".[15] Durante esse tempo Cortile pôde conhecer um pouco melhor Paulo Giordano, e teve a impressão, como informou ao duque d'Este na mesma carta, de que, a julgar pelas palavras dele e por um "pouquinho de conversa", havia bastante desconforto entre o casal. Pouco tempo depois, o embaixador ferrarense escreveu para relatar que Paulo havia lhe contado que estaria "deixando Florença em seis ou oito dias, por não gostar muito de seus aposentos aqui, pelo que pude depreender de suas palavras".

O aparente dissabor de Paulo Giordano talvez resida em sua suposição de que, com a fuga de Troilo de Florença, Isabella se resignaria a deixar a cidade. Mas a princesa Medici tinha outros planos. De volta a Roma, Paulo recebeu uma carta da esposa em 13 de dezembro: "Permaneço não muito bem, como você sabe, e tenho febre, e quando tento como de hábito levantar-me da cama, nem minhas pernas nem minha cabeça o permitem. Sua partida provocou meu declínio."[16]

Um outro pequeno escândalo se formava e fornecia assunto a Cortile. Em 19 de dezembro, ele escreveu a Ferrara para relatar como Francisco "expulsou às três da manhã uma daquelas nobres germânicas que vieram com Sua Alteza. A senhora duquesa é bastante malevolente e falou à marquesa de Cetona que a única razão para isso é encobrir a desonra da senhora Isabella, e que se trata de mentiras".[17]

Essa história é um tanto enigmática, mas Troilo passara um bom tempo com Joana e suas damas de companhia. Seguira com elas até Loreto como parte do séquito de Joana e estivera no banquete de casamento oferecido pela grã-duquesa a uma das *tedesche*. Da perspectiva de Francisco, expulsar uma dessas fidalgas sob o pretexto de que tinha um caso com Troilo afastava as conversas e a atenção exterior do que sua irmã estivera fazendo com o cavaleiro Orsini. Mas tal movimento servia menos para dissimular a desonra de Isabella que para promover a honra dos Medici pelo mundo afora.

Para uma mulher ao que parece incapaz de levantar-se da cama, Isabella esteve bastante ocupada na semana seguinte. Em 22 de dezembro, Ercole Cortile escreveu para informar o duque de Ferrara de que "a senhora Isabella ofereceu uma festa de Natal. Fez encenar uma comédia e convidou a duquesa e donna Leonora".[18] Essa festa parece ter sido a única patrocinada pela princesa a que Joana compareceu. Convidá-la pode ter sido um gesto de boa vontade da parte de Isabella. Ela deve ter ouvido dizer que Joana a considerava a razão de ter perdido uma de suas damas de companhia, as únicas mulheres em Florença a quem era de fato simpática. Joana, por sua vez, deve ter aceitado o convite para refutar as histórias que Cortile ouvia sobre uma animosidade entre ela e a cunhada. É possível que, horrorizada em pertencer a uma família que a humilhara de maneira tanto real (Bianca) quanto imaginária (Cammilla), ela de fato desejasse companhia durante o Natal. Por debaixo dos elaborados rituais que exigiam as festividades de Natal na casa de Isabella, havia três mulheres perturbadas: Joana sofria o escárnio do marido, cuja amante lograva êxito em lhe tomar o lugar; Leonora via-se implicada em um complô para assassinar os três irmãos Medici; e Isabella tinha um amante em plena fuga e um marido que tentava tirá-la de sua cidade para um destino incerto em Roma.

Ainda assim, Isabella conservava o destemor. Terminados seus deveres de anfitriã durante a temporada natalina, ela rapidamente se agarrou à estratégia de não se mover por ninguém. Quatro dias após a festa, Paulo Giordano ouviu-a dizer: "Ainda estou muito fraca, fico entre a cama e a liteira. Três dias atrás precisei ser carregada num coche até o jardim de don Luís. Minhas dificuldades são tamanhas que preciso ficar de cama por pelo menos dez ou doze dias (...)."[19]

PARTE VI

Atos finais

Caça de veados

Villa de Cafaggiolo

CAPÍTULO 1

O Ano-Novo

No dia 1º de janeiro de 1576, Troilo Orsini redigiu de Paris a seguinte carta para Francisco de Medici: "Tomei ciência de que, após minha partida de Florença, tenho sido tema de muitos comentários, que me fazem compreender que um processo se instaura contra mim, e que por fim haverá uma sentença condenatória. Isto parece interromper muitos anos de meu bom e leal serviço a Vossa Alteza e sua sereníssima casa, e me obriga a me ausentar de suas terras, para evitar ser recebido com uma sentença oficial de banimento (...). Decidi vir à França (...). Gostaria muito de não ser impedido por um banimento público de Florença, que muitos aqui têm, e que me faria parecer um fugitivo."[1]

Seria possível imaginar que, ao fugir de Florença, o romano Troilo Orsini viajaria rumo ao sul. Ainda que temesse um banimento da Toscana, ele não fora banido de Roma, uma vez que sendo um Orsini teria contado com a proteção de sua própria família. A menos, é claro, que essa proteção não estivesse disponível, por Troilo ter feito alguma coisa que o alienasse de seu clã. Ter mantido um longo caso com a esposa do líder desse clã provavelmente se encaixava nessa categoria. Os Orsini haviam tolerado a situação enquanto os Medici, financiadores de Paulo Giordano, a permitiam. Agora que Francisco deslanchara contra ele um plano de acusação, Troilo estava sozinho. Não havia nada que pudesse oferecer em troca à sua família romana, e ela não o protegeria.

Troilo fugiu para a França porque tinha estabelecido boas relações pessoais com dois integrantes-chave da família real francesa, o rei Henrique III e Catarina de Medici. Mas Paris havia muito já era um refúgio para os florentinos anti-Medici, que não paravam de crescer agora que Francisco ocupava o trono. A acolhida de Troilo Orsini na cidade tornava-se ainda mais calorosa à medida que as relações entre Francisco e Catarina e Henrique deterioravam. Francisco, em um lance para ter seu título de grão-duque reconhecido pelos Habsburgo da Espanha e da Germânia, decidira promover uma demonstração pública de lealdade a essa família e inimizade à França. Quando Henrique foi coroado rei, Francisco recusou-se a enviar um emissário florentino para lhe oferecer congratulações. Seu pai jamais teria sido tão tolo, consciente da importância de exteriorizar cortesia e afabilidade a despeito de como se sentisse realmente por dentro.

Ficava claro então que em Paris Troilo estaria entre amigos. Se ainda tivesse qualquer dúvida em relação a seu status em Florença, um mês depois ela seria dissipada, com a publicação da seguinte sentença: "O signor Troilo Orsini, romano, e João Maria Santa Croce, conhecido como Trionpho, de Fabriano, por haverem, no mês de dezembro de 1574, no exterior do Stinche, ferido com vários golpes e levado à morte o senhor Torello de Nobili da Fermo, foram condenados, por sua desobediência, ao banimento e ao confisco de propriedades."[2] Tais propriedades incluiriam o que quer que houvesse em sua casa, como por exemplo as cartas de Troilo, entre elas a correspondência que Isabella lhe enviara, o que ajuda a explicar por que missivas deste nobre romano seriam encontradas nos arquivos dos Medici. Isabella podia estar um tanto segura de que as cartas não trariam seu nome ou caligrafia, mas seriam realmente enigmáticas o bastante para enganar alguém quanto a sua autoria?

À medida que janeiro chegava ao fim, Francisco podia sentir que tornar-se inimigo da França para assegurar a bênção dos Habsburgo fora uma decisão justificada. Em 26 de janeiro, o imperador Maximiliano, não obstante a miséria e infelicidade de sua irmã Joana nas mãos de Francisco, consentiu em reconhecer o título de grão-duque do cunhado. Em 13 de fevereiro, houve uma cerimônia formal no Palazzo Vecchio para celebrar o anúncio. Dizia a proclamação: "O imperador Maximiliano, movido pelas virtudes e pelos méritos de Sua Sereníssima Alteza Francisco de Medici, seu cunhado (...) e pela autoridade do Sacro Império Romano, faz, cria e o constitui grão-duque da Toscana (...) desejando e declarando que assim ele seja chamado e reconhecido pelos demais príncipes da República Cristã, condecorado com todas as dignidades, honras e privilégios que tal nome exige."[3] À parte virtudes e méritos, Francisco decerto pagou pela ratificação, tendo concedido empréstimos de longo prazo de 200 mil *scudi* a Maximiliano e outros 100 mil aos duques da Bavária, de cuja família fazia parte, por casamento, a irmã de Maximiliano, Anna. Francisco, então, tendo o núncio papal à direita, o irmão Pedro à esquerda e uma guarda armada de 48 homens do concílio de Florença, seguiu em procissão até o Duomo para ouvir a missa. O dia seguinte foi declarado feriado público e as lojas foram fechadas.

Nos relatos sobre a cerimônia, não há menção à presença de nenhuma mulher da família, assim como nos tempos de Cosimo. No final de fevereiro, porém, Isabella reprisou um papel familiar, servindo como primeira-dama de Florença ao cuidar da recepção formal a Constância Sforza de Santa Fiore, uma prima materna próxima de Paulo Giordano que viajava de Parma a Roma para se casar com Jacó, filho do papa Gregório XIII. Apenas dois anos antes, Isabella estivera no batismo do filho ilegítimo do próprio Jacó, no interior florentino. A princesa saiu para encontrar Constância, que estava "acompanhada por muitos cavaleiros. A noiva desceu de sua liteira e entrou no coche da senhora Isabella".[4] Isabella se despediu de Constância no dia seguinte, bem como seu irmão Pedro. Leonora, todavia, não esteve presente, por ter sofrido "algum acidente", segundo os registros de Ercole Cortile.

Um outro acontecimento que chamou a atenção de Florença em fevereiro foi o assassinato de Orso Orsini, conde de Pitigliano, propriedade no extremo sul da Toscana. Orso fora um Cavaleiro de Santo Estêvão, embora Cosimo sempre tenha tido certas suspeitas em relação a seus motivos, chegando a enviar um de seus empregados às galés para espioná-lo. A esposa de Orso era Eleonora degli Atti, da pequena propriedade feudal de Sismano, no Lácio. Mas em outubro de 1575 ele matara a esposa e fugira para Florença, onde Francisco concordara em protegê-lo da fúria da família da vítima, que suplicara aos Colonna — seus parentes e rivais dos Orsini — que lhes fizessem justiça contra o assassino. Quando Orso tirou a vida de um jovem rapaz dos Colonna, porém, o tio deste, Próspero, que era filho de Marco Antônio — o líder da família — e servia como camareiro dos Medici, decidiu intervir. Em 15 de fevereiro, Próspero, "na companhia de seis ou sete de seus empregados, confrontou o conde Orso Orsini e, entre pernas, rosto e cabeça, desferiu-lhe 14 ou 16 golpes dos quais seria impossível se recuperar".[5] Orso resistiu por duas semanas antes de morrer. Próspero não foi punido por Francisco, mas os Medici acorreram aos filhos do homem morto. O cardeal Ferdinando tomou um deles como pajem, e o mesmo fez Pedro. Isabella, contudo, acolheu dois meninos, ampliando seu lar.

Agora, era mais uma vez carnaval. Nos anos anteriores, eram as festas promovidas por Isabella que provocavam agitação. Quando em uma oportunidade Joana fora a anfitriã, houve desapontamento geral com as festividades. Mas dessa vez havia uma nova rainha do carnaval. Bianca "está encarregada das comemorações de carnaval", Cortile informou a Ferrara em 4 de março, "e hoje ofereceu um banquete absolutamente soberbo".[6]

Isabella decidiu fazer uma aparição pública não no carnaval, mas durante a Quaresma. Levou consigo Leonora, e as duas "perambularam pela cidade tendo caixas nas mãos, recolhendo dinheiro para caridade".[7] Piedade e altruísmo podem ter sido em parte o que motivara as primas a empreender tal atividade, mas suas ações serviam também para contrastá-las com a ostentação de Bianca, diferenciando-as dela. Era um bom exercício de relações públicas para Isabella e Leonora; alardear caixas de donativos pelas ruas podia de alguma maneira, pelo menos aos olhos delas, dissipar a imagem que passavam de mulheres festeiras e adúlteras. Falava-se muito pelas ruas sobre as atividades das duas. Os boatos, ao que parece, haviam chegado até mesmo a Roma, onde elas se tornaram alvo de pasquinadas, os ribaldos poemas satíricos afixados na estátua de Pasquino, próxima à Piazza Navona. Uma pasquinada desse tempo dirigida aos Medici, no entanto, diz respeito ao irmão de Isabella, Ferdinando. Ele tomara como amante a filha ilegítima do cardeal Alexandre Farnese, Clélia. "O médico [*medico*, singular de *medici*] monta na mula Farnese", dizia um verso burlesco composto em homenagem ao cardeal Ferdinando.

Em 2 de abril, Isabella recebeu uma carta de Paulo, observando em sua resposta que "você lamenta eu não ter escrito". Ela alegava cansaço e preocupação, mas o informava: "Estou muito bem. Quero fazer uma purgação esta semana e depois ir até a villa me exercitar um pouco." Na semana seguinte ela escreveu novamente: "Estou bem, embora um pouco afligida pelo novo clima de primavera, então eles [os médicos] querem me dar um pouco de remédio." Ela havia também se incumbido de mandar confeccionar camisas para o marido, que, no final de abril, "envio a Vossa Excelência, e lenços, e se não estiverem bons como merece, a culpa é do linho que me foi trazido".[8] As crianças continuavam a desabrochar, ainda que Nora apresentasse algo de que a própria Isabella às vezes sofria — "um ouvido surdo, devido a catarro".

A corte dos Medici viu a publicação de uma coletânea de poemas pastorais de Félix Faciuta. Dois foram compostos em louvor de Isabella, e num deles o poeta exaltava sua "postura angelical, passos divinos", e imaginava "o feliz pintor por quem a sacra imagem é embelezada (...) Ó, feliz daquele que estendeu às mãos os dedos de marfim". "Hei de escrever", declarava Félix, "sobre os feitos de sua estimadíssima existência, e enquanto viver hei de fazer o elogio de seus seios." Os seios de Isabella eram "duas frutas, e emprestam graça a seu pescoço branco".[9]

Angariar contribuições para os pobres, acolher os filhos de um homem assassinado, receber dignitários em visita, enviar camisas ao marido, ler poemas dedicados a ela: foram coisas assim que ao que parece ocuparam Isabella ao longo dos primeiros meses de 1576. Não há em nenhum desses eventos indício algum de turbulências particulares na vida da princesa, e de certa maneira talvez Isabella tivesse se deixado acreditar que chegara a um novo *modus vivendi*, ainda que frágil. Ela não fora criada para ser uma estrategista de longo prazo; era uma princesa nascida e criada com imenso privilégio, jamais tendo precisado pensar na natureza exata da sobrevivência, arte difícil de ser aprendida quase a partir do zero por uma mulher recém-entrada na casa dos trinta. Isabella nunca precisara contar muito com a perspicácia, ao contrário de Bianca Cappello, que nos tempos de adolescência em Florença tinha uma família que a reivindicava e talvez até mesmo tentando matá-la. A avó de Paulo Giordano, Felícia della Rovere, pode ter terminado seus dias como a mulher mais poderosa de Roma, mas começara a vida como a filha marginalizada de um cardeal, e, ao contrário de sua prima Catarina de Medici, Isabella não passara o início da vida adulta amargamente humilhada por um marido que tratava a amante como se fosse a rainha da França. Isabella pensava sempre a curto prazo; se dispunha de dinheiro, gastava, certa de que no devido tempo receberia auxílio do pai. Quando Paulo externava o desejo de que se mudasse para Roma, numa época em que Cosimo ainda era vivo, ela podia sempre protelar essas pretensões e aguardar a materialização de um novo problema para preocupar o marido, como sempre foi o caso. Ainda agora ela empregava essas mesmas técnicas para permanecer em Florença, pretextando negociações financeiras e má saúde para evitar sua partida.

 Isabella tinha ciência de que Paulo não era seu inimigo mais forte, que poderia sempre vencê-lo se dispusesse do aliado correto. O problema era que a única pessoa que ela precisava ter a seu lado era Francisco, na verdade um inimigo. Isabella sabia muito bem que, ao tornar Troilo um foragido, o irmão lhe desferira igualmente um golpe, privando-a daquele que pouco podia fazer para protegê-la, mas a quem ela amava. A intensidade do ressentimento de Francisco contra Isabella pode parecer surpreendente, mas é preciso lembrar que sempre houvera pouco amor entre eles. Quando João morreu, Francisco repreendeu-a severamente por seu pesar, que classificou de bestial. Ele também tentou impedi-la de receber a villa que ela cobiçava. Isabella, por sua vez, depreciava o irmão em cartas a Troilo. Quando percebeu que Francisco a traíra em relação às determinações deixadas pelo pai, escreveu-lhe em termos precisos expressando seu desprezo por ele. Francisco podia agora culpar a irmã pelo modo como sua prima Leonora se comportava; se não houvesse tido Isabella como exemplo, talvez tivesse causado muito menos problemas. Além disso, teria Francisco desejado não haver rival em Florença para Bianca? Sua amante triunfara sobre a cada vez mais melancólica Joana, mas enquanto Isabella existisse em Florença, Bianca jamais poderia de fato reivindicar preeminência total sobre as demais mulheres na cidade. Para os cidadãos, Isabella continuaria sendo a primeira-dama de Florença. Bianca também sabia disso, e foi por essa razão que se dispôs a trazer Isabella para junto de si. De sua parte, Isabella acreditava que, se pudesse ter Bianca do seu lado, disporia de uma poderosa mediadora junto a Francisco. Mas deixou de levar em consideração que, da perspectiva de Bianca, havia pouco que a princesa pudesse fazer em seu interesse; no fundo, Isabella apenas impedia sua total ascensão. Isso sem mencionar o desejo de Francisco em ver a amante reinar soberana.

Assim, Bianca não era uma aliada, e é difícil enxergar quem Isabella tinha a seu lado. Ela não deveria esperar nenhum auxílio do cardeal Ferdinando, que provavelmente compartilhava seu desprezo por Paulo Giordano, mas cujos próprios interesses, cada vez maiores, o impediriam de apoiar a irmã. Se Isabella, totalmente só, dispunha de pouca influência política, há duas cartas destinadas a ela por correspondentes na Espanha e na França cuja opacidade sugere que ela entrara em negociações particulares, desassociadas de interesses dos Medici ou dos Orsini. Ambas as cartas foram redigidas na língua materna de seus autores, um indicativo da facilidade de Isabella com idiomas, e na carta francesa o remetente prefere não assinar seu nome. Em 18 de maio de 1575, ele escreveu: "Senhora, recebi a carta que teve o prazer de enviar por intermédio do cavaleiro Petrouche e agradeço humildemente por suas gentis saudações. Se lhe deixa contente saber, tem em mim um servo muito humilde, que fará qualquer coisa que deseje me ordenar (...)."[10] Este Petrouche era João Maria Petrucci, que fora embaixador dos Medici na França até o ano de 1572, quando, após o Massacre da Noite de São Bartolomeu, Catarina de Medici o acusou de se misturar aos huguenotes, comprometendo sua posição e forçando Cosimo a afastá-lo do cargo. Mas Petrucci ainda possuía conexões francesas, que três anos depois pareciam de interesse a Isabella.

A carta espanhola, escrita pelo "Belprior Don Pedro", em Barcelona, no dia 11 de julho de 1576, vinha em resposta a uma missiva e um presente que Isabella lhe enviara em 28 de fevereiro por intermédio de um enviado florentino, Roberto Ridolfi. Mais uma vez, o autor assegura Isabella de que "qualquer coisa que deseje neste mundo, se eu dispuser dos meios para adquiri-la, o farei".[11] Nenhuma das cartas utiliza o protocolo apropriado no que diz respeito ao envio de saudações aos irmãos e ao marido da princesa, sugerindo que Isabella desejava dos correspondentes alguma coisa pessoal. A essa altura, as relações de Francisco com a França e a Espanha estavam tensas, se não hostis, então estaria Isabella buscando algum grau de influência particular, um meio de escapar quando não fosse mais possível usar a desculpa do *letto* e da *lettica*? Em 17 de abril de 1576, ela comunicou-se com um amigo, manifestando perspectivas otimistas. "Se me for possível manter o lugar onde concentrei todas as minhas esperanças, ficarei contente", escreveu ela. "Lugar" é uma palavra um pouco ambígua, mas deve se referir ao Baroncelli, porque uma vez que Isabella tivesse um lugar em Florença não precisaria ir a parte alguma. Além disso, ela também mencionava "os favores que recebi do grão-duque, que são muitos (...)". Será que de alguma maneira ela conseguira chegar a um acordo com Francisco em seu benefício? Suas artimanhas com Bianca estariam afinal de contas dando resultado?[12]

Mas pouco tempo depois dessa comunicação, rumores sobre Isabella começaram a se disseminar mais uma vez, renovando a fúria do irmão. Em 13 de maio, Ercole Cortile relatou: "A senhora Isabella encontra-se há cinco dias no Cafaggiolo, e alguns dizem que, da última vez que esteve lá, foi para inchar o corpo, e que agora será como daquela outra vez, quando após nove meses estava saudável de novo."[13] A enigmática missiva de Cortile parece ser uma reação a histórias sobre misteriosos desaparecimentos e reaparecimentos de Isabella, os indícios disso, é claro, estando na referência ao inchaço do corpo e ao período de nove meses. Tais histórias Cortile pode ter ouvido em tavernas, e talvez, agora, também em círculos corteses. Seu predecessor, Rodolfo Conegrano, sem dúvida estivera a par dessas narrativas, e talvez até mesmo dispusesse de informação privilegiada sobre o que acontecia. Mas uma vez que estava tão entrincheirado na corte da princesa, seria menos ligeiro em passar informações sobre o que ouvia ao duque d'Este. Cortile, por sua vez, sem devotar tal submissão a Isabella, ficou muito intrigado com sua partida rumo à villa de Cafaggiolo, que lhe parecia curiosa e aparentemente repetia um padrão de comportamento anterior.

Cafaggiolo ficava 24 quilômetros ao norte de Florença, nos contrafortes dos montes Apeninos. Situada no coração de Mugello, de onde vieram os Medici, a propriedade fora adquirida por Cosimo, o Velho, em 1443. Quando Michelozzo, o arquiteto de Cosimo, empreendeu as reformas no castelo do século XIV, foi instruído a acentuar sua aparência acastelada, para passar a impressão de que ali ficava a residência titular dos Medici, havia séculos de propriedade da família. Não obstante seu lugar na história do clã, não era uma villa que Isabella visitasse com frequência, se é que a visitava, e sua decisão de ir até lá naquele momento permanece tão intrigante hoje quanto o foi para Ercole Cortile em seu tempo. Talvez seu comentário não tão sutil a Afonso d'Este não deva ser inteiramente descartado como algo descabido. Não é impossível que Isabella carregasse uma gravidez indesejada. Troilo deixara Florença no final de setembro do ano anterior, de modo que ela podia estar grávida de oito meses. Ela ficara afastada de Paulo Giordano durante meses, e quando ele apareceu, ao final de setembro, encontrou-a de cama e pouco propensa a permitir relações conjugais. Se estivesse grávida agora, seria difícil fazer acreditar que o marido era o pai da criança; se não engordasse muito e pudesse disfarçar o corpo com saias folgadas, poderia ocultar a gravidez e dar à luz em segredo. Exceto pelo comentário de Cortile, porém, há um véu de silêncio ao longo da maior parte do mês de maio de 1576. Não restaram cartas de Isabella a ninguém durante esse período, e certamente nenhuma menção a favores vindos de Francisco.

Mas a despeito do que estivesse fazendo sozinha em Cafaggiolo, ainda que fosse apenas dedicar-se a seus pensamentos no coração do campo dos Medici, a solidão de Isabella em breve chegaria ao fim. Paulo Giordano decidira, no final de maio, ir a Florença. "A signora", assegurou-lhe em carta um dos empregados da princesa, "aguarda-o com grande desejo, assim como toda Florença."[14]

Paulo não se apressou a chegar à cidade, aparecendo apenas na primeira semana de julho. Cortile relatou ao duque de Ferrara: "O signor Paulo Giordano Orsini é aguardado e vem para levar a senhora Isabella de volta a Bracciano, se puder. Mas acredita-se que não será capaz disso, porque a dita senhora não deseja sair daqui por nada no mundo."[15] O horror de Isabella em ver-se forçada a deixar Florença e partir para Bracciano era agora de conhecimento público, oficializado até mesmo no despacho de um embaixador.

Estátuas dos Cavaleiros de Santo Estêvão

CAPÍTULO 2

Uma viagem a Cafaggiolo

Se Isabella passou o mês de junho contemplando em melancolia a iminente chegada do marido a Florença, sua prima Leonora não passava por dificuldades menores. Ercole Cortile, que no verão anterior fizera questão de informar o duque d'Este sobre o desejo de Francisco de Medici de acabar com a prima, agora falava sobre as doenças que haviam começado a afligir a ruiva de 23 anos. Ela sofrera ataques repentinos em fevereiro e abril, e, no dia 3 de junho, Cortile escreveu para relatar que "a senhora Leonora está muito enferma por conta de alguns incidentes, e muitos médicos dizem duvidar que a doença tenha causas naturais".[1] Florença, então, suspeitava que a princesa estivesse sendo envenenada. Mas se a doença de Leonora não tinha causas naturais, seu marido parecia sofrer, segundo Bastiano Arditi, da "doença francesa [sífilis], contraída por se atirar contra tantas prostitutas em Florença, quando tinha como esposa a mais bela moça da cidade!".[2] No início de julho, Cortile informava, na carta sobre a relutância de Isabella em seguir para Bracciano, que "A senhora Leonora está melhor, porém infeliz como sempre". E acrescentava: "a duquesa está mais melancólica que nunca". Mas se a saúde de Leonora estava melhor, o que acontecera em junho era suficiente para fazê-la de fato muito infeliz.

Apesar do número de cavaleiros mortos em duelos ou nas mãos de assassinos, e daqueles que se viram obrigados a fugir, Florença ainda estava repleta desses senhores entusiásticos e de cabeça quente, um dos quais era Bernardino Antinori. Bernardino e sua família havia muito tinham ligações com a casa de Isabella, e sua mãe, Regina, chegara a pedir pessoalmente à princesa que estendesse sua patronagem ao filho na década de 1560. Ele era um Cavaleiro de Santo Estêvão que se portara bem durante a Batalha de Lepanto, mas não tão bem em sua cidade nativa. Em fevereiro de 1576, ele envolveu-se em uma briga após uma partida de futebol com um certo Francisco Ginori, supostamente porque se viam como rivais pelo afeto de Leonora. Bernardino foi detido, encarcerado no Bargello e liberado em seguida. Leonora, ao que parece esquecida dos problemas que tivera por conta de seu auxílio na fuga de Pierino Ridolfi após a conspiração dos Pucci, aceitou prontamente a companhia de Bernardino. "Ele com frequência aparecia como um cortesão no coche da senhora Leonora", escreveu Juliano de Ricci.[3] Uma demonstração tão pública de flerte não podia passar despercebida, muito menos para Francisco de Medici, que vigiava qualquer conduta transgressiva da cunhada. Bernardino andara escrevendo a Leonora cartas de amor e poemas, que foram "encontrados, ocultos em seu escabelo".[4] No final de junho, ele viajou até a ilha de Elba, onde, "convidado pelo conde Lionel delli Oddi para jantar, ele foi, após a refeição, preso sob ordem de Sua Sereníssima Alteza".[5] Então, em 9 de julho, "ele foi estrangulado às cinco da manhã" na prisão de Elba.[6]

À medida que se espalhava o boato sobre a nova prisão de Bernardino devido a seu caso com Leonora, ficava patente para todos que a jovem nada aprendera com seu envolvimento anterior no complô dos Pucci;

pelo contrário, tomara um novo amante. Não havia dúvida de que desrespeitava os Medici, seu marido Pedro e o próprio grão-duque, merecessem eles ou não. O comportamento de Leonora era um sintoma de tudo que havia de errado no governo de Francisco de Medici. Se não era capaz de controlar as mulheres de sua própria família, como então poderia governar os estados sob seu domínio? A corte dirigida por Cosimo podia ser igualmente libertária, mas estava claro para todos que ele era um grande governante. Adultério e anarquia não caminhavam de mãos dadas na corte de Cosimo como o faziam no reinado de Francisco. Este não se provara um sucessor digno do pai, e tal situação podia ser usada em favor dos opositores dos Medici. Francisco tivera sorte com a conspiração dos Pucci, mas talvez ela não se repetisse. Chegara o momento de agir. Para se preservar, Francisco precisava restabelecer a aparência de ordem e equilíbrio na família.

A Florença renascentista era, em sua geografia, uma cidade relativamente pequena, mas tinha uma população numerosa, e portanto era densa. Como deixam claro os despachos de embaixadores e diários de cidadãos florentinos, qualquer coisa que se passasse na cidade, qualquer incidente acontecido era rapidamente descoberto, e as notícias corriam depressa. Assim, se uma pessoa estivesse planejando um assassinato, especialmente o de alguém cuja morte fosse do interesse de muitos florentinos, melhor seria que esses planos fossem traçados a alguma distância da cidade. Dessa maneira, levaria mais tempo até que as notícias chegassem às partes interessadas, e a distância propiciaria a distorção sobre o que realmente acontecera, permitindo ao perpetrador do ato um controle maior sobre os eventos. Utilizar a distância como um para-choque temporário é uma estratégia particularmente prudente se a vítima em questão é uma mulher de alta hierarquia na família, cujos movimentos todos acompanham com agudo interesse.

Na segunda semana de julho de 1576, em busca de reclusão, Pedro de Medici e Leonora di Toledo partiram em direção ao norte, rumo à acastelada villa de Cafaggiolo, a mesma em que Isabella passara algum tempo em maio. A família de Leonora sabia que ela estava com enormes dificuldades devido ao caso Pucci e seu romance com Antinori. Mais ao sul, em Nápoles, seu pai, Garcia, e seu tio Luís faziam planos para que deixasse Florença antes que caísse em águas ainda mais profundas. A viagem a Cafaggiolo, porém, não sugeria a princípio nada de particularmente impróprio, visto que as peregrinações eram afinal muito comuns entre os Medici. Pouco tempo depois da chegada do casal a Cafaggiolo, todavia, na manhã de 11 de julho, Pedro de Medici remeteu a seu irmão Francisco uma breve nota: "Ontem à noite, às sete horas, um acidente mortal aconteceu a minha esposa, então Vossa Alteza pode ficar em paz e me escrever sobre o que devo fazer, se devo voltar ou não."[7]

Pedro pode ter empregado a palavra "acidente", mas o fato de que a morte de Leonora traria paz a Francisco é um forte indício de que os irmãos sabiam exatamente o que aconteceria uma vez que ela chegasse à villa. Um plano fora executado, e agora era o momento de Francisco entrar em ação. No dia seguinte, ele enviou um relato mais detalhado sobre a morte de Leonora ao cardeal Ferdinando, em Roma: "Ontem à noite, por volta das cinco [o horário já era dissimulado], um acidente realmente terrível aconteceu a donna Leonora. Ela foi encontrada na cama, sufocada, e don Pedro e os outros não tiveram tempo de reanimá-la, o que não provocou pequenas dificuldades. Na noite de ontem ela foi levada de Cafaggiolo à igreja de San Lorenzo, onde será realizado o imprescindível sepultamento."[8] O enterro, segundo os registros de Bastiano Arditi, consistiu em "depositá-la em um caixão na San Lorenzo, sem demais cerimônias".[9] Não se rezou missa alguma para velar a mais bela moça de Florença, com olhos que pareciam duas estrelas.

O fato de a morte de Leonora ter se dado a alguma distância de Florença já contava a favor de Francisco, propiciando-lhe tempo para enfeitar e dar nova forma aos acontecimentos que se sucederam. Mas Pedro e Leonora não haviam ido sozinhos a Cafaggiolo, e num mundo em que era tão difícil guardar segredos, relatos alternativos ao de Francisco logo surgiram. "Em toda parte, dizem que ela foi assassinada", escreveu o diarista Agostino Lapini. Juliano de Ricci só se comprometeria a dizer que "Ela foi encontrada morta na cama".[10] Em seu diário, porém, inseriu a entrada relativa à morte de Leonora entre a que dizia respeito ao estrangulamento de Antinori na prisão e a que falava da descoberta das cartas de Antinori no escabelo da princesa, deixando assim que o leitor tirasse suas próprias conclusões sobre como ela morrera. Bastiano Arditi, um anti-Medici declarado, foi muito mais audacioso. Segundo seu relato, "O duque determinou e advertiu que sua morte deveria ser efetuada, executada em Cafaggiolo. E assim, com violência, a mencionada Leonora foi privada da vida".[11] Ele também aproveitou a oportunidade para observar que, em primeiro lugar, o casamento da princesa com Pedro jamais deveria ter sido permitido, uma vez que eram primos em primeiro grau e que "tais alianças são contrárias à doutrina sagrada".[12]

Poucas semanas depois, Ercole Cortile remeteu ao duque de Ferrara o detalhado relato que levantara a respeito da morte de Leonora. A missiva foi enviada na forma de um complexo criptograma, um código que Cortile usaria cada vez mais para informar Afonso d'Este sobre o que acontecia em Florença, sem o risco de ser descoberto. "Ela foi estrangulada por don Pedro com uma coleira de cachorro", ele escreveu, "e por fim morreu após muito se debater. Don Pedro apresenta as marcas, tendo dois dedos da mão feridos pela mordida da mencionada senhora. Ele poderia ter se saído pior se não tivesse pedido o auxílio de dois patifes da Romanha, que dizem ter sido chamados lá para esse propósito. É sabido que a pobre senhora defendeu-se com bravura, como se notou pelo estado da cama, completamente revirada, e pelas vozes ouvidas ao longo da casa."[13]

Onde estava Isabella quando sobreveio a notícia da morte de Leonora? Os últimos indícios de seus movimentos são fornecidos por Cortile em 8 de julho, quando diz que a princesa esperava por Paulo Giordano em Florença para levá-la embora para Bracciano. Mas Isabella estava afastada da cidade, no remoto interior da Toscana, desta vez a oeste, na villa de Cerreto Guidi. Assim como Leonora fora a Cafaggiolo na companhia de Pedro, do mesmo modo Isabella partira para Cerreto com seu próprio marido.

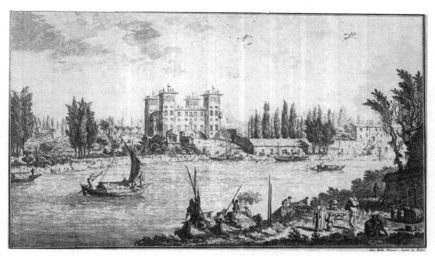

Pesca na villa de Ambrogiana

CAPÍTULO 3

Uma viagem a Cerreto Guidi

Em julho, pouco depois de chegar a Florença, Paulo Giordano enviou uma nota ao duque de Urbino: "Estando aqui em Florença", escreveu ele, "sem dispor de nenhum outro prazer senão um pouco de caça, e estando privado tanto de cães quanto de pássaros, pergunto a Vossa Excelência se poderia me prover com dez cães da criação de Leonardo de Gubbio, um par de lebreiros e um par extra de escravos."[1] A carta é um tanto intrigante. O duque de Urbino não parece ser um correspondente muito habitual de Paulo, o que nos leva a pensar sobre as razões que teriam motivado o marido de Isabella a lhe pedir agora por cães. Por que não fizera esse pedido aos Medici, que dispunham de um extenso canil? Ou Paulo não fazia ideia de que participaria de uma excursão de caça ao vir a Florença ou então a usava para justificar sua presença ali aos olhos de uma figura importante de fora. Ou então alguém havia lhe dito para agir daquela maneira.

Isabella não tinha por que se recusar a participar de uma expedição de caça em Cerreto Guidi. De fato, certamente recebeu com alívio a ideia da viagem, mais uma oportunidade que teria para ganhar tempo. Os integrantes da excursão pareciam não ter dúvida de que ela estava bem o bastante para viajar até essa villa isolada, embora pouco antes Paulo tivesse enviado duas mulas para puxar o *lettuccio* da esposa pretensamente frágil. Talvez a princesa pensasse em definhar mais uma vez tão logo a excursão estivesse encerrada; talvez Paulo fosse de fato obrigado a voltar a Roma sem ela de novo.

Uma grande festa aconteceu em Cerreto. Com efeito, não fosse a ausência do pai, para Isabella aquilo pareceria como nos velhos tempos. O séquito de Paulo incluía seu vizinho romano, um Cavaleiro de Malta da família Massimo, enquanto Isabella levara suas damas de companhia e seu cantor, o poeta e padre Elicona Tedaldi. Até mesmo o anão Morgante os acompanhou.

O fato de Leonora ter sido enviada com Pedro a Cafaggiolo no mesmo momento em que Isabella ia com o marido a Cerreto não era algo que devesse necessariamente alarmá-la, mesmo com a prisão de Antinori. Era muito provável que ela estivesse preocupada demais com a questão de como se livrar de Bracciano. Como sua relutância em partir era agora de conhecimento público, os problemas da prima eram uma prioridade menor. Mas Isabella tampouco tinha motivos para temer que Leonora fosse assassinada. O incidente com Antinori fora com efeito muito menos sério do que aquele com Pierino Ridolfi um ano antes, e de qualquer maneira Leonora era uma nobre espanhola de nascimento e princesa Medici por matrimônio. Não obstante o desenrolar dos acontecimentos sob o grão-ducado de Francisco, Isabella tinha em mente que o status da prima garantia a sua própria proteção. A despeito do que acontecera a Troilo e Bernardino Antinori, ela talvez acalentasse a esperança de que o pior que poderia acontecer a Leonora ou a ela mesma era ser trancafiada em um convento ou, no caso de Isabella, em Bracciano, o que para ela dava no mesmo. Isabella sabia perfeitamente bem que esposas eram assassinadas na Itália todos os dias devido a transgressões. Ela mesma estava tacitamente implicada no assassinato de Cassandra de Ricci, tendo ajudado a arquitetar a morte do amante desta, Pedro Buonaventura. Mas Isabella não achava que as regras se aplicavam a ela e a Leonora. Princesas, raciocinava, a menos que se tornassem rainhas da Inglaterra, não eram assassinadas.

Mas em algum momento do dia 14 de julho, três dias após o falecimento de Leonora, qualquer convicção de que ela e a prima estariam protegidas caiu inteiramente por terra. Foi nesse dia que chegou uma carta de Francisco — endereçada, de maneira bastante interessante, ao cunhado — informando o grupo em excursão sobre a morte de Leonora. A resposta de Paulo Giordano à carta do grão-duque foi conservada:

> Soube com extremo pesar, como Vossa Excelência acertadamente imaginou, pela carta que me fez o favor de escrever, do estranho e imprevisto [*improvviso*] acidente que donna Leonora sofreu. A senhora Isabella não mostra menos pesar. Se a dor pudesse reparar a perda, iríamos nos afligir com todo o coração para trazê-la de volta (...) do modo como são as coisas, devemos nos consolar e confortar uns aos outros, são os desígnios de Deus.[2]

O pesar de Isabella teria sido pela perda da prima mais nova, a quem quando criança dera moedas para praticar a caridade e com quem, apenas poucos meses antes, perambulara pelas ruas da cidade recolhendo donativos para os pobres, surpreendendo com essa atitude os cidadãos florentinos. Leonora, a mais bela jovem de Florença, admirada por todos exceto os irmãos de Isabella, tomara a prima como exemplo, emulara seus interesses intelectuais e a seguira também por outros caminhos, caminhos que, agora Isabella via, a haviam levado à morte. Ela não podia acreditar que Leonora tivesse sufocado na cama por acidente, uma morte implausível no melhor dos momentos, presumindo que Francisco houvesse escrito a Paulo o mesmo que escrevera a Ferdinando. E sua mente rápida e ativa formularia depressa uma pergunta: se Leonora fora enviada à morte na villa de Cafaggiolo, o que ela, Isabella, estaria realmente fazendo em Cerreto Guidi?

Também parecia estranho que Francisco tivesse escrito diretamente a Paulo Giordano e não a Isabella, que de todos era a mais próxima de Leonora. Seria esta carta um sinal pré-combinado com o cunhado? Ser informada da morte da prima deve ter provocado uma enorme aflição em Isabella, bem como um medo galopante. Mas ela não podia demorar muito antes de agir. Cerreto Guidi ficava igualmente próxima de Pisa e Florença. De Pisa era fácil alcançar o porto de Livorno, e se Isabella conseguisse chegar até ali, poderia pegar um barco para Nápoles, onde contaria com a proteção de seus tios Toledo, que ainda não haviam tomado conhecimento da morte de Leonora. Para Francisco, no entanto, seria mais perigoso se a irmã alcançasse Paris, refúgio de exilados anti-Medici e cidade em que Troilo agora residia. Catarina de Medici ficaria encantada em dar as boas-vindas à irmã de Francisco em Paris, não obstante seus pecados. Se isto acontecesse, Francisco seria coberto de vergonha, e um assunto de família ainda relativamente privado se transformaria em um escândalo internacional. Isabella poderia então tornar-se um trunfo contra o grão-duque de Florença; Catarina, com a ardilosidade que Isabella jamais aprendera a desenvolver, se serviria dela de todas as maneiras possíveis. Quanto a Isabella, ela podia ter desdenhado dos franceses em muitas ocasiões no passado, mas se Catarina e Henrique III lhe ofereciam uma chance de se livrar de Paulo e da ameaça de Bracciano e reunir-se novamente a Troilo, então ela a agarraria. Tal enredo parecia quase saído dos versos do *Orlando Furioso*, uma solução onírica e romântica para a dor e os problemas surgidos nos dois últimos anos, desde a morte de Cosimo, defensor e protetor de Isabella. Não surpreende que décadas mais tarde se alegasse que Isabella planejava de fato fugir para a França.[3]

Entretanto, seria necessário algum tempo antes de tomar uma tal decisão e cuidar dos preparativos para a liberdade. Isabella tinha dois filhos. Fugir imediatamente de Cerreto Guidi significava abandoná-los a um destino incerto. Usariam de ameaças às crianças contra ela? Teriam instruído os cavalariços a não lhe fornecer um cavalo, para que não pudesse fugir? Estaria ela paralisada de medo num momento em que era preciso agir com rapidez e decisão? É até mesmo possível que Isabella ainda se recusasse a acreditar que receberia o mesmo castigo da prima, que sua vida, embora levada numa corda bamba de incertezas, prosseguiria como antes. O tempo, contudo, se esgotava.

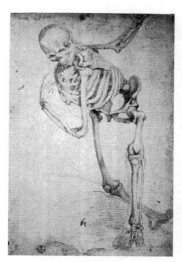

Alessandro Allori, *Esqueleto*

CAPÍTULO 4

"Como se imaginasse o que lhe estava reservado"

Em 16 de julho, apenas 48 horas após ter escrito a Francisco exprimindo seu pesar pela morte de Leonora, Paulo Giordano enviou uma nova carta ao grão-duque. Este respondeu em missiva redigida pelo secretário, e que apenas assinou:

> Com muito pesar tomei conhecimento por sua carta da morte da senhora Isabella, sua esposa e minha irmã. Você pode imaginar, pois tratava-se da última dama desta casa, a quem amei com tanta ternura. Estou certo de que não faltou com diligência ou amparo na tentativa de salvá-la do acidente que lhe tomou a vida, e caso Vossa Excelência tenha necessidade de qualquer coisa neste momento, mandarei o que quer que me seja possível. Diante da vontade de Deus em levá-la, eu o exorto, assim como fiz, a aceitar em paz os desígnios de Sua Majestade Divina. Você pode providenciar para que a levem amanhã de manhã, ou no dia seguinte, em um féretro até o lado

de fora da Porta San Frediano, e o monastério de Monticello ou do Monte Oliveto cuidará de todas as formalidades para o traslado até San Lorenzo, onde será enterrada com todas as honras que cabem a uma senhora desse porte, e Vossa Excelência deve, a seu próprio critério, vir antes ou depois dela, como quiser.[1]

Não obstante as declarações de um amor terno pela irmã e de sua intenção de que tivesse um enterro apropriado, não há como deixar de notar o tom prático da carta de Francisco a Paulo. Não há indício algum de surpresa, especialmente à luz da morte de Leonora, menos de uma semana antes, ao que parece igualmente *improvvisata*. É quase como se Francisco houvesse previsto a morte da irmã. Interessante também é o fato de Paulo Giordano, após seu retorno a Florença na sequência do falecimento da esposa, ter redigido uma nota para o duque de Urbino informando-o de que "no dia 16, a senhora Isabella, minha esposa, passou súbita e contritamente para a outra vida".[2] A carta parece se encaixar perfeitamente com a que escrevera ao duque menos de duas semanas antes, como se agora tratasse dos retoques finais em um álibi, confirmando que nenhum acontecimento nefasto se passara. Acontecera apenas que a esposa de Paulo Giordano havia morrido "subitamente" em uma excursão de caça planejada. O fato de Paulo ter usado o advérbio "contritamente" sugeriria ao duque de Urbino que Isabella recebera os últimos ritos. Isto, no entanto, entra em conflito com as palavras de Francisco, segundo as quais a princesa fora encontrada morta, todos os esforços de reanimá-la tendo sido vãos. Três dias após o falecimento da irmã, o grão-duque relatou o ocorrido ao sacro imperador romano: "[Isabella] morreu inesperadamente [mais uma vez é utilizada a palavra *improvvisa*, como empregada por Paulo quando da morte de Leonora] enquanto lavava o cabelo em Cerreto durante a manhã. Ela foi encontrada de joelhos pelo signor Paulo Giordano, tendo falecido imediatamente."[3]

Assim como no caso do sufocamento de Leonora na cama, Francisco deixa ambígua a exata causa da morte de Isabella. Aventou-se que seu relato indica que ela teria sofrido um ataque epiléptico ou cardíaco, ou que teria batido a cabeça na bacia em que lavava os cabelos. Esta seria a versão oficial dos Medici. Ercole Cortile, no entanto, ao saber da morte da princesa, mais uma vez moveria céus e terras para tentar reconstituir os acontecimentos, valendo-se do que estavam preparados para lhe contar aqueles que se encontravam presentes em Cerreto na ocasião. Recorrendo novamente a um criptograma, ele informou o duque de Ferrara do que ficara sabendo "por meio daqueles dispostos a falar":

> A senhora Isabella foi estrangulada ao meio-dia. A pobre mulher estava na cama quando foi chamada pelo signor Paulo. Ela de imediato se levantou, pôs um robe, pois vestia apenas uma camisa, e dirigiu-se à câmara do signor Paulo, passando por uma sala onde estavam o padre Elicona e outros empregados. Dizem que ela se voltou para eles e deu de ombros, como se imaginasse o que lhe estava reservado. E então adentrou a câmara. Morgante estava lá atrás dela e de outras de suas damas, mas o signor Paulo os expulsou e trancou a porta do quarto com grande fúria. Escondido sob uma cama estava o cavaleiro romano Massimo, que o ajudou a matar a senhora. Eles não estavam trancados naquele aposento havia mais de um terço de hora quando o signor Paulo chamou uma das outras damas da esposa, Madonna Leonora, dizendo que trouxesse um pouco de vinagre porque a senhora Isabella desmaiara. E quando esta dama entrou, Morgante logo atrás dela, viu a pobre mulher no chão, curvada sobre a cama, e tomada pelo amor que nutria por Isabella ela disse: "O senhor levou-a à morte, para que precisa de vinagre ou o que quer que seja?" O signor Paulo a ameaçou, dizendo que devia ficar quieta ou a mataria.[4]

O que é interessante no relato de Cortile é que ele invoca os nomes de testemunhas que sabemos fazer parte do círculo de Isabella — Elicona e Morgante —, o que confere ainda mais autenticidade à sua versão da história. Mesmo sem ameaças de violência, essas pessoas eram impotentes para protestar a respeito do que acontecera. Eram contratados dos Medici, e não podiam viver sem a família. Não importava a Francisco, nem mesmo a Paulo, que tivessem testemunhado o ocorrido. O pior que podiam fazer era contar a alguém em "segredo" o que se passara, mas ainda assim não haveria repercussões para os perpetradores do ato. Na verdade, a presença dessas pessoas era necessária, pois Isabella ficaria muito desconfiada se não fosse permitido que seu séquito a acompanhasse a Cerreto, como de hábito.

Cortile não concluiu seu despacho com a morte de Isabella. Em vez disso, prosseguiu e fez informar ao duque de Ferrara:

> A senhora em questão foi deitada em um caixão para esse propósito e levada à noite a Florença, e depositada na igreja de Carmine [não muito longe da Porta di San Frediano], e o caixão se abriu, de modo que quem a quisesse ver o podia, e quem o fez disse jamais ter visto um monstro tão horrível. Sua cabeça estava enorme além do normal, lábios gordos e volumosos como duas linguiças, olhos grandes como duas feridas, seios inchados, um deles fendido, pois, ao que dizem, o signor Paulo jogou-se em cima dela para fazê-la morrer mais depressa.[5]

Se o duque de Ferrara estivesse informado da corpulência de Paulo, reconheceria sua validade como instrumento para um assassinato. Cortile continuava: "O corpo estava tão pútrido que ninguém suportava ficar perto." Podemos imaginar a contribuição do calor do julho toscano para o mau cheiro e inchaço do cadáver. Mesmo assim, a oportunidade de ver o corpo da princesa Medici era atraente demais para que alguns resistissem, e entre os que a viram estava um compatriota de Cortile, que o informou de que o corpo "estava preto da metade para cima, mas completamente branco da metade para baixo, como me contou Nicolau da Ferrara, que lhe levantou as roupas, assim como vários outros, e pôde ver tudo". Aventou-se que tal negrura fora causada pelo fato de o caixão estar virado de cabeça para baixo, provocando o movimento do sangue para as partes superiores do corpo. Francisco exagerara, então, ao prometer honrar os restos mortais da irmã como ela merecia; em vez disso, permitira que o horror de seu corpo fosse exposto e comentado, que levantassem as suas roupas e examinassem sua carne em decomposição. Assegurou, com isso, que a última imagem que o povo de Florença guardaria daquela que em outros tempos fora uma ardorosa estrela da corte dos Medici seria a de um monstro. A mulher que fazia trazer barris de água a sua casa para o banho agora apodrecia, exalando sob o cálido sol aquele odor particular de morte: o cheiro doce e repugnante de queijo deixado para amadurecer no inferno. Permitir a exposição do cadáver em decomposição de Isabella de tal maneira era como deixar pendurados na forca os corpos de traidores executados, em advertência para que outros não seguissem o seu exemplo e terminassem no mesmo lugar.

O relato de Nicolau, o amigo de Cortile, é corroborado pelo do diarista Agostino Lapini, que escreveu: "Aos que a viram ela parecia um monstro, tão negra e horrível." Quanto à causa da morte, ele ouviu dizer "que ela fora envenenada, e afirmam que, como sua prima, foi assassinada".[6] Ricci, em seus registros, é um tanto mais circunspecto. Em julho, anotou em seu diário:

> Nestes dias perambulava a signora Isabella de Medici, uma jovem de aproximadamente 33 anos, de corpo belíssimo, tão esplêndida e de espírito livre quanto o poderia, filha do abençoado grão-duque Cosimo e casada com o ilustríssimo signor Paulo Giordano Orsini, que há menos de uma semana voltara de Roma, onde passava a maior parte do tempo longe da esposa. A senhora Isabella e o marido foram a Cerreto Guidi para se divertir, e lá, após beber em demasia líquidos gelados e devido à doença que já trazia dentro de si havia alguns meses, descobriram nela uma enfermidade lenta e agravante, e percebendo que ela não mais podia permanecer na villa, decidiram voltar a Florença. E no caminho ela foi assaltada pela doença, com maior ferocidade em Empoli, onde veio a falecer às 18 horas de 16 de julho, para imenso pesar de todos que a conheciam, porque, não obstante ser belíssima de corpo, era belíssima de alma, uma verdadeira *virtuosa*, esplêndida, um espírito livre.

O autor admite que esta foi apenas uma versão que ouviu sobre a morte da princesa, e prossegue seu relato para registrar um conjunto distinto de circunstâncias ligadas ao seu falecimento: "Ela morreu da maneira descrita acima, ou em Cerreto Guidi, após ter jantado e se divertido com jogos, quando foi chamada pelo signor Paulo a uma câmara no andar de baixo, onde imediatamente ocorreu um acidente e ela passou desta vida."[7]

Fica evidente pelas cartas de Francisco que a versão segundo a qual Isabella teria caído doente a caminho de casa é altamente improvável. Talvez a história tenha sido disseminada ao populacho florentino como forma de refrear as especulações quanto ao modo como a princesa teria morrido, embora a tentativa não tenha logrado êxito. Ricci mostrava-se claramente desconfortável com o que ouvira, e acrescentou um relato mais de acordo com o de Cortile, no qual Isabella de Medici teria sido chamada a um aposento pelo marido, dali jamais saindo com vida.

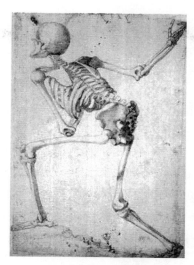
Alessandro Allori, *Esqueleto*

CAPÍTULO 5

Post-mortem

Em um país percebido por uma geração de dramaturgos ingleses do século XVII como "rico em sangue, inigualável em vingança",[1] é fácil enxergar os assassinatos de Leonora e Isabella como crimes de honra. Ambas mantiveram relações extraconjugais, e sua morte pelas mãos dos maridos são justificáveis no contexto da época. Seu destino junta-se ao de outras adúlteras da Itália renascentista cujas histórias se perderam. Algumas porém estão registradas em arquivos, como por exemplo Vitória Savelli, de nobre família romana, casada com um primo, João Batista Savelli. Este cortou a garganta da esposa em julho de 1563, quando a encontrou na cama com o meio-irmão dele, Troiano, que foi ao mesmo tempo esfaqueado até a morte por um comparsa de Batista.[2] Outras mulheres, como a enviuvada duquesa de Malfi, nem precisaram cometer adultério para encontrar um destino considerado justificável. Ela foi assassinada pelo irmão, o cardeal Luís de Aragão, após se casar com o camareiro e lhe dar filhos, aviltando e maculando a honra da família com sua associação ignóbil.

Embora este evento em particular, recontado na famosa peça de John Webster publicada em 1613, tenha fascinado os ingleses, pouco alarde causou na Itália, onde as leis de adultério permitiam tais assassinatos por vingança. Isto ajuda a explicar por que os diaristas de Florença exprimem aparente pesar em relação às mortes de Leonora e Isabella, elogiando seu encanto, carisma, sua beleza, graça e inteligência, porém aceitando suas mortes sem tomá-las como um ultraje.

Sempre existiu uma moral dupla em relação a adúlteros e adúlteras; as mulheres deviam pagar um preço por qualquer tipo de infidelidade. No conto sobre Nastagio degli Onesti que consta do *Decamerão* de Boccaccio, um jovem, desprezado pela mulher que ama, caminha pela floresta em desespero. Ele espreita uma cena medonha: uma moça é perseguida por um homem e seus cães, que a alcançam e rasgam fora seu coração. Ele descobre se tratar dos fantasmas de um casal em situação semelhante à dele e da amada. Para conquistá-la, promove um banquete na floresta, para o qual convida a moça e sua família. A terrível cena da caçada se repete diante deles. Horrorizada, ela aceita se casar com o jovem, receosa de ter o mesmo destino da moça perseguida pelos cães.

Francisco de Medici, cuja sede por sangue pode parecer a um observador moderno fruto de uma perturbação, utilizou a correspondência de Leonora com Antinori para justificar sua morte e admitir a Filipe II que ela de fato fora assassinada por Pedro. "Tenho que dizer", escreveu Francisco, "que o senhor Pedro nosso irmão tirou-lhe a vida devido à traição que cometeu com sua conduta, imprópria para uma nobre." O fraseado é convenientemente ambíguo; a traição pode se referir ao adultério ou ao papel desempenhado por Leonora na fuga do conspirador Pierino Ridolfi. "Queremos que Vossa Majestade tenha ciência da real verdade dos fatos", Francisco prosseguia, "e decidimos que deve saber das razões para cada ação desta casa, em particular este incidente, pois se não se levantam os véus dos olhos, não podemos servir Vossa Majestade de maneira satisfatória e honrosa, então na primeira oportunidade remeteremos os documentos [cartas e poemas de Antinori], para que conheça a justa causa que motivou as ações do senhor Pedro."[3] O rei da Espanha poderia aceitar a morte de Leonora sob essas condições.

Francisco, porém, demorava-se em informar a corte espanhola do que acontecia no círculo dos Medici. Em 7 de agosto, o embaixador toscano na Espanha, Bartolomeu Orlandini, teve seu primeiro encontro com Filipe para tratar da morte de Leonora. Ao final da reunião, um outro cortesão presente, o duque de Alba, primo de Isabella, perguntou se os rumores sobre a morte da prima eram verdadeiros. O embaixador afirmou não saber nada sobre aquilo, mas escreveu imediatamente a Florença: "Por favor me assegurem de que a morte da signora Isabella não aconteceu. Estamos no presente em continuada agonia."[4]

Mas se Leonora havia de morrer, então Isabella encontraria o mesmo destino. Tratava-se de um assassinato duplo, as mortes ligadas entre si de maneira inextricável. Isabella podia ser vista, ao menos na cabeça de Francisco, como responsável pelo que Leonora havia se tornado. Leonora se moldara pelo exemplo da prima mais velha, adotando sua liberalidade, embora com menos inteligência, agindo com maior indiscrição, descuido e assumindo mais riscos. A morte de Isabella era em parte um castigo por não ter dominado Leonora como deveria. Além disso, depois da morte da prima, Isabella se tornara um empecilho; era próxima de Garcia e Luís, pai e tio de Leonora, tomados de ardente fúria e angústia diante da perda da jovem. Percebendo que o casamento com Pedro não podia mais se sustentar, eles para falar a verdade desejavam tirar Leonora de Florença e "zelar por ela em Nápoles".[5] Em 20 de julho, ainda sem saber de sua morte, mandaram um emissário a Roma para tratar do assunto com o cardeal Ferdinando, que informou a Francisco nada ter dito sobre a morte de Leonora, e também que "persuadi-o [o enviado] a dar meia-volta".[6] Francisco, por sua vez, estava ansioso para impedir que don Garcia registrasse um protesto a Filipe, o que faria muito em breve. Se Isabella se unisse aos tios na condenação aos irmãos pelo que acontecera a Leonora, sua voz reforçaria a deles, causando problemas adicionais a Francisco, que ainda aguardava a ratificação espanhola a seu título de grão-duque. Diante da situação, acabou pagando pela morte de Leonora na forma de subornos disfarçados em empréstimos à Espanha, que na década seguinte chegariam a quase 1 milhão de *scudi*. Também cedeu com prontidão aquele que era considerado o mais belo crucifixo da Itália renascentista: o *Cristo crucificado* de Cellini, em mármore branco, ainda no monastério de San Lorenzo del Escorial, perto de Madri. E Pedro teve ainda de ser enviado à corte espanhola na condição de refém, os irmãos Toledo fazendo o possível para que tivesse uma recepção bastante desagradável na corte.

A morte de Isabella não implicou negociações póstumas e reparação de prejuízos desse tipo. É mais que provável que Paulo Giordano apenas aguardasse o consentimento de Francisco para matar a esposa, o que já desejava fazer havia muito tempo. Cortile descreveria Isabella como a *"moglie tanto odiato"* — "esposa tão odiada" — de Paulo, e decerto vira e ouvira muitas coisas durante seu mandato em Florença para identificar a tensão entre os dois. Isabella contribuíra para o desprezo de seus pares por Paulo Giordano. Não obstante os adultérios de marido e mulher, Isabella vivera separada e autonomamente, para além do comando e controle de Paulo, portanto aviltando a sua masculinidade. Matá-la lhe traria satisfação. Mas Paulo era tão dependente dos fundos da família Medici que sua opinião pessoal sobre a esposa não tinha importância. Se Francisco ordenasse que a matasse, então ele seguiria a determinação. Assim, ela permaneceu viva enquanto Francisco permitiu. É necessário dizer que, por mais que a morte de Isabella esteja relacionada com a de Leonora, havia outros motivos para que fosse eliminada. Seu caso com Troilo e o próprio comportamento deste havia muito davam motivos para o assassinato.

As expressões barrocas de afeto nas cartas entre Paulo e Isabella e as doenças esporádicas e aparentemente graves de que ela sofreu em seguida à morte de Cosimo foram invocadas para declarar que Paulo não havia matado a esposa, que teria na verdade morrido de causas naturais, o que significava que ele era tido injustamente como um monstro. A observação de Ricci à má saúde de Isabella nos últimos meses é utilizada como evidência adicional para corroborar essa tese. Ignora-se o fato de Ricci na mesma passagem sugerir que ela morreu devido à ingestão de líquidos gelados demais e, mais concretamente, de ter perdido a vida após ser chamada por Paulo a um outro aposento e ali ter sofrido um acidente. A versão de Bastiano Arditi sobre a morte da princesa faz referência a um jovem e belo jardineiro do Baroncelli, e é contestada sob a alegação de tratar-se de divagações de um velho alfaiate septuagenário inimigo dos Medici, um homem em posição tão inferior na hierarquia social que dificilmente poderia ter tido acesso a informações acuradas. Por outro lado, o detalhado relato do embaixador Ercole Cortile é tido nos termos de uma especulação maliciosa de um ferrarense igualmente hostil e enciumado dos Medici. Exceto que, nesse caso, os vilões da história relatada a Afonso d'Este são Paulo Giordano e um outro romano, o cavaleiro Massimo. Não há nenhuma menção à cumplicidade de outros membros da família Medici, tampouco afirmações depreciativas sobre eles.

Cortile talvez tenha dado ouvidos demais aos rumores e exagerado, mas isto só era possível no contexto de sua época e do que ele mesmo vira. Em 1º de setembro, ele escreveu ao duque de Ferrara a respeito da partilha dos bens de Isabella, porque esta, como deixa claro um documento assinado por Francisco, morreu sem deixar testamento:[7] "Eles transmitiram à senhora duquesa a guarda dos filhos da senhora Isabella. Dizem que o signor Paulo não os deseja, alegando não se tratar de filhos seus, embora eu não tenha tido confirmação disto. Estão vendendo todos os seus pertences. La Bianca tomou várias de suas roupas de baixo e outros objetos. Sua Alteza recolheu as joias para quitar dívidas dela." Havia se tornado de conhecimento público que as dívidas de Isabella somavam mais de 2.500 ducados. Seus credores desejavam ser pagos em dinheiro, não em joias, mas Francisco lhes disse que tinham de "aceitar o que podiam".⁸ Cortile prosseguiu dizendo que o "senhor Paulo tomou o Baroncelli, que pertencia à senhora Isabella e onde ela havia passado a sua vida. Ele seguiu até lá com quatro ou cinco prostitutas e ficaram indo e vindo diante do povo na carruagem dela (...) Ontem", ele concluía o despacho a Ferrara, "o signor Paulo veio para uma visita e rogou-me que lhe beijasse a mão em nome dele".⁹

Mas exibir publicamente o corpo em decomposição da esposa para que todos pudessem vê-lo e tocá-lo, caso desejassem, e passear com prostitutas por sua propriedade não foram as únicas maneiras que Paulo encontrou para macular a memória de Isabella. Em 22 de setembro, ele enviou a Francisco uma longa carta em que falava de suas dívidas. Seus credores estavam a ponto de "apreender todas as minhas coisas", e ele claramente esperava continuar recebendo auxílio do grão-duque. "Quanto ao túmulo para a signora", prosseguia, "sei bem que os custos cabem a mim e não a Vossa Alteza, portanto quis lhe escrever para apresentar o argumento de que não é por falta de alma ou boa vontade que não arco com eles, mas por causa dessas dívidas que me impedem."¹⁰ Em outras palavras, Paulo Giordano, que nunca deixara de comprar o que quer que fosse por causa de dívidas, alegava agora não poder pagar por um túmulo apropriado para a esposa. Particularmente interessante é o fato de se referir a Isabella apenas como *"la signora"*. O modo tradicional e adequado de se referir aos mortos seria *"di felice memoria"*, "de memória feliz", equivalente italiano para a expressão "Descanse em paz". Francisco procede da mesma maneira. Com efeito, já foi sugerido que ele chegou a emitir uma *damnatio memoria* contra a irmã para expungi-la da história da família Medici. Tal decisão implicaria a destruição de seus retratos, escritos e cartas, e é verdade que tais retratos encontram-se dispersos, tais escritos, fragmentados. Negar a Isabella nas correspondências a denominação *di felice memoria* pode ser entendido como um método adicional de *damnatio*.¹¹

A carta de Paulo ao cunhado certamente atesta que, não obstante as palavras doces empregadas nas cartas entre marido e mulher, Paulo e

Isabela na essência sempre mantiveram uma relação de negócios. Desde que, ainda aos 16 anos, ele avisou aos credores que quitaria suas dívidas com o dote a ser recebido da esposa, e mesmo agora que ela estava morta, a maior preocupação de Paulo sempre fora com a maneira como Isabella poderia facilitar a sua existência em termos financeiros. Sim, talvez sua honra tivesse sido lavada quando a matou, mas se fosse de seu interesse financeiro que ela continuasse viva — isto é, se sua fonte de rendimentos, Francisco de Medici, assim tivesse ordenado —, ele simplesmente teria de aquiescer. Francisco podia estar um tanto distante, mas fora ele quem de fato matara a irmã, por não mais desejar que ela vivesse. Com efeito, seu papel-chave nas mortes tanto de Isabella quanto de Leonora veio a ser reconhecido. Como escreveria Mark Noble no século XVIII: "Ele [Francisco] lhes deu [aos maridos delas] plena permissão para punir com a morte as legítimas culpadas, uma proposta que acolheram com avidez."[12] Isabella era um empecilho que ele via como ameaçador a seu reinado. O "Orsini" no nome de Isabella era algo a ser pensado apenas depois. Ela nunca vivera como uma Orsini, e também não morrera enquanto tal. Para utilizar uma metáfora, digamos que Isabella pode ter sido morta por uma espada dos Orsini, mas foi a mão de um Medici que a empunhou.

Tortura na prisão de Bargello

CAPÍTULO 6
Prossegue o cerco

A vingança de Francisco de Medici contra a irmã e seu mundo não cessou com a sua morte. Em seguida o grão-duque voltou seus esforços para prender aqueles no círculo de Isabella que a haviam servido e que ele identificava como os principais instigadores de seu modo de vida. Essas prisões dariam início a uma cultura de medo entre os que haviam sido próximos dela. Quem seria o próximo, e que razões seriam pretextadas para a sua detenção? Nas semanas que se seguiram ao falecimento da princesa, cronistas de Florença registraram os nomes daqueles que Francisco mandou prender. "Eles foram apanhados em lugares e em momentos diferentes", escreveu Ricci, "Bernardo di Giovannbattista de Servi [um proeminente mercador florentino], homem de armas muito próximo à senhora Isabella de Medici, e Carlo di Jacopo Fortunati."[1] Se o nome de Bernardo não soa familiar, este certamente não é o caso de Carlo, um associado de Isabella havia mais de 15 anos. Bastiano Arditi acrescenta que a mãe de Fortunati, uma criada de Isabella, também foi presa nessa época. Se o destino final desta mãe e seu filho permanecem desconhecidos, ambos os diaristas registram que Bernardo morreu — "violentamente, na prisão", segundo Arditi; "secretamente decapitado", conforme Ricci. Ercole Cortile menciona as mesmas detenções. Belizário Simoncello, que dois anos antes participara de uma justa de exibição ao lado de Troilo e duelara com outro adversário, agora "foi levado (...) ele também servira essa senhora em seu coche", observou Ricci, que assinala ainda a prisão do jardineiro de Isabella no Baroncelli, um jovem de 24 anos de Montevarchi que, trabalhando para a princesa, abandonara "as roupas de um trabalhador" para vestir peças "muito mais finas".

Arditi continuou a monitorar aqueles que foram detidos por sua conexão com "a senhora Isabella, filha do duque Cosimo, então já assassinada [*già uccisa*]".[2] Pouco mais de um ano depois, em agosto de 1577, ele acrescentou alguns nomes à lista: "um certo *votapozzo* [limpador de poço ou fossa] foi levado, colocado ali [na cadeia] por causa dela após a sua morte. Assim como aconteceu a um certo Maestro Paulo, cirurgião, que tirara o bebê que a mencionada senhora Isabella adquirira do jovem e belo signor Troilo e que, não tendo revelado ao duque sobre o que acontecera, foi levado à prisão após a morte dela, onde ainda permanece." Essa notícia poderia ser descartada como comentário espúrio, embora pareça estranho que ainda estivesse sendo comentada um ano após a morte da princesa. Ademais, não seria excesso de imaginação ligar o comentário de Arditi à sugestão não tão obscura assim de Cortile a Afonso d'Este de que a razão para a retirada de Isabella a Cafaggiolo em maio de 1576 era o fato de estar na iminência de dar à luz um bebê. Teria a criança nascido morta e sido entregue ao *votapozzo* para que se livrasse do pequeno cadáver?

Alguns dos empregados de Isabella dos tempos em que era viva decerto tinham a sensação de que podiam ficar sossegados em relação a sua associação de outrora com ela. O músico Stefano Rossetti, que compusera "O lamento de Olímpia" para a princesa, estava agora estacionado na corte dos Habsburgo em Innsbruck. Insatisfeito com a qualidade dos instrumentos musicais que tinha à disposição na Áustria, ele escreveu a Francisco em março de 1577 para perguntar se seria possível que lhe oferecesse as "seis violas bastardas e o clavicórdio napolitano que a Ilustre e Excelente senhora Isabella, sua irmã, de feliz memória, possuía".[3] Outros foram decididamente mais circunspectos. Fausto Socino, secretário de Isabella e por vezes conselheiro legal com tendências heréticas, escreveu a Francisco cautelosamente da Basileia, para onde havia se mudado em 1574 na intenção de adquirir instrução teológica. "Enquanto viveu, a senhora Isabella de Medici, irmã de Vossa Alteza, foi minha benfeitora (...) Se sua morte é muito triste, dando-me razões para lamentar, a esperança surgiu em mim, e aquele mesmo desejo de servir é agora voltado a Vossa Alteza, e esta carta, repleta de boa-fé, serve para rogar que creia que em todos os seus vastos domínios não dispõe de um súdito mais fiel que eu, e que ninguém mais que eu deseja passar a vida a serviço de Vossa Alteza."[4] O que Fausto claramente esperava era uma garantia de Francisco quanto à liberdade e segurança de seus movimentos, um compromisso de que não seria detido ao entrar em Florença, como então acontecia a muitos empregados e associados de Isabella. Em todo caso, Fausto jamais retornou à Itália. Acabou indo parar na Polônia, onde seus ideais protestantes antitrinitários seriam mais tarde abraçados pelos pais fundadores da América, entre eles Benjamin Franklin e Thomas Jefferson. É difícil imaginar um mundo mais distante do grão-ducado toscano dos Medici que a república dos novos Estados Unidos.

Mas Fausto não estava entre os associados de Isabella por quem Francisco se interessava de maneira especial. Aquele que o grão-duque buscava desesperadamente aniquilar era, é claro, Troilo Orsini. Em 21 de julho, Cortile escreveu a Ferrara afirmando que Francisco despachara "Belizário Simoncello com seus homens para matar Troilo Orsini". O fracasso de Simoncello nessa missão talvez seja um motivo subjacente para sua prisão pouco tempo depois. Em 14 de agosto de 1576, menos de um mês após a morte de Isabella, Troilo escreveu a Francisco, de Paris: "Sereníssimo senhor, respeitabilíssimo patrono", começava ele,

O lamentável episódio da morte de minha Excelente senhora prima e irmã de Vossa Serena Alteza encheu todos os seus súditos de tristeza e a mim em particular, que participo de todas as alegrias e tristezas que afetam Vossa Alteza. Que Deus a tenha aceitado em sua glória e que ponha fim a qualquer incidente que possa perturbar Vossa Alteza. O senhor talvez fique contente em saber que o rei [da França] tem notícia de que Casimiro e todos os homens dele estão agora fora de seu reino.[5]

Casimiro, filho do conde palatino do Reno, era um calvinista na liderança de tropas mercenárias que haviam auxiliado os huguenotes franceses e que não deixaram a França até que Henrique III lhes pagasse para isso. Troilo continuava sua missiva ao grão-duque de Florença para lhe oferecer outras notícias frescas sobre as negociações políticas da França naquele momento.

A carta, que parecia ter sido despachada por um representante dos Medici na corte francesa, e não por alguém que da última vez que escrevera fora para perguntar se estava banido da cidade, era um escárnio deliberado a Francisco. Ao contrário de Fausto Socino, Troilo sabia que para ele não havia retorno possível aos domínios do grão-duque. Sua intenção era que Francisco soubesse que ele estava bem situado na corte real francesa, bem no centro dos acontecimentos, e que o grão-duque devia considerá-lo bem protegido por Henrique III, para não falar de Catarina de Medici, uma *intrigante* legítima que tinha a atenção de Troilo e que apreciava muitíssimo ouvir sobre os escândalos dos desprezíveis primos em sua Florença nativa. Em 11 de setembro de 1576, o embaixador de Florença na corte francesa enviou a seguinte nota ao grão-duque:

> É preciso que eu faça a Vossa Alteza um relato do que se passa aqui, portanto devo preveni-lo em seu próprio interesse da inveja despertada por sua grandeza, e da malignidade de outras invenções e calúnias contra o senhor. Estas, deslizando venenosamente de boca em boca, foram absorvidas de tal maneira pela alma da rainha-mãe (...). Contaram-me que ela discutiu em profundidade as mortes daquelas senhoras de *felice memoria*, mostrando-se

disposta a acreditar em certas revelações de que teriam tido mortes violentas, e sente que essa equivocada opinião é confirmada com a morte de don Cosimo logo em seguida.[6]

O filho de Leonora, Cosimino, de 3 anos, o único outro menino gerado por um dos irmãos Medici, morreu em agosto, apenas poucas semanas depois da mãe, ao que parece de disenteria. Quase ao mesmo tempo, Bianca concebeu um filho de Francisco, Antonio, que mais tarde diriam ter sido contrabandeado dentro de uma caçarola. O embaixador prosseguia:

> Ela evidentemente fica surpresa com a maneira como esses estranhos acidentes se sucederam um após o outro, e sua surpresa maior é que Vossa Alteza não lhe tenha enviado nenhum relato dos incidentes. Eu evitaria de bom grado ter de escrever sobre essas questões, que intensificam o pesar infinito que estou certo de acompanhar tal desgraça. No entanto, sinto-me no dever de instar Vossa Alteza, do fundo de sua sabedoria, a dissuadir Sua Majestade dessas falsas impressões (...)[7]

Os embaixadores dos Medici em toda parte decerto passavam por momentos difíceis ao lidar com as mortes de Leonora e Isabella. O representante da família em Viena disse a Francisco com bastante aspereza que ninguém ali estava inclinado a acreditar que "uma das mortes foi por apoplexia, e a outra por epilepsia".[8] Mas somente Paris dispunha de Troilo, que fora bastante próximo de Isabella e tinha conhecimentos privilegiados do que realmente acontecia na corte dos Medici. Isso dava a seus relatos uma autenticidade que claramente arrebatava Catarina. De todos os antigos associados de Isabella, Troilo estava no topo da lista dos mais procurados por Francisco. O problema era que Troilo era um alvo em liberdade, ao contrário de Isabella e Leonora. Não era tão fácil montar uma cilada e prendê-lo numa villa campestre distante, e ele continuaria a escapar do grão-duque.

Justa na corte francesa

CAPÍTULO 7

O relato do assassino

A julgar pelo relato de Ercole Cortile sobre o assassinato de Leonora, Pedro contara com o auxílio de "dois patifes da Romanha" na morte da esposa. A província da Romanha, logo ao norte da Toscana, ficava longe o bastante de Florença para garantir que os bandidos não tivessem amigos ou família na cidade a quem repetir a história. A morte de Leonora recebera mais publicidade do que Francisco gostaria, mas ele ainda assim havia ficado satisfeito o bastante com o trabalho da dupla, a ponto de voltar a recorrer a um camponês da província da Romanha, pois, passado mais de um ano desde a morte de Isabella, Troilo continuava foragido. Mas o assassino contratado desta vez, Ambrósio Tremazzi, deixou para trás um notável documento para um matador de aluguel: um relato escrito com mais de 5 mil palavras sobre sua missão em Paris. Ele o enviou a Antonio Serguidi, secretário de Francisco, seu estilo e extensão condicionados pelo desejo de Ambrósio de que "Sua Alteza me favoreça, como prometeu verbalmente".[1]

Ambrósio começava seu texto revelando ter sido solicitado para o trabalho por Rodolfo Isolani. Rodolfo era um nobre da Bolonha, capital da Emília-Romanha, e é possível que também tenha recrutado os assassinos de Leonora. Era aparentado por casamento a Ciro Alidosi, senhor de Imola, também na Romanha, e fazia parte do círculo íntimo de Francisco. Mais tarde, ele se tornaria embaixador bolonhês em Florença, talvez como retribuição a favores prestados no passado ao grão-duque. Foi Rodolfo quem providenciou a vinda de Ambrósio a Florença. "Vim", recordou Ambrósio,

> porque soube que Sua Alteza ficaria feliz em ver morto o signor Troilo Orsini. O senhor conde Isolani fez-me notar que de fato tratava-se de algo muito caro a ele. Então, uma manhã, vi-me no palácio do grão-duque, nos aposentos de don Pedro de Medici, que me disse: "Pois bem, Ambrósio, pensou em quanto será necessário para esse esforço?" Respondi que não. Ele indagou: "Ficaria satisfeito com 200 *scudi*?" Falei que a viagem seria longa, e que eu partiria em busca de alguém que não conhecia. Ele retrucou: "Acha que 300 *scudi* bastariam?" Assenti. E este senhor me disse: "Venha me ver amanhã, terei retirado o dinheiro do banco e o darei a você." Seguindo as ordens que me foram dadas, fui encontrá-lo na casa de seu camareiro Piro na Via Larga, e ele me deu os 300 *scudi*.

Ambrósio perguntou se aceitariam seu filho de 12 anos como garantia para o cumprimento da missão. Eles aquiesceram, e então o matador voltou a sua cidade natal de Modigliana para apanhar o menino. Ao retornar a Florença, "pedi para falar com Sua Alteza e lhe dizer que eu era Ambrósio, recomendado pelo conde Rodolfo. Eles me disseram que não havia tempo para isso, que quando Sua Alteza deixava o palácio estava sempre acompanhado de dois ou três nobres em sua carruagem, que se lhe quisesse falar esses cavalheiros ouviriam nossa conversa, e que de modo algum o grão-duque desejava que tal negociação fosse conhecida por muitos".

Ambrósio prosseguia: "Não pretendo incomodar com detalhes do dia a dia de minha viagem, mas lhes direi que cheguei a Paris em 12 de agosto último, 1577." Pôs-se a trabalhar de imediato, reunindo informações sobre os movimentos de Troilo. Soube que este gozava "de grande crédito com Sua Majestade. Podia no momento ser encontrado com a corte em Pontier, mas, tendo sido ferido por um arcabuz, julgava-se que retornaria a Paris". Ambrósio decerto não era o único assassino na França que tinha Troilo como alvo. "Esta foi a primeira vez que tive notícias do signor Troilo, e então o tempo passou, semana após semana. Tendo ouvido que a maioria dos italianos morava fora de Paris no *faubourg* de Saint Germain, me ocorreu que o signor Troilo poderia também ter ali a sua residência. E assim decidi deixar Paris e me instalar em Saint Germain." Ambrósio fez então amizade com os italianos do lugar. "Um dia, quando me encontrava na casa do signor Pedro Paulo Tosinghi, falando com o signor Camillo Tolomei, perguntei a ele, 'Signor Camillo, quem é aquele rosado colega que nunca vi antes?'. Ele me respondeu que se tratava de um soldado que o signor Troilo sempre mantinha por perto. Ele havia disposto de um segundo bravo soldado, que morrera quando o signor Troilo foi ferido. 'De onde é esse senhor?'", perguntou Ambrósio casualmente. "Ele me respondeu, 'Romano, da casa dos Orsini'."

No Dia das Bruxas, Ambrósio foi convidado para uma festa oferecida por um ator chamado Claudio, que também vinha da Romanha. De pé próximo ao pórtico, ele percebeu a chegada "de um cavalheiro num cavalo negro com o rabo cortado, acompanhado daquele jovem de pele rosada. E perguntei a Claudio, 'Quem é aquele senhor?'. E ele me respondeu, 'É o signor Troilo'. E prendi meu olhar nele, e vi que do lado esquerdo de seu nariz, subindo próximo ao olho, havia um pequeno buraco negro, com aproximadamente o tamanho de um *quattrino*". Ambrósio observou Troilo sociabilizando por alguns momentos e em seguida partindo na direção do Louvre. O assassino da Romanha se lançou no seu encalço. "E assim vim a conhecer a desejada casa" onde o alvo vivia. Mas não foi dessa vez que conseguiu pôr as mãos em Troilo, ainda que estivesse perturbadoramente perto. Uma vez Ambrósio o viu na casa de uma atriz chamada Vitória, na companhia de dois florentinos. Em outra ocasião, tentou atacá-lo de surpresa no "palácio do rei, em suas antecâmaras bem como em outras partes, com grande risco pessoal". Numa terceira oportunidade, avistou Troilo ouvindo a missa na Chapelle Royale, a caminho de um jantar com o rei. Embora houvesse bailes na corte todas as quintas-feiras, Troilo optara por manter-se afastado quando grandes multidões se reuniam. Também passava boa parte do tempo na companhia de Catarina de Medici.

Então, em 30 de novembro, veio o Dia de Santo André, "que é um dia de muita sorte para mim", explicou Ambrósio. "Levantei-me e segui até o palácio, e no momento em que cheguei eu o vi." Ambrósio perdeu seu rastro, porém mais tarde viu-o novamente deixando uma partida de tênis. "Vi-o subir na direção dos apartamentos do rei e passar algum tempo nos aposentos da rainha-mãe. Então deixou Catarina de Medici e entrou nos aposentos de monsieur Montmorency, onde ouviu a avemaria." Depois da prece, Troilo deixou o Louvre. A essa altura, já anoitecia. Ele primeiro foi para casa, e em seguida visitou a residência de monsieur de la Chapelle. Também dessa vez Ambrósio não conseguiu pôr as mãos em seu alvo. "Troilo deixou a casa de la Chapelle, segui-o a galope, ele apeou do cavalo e entrou em uma casa cujo nome desconheço." O ex-amante de Isabella passou dez minutos nessa casa, talvez ciente de estar sendo seguido e tentando despistar seu perseguidor. Mas o assassino finalmente teve Troilo diante dos olhos. "Saquei meu arcabuz e disparei com toda a força que pude." Troilo caiu do cavalo, e ao cair "não disse nada além de oh, oh".

O relato de Ambrósio sobre a forma como matou Troilo é corroborado de maneira independente pela carta que o embaixador de Francisco enviou ao grão-duque: "Na noite do Dia de Santo André, por volta das oito horas, o signor Troilo deixava a residência do primo de monsieur de la Chapelle, e disparando uma pistola em sua barriga [o assassino] acabou com ele."[2] Em 19 de dezembro, um Cavaleiro de Santo Estêvão florentino foi preso por seu envolvimento com o crime. Ambrósio ao que parece era um homem de sorte, e seu êxito em assassinar Troilo, coisa de que ninguém ainda fora capaz, persuadiu Francisco a contratá-lo para eliminar outros florentinos exilados em Paris.

Francisco parecia não notar a crescente fúria da coroa francesa, e de Catarina de Medici em particular. Em 1581, quatro anos passados desde a morte de Troilo, ela ainda declarava: "O grão-duque não me leva em consideração, para descontentamento meu e do rei, e diante de nossos próprios olhos mandou assassinar Troilo Orsini e outros."[3] A resposta florentina ao protesto da rainha foi a seguinte: "Ainda que as vidas do signor Troilo e de outros tenham sido tomadas em seu reino, o que eles fizeram significa que não mereciam viver."

O que se seguiu foi uma ruptura completa nas relações diplomáticas entre a França e Francisco, restabelecidas apenas em 1600, quando a filha do grão-duque, Maria, se casou com o rei Henrique IV, da linhagem dos Bourbon, antes conhecido como Henrique de Navarra. Os de Valois foram extintos em 1589 com a morte de Henrique III.

Mas um dia a sorte de Ambrósio Tremazzi chegou ao fim. Em 5 de dezembro de 1578, um representante do banco germânico Fugger em Paris enviou o seguinte relato a seu país: "Não há novidades, exceto que, no último dia de novembro, o secretário do duque de Florença, que junto com o embaixador vive aqui há um ano ou dois, foi levado em custódia pelo preboste da corte por ordem do rei." Coincidência ou não, 30 de novembro era o aniversário da morte de Troilo. "Acredita-se que esta atitude foi tomada por causa de vários assassinatos que o duque de Florença teria instigado. Não faz muito tempo, ele mandou seus [de Francisco] servidores atirarem durante a noite em don Troilus d'Orsini, entre oito e nove horas. As suspeitas recaem sobre ele porque o mencionado Troilus mantinha amizade muito íntima com a irmã do duque. Há mais ou menos 14 dias, um florentino que atendia pelo nome de capitão Bernardo levou um tiro no subúrbio de Saint Germain. O criminoso foi pego e torturado. Depois que todos os seus membros foram quebrados, deram-lhe água em duas ocasiões quando estava na roda. Foi apenas então que soltou informações, e dizem que confessou ter aceitado dinheiro do mencionado secretário para cometer este e também o outro crime. O culpado era um italiano que já levara seis pessoas à morte."[4]

> Alla Illustrissima, & Eccellentissima Signora
> D. ISABELLA de MEDICI
> Orsina, Duchessa di Bracciano.

Do frontispício de *Delle lodi del Serenissimo Signor Don Giovanni d'Austria*, de Michele Capri, 1571

O Parnaso, ambientado em um cenário florentino

EPÍLOGO
Isabella Eterna

As mortes de Isabella, Leonora, Troilo e de pessoas ligadas a eles não puseram fim aos escândalos, dramas e problemas da família Medici. Francisco presumia que, a continuar oferecendo suporte financeiro a Paulo Giordano, poderia mantê-lo sob controle e fazê-lo agir segundo sua vontade. Em 1579, o grão-duque decidiu recompensar Ciro Alidosi — parente por casamento de Rodolfo Isolani, o recrutador bolonhês de assassinos — por sua leal servidão. A recompensa seria fazer de sua filha a nova esposa de Paulo. Mas o duque de Bracciano recusou-se a concordar com isso, escrevendo a Francisco: "Sei que lhe devo tudo, sem o senhor minha vida nada seria. Mas eu lhe rogo, por gentileza, que não me obrigue a fazer amor com a filha do signor Ciro."[1] O tom covarde e suplicante de Paulo, bastante inapropriado para um duque, mostra a extensão de sua dependência em relação ao patronato do cunhado. No entanto, ele resistia à ordem de Francisco porque, em seguida à morte de

EPÍLOGO

Isabella, talvez até mesmo um pouco antes, apaixonara-se pela mais bela mulher de Roma, Vitória Accoramboni.

O caso entre Paulo e Vitória deu início a sua própria cadeia de eventos e assassinatos, a começar pelo do marido de Vitória, para que Paulo pudesse se casar com ela. Mas o pior aspecto desse relacionamento segundo a perspectiva dos Medici era o modo como Paulo, prevendo ter filhos com Vitória, tratava seus rebentos com Isabella, Nora e Virgínio. Os irmãos, com a morte da mãe, haviam permanecido em Florença, como já indicara Ercole Cortile. Vez por outra Paulo enviava estipêndios para ajudar na criação dos filhos, sempre com atraso e demandando sobremaneira a corte dos Medici. Enquanto isso, passava cada vez mais tempo em Roma, ampliando o palácio de Monte Giordano e o castelo em Bracciano, adquirindo quadros e mobília e inundando Vitória de presentes. Os boatos que Cortile ouvira na sequência da morte de Isabella, de que Paulo não acreditava que Nora e Virgínio fossem filhos seus, parecem se confirmar não apenas pela negligência do duque em relação a eles, mas também pelo fato de se mostrar disposto a deserdar o menino. Quando morreu, em 1585, Paulo deixou 60 mil *scudi* para Vitória, uma soma cujo desembolso tornaria necessário o desmantelamento das propriedades dos Orsini, visto suas grandes dívidas, desta maneira privando Virgínio de sua herança. Em seguida à morte de Paulo, Vitória negou-se a fazer concessões aos representantes dos Medici em relação àquilo que julgava lhe pertencer. Pouco tempo depois, foi esfaqueada até a morte por um outro membro da família Orsini, Ludovico. Todavia, acredita-se amplamente que Francisco tenha patrocinado esse assassinato, para garantir que o sobrinho recebesse o que lhe era de direito. Assim ele preservava o patrimônio que sempre fora o real propósito do casamento de sua irmã com Paulo Giordano: um herdeiro Medici-Orsini.

O caso entre Paulo e Vitória tornou-se a primeira *cause célèbre* internacional, servindo de base para a peça teatral *The White Devil* [O demônio branco], de 1612, escrita pelo dramaturgo jacobita John Webster. Detalhes dos eventos surgiram nos *avvisi*, boletins informativos sobre os

EPÍLOGO

acontecimentos em Roma, e em panfletos espalhados por toda a Europa. Os Medici, porém, empenharam-se para ocultar a verdadeira história de Isabella, de modo que na peça de Webster sua personagem é realmente uma obra da ficção. Isabella dificilmente se reconheceria no papel de uma mulher implacável e sentimental pateticamente apaixonada pelo marido. A Isabella de John Webster não dança nem executa peças musicais; em vez disso, antes de ir para a cama todas as noites, esta valorosa esposa beija um retrato do marido, que ele envenenou e que provoca a morte dela. A Isabella da vida real teria achado graça no homem viril e imperioso em que seu marido se transformara, pois, nas mãos de Webster, Paulo é convertido em um vilão sedutor. Ela mesma desdenhava e desprezava Francisco, mas não há dúvida de que o sinistro grão-duque idealizado pelo dramaturgo não faz jus à realidade.

Em outros aspectos da vida real, Isabella teria sem dúvida ficado incomodada com a ascensão de Bianca Cappello ao poder. Em 1578, quando a melancólica Joana morreu, Bianca conseguiu satisfazer uma ambição havia muito cultivada. Para Joana, chegava ao fim uma vida em Florença passada quase sem alegrias, não obstante o breve momento de satisfação com o nascimento, em 1577, de um filho, Filipe, assim chamado em homenagem ao homem de quem Francisco era agora um refém político, Filipe II da Espanha. O menino morreu em 1582, mas ao menos dessa dor Joana foi poupada. Com a morte da esposa, Francisco casou-se rapidamente com Bianca e, para horror de Florença, concedeu à mulher que chamavam de *puttana* veneziana o título de grã-duquesa, com honras públicas que Cosimo jamais oferecera a Cammilla. Mais tarde, fez do filho que tivera com ela, Antonio, um herdeiro legítimo dos Medici.

O entendimento de que Bianca de certa forma aspirava a ser como Isabella parece confirmado pelo modo como se apropriou das roupas de baixo e peças íntimas da irmã de Francisco logo após a sua morte. Ela também tomou para si os poetas cortesãos da cunhada, tais como Elicona Tedaldi, que estava com Isabella no momento de sua morte e que escreveria e publicaria sonetos em honra de Bianca. Mas mesmo o triunfo da veneziana teve vida curta. Em 1587, nove anos após seu casamento, o grão-duque e a grão-duquesa morreram, com um intervalo de apenas poucos dias, ao que parece devido à malária. Uma presente discussão entre patologistas que exumaram os restos mortais do casal aventa a possibilidade de Francisco e Bianca terem morrido por envenenamento com arsênico. Se isso for verdade, o provável culpado é o cardeal Ferdinando.

Ao saber da morte do irmão, Ferdinando não perdeu tempo e voltou de imediato a Florença. Despiu-se dos trajes de cardeal e revelou plenamente toda a astúcia que seus anos como irmão mais novo dos Medici apenas sugeriam que ele possuía. Declarou Antonio ilegítimo e reforçou as dúvidas que circulavam pela cidade quanto à paternidade do rapaz. Tomou para si a coroa de grão-duque e casou-se com Cristina di Lorena, que se provou fértil como Eleonora *"La Fecundissima"* ao lhe dar nove filhos. O último grão-duque dos Medici, João Gastão, que morreu em 1737, descendia de Ferdinando. Este foi descrito pelo viajante inglês Robert Dallington em 1598 como "de estatura mediana, tez castanha e corpulento. Seu governo foi puramente despótico".[2] Todavia, sua regência como grão-duque teve mais semelhanças com o estilo competente do pai que com o do irmão. Foi Ferdinando quem arranjou o casamento entre a filha de Francisco, Maria, e Henrique IV da França, permitindo assim o restabelecimento das relações francesas e florentinas e confirmando a profecia do pai de que seria Henrique de Bourbon aquele que assumiria o trono. E se Ferdinando em nada ajudara a irmã em seus últimos anos, ela ficaria feliz em vê-lo frustrar os planos de Francisco e Bianca de ver Antonio assumir o grão-ducado. Tampouco faria alguma objeção a que envenenasse o casal.

Isabella teria se orgulhado do desenvolvimento de seus filhos, que continuaram a ser criados na corte dos Medici. Virgínio assumiu o ducado dos Orsini com a morte do pai, mas, tendo crescido na corte florentina, sempre foi mais Medici que Orsini, passando por vontade própria tanto tempo em Florença quanto em Roma. No final do outono de 1600, ele chegou à corte da rainha Isabel I para uma estada prolongada. Esse no-

EPÍLOGO

bre e gracioso jovem provou-se popular entre suas contrapartes inglesas. Em 6 de janeiro, Epifania de 1601, atores da rainha encenaram a *Noite de reis*, de William Shakespeare, uma comédia alegre escrita especialmente para a festa. Um dos protagonistas da peça, o duque Orsini, tomou seu nome do visitante italiano sentado na audiência como convidado de honra. Quanto a Nora, partilhava dos interesses culturais da mãe e, como ela, apreciava a composição musical. Esteve casada com o primo Alexandre Sforza por vinte anos e deu a ele vários filhos, mas não foi um casamento feliz. Entretanto, mostrou-se uma mulher de convicção e, em 1621, separou-se do marido e instalou-se em um convento fundado por ela mesma. Assim, reagia a um casamento insatisfatório de forma diferente e inegavelmente menos arriscada que a mãe.

Isabella, por sua vez, desapareceu a olhos vistos dos registros da corte florentina. No início do século XVII, um retrato seu foi descrito em um inventário como o "da mãe do signor Virgínio quando jovem", sem menção a seu nome. Sua memória, porém, era reverenciada por outros. Quando Giambologna, escultor dos Medici, morreu em Florença em 1608, seu dormitório exibia um retrato de Joana, a virtuosa e injustiçada grão-duquesa, e outro de Isabella, não tão virtuosa mas igualmente — se não mais — injustiçada. Por conhecerem-na tão pouco, todavia, os dramaturgos jacobitas e elisabetanos, ávidos por tudo que vinha da Itália, foram privados da oportunidade de utilizá-la como personagem da maneira que ela merecia. Mesmo naquela época, a personalidade de Isabella — uma mistura de Julieta com Rosalinda, com um toque sutil de Lady Macbeth — teria sido demais para eles. Ainda no século XVIII, Isabella parece ter desnorteado o pároco inglês Mark Noble, que a declarou "uma das mais libertinas princesas a jamais desgraçar a profissão cristã", bem como "a patrona de Socino, e enquanto viveu todos os esforços da Inquisição para confiscar seus bens foram inúteis".[3] A questão é que Isabella dispunha de um notável conjunto de qualidades que mesmo hoje seria difícil encontrar. As jovens da alta sociedade de nossos dias, em alguma medida descendentes de Isabella, não se preocupam com as línguas, o mundo antigo, as heresias e a astrologia da maneira como essas questões importavam a Isabella e animavam sua vida.

O século XIX, com seu gosto por heroínas trágicas, investiu nesse aspecto da existência da princesa, uma mulher forçada aos braços de outro devido ao descaso do marido. Isabella, uma ávida consumidora de romances como *Orlando Furioso*, talvez apreciasse o melodrama de Francesco Guerrazzi intitulado *Isabella Orsini, Duchessa di Bracciano* (mesmo com a omissão do sobrenome Medici), ainda mais como ópera lírica em 1921. Mas a verdade é que, durante a maior parte de sua vida, essa trágica heroína foi qualquer coisa menos trágica. Ela não apenas jogava e se divertia; tinha a oportunidade de pensar e criar, de amar e ser amada numa época em que muitas mulheres eram valorizadas apenas devido ao dote em dinheiro que representavam. Parece importante celebrar essa Isabella alegre, liberal e de espírito elevado, ainda que seu destino possa ser lamentado. Jamais houve outra mulher como ela entre os Medici, embora a determinação de Maria, filha de Francisco e mais tarde rainha da França, pudesse tê-la impressionado. Mas o brilhantismo, a ousadia e a paixão de Isabella nunca mais seriam reprisados, nem nas filhas da família nem em suas esposas, amplamente importadas do norte. De maneira geral, considera-se que o "declínio" da família Medici teria começado por volta do final do século XVI, mas isso não é rigorosamente verdadeiro. Nessa época, os Medici conseguiam se manter e prosperar enquanto seus rivais e contrapartes italianos — Gonzaga, d'Este e della Rovere — declinavam. Mas é verdade que a família foi se tornando cada vez mais apática, notável e estólida enquanto Isabella, "estrela da corte dos Medici", reluzia e brilhava. Há muitos personagens da Itália renascentista que poderíamos desejar conhecer, mas poucos, creio eu, seriam tão divertidos como Isabella para se ter como companhia. Sua jocosidade, vibração, seu senso de humor muitas vezes sarcástico, sua perspicácia e seu interesse em uma ampla gama de assuntos — para não falar das festas que oferecia —, tudo isso sugere uma pessoa muito ao gosto dos tempos modernos.

EPÍLOGO

A tragédia na vida de Isabella está no fato de que ao final de tudo ela foi punida por ser mulher. Tivesse nascido homem, sua existência não teria chegado ao fim da maneira como aconteceu. Um comentário atribuído pelo escritor Torquato Tasso a uma fidalga de finais do século XVI, em um diálogo sobre jogos que ele publicou em 1582, vem à mente quando pensamos em Isabella. No livro de Tasso, Margarida Bentivoglio se queixa de que, ao disputarem jogos competitivos, os homens deixam as mulheres vencer, algo que ela abomina por não espelhar a vida real, na qual a mulher estava sempre em posição de inferioridade em relação ao homem. O mesmo pode ser dito da existência de Isabella. Ela parece ter vencido muitas vezes no tabuleiro dourado que seu pai a ajudara a criar, mas à dura luz da realidade foi ela quem perdeu.

É difícil não cair na tentação de imaginar a vida de Isabella em contextos hipotéticos. E se João não tivesse morrido tão jovem? E se Cosimo tivesse vivido e Paulo morrido? De que forma isso alteraria a trajetória de Isabella? Ela de fato era bastante jovem quando morreu. Uma Isabella mais velha, menos propensa a festas e amantes porém conservando uma posição de poder em Florença, poderia se tornar uma criatura mais política ou ainda mais preocupada com o desenvolvimento e progresso de sua cidade natal. Mas e se ela tivesse conseguido fugir para a França e se unisse a Troilo? Que explosões políticas isso poderia ter propiciado?

Mais recentemente, a cultura popular e o folclore abraçaram Isabella, e ela agora desfruta de uma reputação como fantasma. A *commune* de Bracciano a adotou, e excursões pelo palácio são acompanhadas de histórias melodramáticas e inteiramente fantasiosas sobre como a princesa teria vivido ali, tomando um amante após o outro e os matando em seguida ao lançá-los em um poço crivado de facas. Não faz muito tempo ela foi mencionada em um tabloide, no qual se especulava que estaria assombrando a união de um conhecido casal de Hollywood, realizada em Bracciano. Uma vez que Isabella não suportaria a ideia de morar em Bracciano quando era viva, parece improvável que escolhesse assombrar o castelo depois de morta. Cerreto Guidi também reivindica sua presen-

EPÍLOGO

ça. Ela teria ficado aborrecida com o desmatamento ocorrido no lugar desde sua morte, arruinando os *spassi*. Porém, parece mais provável que escolhesse esse cenário para assombrar, mais ainda se pudesse selecionar uma comitiva de colegas fantasmas. Não há dúvida de que convocaria o *babbo* Cosimo e o irmão e quase gêmeo João para se juntar a ela. Haveria companhias destinadas a fazê-la rir: o ferrarense Rodolfo Conegrano e o diminuto porém belicoso Morgante, que tentara segui-la fielmente até o aposento em que Paulo se preparava para matá-la. Haveria músicos, poetas e dramaturgos para os entretenimentos. Sua prima Leonora estaria lá, e juntas dariam risinhos como duas moças diante de pajens fogosos e *cavalieri*, e juntas também sairiam em excursões diárias de caça. Seria preciso que agissem todos com cautela, porque sem dúvida Isabella faria Troilo Orsini vir de Paris a Cerreto, reunindo-se ao amante de quem fora forçada a se separar. Nesse novo mundo celestial, Isabella, a deusa, reinaria eterna, como prometera o poeta Félix Faciuta: "Sempre bela, é tornada mais bela que nunca (...) ela encantará as deidades com o doce som da canção. E quando o carro de Apolo espraia suas luzes, mostra-lhe a boa Isabella."

umil.ma e ob.ma S.ra
dognia Isabella
Medici Orsina

Bibliografia

FONTES DE ARQUIVO E MANUSCRITOS

Florença

Archivio di Stato (ASF): *Mediceo dopo il Principato* (MDP)
Carte Strozziane
Settimani, *Diario*, Manoscritti, 128
Miscellanea Medicea
Ducato d'Urbino
Medici Archive Project (MAP), banco de dados on-line: http://www.medici.org

Mântua

Archivio di Stato di Mantova (ASM): Archivio Gonzaga (AG)

Módena

Archivio di Stato di Modena (ASMo), *Ambasciatori a Firenze*

Roma

Archivio di Stato Capitolino (ASC)
Archivio Orsini (AO)

Londres

British Library (BL): Sloane, H., "Tragico fine della signora Eleonora di Toledo moglie di Cosimo primo de' Medici e dell' Isabella figlia d'ambedue, moglie del signor Paolo Giordano Orsini e di molti altri cavalieri, li 11 Luglio 1567", 1930, ss. 27-40

Los Angeles

UCLA, Coleções Especiais, Documentos da Família Orsini

FONTES IMPRESSAS

Acidini, Cristina Luchinat, *Taddeo e Federico Zuccari, fratelli pittori del cinquecento*, Milão, 1998-9

BIBLIOGRAFIA

—— *The Medici, Michelangelo and the Art of Late Renaissance Florence*, Londres/New Haven, 2002

Adriani, Maurilio, *Arti magiche nel Rinascimento a Firenze*, Florença, 1980

Ajmar, Marta Wollheim e Dennis, Flora, *At Home in Renaissance Italy*, Londres, 2006

Allegri, Ettore, *Palazzo Vecchio e i Medici*, Florença, 1980

Arditi, Bastiano, *Diario di Firenze e delle altri parti della cristanità (1575-1579)*, Ed. Roberto Cantagalli, Florença, 1970

Ariosto, Ludovico, *Orlando Furioso*, Ed. Guido Waldman, Oxford, 1999

Anderson, Jaynie, "'A most improper picture': Transformations of Bronzino's erotic allegory", *Apollo*, 384, 1994, 19-28

Atti della Pontificia Accademia Romana di Archeologia, 1923

Avery, Charles, "The Gardens called 'Bubley': Foreign Impression of Florentine Gardens and a New Discovery Relating to Pratolino", in Avery, Charles, *Studies in Italian Sculpture*, Londres, 2001

Bargagli, Girolamo, *Dialogo di guochi che nelle vegghie sanesi si usano di fare (1572)*, Siena, 1982

Barocchi, Paola e Giovanna Gaeta Bertela (orgs.), *Collezionismo mediceo: Cosimo I, Francesco I et il Cardinale Ferdinando: Documenti 1540-1587*, Módena, 1993

—— *Collezionismo mediceo: Da Cosimo I a Cosimo II, 1540-1621*, Florença, 2002

—— e Giovanna Ragionieri (orgs.), *Gli Uffizi. Quattro secoli di una galleria. Atti del convegno internazionale di studi*, 2 volumes, Florença, 1983

Belmonte, Pietro, *L'institutione della sposa*, Roma, 1587

Berti, Luciano, *Il principe dello studiolo. Francesco I de' Medici e la fine del Rinascimento fiorentino*, Pistoia, 2002

Bicheno, Hugh, *Crescent and Cross; The Batle of Lepanto, 1571*, Londres, 2003

Bini, Pietro di Lorenzo et al., *Memorie dello calcio fiorentino*, 1688, Florença, 1991

Blunt, Anthony, "A Series of Paintings Illustrating the History of the Medici Family Executed for Maria de' Medici", *Burlington Magazine*, 109, setembro de 1967, 492-8 e outubro de 1967, 560-6

Boase, T. S. R., 'The Medici in Elizabethan and Jacobean Drama', *Journal of the Warburg and Courtauld Institutes*, 37, 1974, 373-8

Boccini, Floriano, *Fonti per la storia della malaria in Italia*, Roma, 2003

Boiardo, Matteo, *Orlando Innamorato*, trad. W. S. Rose, Edimburgo/Londres, 1893

Bonora, Elena, *Ricerche su Francesco Sansovino, imprenditore, libraio e letterato*, Veneza, 1994

Booth, Cecily, *Cosimo I, Duke of Florence*, Cambridge, 1921

Borsini, Francesco, *Firenze del cinquecento*, Roma, 1974

Borsook, Eve, "Art and Politics at the Medici Court: The Funeral of Cosimo de' Medici", *Mitteilungen des Kunsthistorisches Instituts in Florenz*, XII, 1965, 1-2, 31-54

BIBLIOGRAFIA

Bresnaham Menning, Carol, "Loans and Favors, Kin and Clients: Cosimo de' Medici and the Monte di Pietà", in *The Journal of Modern History*, 61, 3, setembro de 1989, 487-511

Brunelli, Giampiero, *Soldati del papa, politica militare e nobilità nello Stato della Chiesa (1560-1644)*, Roma, 2003

Buckley, Wilfred, "Six Italian Diamond Engraved Glasses", *The Burlington Magazine*, 61, 355, outubro de 1932, 158-61

Capri, Michele, *Delle lodi del Serenissimo Signor Don Giovanni d'Austria*, Florença, 1571

Cardamone, Donna G., "Isabella Medici-Orsini: A Portrait of Self-Affirmation", in Todd M. Borgerding (org.), *Gender, Sexuality and Early Music*, Londres, 2002, 1-25

Caroso, Fabritio, *Courtly Dance of the Renaissance; A New Translation and Edition of the Nobiltà di dame*, 1600, trad. e org. Julia Sutton, Nova York, 1986

Castiglione, Baldessar, *Book of the Courtier*, trad. Charles Singleton, Nova York, 1959

Casulana, Maddalena, *Il primo libro di madrigali a quattro voce novamente posti in luce, e con ogni diligentia corretti*, Veneza, 1568

Catena, Gian Battista (org.), *Lettere del Cardinale Giovanni de' Medici, figlio di Cosimo I, Gran Duca di Toscana, non più stampate*, Roma, 1752

Celletti, Vincenzo, *Gli Orsini di Bracciano; glorie, tragedie e fastosità della casa patrizia più interessante della Roma dei secoli XV, XVI, e XVII*, Roma, 1963

Cellini, Benvenuto, *The Life of Benvenuto Cellini written by Himself*, trad. J. Symonds, Garden City, NJ, 1975

Chiarini, Marco (org.), *Palazzo Pitti, l'arte e la storia*, Florença, 2000

Ciappelli, Giovanni, *Carnevale e Quaresima: comportamenti sociali e cultura a Firenze nel rinascimento*, Roma, 1997

Clayton, Richard, *Memoirs of the House of Medici from its Origins to the Death of Garzia and of the Great Men who flourished in Tuscany within that period. From the French of Mr Tenhove, notes and observations by Sir Richard Clayton*, II, Bath, 1797

Cochrane, Eric, *Florence in the Forgotten Centuries, 1527-1800*, Chicago, 1973

Cohen, Thomas V., *Love and Death in Renaissance Italy*, Chicago, 2004

—— e Elizabeth S. Cohen, *Words and Deeds in Renaissance Rome: Trials Before the Papal Magistrates*, Toronto, 1993

Conti, Cosimo, *La prima reggia di Cosimo I nel Palazzo già della Signora di Firenze*, Florença, 1893

Conti, Ginori, *L'apparato per le nozze di Francesco de' Medici e di Giovanna d'Austria*, Florença, 1936

Corti, Gino, "Two Early Seventeenth-Century Inventories Involving Giambologna", *Burlington Magazine*, 118, n° 882, setembro de 1976, 629-34

—— "Cinque balli toscani del cinquecento", *Rivista italiana di musicologia*, 12, 1977, 73-82

Cox Rearick, Janet, *Dynasty and Destiny in Medici Art; Pontormo, Leo X and the Two Cosimos*, Princeton, 1984

—— *Bronzino's Chapel of Eleonora in the Palazzo Vecchio*, Berkeley, 1993

D'Accone, Frank A., "Cortecccia's Motets for the Medici Marriages", in David Rosen e Claire Brook (orgs.), *Words on Music: Essays in Honor of Andrew Porter on the Occasion of His 75th Birthday*, Hillsday, Nova York, 2003

Dallington, Robert, *A Survey of the Great Duke's State of Tuscanie*, 1598, Amsterdã, 1974

Desjardins, Abel, *Négociations Diplomatiques de la France avec la Toscane*, IV, Paris, 1859-86

Dumas, Alexandre, *Les Médicis*, Bruxelas, 1845

Edelstein, Bruce, "'Acqua viva e corrent': private display and public distribution of fresh water at the Neapolitan villa of Poggioreale as a hydraulic model for sixteenth-century Medici gardens", in Stephen J. Campbell, *Artistic Exchange and Cultural Translation in the Italian Renaissance City*, Cambridge, 2004

Eisenbichler, Konrad (org.), *The Cultural Politics of Cosimo I de' Medici*, Aldershot/Burlington, 2001

—— *The Cultural World of Eleonora di Toledo*, Aldershot/Burlington, 2004

Faciuta, Felice, *Foelicis Faciutae melphitani pastorali. Eiusdem divers poemata*, Florença, 1576

Fanfani, Tommasso (org.), *Alle origini della banca; etica e sviluppo economico*, Roma, 2003

Fantoni, Marcello, "The Grand Duchy of Tuscany; The courts of the Medici 1532-1737", in John Adams (org.), *Princely Courts of Europe, 1500-1750, Ritual, Politics and Culture Under the Ancien Régime*, Londres, 1999, 255-75

Ferri, Marco, *I medici riesumano I Medici*, Florença, 2005

Fiorani, Francesca, *The Marvel of Maps; Art, Cartography and Politics in Renaissance Italy*, New Haven/Londres, 2005

Fleming, Thouba Ghadessi, *Identity and Physical Deformity in Italian Court Portraits 1550-1650: Dwarves, Hirsutes, and Castrati*, tese de doutorado, Northwestern University, 2007

Foster, T. F. e K. J. P. Lowe (orgs.), *Black Africans in Renaissance Europe*, Cambridge/Nova York, 2005

Furlotti, Barbara, *Baronial Identity and Material Culture in Sixteenth-Century Rome:*

BIBLIOGRAFIA

Paolo Giordano I Orsini and his Possessions, 1541-1585, tese de doutorado, University of London, 2008

—— "Collezionare antichità al temp di Gregorio XIII: Il caso di Paolo Giordano I Orsini", in *Unità e frammenti di modernità, arte e scienza nella Roma di Gregorio XIII Boncompagni (1572-1585)*, Roma, 2008

Fusai, Giuseppe "Un litigio fra due ambasciatori alla Corte di Polonia", in *Archivio storico italiano*, V, série XL, 1907, 118-22

Galluzzi, Riguccio, *Istoria del Granducato*, Florença, 1781, reimpressão de 1974

Garfagnini, Gian Carlo (org.), *Firenze e la Toscana dei Medici nell' Europa del Cinquecento*, Florença, 1983

Gaye, Johann, *Carteggio inedito degli artisti del secolo XIV, XV, XVI*, III, Florença, 1840

Giaccone, Carla Micheli, *Bracciano e il suo castello*, Roma, 1990

Ginori, Gino, *Descrittione della pompa funerale fatta nelle essequie del Serenissimo Signor Cosimo de' Medici*, Florença, 1574

Giovio, Paolo, *Lettere*, org. G. G. Ferrero, Roma, 1956

Gnoli, Domenico, *Vittoria Accoramboni; storia del secolo XVI*, Florença, 1870

Grendler, Paul F., *Schooling in Italy, Literacy and Learning 1300-1600*, Baltimore, MD, 1991

Grieco, Allen J., "Les plantes, les régimes végétariens et la mélancolie à la fin du Moyen Age et al début de la Renaissance", in A. J. Grieco et al. (orgs.), *Le monde végétal (XII-XVIIIe); savoirs et usages sociaux*, Saint Denis, 1993, 11-29

Grisone, Federico, *Gli ordini di cavalcare*, Nápoles, 1550

Haar, James, "From Cantimbanco to Court: The Musical Fortunes of Ariosto in Florentine Society", in Massimilliano Rossi and Fiorella Giofreddi Superbi (orgs.), *L'arme e gli amori, Ariosto, Tasso and Guarini in Late Renaissance Florence*, II, Florença, 2003

Hale, J. R., *Florence and the Medici: The Pattern of Control*, Nova York, 1983

Hatfield, Rab, "Some Unknown Descriptions of the Medici Palace in 1459", *Art Bulletin*, 52, setembro de 1970, 232-49

Hibbert, Christopher, *The Rise and Fall of the House of Medici*, Nova York, 1979

Keutner, Herbert, "The Palazzo Pitti 'Venus' and Other Works by Vincenzo Danti", *The Burlington Magazine*, 100, 669, dezembro de 1958, 426-431

Kirkham, Victoria, "Laura Battiferra degli Ammannati's First Book of Poetry: A Renaissance Holograph Comes out of Hiding", in *Rinascimento*, 35, 1996, 351-91

—— (trad. e org.), *Laura Battiferra and Her Literary Circle: An Anthology*, Chicago e Londres, 2006

Kisacky, Julia, *Magic in Boiardo and Ariosto*, Nova York, 2000

LaMay, Thomasin, "Maddalena Casulana; my body knows unheard of songs", in Todd M. Borgerding (org.), *Gender, Sexuality and Early Music*, Londres, 2002

BIBLIOGRAFIA

—— *Musical Voices of Early Modern Women; Many-Headed Melodies*, Aldershot, 2005

Langdon, Gabrielle, *Medici Women; Portraits of Power, Love and Betrayal from the Court of Duke Cosimo I*, Toronto, 2006

Langedijck, Karla, *The Portraits of the Medici, 15th-18th Centuries*, 3 volumes, Florença, 1981-87

Lapini, Agostino, *Diario Fiorentino d'Agostino Lapini*, G. O. Corazzini (org.), Florença, 1900

Lazzaro, Claudia, *The Italian Renaissance Garden*, New Haven/Londres, 1990

Leuzzi, Maria Gubini, "Straniere a corte. Degli epistolari di Giovanna d'Austria e Bianca Cappello", in Gabriella Zarri (org.), *Per lettera. La scrittura epistolare femminile tra archivio e tipografia, secoli XV-XVIII*, Roma, 1999, 413-44

Lisci, Leonardo Ginori, *The Palazzi of Florence. Their History and Art*, Florença, 1985

Lorenzetti, Roberta, *L'antropologia filosofica di Fausto Sozzini*, Milão, 1995

Lorenzetti, Stefano, *Musica e identità nobiliare nell' Italia del Rinascimiento: educazione, mentalità, immaginario*, Florença, 2003

Macdougall, Elizabeth (org.), *Renaissance Garden Fountains*, Washington D.C., 1978

Malespini, Celio, *Duecento novelle*, Veneza, 1608

Manni, Domenico Maria, *Lezioni di lingua Toscana*, Florença, 1737

Martini, Magna, *Fausto Socino et la pensée socienne: un maître de la pensée religieuse (1539-1604)*, Paris, 1967

Masi, Maria, *Bianca Cappello*, Milão, 1986

Matasilani, Mario, *La felicità del Serenissimo Cosimo Medici Granduca to Toscana*, Florença, 1572

McClure, George, "Women and the Politics of Play in Sixteenth-Century Italy: Torquato Tasso and His Theory of Games", *Renaissance Quarterly*, 2008

Mellini, Domenico, *Le dieci mascherate della bufole mandate in Firenze il giorno di Carnevale l'anno 1565*, Florença, 1566

Meloni Trkulja, Silvia (org.), *I Fiorentini del 1562*, Florença, 1991

Minor, Andrew C. e Mitchell Bonner, *A Renaissance Entertainment; Festivities for the Marriage of Cosimo I, Duke of Florence in 1539*, Colúmbia, MO, 1968

Morandini, Antonietta, "Una Missione di Troilo Orsini in Polonia per il Granduca di Toscana (maggio-luglio 1574)", *Testi e documenti*, CXXIII, 1965, 94-112

Mori, Elisabetta, "L'onore perdute del duca di Bracciano: dalla corrispondenza di Paolo Giordano Orsini e Isabella de' Medici", *Dimensioni e problemi della ricerca storica*, 2, dezembro de 2004, 135-74

—— "La malattia e la morte di Isabella Medici Orsini", in Maura Picciauti (org.), *La sanità a Roma in età moderna*, XIII, I, janeiro-março de 2005

BIBLIOGRAFIA

Mulcahy, Rosemarie, "Two murders, a crucifix and the Gran Duke's 'serene highness'. Francesco I de' Medici's gift of Cellini's 'Crucified Christ' to Philip II", in *Philip II of Spain; Patron of the Arts*, Dublin, 2004

Musacchio, Jacqueline Marie, "Weasels and Pregnancy in Renaissance Italy", *Renaissance Studies*, 15, 2, junho de 2001, 172-87

Mutinelli, Fabio (org.), *Storia arcana e aneddotica d'Italia raccontata dai veneti ambasciatori*, I, Veneza, 1855-8

Nagler, A. M., *Theatre Festivals of the Medici 1538-1637*, New Haven/Londres, 1964

Najemy, John M., *A History of Florence, 1200-1575*, Oxford, 2006

Noble, Mark, *Memoirs of the Illustrious House of the Medici*, Londres, 1797

Orsi Landini, Roberta e Bruna Niccoli, *Moda a Firenze; Lo stile di Eleonora di Toledo e la sua influenza*, Florença, 2005

Ovídio, *Metamorphoses*, Arthur Golding (trad., 1567), Nova York, 1965

Palandri, Eletto, *Les négotiations politiques et religieuses entre la Toscane et la France a l'époque du Come Ier et de Cathérine de Médicis (1544-1580)*, Paris, 1908

Park, Katharine, *Doctors and Medicine in Early Renaissance Florence*, Princeton, NJ, 1985

Picinelli, Roberta (org.), *Le collezioni Gonzaga: Il carteggio tra Firenze e Mantova, 1554-1626*, Milão, 2000

Pieraccini, Gaetano, *Le Stirpe de' Medici di Cafaggiolo*, 3 volumes, Florença, 1986

Pietrosanti, Susanna, *Le cacce dei Medici*, Florença, 1992

Plaisance, Michel, *L'Accademia e il suo principe: cultura e politica a Firenze al tempo di Cosimo I e di Francesco de' Medici*, Roma, 2004

Pronti, Stefano (org.), *Le carrozze: La raccolta di Palazzo Farnese a Piacenza*, Milão, 1998

Razzi, Silvano, *La Gostanza*, Florença, 1565

Reiss, S. e D. Wilkins (orgs.), *Beyond Isabella; Secular Women Patrons of Art in Renaissance Italy*, Kirksville, MO, 2001

Ricci, Juliano de, *Cronaca (1532-1606)*, org. Giuliana Sapori, Milão/Nápoles, 1972

Riddle, John M., *Contraception and Abortion from the Ancient World to the Renaissance*, Cambridge, MA, 1992

—— *Eve's Herbs: A History of Contraception and Abortion in the West*, Cambridge, MA, 1997

Ringhieri, Innocenzo, *Cento guochi liberali*, Bolonha, 1551

Romoli, Domenico, *La singola dottrina di M. Domenico Romoli sopranominato Panunto dell'ufficio dello scalco*, Veneza, 1560

Saltini, Guglielmo, *Tragedie Medicee domestiche, 1557-87*, Florença, 1898

—— *Bianca Cappello e Francesco de' Medici*, Florença, 1898

—— "Due Principesse Medicee del secolo XVI", *Rassegna Nazionale*, 1901-2

BIBLIOGRAFIA

Sansovino, Francesco, *La Storia della Famiglia Orsini*, Veneza, 1565
Siegmund, Stefanie B., *The Medici State and the Ghetto of Florence; The Construction of an Early Modern Jewish Community*, Stanford, 2006
Spini, Giorgio, *Cosimo I de' Medici; Lettere*, Florença, 1940
—— "The Medici Principality and the Organization of the States of Europe in the Sixteenth Century", *Journal of Italian History*, 2, 3, 1979, 420-47
—— *Cosimo I de' Medici*, Florença, 1980
Stirling Maxwell, William, *Don John of Austria*, Londres, 1883
Tasso, Torquato, *Il Gonzaga secondo over del giuoco*, Veneza, 1582
Thomas, William, *The History of Italy*, 1549, Ithaca, NY, 1963
Tognaccini, Laura, "Il guardaroba di Isabella de' Medici" in Isabella Bigazzi (org.). *Apparir con stile: Guardaroba aristocratici e di corte, costume teatrali e sistemi di moda*, Florença, 2007, 51-68
Tosi, C. O., "Cosimo I e la r. villa di Castello", *L'illustratore fiorentino*, 1908, 33-47
Varchi, Benedetto, *Storia fiorentina*, Florença, 1857-8
Vasari, Giorgio, *Le vite de' più eccellenti pittori, scultori ed architettori*, edição de 1568, Florença, 1878-88
Vives, Juan Luis, *The Instruction of a Christian Woman*, Chicago, 2002
Von Klarwill, Victor, *The Fugger News Letters*, trad. Pauline de Chary, Nova York, 1925
Von Reumont, Alfred, *Geschichte Toscanas seit dem Ende des Florentinischen Freistaates*, Gotha, 1876
Weaver, Elissa, *Convent Theatre in Early Modern Italy; Spiritual Fun and Learning for Women*, Cambridge, 2002
Weinberg, Bernard, "Argomenti di discussione letteraria nell'Accademia degli Alterati, 1570-1600", in *Giornale storico della letteratura italiana*, 131, 1954
Winspeare, Fabrizio, *Isabella Orsini e la corte medicea del suo tempo*, Florença, 1961
Wittkower, Rudolf e Margaret Wittkower, *The Divine Michelangelo; The Florentine Academy's Homage on His Death in 1564*, Londres, 1964

Notas

PARTE I. INFÂNCIA DE UM MEDICI

1. Um novo Medici

1. ASF, MDP, 1170, 2.
2. Giorgio Spini, *Cosimo I de' Medici*, Florença, 1980, 36.
3. Janet Cox Rearick, *Dynasty and Destiny in Medici Art; Pontormo, Leo X and the Two Cosimos*, Princeton, 1984, 238.
4. Cecily Booth, *Cosimo I, Duke of Florence*, Cambridge, 1921, 11.
5. Ibid., 18.
6. Ibid., 31.
7. Ibid., 61.
8. Ibid., 79.
9. Janet Cox Rearick, *Bronzino's Chapel of Eleonora in the Palazzo Vecchio*, Berkeley, 1993, 23.
10. Spini, 135.
11. Gaetano Pieraccini, *Le Stirpe de' Medici di Cafaggiolo*, Florença, 1986, II, 56.
12. Cox Rearick, 1993, 23.
13. Andrew C. Minor e Bonner Mitchell, *A Renaissance Entertainment; Festivities for the Marriage of Cosimo I, Duke of Florence in 1539*, Colúmbia, MO, 1968.
14. Booth, 102-3.
15. Cox Rearick, 1993, 33.
16. Ibid., 354, nota 36.
17. Chiara Franceschini, "Eleonora and the Jesuits", in Konrad Eisenbichler (org.), *The Cultural World of Eleonora di Toledo*, Aldershot/Burlington, 2004, 185.
18. Cox Rearick, 1993, 35.
19. Minor e Mitchell.
20. Bruce Edelstein, "La fecundissima Signora Duchessa", in Eisenbichler, 2004, 71-97.
21. Winspeare, *Isabella Orsini e la corte medicea del suo tempo*, Florença, 1961, 13.
22. Pieraccini, II, 79.
23. Ibid., 78.
24. Paolo Giovio, *Lettere*, org. G. G. Ferrero, Roma, 1956, I, 295.

2. "Jamais vi um bebê tão belo"

1. ASF, MDP, 5926, 30.
2. Pieraccini, II, 173.
3. Ibid., 172.
4. Ibid., citando ASF, MDP, 358, 627, 163.
5. Winspeare, 18.
6. ASF, MDP, 1171, 285.
7. Giorgio Vasari, *Le vite de' più eccllenti pittori, scultori ed architettori*, edição de 1568, Florença, 1878-85, VI, 251-2.
8. ASF, MDP, 1170, 77.
9. Booth, 121.
10. Pieraccini, II, 483.
11. Cosimo Conti, *La prima reggia di Cosimo I nel Palazzo già della Signoria di Firenze*, Florença, 1893, 275-6.
12. ASF, MDP, 1171, 285.
13. Ibid., 1173, 25.
14. Ibid., 1176, 23.
15. Ibid., 1173, 211.
16. Conti, 32
17. Ibid.
18. William Thomas, *The History of Italy* (1549), Ithaca, NY, 1963, 95.
19. Conti, 72-78.
20. Charles Avery, "The Gardens called 'Bubley': Foreign Impression of Florentine Gardens and a New Discovery Relating to Pratolino", in *Studies in Italian Sculpture*, Londres, 2001.
21. ASF, MDP, 4, 15. Do MAP.
22. Ibid., 195, 9. Do MAP.
23. Ibid., 411. Do MAP.
24. Domenico Romoli, *La singola dottrina di M. Domenico Romoli sopranominato Panunto dell'ufficio dello scalco*, Veneza 1560, 33 ss.
25. Ibid.
26. ASF, MDP, 1170.
27. Roberta Orsi Landini e Bruna Niccoli, *Moda a Firenze; Lo stile di Eleonora di Toledo e la sua influenza*, Florença, 2005, 55.
28. ASF, MDP, 1170, 417.
29. Landini e Niccoli, 63, citado em ASF, Medici Guardaroba 34, c. 27v, 46v.
30. ASF, MDP, 453, 146.
31. Winspeare, 20.

3. Crescendo na família Medici

1. Algumas dessas avaliações são feitas com base nas relações entre os irmãos Medici enquanto jovens adultos, supostamente ligados por laços formados na infância, e discutidos mais à frente neste livro.
2. C. O. Tosi, "Cosimo I e la r. villa di Castello", *L'illustratore fiorentino*, 1908, 42.
3. ASF, MDP, 1172, I, 27.
4. Ibid., 1175, 45.
5. Winspeare, 20-1, citando ASF, MDP, 358, 412.
6. ASF, MDP, 1172, 37.
7. Ibid., 1171, II, 62. Do MAP.
8. Ibid., 1171, III, 147. Do MAP.
9. Maurilio Adriani, *Arti magiche nel Rinascimento a Firenze*, Florença, 1980, 79.
10. ASF, MDP, 1172, IV, 39.
11. Matteo Boiardo, *Orlando Innamorato*, trad. W. S. Rose, Edimburgo/Londres, 1893, 184 ss.
12. Pieraccini, II, 88.
13. Fabritio Caroso, *Courtly Dance of the Renaissance; A New Translation and Edition of the Nobilità di dame*, 1600, trad. e org. Julia Sutton, Nova York, 1986, 89.
14. Ibid., 125.
15. Guglielmo Saltini, *Tragedie Medicee domestiche, 1557-87*, Florença, 1898, 5.
16. Vasari, VIII, 89.
17. Ibid., 187.
18. ASF, MDP, 1171, VI, 270. Do MAP.
19. Baldessar Castiglione, *The Book of the Courtier*, Nova York, 1959, 55-7, 76-7.
20. Stefano Lorenzetti, *Musica e identità nobiliare nell' Italia del Rinascimento; educazione, mentalità, immaginario*, Florença, 2003, 93.

4. A caminho da vida adulta

1. Thomas, 97.
2. Juan Luis Vives, *The Instruction of a Christian Woman*, Chicago, 2002, 14.
3. Vives, 23.
4. Ibid., 25.
5. Pieraccini, II, 89.
6. Ibid., 166.
7. Candace Adelson, "Cosimo I and the Foundation of Tapestry Production in Florence", in Gian Carlo Garfagnini (org.), *Firenze e la Toscana dei Medici nell' Europa del Cinquecento*, Florença, 1983, III, 910.

8. Laura E. Hunt, "Cosimo I and the Anglo French Negotiations of 1550", in K. Eisenbichler (org.), *The Cultural Politics of Cosimo I de' Medici*, Aldershot/Burlington, 2001, 29.
9. Pieraccini, II, 109.
10. Maria Masi, *Bianca Cappello*, Milan, 1986, 37.
11. Bruce Edelstein, "Bronzino in the Service of Eleonora di Toledo and Cosimo de' Medici", in S. Reiss e D. Wilkins (orgs.), *Beyond Isabella; Secular Women Patrons of Art in Renaissance Italy*, Kirksville, MO, 2001, 229.
12. Ibid., 252.
13. Pieraccini, II, 116.

PARTE II. UMA PRINCESA MEDICI DESPONTA

1. Um noivo para Isabella

1. Pieraccini, II, 170.
2. Domenico Gnoli, *Vittoria Accoramboni; storia del secolo xvi*, Florença, 1870, 44-5.
3. Benvenuto Cellini, *The Life of Benvenuto Cellini Written by Himself*, trad. J. Symonds, Garden City, NJ, 1975.
4. Thomas, 50.
5. Thomas V. Cohen e Elizabeth S. Cohen, *Words and Deeds in Renaissance Rome; Trials Before the Papal Magistrates*, Toronto, 1993, 64.
6. ASC, AO, I, 157, 6.
7. Ibid., 9.
8. Gnoli, 44.
9. Carol Bresnaham Menning, "Loans and Favors, Kin and Clients: Cosimo de' Medici and the Monte di Pietà", in *The Journal of Modern History*, 61, 3, setembro de 1989, 487-511.
10. Robert Dallington, *A Survey of the great Duke's State of Tuscanie*, 1598, Amsterdã, 1974.
11. Giorgio Spini, *Cosimo I de' Medici; Lettere*, Florença, 1940, 165-9.

2. O casamento das princesas Medici

1. Saltini, *Tragedie Medicee*, 1898, 26.
2. Settimani, *Diario*, vol III. 117v: Manoscritti, 128, ASF.
3. Ibid.
4. Agostino Lapini, *Diario Fiorentino d'Agostino Lapini*, org. G. O. Corazzini, Florença, 1900, 121.

5. Frank A. D'Accone, "Corteccia's Motets for the Medici Marriages", in David Rosen and Claire Brook (orgs.), *Words on Music: Essays in Honor of Andrew Porter on the Occasion of His 75th Birthday*, Hillsday, NY, 2003, 48.
6. D'Accone, 65-6.
7. Ibid., 66.
8. Victoria Kirkham, "Laura Battiferra degli Ammannati's First Book of Poetry: A Renaissance Holograph Comes out of Hiding", in *Rinascimento*, 35, 1996, 364.
9. Settimani, *Diario*, III, 123.

3. Zibelinas e um chapéu almiscarado

1. Ver em especial ASMo, *Ambasciatori a Firenze*, 21.
2. Gino Corti, "Cinque balli toscani del cinquecento", in *Rivista italiana di musicologia*, 12, 1977, 73-82.
3. ASF, MDP, 210, 33. Do MAP.
4. Settimani, III.
5. Stefanie B. Siegmund, *The Medici State and the Ghetto of Florence; The Construction of an Early Modern Jewish Community*, Stanford, 2006, 55.
6. Cohen e Cohen, 62-4.
7. ASC, AO, I, 157, 42.
8. Victoria Kirkham (trad. e org.), *Laura Battiferra and Her Literary Circle: An Anthology*, Chicago e Londres, 2006, 99.
9. Johann Gaye, *Carteggio inedito degli artisti del secolo XIV, XV, XVI*, III, Florença, 1840, 26.
10. Gian Battista Catena (org.), *Lettere del Cardinale Giovanni de' Medici, figlio di Cosimo I, Gran Duca di Toscana, non più stampate*, Roma, 1752, 106.
11. Ibid., 68.
12. Ibid., 79.
13. Ibid., 101.
14. Ibid., 106.
15. Settimani, III, 180r.

4. O duque e a duquesa de Bracciano

1. Catena, 108.
2. UCLA, Coleções Especiais, Documentos da Família Orsini.
3. Lapini, 121.
4. Catena, 273.
5. Ibid., 202.
6. ASF, MDP, 328, 8.

7. ASC, AO, I, 157, 216.
8. Settimani, 180.
9. ASC, AO, I, 487, 596.

5. "Meu irmão e eu"

1. MDP 1212a, 26.
2. Vasari, VII, 703.
3. Pieraccini, II, 101.
4. ASC, AO, I, 157, 56.
5. Ibid.
6. Ibid., 50, 51.
7. Ibid., 158, 7.
8. Ibid.
9. Ibid., 157, 211.
10. Ibid., 203.
11. Ibid., 212.
12. Ibid., 54.
13. ASM, AG, 1112, 290.
14. ASC, AO, I, 157, 50.
15. Janet Cox Rearick, "The Posthumous Eleonora", in Eisenbichler, 2004, 227.
16. ASC, AO, I, 157, 52.
17. Ibid., 59
18. Pieraccini, II, 20-2.
19. ASF, MDP, 5095, 28v.
20. Pieraccini, II, 110-11.
21. ASC, AO, I, 157, 52.
22. Catena, 202.
23. Ibid., 294.
24. Ibid., 450.
25. ASC, AO, I, 157, 62.
26. Ibid.

6. Tomada pela tristeza

1. ASC, AO, I, 157, 49.
2. ASMo, *Ambasciatori a Firenze*, 21. 8 de fevereiro de 1562.
3. Ibid., 20 de janeiro de 1562.
4. ASC, AO, I, 157, 77.
5. ASF, MDP, 6366, 210.

6. ASMo, *Ambasciatori a Firenze*, 21. 22 de maio de 1562.
7. Settimani, III, 219r.
8. ASC, AO, I, 157, 73.
9. ASF, MDP, 5095, 148v.
10. Ibid., 208.
11. Ibid., 159v.
12. Ibid., 160v.
13. Ibid.
14. ASF, MDP, 211, 44. Do MAP.
15. Saltini, *Tragedie Medicee*, 127.
16. Cellini, Livro CXIII.
17. ASMo, *Ambasciatori a Firenze*, 21. 23 de novembro de 1562.
18. Saltini, *Tragedie Medicee*, 127-8.
19. ASMo, *Ambasciatori a Firenze*, 21. 10 de dezembro de 1562.
20. Ibid., 12 de dezembro de 1562.
21. Saltini, *Tragedie Medicee*, 149.
22. Pieraccini, II, 121.
23. ASMo, *Ambasciatori a Firenze*, 21. 12 de dezembro de 1562.
24. Saltini, *Tragedie Medicee*, 138.
25. Ibid.
26. ASMo, *Ambasciatori a Firenze*, 21. 17 de dezembro de 1562
27. Mary Westerman Bulgarella, "The Burial Attire of Eleonora di Toledo", in Eisenbichler, 2004, 222.
28. Saltini, *Tragedie Medicee*, 140.
29. Ibid., 130.
30. Ibid., 131.
31. ASC, AO, I, 158, 79.

PARTE III. A PRIMEIRA-DAMA DE FLORENÇA

1. Depois de Eleonora

1. ASF, MDP, 6366, 244.
2. ASM, AG, 1097, 6.
3. MDP 219, 333. Do MAP.
4. Ibid., 34. Do MAP.
5. Settimani, III, 261r.
6. MDP, 219, 70. Do MAP.
7. Ibid., 224.
8. Ibid., 153.

9. Ibid.,17.
10. Ibid., 224.
11. ASMo, *Ambasciatori a Firenze*, 21. 20 de dezembro de 1562.
12. Ibid., 22 (sem data).
13. Ibid., 14 de janeiro de 1563.
14. ASF, MDP, 6366, 244.
15. ASMo, *Ambasciatori a Firenze*, 22. 14 de janeiro de 1563.
16. Ibid., 23 de outubro de 1563.
17. ASC, AO, I, 157, 80.
18. Silvia Meloni Trkulja (org.), *I Fiorentini del 1562*, Florença, 1991.
19. Winspeare, 59.
20. BL, Sloane, H., 1930, *Tragico fine della signora Eleonora di Toledo moglie di Cosimo primo de' Medici...*
21. Settimani, III.
22. Mark Noble, *Memoirs of the House of Medici*, Londres, 1797.
23. Alexandre Dumas, *Les Médicis*, Bruxelas, 1845, 165.
24. ASC, AO, I, 157, 231.
25. ASMo, *Ambasciatori a Firenze*, 22. 21 de outubro de 1563.
26. BL, Sloane, 1930.

2. Em casa com Paulo e Isabella

1. Catena (org.), 292.
2. Vasari, II, 433.
3. Rab Hatfield, "Some Unknown Descriptions of the Medici Palace in 1459", *Art Bulletin*, 52, setembro de 1970, 246.
4. Rudolf e Margaret Wittkower, *The Divine Michelangelo; The Florentine Academy's Homage on His Death in 1564*, Londres, 1964, 16.
5. Ibid., 16.
6. ASF, MDP 6375, 6376.
7. ASF, Guardaroba, 79.
8. ASC, AO, I, 157, 263.

3. Dívida

1. ASC, AO, I, 152, 17.
2. Ibid., 90.
3. Ibid., 337, 249.
4. Ibid., 316.
5. Ibid., 156, 237.

6. ASF, MDP, 221, 29 e 31. Do MAP.
7. ASC, AO, I, 157, 298.
8. Ibid., 235-6.
9. Ibid., 324.
10. ASF, MDP, 6374a.
11. ASF, Miscellanea Medicea, 508, 22r.
12. ASMo, *Ambasciatori a Firenze*, 22. 4 de fevereiro de 1563.
13. ASC, AO, I, 157. Ibid., 336, 303.

4. Conflito

1. ASC, AO, I, 268.
2. Ibid., 226.
3. Ibid., 264
4. Giampiero Brunelli, *Soldati del papa, politica militare e nobilità nello Stato della Chiesa (1560-1644)*, Roma, 2003, 43 e nota 70. Citado em Elisabetta Mori, "L'onore perdute del duca di Bracciano: dalla corrispondenza di Paolo Giordano Orsini e Isabella de' Medici", *Dimensioni e problemi della ricerca storica*, 2, dezembro de 2004, 135-74.
5. ASC, AO, I, 157, 215.
6. Ibid., 269.
7. Ibid., 158, 20.
8. Francisco Sansovino, *La Storia della Famiglia Orsini*, Veneza, 1565, livro VI, 91 ss.
9. Saltini, "Due Principesse Medicee del secolo XVI", *Rassegna Nazionale*, 1901, 605-6.
10. ASC, AO, I, 157, 98.

5. O Baroncelli

1. Lapini, 152.
2. ASM, AG, 1087, 48.
3. Citado em Winspeare, 82.
4. ASC, AO, I, 157, 121.
5. ASF, Miscellanea Medicea, 360, 88.
6. *Atti della Pontificia Accademia Romana di Archeologia*, 1923, 118.
7. Ovídio, *Metamorphoses*, Arthur Golding (trad. 1567), livro X, Nova York, 1965.
8. Borghini, *Riposo*, Florença, 1730, citado em Herbert Keutner, "The Palazzo Pitti's 'Venus' and Other Works by Vincenzo Danti", *Burlington Magazine*, 100, 669, dezembro de 1958, 428, nota 8.
9. ASC, AO, I, 157, 299.

6. O teatro de Isabella

1. ASC, AO, I, 157, 121.
2. ASC, AO, I, 57, 12.
3. Silvano Razzi, *La Gostanza*, Florença, 1565.
4. Elissa Weaver, *Convent Theatre in Early Modern Italy; Spiritual Fun and Learning for Women*, Cambridge, 2002, 132.
5. ASC, AO, I, 1572, 323.
6. Ibid., 205.
7. Gabrielle Langdon, *Medici Women; Portraits of Power, Love and Betrayal from the Court of Duke Cosimo I*, Toronto, 2006, 163.
8. Maddalena Casulana, traduzido em Thomasin LaMay, "Maddalena Casulana; my body knows unheard of songs", in Todd M. Borgerding (org.), *Gender, Sexuality and Early Music*, Londres, 2002, 41-2.
9. Thomasin LaMay, "Composing from the Throat: Maddalena Casulano's 'Primo libro de madrigali, 1568'", in LaMay (org.), *Musical Voices of Early Modern Women; Many-Headed Melodies*, Aldershot, 2005, 382.
10. Ibid., 384.
11. Ibid.
12. Donna G. Cardamone, "Isabella Medici-Orsini: A Portrait of Self-Affirmation", in Borgerding (org.), 2002, 8-9.
13. ASC, AO, I, 157, 222.
14. Settimani, III, 325v.
15. Celio Malespini, *Duecento novelle*, Veneza, 1608, 149.
16. ASMo, *Ambasciatori a Firenze*, 22. 24 de maio de 1567.
17. Torquato Tasso, *Il Gonzaga secondo over del giuoco*, Veneza, 1582. Ver também George McClure, "Women and the Politics of Play in Sixteenth Century Italy: Torquato Tasso and His Theory of Games", *Renaissance Quarterly*, 2008.

7. Lealdades

1. Winspeare, 61-2.
2. Fabio Mutinelli (org.), *Storia arcana e aneddotica d'Italia raccontata dai veneti ambasciatori*, I, Veneza 1855-8, 61.
3. ASC, AO, I, 157, 213.
4. ASF, MDP, 6375, 11.
5. ASC, AO, I, 157, 220.
6. Ibid., 263.
7. Ibid., 222.
8. Ibid.

8. Troilo

1. Bastiano Arditi, *Diario di Firenze e delle altri parti della cristanità (1575-1579)*. Roberto Cantagalli (org.), Florença, 1970, 70.
2. Mutinelli, 61.
3. ASF, MDP 6373, apêndice 1.
4. Ibid.
5. Ibid.
6. Ibid.
7. ASMo, *Ambasciatore a Firenze*, 22. 1º de julho de 1564.

9. Um caso "clandestino"

1. Malespini, 124 ss.
2. Casulana, tradução não publicada, T. LaMay.
3. James Haar, "From Cantimbanco to Court: The Musical Fortunes of Ariosto in Florentine Society", in Massimilliano Rossi e Fiorella Giofreddi Superbi (orgs.), *L'arme e gli amori, Ariosto, Tasso and Guarini in Late Renaissance Florence*, II, Florença, 2003, 196.
4. Kirkham, 2006, 107.
5. Algumas partes da correspondência entre Troilo e Isabella, descritas abaixo, estão publicadas em Winspeare. As outras não estão publicadas e podem ser encontradas em ASF, MDP, 6373, apêndice 1.
6. Winspeare, 97, do ASF, MDP, 6373, apêndice 1.
7. ASF, MDP 6373, apêndice 1.
8. Ibid.

PARTE IV. MAQUINAÇÕES DOS MEDICI

1. A cunhada imperial

1. Settimani, III, 312r.
2. ASF, MDP, 6366, 270.
3. ASC, AO, I, 157, 171.
4. ASF, MDP 5094, I, 103. Do MAP.
5. Saltini, *Bianca Cappello e Francesco de' Medici*, Florença, 1898, 99.
6. Vasari, VII, 619.
7. Pieraccini, II, 129.
8. Ibid.
9. ASC, AO, I, 157, 234.
10. ASF, MDP, 6366, 371.

11. Ibid., 372.
12. Ibid., 371.
13. ASC, AO, I, 157, 297.
14. Ibid., 297.
15. ASM, AG, 112, 317.
16. ASF, MDP, 6373, I.
17. Eletto Palandri, *Les négotiations politiques et religieuses entre la Toscane et la France a l'époque du Cosme Ier et de Cathérine de Médicis (1544-1580)*, Paris, 1908.

2. Vida familiar

1. ASMo, *Ambasciatori a Firenze*, 22. 27 de abril de 1569.
2. ASC, AO, I, 157, 240.
3. ASF, MDP, 6375.
4. Saltini, "Due Principesse", 571.
5. Booth, 222.
6. ASF, MDP, 522, 733.
7. ASC, AO, I, 157, 211.
8. ASF, MDP, 5926, 104. Do MAP.
9. Ibid., 6366, 396.
10. ASC, AO, I, 157, 267.
11. BL. Sloane, 1930.
12. John M. Riddle, *Contraception and Abortion from the Ancient World to the Renaissance*, Cambridge, MA, 1992, 148-9.
13. John M. Riddle, *Eve's Herbs: A History of Contraception and Abortion in the West*, Cambridge, MA, 1997.
14. ASF, MDP, 221, 31. Do MAP.
15. ASC, AO, 157, 320.
16. Ibid., 295.
17. ASF, MDP, 211, 81. Do MAP.

3. Grão-duque

1. Booth, 229.
2. Ibid., 228.
3. ASF, MDP, 321, 1. Do MAP.
4. Ibid., 2.
5. ASMo, *Ambasciatori a Firenze*, 22. 13 de dezembro de 1569.
6. Lapini, 167.

7. Settimani, III, 486v.
8. Lapini, 167.
9. Booth, 238.
10. ASMo, *Ambasciatori a Firenze*, 22. 22 de março de 1570.
11. Settimani, III, 477r.
12. ASF, MDP, 1177, 16, Do MAP.
13. AO, ASC, I, 158, 90.

4. Cammilla

1. Lapini, 169.
2. Saltini, *Tragedie Medicee*, 240.
3. Siegmund, xv.
4. Pieraccini, II, 73.
5. Pieraccini, II, 215.
6. Saltini, *Tragedie Medicee* (citando Galluzzi), 245.
7. Ibid., 245.
8. Ibid., 246.
9. ASMo. *Ambasciatori a Firenze*, 22. 8 de abril de 1570.
10. Saltini, *Tragedie Medicee*, 247-9.
11. ASC, AO, I, 158, 80.
12. ASMo, *Ambasciatori a Firenze*, 22. 27 de abril de 1570.
13. Ibid.
14. ASC, AO, I, 158, 43.
15. Ibid., 61.
16. Saltini, *Tragedie Medicee*, 356.
17. Ibid., 357-8.
18. ASMo, *Ambasciatori a Firenze*, 22. 26 de agosto de 1570.

5. "I Turchi"

1. William Stirling Maxwell, *Don John of Austria*, Londres, 1883, 97.
2. Richard Clayton, *Memoirs of the House of Medici from its Origins to the Death of Garzia and of the Great Men who flourished in Tuscany within that period. From the French of Mr Tenhove, notes and observations by Sir Richard Clayton*, II, Bath, 1797, 463.
3. Ibid., 464.
4. Hugh Bicheno, *Crescent and Cross: The Battle of Lepanto, 1571*, Londres, 2003, 185.
5. Booth, 255, citando C. Manfroni, "La Marina di Guerra del Granducato Mediceo", in *Rivista Marittima*, maio de 1895, 29.

6. Stirling Maxwell, 358.
7. Mori, 2004, citando ASC, AO, I, 152, 142.
8. ASC, AO, I, 158, 71.
9. Ibid., 59.
10. ASMo, *Ambasciatori a Firenze*, 8 de junho de 1571.
11. ASF, MDP, 5085, 471.
12. ASC, AO, I, 158, 101.
13. *A New Dictionary of the Italian and English Languages*, Londres, 1854, I, 274.
14. ASC, AO, I, 146, 2.

6. Lepanto e don João

1. Stirling Maxwell, 375.
2. Ibid., 407.
3. Ibid., 411.
4. Ibid., 420.
5. ASF, MDP, 2636, 31. Do MAP.
6. Stirling Maxwell, 434.
7. ASC, AO, I, 158, 102.
8. Gnoli, 56.
9. Ibid., 57.
10. Mori, 2004, 148, citando ASC, AO, I, 146, 84.
11. Michele Capri, *Delle lodi del Serenissimo Signor Don Giovanni d'Austria*, Florença, 1571.
12. ASF, MDP, 4153. Do MAP.
13. Ibid.

7. *Putti*

1. ASMo, *Ambasciatori a Firenze*, 22. 23 de setembro de 1570.
2. ASC, AO, I, 158, 168.
3. Ibid., 91.
4. Ibid.
5. Ibid., 79.
6. Ibid., 119.
7. ASF, MDP, 241, 41, Do MAP.
8. ASC, AO, I, 158 107.
9. Ibid., 109.
10. Ibid., 111.
11. Ibid.

NOTAS

12. Ibid., 123.
13. Ibid., 127.
14. Ibid., 125.
15. Ibid., 101.
16. Ibid., 135.
17. Ibid., 120.
18. ASC, AO, I, 158, 126.
19. ASMo, *Ambasciatori a Firenze* 22. 19 de janeiro de 1572.
20. Ibid., 23 de fevereiro de 1572.
21. ASC, AO, I, 158, 147.
22. Ibid., 146.
23. Ibid.
24. Settimani, III, 575v.
25. Ibid.
26. ASMo, *Ambasciatori a Firenze*, 22. 13 de setembro de 1572.
27. Ibid., 27 de setembro de 1572.

8. Bianca

1. ASMo, *Ambasciatori a Firenze*, 22. 1º de maio de 1572.
2. Malespini, Livro II, 278r.
3. Ibid.
4. Ibid.
5. Saltini, *Bianca Cappello*, 127.
6. Saltini, *Tragedie Medicee*, 359-60.
7. Saltini, *Bianca Cappello*, 133.
8. ASMo, *Ambasciatori a Firenze*, 22. 4 de abril de 1573.
9. ASC, AO, I, 158, 63.

9. Um assassinato

1. Juliano de Ricci, *Cronaca (1532-1606)*, org. Giuliana Sapori, Milão/Nápoles, 1972, 42.
2. Malespini, Livro II, 279r.
3. Saltini, *Bianca Cappello*, 156, citando, Biblioteca Nazionale di Parigi, cod. 10074, *Lettere, istruzioni, Orazione e alti scritti, pressochè tutti concernenti la famiglia de' Medici, inserto XV e ultimo.*
4. Saltini, *Bianca Cappello*, 160, citando ASF, MDP, 5101, 322.
5. Ibid., 170-1.
6. Arditi, citando ASF, MDP, 5947b, 9v.
7. Ibid., 175.

10. A melhor das épocas

1. ASC, AO, I, 158, 184.
2. Ibid., 188.
3. Ibid., 183.
4. Ibid., 188.
5. Francesca Fiorani, *The Marvel of Maps; Art, Cartography and Politics in Renaissance Italy*, New Haven/Londres, 2005, 42.
6. Ibid., nº 88, 287.
7. Domenico Maria Manni, *Lezioni di lingua Toscana*, Florença, 1737, citado em Winspeare, 86-8.
8. ASF, MDP, 6373, apêndice.
9. ASMo, *Ambasciatori a Firenze*, 22. 10 de outubro de 1573.
10. Ibid., 8 de janeiro de 1574.
11. Settimani, III, 615v.
12. Ricci, 75.
13. Ibid., 77-8.
14. ASMo, *Ambasciatori a Firenze*, 22. 12 de fevereiro de 1574.
15. Ibid., 20 de fevereiro de 1574.
16. Mario Matasilani, *La Felicità del Serenissimo Cosimo Granduca di Toscana*, Florença, 1572.
17. Alfred von Reumont, *Geschichte Toscanas Zeit dem Ende des Florentinischen Freistaates*, Gotha, 1876, I, 293.
18. BL, Sloane 1930.

PARTE V. DESGRAÇAS DE UMA PRINCESA MEDICI

1. O declínio de Cosimo

1. Pieraccini, II, 40.
2. ASF, MDP, 238, 78. Do MAP.
3. Ibid., 60.
4. Ibid., 74.
5. ASF, MDP, 241, 84. Do MAP.
6. Ibid., 19. Do MAP.
7. Saltini, *Tragedie Medicee*, 261-2.
8. Ibid., 262-3.
9. Ibid., 263.
10. Pieraccini, II, 42.
11. ASF, MDP, 1212, 1, 103. Do MAP.

12. ASMo, *Ambasciatori a Firenze*, 22. 8 de janeiro de 1574.
13. Pieraccini, II, 45.
14. Ibid.
15. Ricci, 85.
16. Ibid.
17. Eve Borsook, "Art and Politics at the Medici Court: The Funeral of Cosimo de' Medici", *Mitteilungen des Kunsthistorisches Instituts in Florenz*, XII, 1965, 1-2, 36.
18. Gino Ginori, *Descrittione della pompa funerale fatta nelle essequie del Serenissimo Signor Cosimo de' Medici*, Florença, 1574.
19. ASM, AG, 1112, 403.

2. A negociação das crianças

1. Settimani, III, 620r.
2. ASF, MDP, 5088, 45r.
3. ASC, AO, I, 158, 185.
4. Ibid., 188.
5. Ibid., 198.
6. Ibid., 200.
7. ASF, MDP, 1170, folha solta.
8. Barbara Furlotti originalmente propôs Isabella como a patrocinadora dessa obra em *Baronial Identity and Material Culture in Sixteenth-Century Rome: Paolo Giordano I Orsini and his Possessions, 1541 - 1585*, tese de doutorado, University of London, 2008.

3. "Minha chegada"

1. Mori, 2004.
2. Thomas, 50.
3. ASC, AO, I, 158, 198.
4. Mori, 2004, 160.
5. Gnoli, 44.
6. ASC, AO, I, 158, 198.
7. Ibid., 201.
8. Ibid., I, 152, 191.
9. Arditi, 16.
10. Pieraccini, II, 175.
11. ASC, AO, I, 158, 197.
12. Ibid., 206.

13. Ibid., 199.
14. Ibid., 203.
15. Ibid., 199
16. Ibid., 191.
17. Ibid., 225.
18. Ibid., 146, 289.

4. O novo embaixador

1. Ricci, 114.
2. ASC, AO, I, 158, 194.
3. Ibid., 193.
4. Ibid., I, 146, 10.
5. Ibid., I, 158, 237.
6. Arditi, 35.
7. ASMo, *Ambasciatori a Firenze*, 24. 15 de janeiro de 1575.
8. Ibid., 29 de janeiro de 1575.
9. Ibid., 8 de fevereiro de 1575.
10. Saltini, *Bianca Cappello...*, 180.
11. Settimani, IV, 15v.
12. ASC, AO, I, 337, 8
13. Arditi, 74.

5. Leonora

1. Riguccio Galluzzi, *Istoria del Granducato*, livro IV, Florença, 1781, reimpressão, 1974, 246.
2. ASMo, *Ambasciatori a Firenze*, 22. 26 de abril de 1572.
3. Saltini, "Due Principesse...", 570-1.
4. ASF, MDP, 5154, 21. Do MAP.
5. Saltini, "Due Principesse...", 629.
6. ASMo, *Ambasciatori a Firenze*, 24. 22 de janeiro de 1575.
7. Ibid., 8 de fevereiro de 1575.

6. Temporada de duelos

1. Luciano Berti, *Il principe nello studiolo. Francesco I de' Médici e la fine del Rinascimento fiorentino*, Pistoia, 2002, 22.
2. Clayton, 457.
3. Arditi, 57.
4. Arditi, 83.

5. ASC, AO, I, 157, 299.
6. Ricci, 85.
7. Ibid., 118.
8. Ibid., 137.
9. Ibid.
10. Ibid.
11. Para os trechos citados das experiências polonesas de Troilo, ver Antonietta Morandini, "Una Missione di Troilo Orsini in Polonia per il Granduca di Toscana (maggio-luglio 1574)", in *Testi e documenti*, CXXIII, 1965, 94-112, e Giuseppe Fusai, "Un litigio fra due ambasciatori alla Corte di Polonia", in *Archivio storico italiano*, V, série XL, 1907, 118-22.
12. ASC, AO, I, 152, 189.

7. A conspiração dos Pucci

1. Ricci, 140.
2. ASC, AO, I, 146, 229.
3. Ibid., 158, 232.
4. Ibid.
5. Ibid.
6. ASC, AO, I, 158, 202.
7. ASMo, *Ambasciatori a Firenze*, 24. 25 de julho de 1575.
8. Ibid.
9. Bernard Weinberg, "Argomenti di discussione letteraria nell'Accademia degli Alterati, 1570-1600", in *Giornale storico della letteratura italiana*, 131, 1954, 182-3.

8. *Troilo, Bandito*

1. ASF, MDP, 5088, 160r.
2. ASC, AO, I, 158, 235.
3. Ibid., 224.
4. Ibid., 245.
5. Ibid., 146, 42.
6. Ibid., 228.
7. Ibid., 239.
8. ASC, AO, I, 158, 231.
9. Ricci, 176.
10. Ibid.
11. Elizabetta Mori, "La malattia e la morte di Isabella Medici Orsini", in Maura Picciauti (org.), *La sanità a Roma in età moderna*, XIII, I, janeiro-março de 2005, 92.

12. Pieraccini, II, 175.
13. Mori, 2005, 92.
14. Pieraccini, II, 175.
15. ASMo, *Ambasciatori a Firenze*, 24. 29 de outubro de 1575.
16. ASC, AO, I, 158, 230.
17. ASMo, *Ambasciatori a Firenze*, 24. 19 de dezembro de 1575.
18. Ibid., 22 de dezembro de 1575.
19. ASC, AO, I, 158, 227.

PARTE VI. ATOS FINAIS

1. O Ano-Novo

1. ASF, MDP, 681. Citado em Arditi, 69
2. ASF, Bandi, 2696, 46. Citado em ibid.
3. Ricci, 185.
4. ASMo, *Ambasciatori a Firenze*, 24. 22 de fevereiro de 1576.
5. Ricci, 186.
6. ASMo, *Ambasciatori a Firenze*, 24. 4 de março de 1576.
7. Arditi, 91.
8. ASC, AO, I, 158, 251.
9. Felice Faciuta, *Foelicis Faciutae melphitani pastorali. Eiusdem divers poemata*, Florença, 1576, 77-8. Traduzido por Stephen D'Evelyn.
10. Ibid. I, 146, 120.
11. Ibid., 17.
12. ASF, Carte Strozziane, I, Fa. 338, 292 r+v.
13. ASMo, *Ambasciatori a Firenze*, 24. 13 de maio de 1576.
14. Mori, 2005, 93.
15. ASMo, *Ambasciatori a Firenze*, 24. 9 de julho de 1576.

2. Uma viagem a Cafaggiolo

1. ASMO, Ambasciatori a Firenze, 3 de junho de 1576.
2. Arditi, 93.
3. Ricci, 193.
4. Ibid., 197.
5. Ibid., 193.
6. Ibid., 196.
7. Pieraccini, II, 185, citando ASF, MDP, 5154, c. 86.
8. Ibid., citando ASF, MDP, 5088, c. 34.

9. Arditi, 107.
10. Ricci, 197.
11. Arditi, 105.
12. Ibid., 106.
13. Saltini, "Due principesse", 6, 188-9. De ASMo, *Ambasciatori a Firenze*, 24. Julho de 1576.

3. Uma viagem a Cerreto Guidi

1. ASF, Ducato d'Urbino G 236, 1350.
2. ASF, MDP, 6366, 585.
3. Ver, por exemplo, BL, Sloane, 1930.

4. "Como se imaginasse o que lhe estava reservado"

1. Winspeare, 170, do ASF, MDP, 245, 247.
2. ASF, Ducato d'Urbino G 236, 1351.
3. ASF, Miscellanea Medicea, 12, apêndice 6.
4. Arditi, 292. From ASMo, *Ambasciatori a Firenze*, 24. 29 de julho de 1576.
5. Ibid.
6. Lapini, 192.
7. Ricci, 198.

5. Post-mortem

1. John Marston, *Antonio's Revenge*, Londres, 1602, citado por T. S. R. Boase, "The Medici in Elizabethan and Jacobean Drama", *Journal of the Warburg and Courtauld Institutes*, 37, 1974, 374.
2. Thomas Cohen, "Double Murder in Cretone Castle", in *Love and Death in Renaissance Italy*, Chicago, 2004.
3. Galluzi, 267-8.
4. ASF, MDP, 4902, 84r. Ver Rosemarie Mulcahy, "Two murders, a crucifix and the Gran Duke's 'serene highness' Francesco I de' Medici's gift of Cellini's 'Crucified Christ' to Philip II", in *Philip II of Spain; Patron of the Arts*, Dublin, 2004, 91-114.
5. ASF, MDP, 5089, 146.
6. Ibid.
7. ASF, Carte Strozziane, série I, 369, 75.
8. Arditi, 128-9.
9. ASMo, *Ambasciatori a Firenze*, 24. 1º de setembro de 1576.
10. ASF, MDP, 6373, 587.
11. Ver em particular Langdon, 165-70.
12. Noble, 271.

6. Prossegue o cerco

1. Para essas mortes, ver Ricci, 200 e Arditi, 114-5.
2. Arditi, 164.
3. ASF, MDP 695, 5. Do MAP.
4. Ibid., 688, 6.
5. Ibid., 4.
6. Abel Desjardins, *Négociations Diplomatiques de la France avec la Toscane*, IV, Paris, 1859-86, 81-2.
7. Ibid.
8. Winspeare, 173.

7. O relato do assassino

1. Este relato de Tremazzi está em ASF, Carte Strozziane, I, 97, publicado por Gnoli, 404-14.
2. Desjardins, 131-2.
3. Palandri, 196.
4. Victor Von Klarwill, *The Fugger News Letters*, trad. Pauline de Chary, Nova York, 1925, 29-30.

EPÍLOGO: Isabella Eterna

1. ASF, MDP, 5367, 3.
2. Dallington, 39.
3. Noble, 270-1.

Lista de ilustrações

1. Agnolo Bronzino, *Eleonora di Toledo*, 1543, Galeria Národní, Praga.
2. Agnolo Bronzino, *Cosimo de Medici*, 1543-44.
3. Agnolo Bronzino, *Bia*, c. 1542, Galeria Uffizi, Florença.
4. Agnolo Bronzino, *Isabella de Medici*, c. 1549, Museu Nacional, Estocolmo.
5. Agnolo Bronzino, *Isabella de Medici*, c. 1558, Galeria Palatina, Florença.
6. Anon., *Francisco de Medici*, final da década de 1560, Galeria Palatina, Florença.
7. Agnolo Bronzino, *São João Batista*, c. 1561, Galeria Borghese, Roma.
8. Detalhe do cardeal Ferdinando de Medici por Jacopo Zucchi, *Missa de são Gregório*, 1575, igreja de Santa Trinità dei Monti dei Pellegrini, Roma.
9. Agnolo Bronzino, oficina, *Pedro de Medici*, década de 1560, Galeria Uffizi, Florença.
10. Alessandro Allori, *Isabella de Medici*, c. 1565, coleção particular, Reino Unido.
11. Paulo Giordano tal como ilustrado em Francisco Sansovino, *História da família Orsini*, Veneza, 1565.
12. Anon., *Calcio na piazza Santa Croce*, 1589, Museu de Arte John e Mable Ringling, Sarasota, Flórida.
13. Anastagio Fontebuoni, *Troilo Orsini trazendo ajuda a Catarina de Medici*, c. 1626, Coleção Mari-Cha.
14. Anon., *Joana d'Áustria*, Museu Histórico da Caça e do Território, Cerreto Guidi.
15. Alessandro Allori, *Cammilla Martelli*, c. 1571, Galeria Palatina, Florença.
16. Alessandro Allori, *Leonora di Toledo*, c. 1568, Museu de História da Arte, Viena.
17. Anon., *Bianca Cappello*, c. 1584, Galeria Palatina, Florença.
18. Giovanni Stradano, *Arranjo para o casamento de Lucrécia de Medici e Afonso d'Este*, 1558, Palazzo Vecchio, Florença.
19. Vincenzo Danti, *Vênus*, c. 1570, Palazzo Pitti, Florença.
20. Vincenzo de' Rossi, *Adônis*, c. 1570, Palazzo Pitti, Florença.
21. Agnolo Bronzino, *Retrato duplo de Morgante*, c. 1550, Galeria Uffizi, Florença.
22. Sandro Botticelli, *Cena da História de Nastagio degli Onesti*, 1487, Museu do Prado, Madri.
23. Giovanni Maria Butteri, *Os Medici representados como a Sagrada Família*, 1575, Museu do Cenáculo de Andrea del Sarto em San Salvi, Florença.

Agradecimentos

Nunca pensei que fosse escrever um livro sobre os Medici, e não poderia ter feito isso sem a ajuda de muitos. Tirei proveito do apoio, aconselhamento e intercâmbio de ideias que me ofereceram Guendalina Ajello, Kathy Bosi, Jacki Mussachio, Touba Ghadessi Fleming, George McClure, Flora Dennis, Bruce Edelstein, Sara Matthews Grieco, Deanna Schemek, Suzanne Cusick, Thomasin LaMay, Sheila Ffoliott, Rupert Sheperd, Beryl Williams e Stephen D'Evelyn. Olwen Hufon embarcou comigo corajosamente em trens e ônibus até Cerreto Guidi em um sábado chuvoso. Sabine Eiche tem minha eterna gratidão pelas transcrições meticulosas e rápidas de documentos que fez para mim em Florença. Ed Goldberg, ex-diretor do Medici Archive Project, foi extremamente generoso, e não posso enaltecer o bastante a base de dados on-line do MAP, de onde provêm muitas das fontes citadas neste livro. O intercâmbio com Barbara Furlotti foi especialmente prazeroso, e prova que historiadores podem explorar dois lados de uma mesma árvore; aguardo ansiosa a publicação de seu trabalho sobre o consumismo de Paulo Giordano. Como sempre, me apropriei de uma boa gama de ideias da mente brilhante de Henry Dietrich Fernández. Qualquer erro que tenha permanecido é de responsabilidade minha.

Na editora Faber and Faber, foi Julian Loose quem primeiro percebeu que esta era a história de Isabella, e ele foi um editor mais importante do que nunca. Agradeço também a Henry Volans, Kate Murray Browne, Kate Ward e ao copidesque Ian Bahrami. Em Nova York, na Oxford University Press, Tim Bent acolheu Isabella de maneira maravilhosa, assim como toda a equipe da editora. Tenho muita sorte de ter Gill Coleridge como agente e Melanie Jackson.

AGRADECIMENTOS

Conduzi pesquisas no Archivio di Stato em Florença, Mântua, Módena e Roma; no Archivio Capitolino, em Roma; na British Library e no Warburg Institute, em Londres; nas bibliotecas Fine Arts, Widener e Houghton, na Universidade de Harvard; na Getty Research Library e nas Coleções Especiais da Universidade da Califórnia, em Los Angeles. Obrigada ao pessoal de todas essas instituições.

Meu pai, Brian Murphy, faleceu enquanto eu revisava os originais do livro, e o fantasma de sua presença permeou esse processo. Aqueles que o conheceram não diriam de imediato que havia muito em comum entre ele e Isabella, mas a verdade é que os dois eram encantadores, gostavam de festas, possuíam um amplo leque de interesses intelectuais e adoravam um debate animado. Como Isabella, ele passaria feliz uma tarde inteira discutindo o uso correto da palavra *mai*. Sinto sua falta.

Índice

Accoramboni, Vitória, 418
Agnolanti, Cammillo, vítima de assassinato, 356, 357
Agnoletta, prostituta, 347
Alamanni, família, 350
Alba, duque de, 299
Albizzi, Eleonora degli, 233, 234, 247, 248, 250
Albizzi, família florentina, 311
Albizzi, Luís degli, 233
Alençon, duque de, 344
Alessandrini, Agnolo, fabricante de linho, 163
Alexandre VI, papa (Rodrigo Borgia), 129, 150
Alidosi, Ciro, Senhor de Ímola, 216, 410, 417
Alighieri, Dante, 62
alimentos, 40, 42, 49, 116, 126, 142, 143, 225
Almeni, Sforza, empregado dos Medici, 233, 234
Altoviti, Cornélio, nobre florentino, 341
Ammannati, Bartolomeu, arquiteto e escultor, 62, 103, 104, 140, 176
Ancona, 259
anões, 55; Barbino, 134; Morgante, 58, 60, 113, 116, 384, 391, 424
Antinori, Bernardino, 378, 384, 396
Antinori, família florentina, 154
Antinori, Joana, 296
Antinori, João, 260

Antinori, Regina, 378
Aragão, Joana de, napolitana, 81, 244, 275
Aragão, Luís de, 393
Aragão, Sforza d'Appiano de, 216
Aragão, Túlia de, cortesã e poeta, 62, 145
Arditi, Bastiano, diarista florentino, 324, 329, 340, 349, 357, 377, 380, 399, 403, 404
Ariosto, Ludovico, autor de *Orlando Furioso*, 59, 65, 66, 194, 207
Aristóteles, 63, 351
Armas, 155
Atenas, 264
Atti, Eleonora degli, vítima de assassinato, 368
Áustria, 222
Áustria, don João d', 259, 261, 269, 334, 355
Áustria, Joana d', 221-8, 229, 235, 243, 253, 276, 279, 281, 283, 291, 297, 299, 309, 324, 330, 349, 360, 367, 368, 371, 421
Áustria, Carlos, arquiduque d', 229
Áustria, Margarida d', filha de Carlos V, 29, 30, 221
Áustria, Maria Madalena d', 177

Baccano, 166
Bagno, conde de, 332
bandidos, 78

ÍNDICE

Bandini, João, embaixador dos Medici, 30, 31
Barcelona, 372
Bardi, Signor, nobre florentino, 297
Bargagli, Jerônimo, autor de *Dialogo di guochi*, 194, 197
Bargo, Antonio Angeli da, tutor dos Medici, 63
Bargo, Pedro da, erudito, 63
Barocco, Daniello, prestamista, 164
Baroncelli, família, 177
Baroncelli, Jacopo, mercador, 177
Bartoli, Jacopo, cavaleiro, 341
Bartucci, Maestro, empregado, 203
Basignano, 237
Basileia, 405
batalhas: Áccio, 268; Lepanto, 263-7, 308; Marciano, 67, 70, 257; Moncontour, 228; Montemurlo, 28, 29, 70
Battiferra, Laura, poeta da corte dos Medici, 62, 93, 100, 212
Bavária, duque da, 226, 297, 367
Beccaria, cavaleiro, 354
Belmonte, Pedro, autor de *A instituição da esposa*, 200
Bembo, Pedro, 327
Bentivoglio, Margherita, nobre, 423
Bernardi, João Batista, fabricante de brocados de ouro, 163
Berti, Leandro, sienense, 342
bispo de Forlì, 58
Boccaccio, Giovanni, autor do *Decamerão*, 296, 396; história de *Nastagio degli Onesti*, 396
Bolognese, Lourenço de João, empregado dos Orsini, 325
Bolonha, 43, 122, 298, 356
Bolzano, 272

Bonciani, Alexandra de Ricci, nobre florentina, 285-7
Boncompagni, Gironomo, filho de Jacó, 298
Boncompagni, Jacó, filho do papa Gregório XIII, 298, 368
Bonsi, Luís, cavaleiro, 226, 341
Borgia, Lucrécia, 150, 327
Bósnia, 256
Botticelli, Sandro, pintor, 25
Bracciano, castelo de, 108-113, 162, 177, 222, 321, 375, 381, 384, 386, 423
braga, 171
Bragadino, capitão veneziano, 264
Bronzino, Agnolo di, pintor, 35, 52, 63, 72, 95, 146, ilustrações 1-5, 7, 21
Brunelleschi, Filippo, arquiteto, 25, 44, 47, 64, 134, 152
Brutus, 26, 28
bruxas, 59
Buonaventura, Pedro, marido de Bianca Cappello, 280, 285-9, 296, 385
Buonaventura, Pellegrina, filha de Bianca Cappello, 280, 330
Buontalenti, Bernardo, arquiteto, 18, 331
Butteri, Giovanni Maria, pintor, 317

caça, 18, 19, 49, 116, 157 (*ver também* Medici, Isabella Romola de Medici e)
Calvin, John, teólogo, 159
Camilla, a Magra, prostituta, 98, 99, 111, 173
Campestri, Ruoti da, morador do vale de Mugello, 298
Cappello, Andrea, 282, 289
Cappello, Bianca, 279-90, 299, 330, 333, 349, 360, 369, 371, 399, 407
Cappello, família veneziana, 280

ÍNDICE

Cappello, Vitório, 331, 355
Capponi, família florentina, 117, 154, 185, 311, 350
Capponi, João Batista, 117, 154, 164
Capponi, Lisabetta, 117
Capponi, Pedro, 350
Capri, Michele, poeta, 268
Carafa, família napolitana, 86
Carlo, Vicenzo di, fabricante de brocados de ouro, 163
Carlos IX, rei da França, 227
Carlos V, sacro imperador romano, 25, 29, 30, 69, 70, 79, 221, 240, 259
Caroso, Fabrício, professor de dança dos Medici, 60
Casimiro, Johann, nobre calvinista germânico, 406
Castiglione, Baldessar: *O cortesão*, 65
Casulana, Madalena, compositora, 190, 211
Catarina de Aragão, 30
Catarina, lavadeira, 156
Catasta, João, rebelde enforcado, 306
Cauriano, Filipe, médico dos Medici, 228
Ceccharelli, Carlo, cavalariço dos Medici, 144
Cegia, Soldo del, peleiro, 164
Cellini, Benvenuto, escultor, 79, 103, 131, 162, 243; *Cristo crucificado*, 398
Cepparello, Gianozzo, empregado dos Medici, 152, 163
cerimônias de casamento, 65, 79, 90, 94
Certosa, abadia de, 198
Cerveteri, 172
Chenonceau, 142
Chipre, 258, 264
Cibò, Catarina, rainha do Chipre, 33

Cibò, Eleonora, marquesa de Cetona, 330, 360
Cícero, 63
Cino, Berto, fabricante de chinelos, 164
Civitavecchia, 261
Clayton, sir Richard, viajante inglês, 256
Clemente VII, papa (Júlio de Medici), 25, 27, 64, 79
Colonna, família romana, 322, 368
Colonna, Marco Antônio, 81, 101, 106, 129, 243, 244, 259, 260, 265, 275, 322, 368
Colonna, Próspero, 368
Commedia dell'Arte (Commedia di Zanni), 297
Concino, Bartolomeu, secretário dos Medici, 227, 307
conclave papal, 100
Condé, príncipe de, nobre francês, 227
Conegrano, Rodolfo, embaixador ferrarense, 125, 127, 133, 142, 165, 190, 193, 195, 206, 209, 210, 224, 225, 229, 230, 236, 241, 243, 251, 260, 271, 272, 276, 277, 281, 283, 297, 299, 309, 327, 329, 334, 373, 424
conspiração dos Pucci, 350-1, 357, 379
Constantino XI, imperador bizantino, 255
Constantinopla, 255
Contrarreforma e Concílio de Trento, 98, 106, 107, 248
Corbolo, "secretário dos Oito", 356
Corfu, 258, 263, 264
Corteccia, Francisco, músico dos Medici, 65, 92
Cortesi, Andrea, mercador, 155
Cortile, Ercole, embaixador ferrarense, 329, 330, 336, 351, 357, 360, 368,

ÍNDICE

369, 373, 377, 381, 391, 394, 398, 399, 404, 418
Cossetti, João Batista, prestamista, 164
costa da Maremma, 128, 130
Cracóvia, 343-4
Creta, 258
crimes de honra, 395

Dallington, Robert, sir, viajante inglês, 84, 109, 420
dança, 64, 68, 102 (*ver também* Medici, Isabella Romola de e)
Danti, Egnazio, astrônomo, 295
Danti, Vincenzo, escultor
Dia de Santo André, 412
Dia de Santo Estêvão, 257
Dioscórides, médico grego, 236
Donatello, escultor, 25, 44, 134, 153
Donato, João Paulo, soldado florentino, 118
Doni, Anton, nobre e erudito florentino, 62
Dovizia (Abundância), 180
dramas jacobitas, 193, 421
Dumas, Alexandre, 148, 149

Elba, ilha de, 49, 141, 256
embaixador espanhol, 169, 192
embaixador francês em Roma, 168, 169
emblemas dos Orsini, 79, 91, 96, 97, 109
Empoli, 393
escravos, 25, 156, 210, 256, 265, 277, 307, 383
Espanha, 30, 69, 81, 106, 127, 169, 170, 192, 257, 258, 372
Este, Afonso d', 73, 81, 89, 91, 96, 100, 115, 125, 133, 142, 165, 193, 227, 241, 251, 271, 327, 329, 336, 373, 374, 381, 392, 404

Este, d', família, duques de Ferrara, 64, 106, 248, 381, 422
Este, Ercole d', duque, 73, 89
Este, Hipólito d', duque, cardeal, 81, 100, 107

Fabi, cavaleiro, 266
Faciuta, Félix: *Eiusedem divers poemata*, 370, 424
Famagusta, 264
família Bandini, mercadores, 161
família Cavalcanti, mercadores florentinos, 166
família Farnese, 106
família Gonzaga, duques de Mântua, 57, 64, 106, 117, 177, 226, 311, 422
família Medici, 106, 111, 285, 296, 351, 372, 391
   como banqueiros e homens de negócio, 24, 25, 28, 77, 154
   como papas, 25
   embelezando Florença, 25
   emblemas, 24, 49, 91, 96, 101, 109, 147, 153, 179, 272
   estratégia de casamentos no século XV, 77
   expulsão de Florença, 25, 153
   origem, 51
   representação pictórica, 63, 64, 275, 317, 319
família Orsini, 77-8, 85, 169, 202, 203, 262, 354, 358, 365, 366, 372, 401
Farnese, Alexandre, cardeal, 171, 369
Farnese, Alexandre, príncipe de Parma, 266
Farnese, Clélia, 369
Farnese, Otávio, duque de Parma, 354
Federighi, Jacopo, sienense, 342

ÍNDICE

Fermo, Torello de Nobili da, nobre, 342, 345, 347, 357, 366
Ferrara, 64, 69, 73, 89, 96, 114, 224, 227, 260, 279, 309, 334, 340, 344, 359, 369, 399
Ferrara, Nicolau da, visões do cadáver de Isabella, 392
Fiammetta, cortesã romana, 145
Fiesole, 35, 40
filhos dos Medici (de Cosimo I), 58, 84
  acomodações e ambiente, 40, 43, 48, 59, 62
  amas de leite, 37, 42, 45
  batismo, 51, 52
  brinquedos, 57
  criação, 38-53, 81
  dieta e alimentação, 42, 43, 49, 50
  educação acadêmica, 61, 81
  montaria, 64
  presentes de Natal, 57
  relacionamento entre os irmãos, 55, 67, 68
  religiosidade e comportamento na igreja, 57, 60
  saúde e doença, 39, 41, 42, 52, 143
Filicaia, Bartolomeu da, mercador de seda, 163
Filipe II, rei da Espanha, 70, 93, 170, 203, 240, 257, 259, 263, 266, 267, 270, 348, 396, 397, 419
Fiorentino, Alberto, mergulhador, 155
Florença, 18, 26, 27, 30, 40, 47, 70, 96, 98, 103, 128, 151, 174, 180, 192, 211, 222, 230, 234, 236, 247, 262, 273, 280, 295, 299, 301, 323, 327, 348, 377, 379, 381
  academias: degli Alterati, 335, 351; del Disegno, 141; Fiorentina, 62
  assassinatos na cidade, 341, 347, 355, 356
  bairros, 146
  bens imóveis, 151
  Biblioteca Laurenciana, 176
  carnaval, 125, 185, 186, 223, 276, 298, 299, 368
  censo de 1562, 145
  Corredor Vasariano, 175, 176
  escritórios do governo: Tribunale di Mercanzia, 114; Ufficio di Carità, 142; Ufficio dell'Onestà, 114, 355, 356
  exilados de (*fiorusciti*), 28, 29, 40, 44, 70, 366, 386, 413
  Fonte de Netuno, 222
  futebol (*calcio*), 90, 91, 378
  igrejas e conventos: Battistero di San Giovanni (batistério), 275; Le Murate, 157, 309; Monticello, 390; Monte Oliveto, 390; Orsanmichele, 44; Santa Caterina da Siena, 155; Santa Chiara, 157; Santa Croce, 45, 154; San Felice, 180; San Frediano, 306; San Lorenzo, 25, 41, 45, 64, 97, 134, 140, 154, 230, 276, 310, 311, 324, 347, 380; San Marco, 25; Santa Maria del Carmine, 392; Santa Maria del Fiore (Duomo/catedral), 44-6, 134, 221, 223, 275, 307, 367; San Miniato, 45; Santa Monica, 309, 349; Santissima Annunziata, 126; SS Concezione, 143; Santa Trinità, 57, 141, 294, 306
  jardins: Boboli, 48, 119, 140, 175, 180, 300; don Luís di Toledo, 324, 361
  Loggia dei Lanzi, 44, 45, 103

menta, 276
mercadores, lojas, associações e mercados, 34, 46, 114, 155, 161, 163, 175, 185, 248
Monte di Pietà, 146, 164
montes Arcetri, 177
música, 187
Ospedale degli Innocenti (lar para crianças abandonadas), 71, 236
palácios: Antinori, 154, 205; Bargello, 25, 45, 378; Cappello, 234, 276; Medici, 25, 43, 151-9, 185, 208, 230, 275, 280, 298, 317, 322; Pitti, 47, 48, 59, 103, 119, 123, 127, 140, 176, 177, 178, 230, 241, 254, 281, 307, 309, 331, 348; Uffizi, 113, 114, 139, 140, 151, 175, 300, 355; Vecchio/della Signoria, 28, 43, 44, 56, 59, 63, 64, 72, 114, 122, 129, 141, 149, 152, 153, 222, 223, 226, 229, 241, 254, 277, 281, 297, 310, 335
piazzas: Battistero, 98; del Duomo, 44; della Signoria, 28, 43, 59, 103, 222; San Lorenzo, 223; Santa Croce, 90, 91, 98; San Marco, 280, 324; Santa Maria Novella, 90
pontes: Ponte Santa Trinità, 176, 281, 287, 331; Ponte Vecchio, 47, 175, 176
porta: Porta di San Frediano, 390, 392; Porta di San Gallo, 90; Porta del Prato, 226; Porta Romana, 177
prostituição e erotismo, 114, 145-7
rio Arno, 45, 47, 114, 130, 155, 175, 176, 281, 306
ruas: Via Cavour, 25; Via Chiara (Via dei Serragli), 324; Via del Calzaiuoli, 44; Via Larga; 25, 43, 151, 299, 410; Via Maggiore, 281, 285; Via San Gallo, 299
sinos, 46
status das mulheres, 67
Stinche (prisão), 342, 353, 366
tabernáculos, 46
zoológico, 46
Fogueira das vaidades, 98
Folco, Júlio, administrador dos bens de Paulo Giordano, 162, 163
Fontebuoni, Anastagio, pintor, 204
Fortunati, Carlo, empregado de Isabella, 112, 157, 286, 323, 403
Fortunati, Signora, mãe de Carlo, 324, 404
Fra Angelico, pintor, 25
França, 25, 70, 81, 96, 112, 141, 262, 365, 366, 372
Francisco I, rei da França, 25, 29, 32, 70
Franco, Verônica, poeta e cortesã, 145
Frangipani, Mutio, nobre romano, 118
Franklin, Benjamin, presidente dos Estados Unidos, 405
Frescobaldi, família florentina, 311
Fugger Bank, 413

Gaburri, Francisco, vendedor de artigos de segunda mão, 164
Gaci, Alexandre, florentino, 335
Gaci, Cosimo, florentino, 296, 336
Galeno, 38
Galera, 325
Galluzzo, 358
Gamberaia, Francisco da, médico dos Medici, 38
Garz, Beatrice de, amante de Jacó Boncompagni, 298
Gavezzini, Costanzo, fabricante de veludo, 163

ÍNDICE

Gênova, 299, 340
Germânia, 351
Ghiberti, Lourenço, escultor, 64
Ghirlandaio, 57
Giachini, Marco, mercador, 163
Giambologna, escultor, 421
Giambullari, Francisco, cortesão, 32
Ginori, Francisco, florentino, 378
Giotto di Bondone, pintor, 45
Giovio, Paulo, historiador, 35
Gozzoli, Benozzo, pintor, 275
Granada, 254
Grassi, Paulo de, cáften romano, 98, 111
Gregório V, papa (Bruno de Caríntia), 129
Gregório XIII, papa (Ugo Boncompagni), 298, 306, 368
Grifoni, Ugolino, secretário da corte dos Medici, 23, 129
Grisone, Frederico: *Gli ordini di cavalcare*, 82
Grosseto, 128
Guarini, Batista, embaixador ferrarense na Polônia, 344
Guerra Otomana, 268
guerras italianas, 70
guerras religiosas, 169, 227, 240, 258
Guerrazzi, Francesco, *Isabella Orsini*, 422

Habsburgo, 241, 242, 255, 258, 270
Helena, mãe do imperador Constantino, 181
Henrique II, rei da França, 25, 29, 32, 70, 141
Henrique III, rei da França, 228, 310, 343, 366, 386, 406, 413
Henrique IV, rei da França (Henrique de Navarra), 343, 344, 413, 420

Henrique VIII, rei da Inglaterra, 30, 71
Herzegóvina, 256
homens selvagens, 57, 60
huguenotes, 169, 227, 258, 343, 372, 406

infrescatori, 119
Innsbruck, 404
Inocêncio III, papa (Lotario di Segni), 129
Isabel I, rainha da Inglaterra, 71, 258, 420
Isabel, filha do imperador Maximiliano, 228
Isola, 166
Isolani, Rodolfo, nobre bolonhês, 410
Itália: cultura da dívida, 84; status e papel das mulheres, 33, 68, 80, 94, 110, 395

Jarnac, 227
Jefferson, Thomas, 405
jesuítas, 33, 264, 306
jogos, 119, 193, 195, 238
joias, 79, 96, 162, 222, 242, 249, 275, 348
judeus, 84, 98, 164
Júlio César, 28
Júlio II, papa (Juliano della Rovere), 78, 83
Júlio III, papa (João Maria Ciocchi Del Monte), 69, 72, 86, 242

Lainez, Diego, jesuíta, 72
Landsknechts (guardas germânicos), 44
Lapini, Agostino, diarista, 322, 381, 393
Leão X, papa (João de Medici), 25, 26, 43, 64, 101, 119
Leonardo da Vinci, 177

ÍNDICE

Liga Santa, 258, 260, 263, 267, 306
Lippi, Filippo, Fra, pintor, 275
Livorno, 30, 32, 127, 128, 130, 210, 250, 307, 386
Lomellini, Pedro Batista, marinheiro, 261
Loreto, 283, 330, 360
Lucca, 306, 340

Machiavelli, família florentina, 311, 350
Madri, 260, 398
Maestro Paulo, cirurgião, 404
Magrino, mantuano assassinado, 118
malária, *ver* moléstias e doenças
Malespini, Celio, *Duecento Novelle*, 193, 209, 211, 280, 281, 286, 287
Malfi, duquesa de, 395
Malta, 257
Malvezzi, Pirro, nobre e soldado, 224
Mannucci, Jacopo, empregado dos Medici, 342
Mântua, 57, 64, 117, 226
mar Adriático, 256
Martelli, Antonio (Balencio), 247, 252
Martelli, Cammilla, 247-55, 276, 279, 283, 305, 307, 309, 314, 333, 335, 360, 419
Martelli, Cammillo, 350
Martelli, Domenico (avô de Cammilla), 247
Martelli, Domenico (primo de Cammilla), 308
Martelli, família florentina, 247, 252
Martelli, Horácio, 356
Massacre da Noite de São Bartolomeu, 343, 372
Massarini, Lepido, prisioneiro, 216
Massimo, cavaleiro romano, 384, 391, 399

Matasilani, Mario: *La Felicità del Serenissimo Cosimo...*, 299
Mattioli, Pedro, botânico, 236
Maximiliano II, sacro imperador romano, 221, 228, 240, 241, 253, 254, 282, 310, 367, 390
Maximino, imperador romano, 318
Medici, Alexandre de, duque de Florença, 25-6, 27, 134, 142, 155, 221, 257, 306
Medici, Antonio de, 407, 419, 420
Medici, Bia de, 24, 35, 37, 52
Medici, Catarina de, rainha da França, 25, 29, 63, 141, 194, 204, 228, 306, 310, 343, 345, 366, 370, 372, 386, 406, 407, 412, 413
Medici, Chiarissimo de, 146
Medici, Cosimino de, 334, 407
Medici, Cosimo de, o Velho (il Vecchio), 24, 25, 27, 61, 64, 152, 153, 275, 300, 334
Medici, Cosimo I de, duque de Florença, grão-duque da Toscana, 18, 23, 35, 39, 41, 58, 63, 65, 110, 111, 113, 118, 123, 132, 143, 152, 171, 173, 202, 205, 270, 272, 277, 279, 317, 319, 331, 333, 339, 340, 349, 350, 372, 379, 386, 423, 424
  ascensão ao poder, 40
  bem-estar social, 70, 142
  casamento com Cammilla Martelli, 247-53, 305, 307, 309, 419
  casamento com Eleonora di Toledo, 33, 65, 233
  casamento das filhas, 73, 77, 94
  como Augusto, 29, 300
  como um primo pobre dos Medici, 26-9
  como viúvo, 143, 147

468

ÍNDICE

contra os otomanos, 258, 259, 268
Contrarreforma, Concílio de Trento e Inquisição, 97, 98, 106
deleite com o neto, filho de Isabella, 277
e a França: família de Valois, Catarina de Medici, 63, 70, 142, 228, 343, 366
e a história da família Medici, 63
e a indústria de tapeçarias, 71
e as mulheres, 24, 32
e cultura literária e acadêmica, 61, 140, 295
e Eleonora degli Albizzi, 233, 234
e Isabella, 35, 38, 56, 85, 87, 93, 94, 119, 126, 128, 143, 144, 148, 173, 179, 198, 207, 226, 249, 251, 252, 300
e Leonora di Toledo de Medici, 231, 232
e o papado, 120, 167, 168
e os filhos, 42, 61, 63
e os Habsburgo, 29, 69, 169, 224, 240, 241, 253
e Paulo Giordano Orsini, 85, 87, 93, 94, 151, 152, 165, 168, 171, 252
e seu filho Francisco, 120, 127, 176, 307
embelezando Florença e os territórios do ducado, 109, 113, 114, 140, 141, 175, 176, 300, 307
extensão do ducado, 43
frota naval, 256, 258, 265
funda a Ordem dos Cavaleiros de Santo Estêvão, 202, 257
indiferença às objeções de Joana a Bianca Cappello, 282, 283
jesuítas, 306
judeus, 98, 165, 248

lamentando a morte dos filhos, 89, 130, 132, 135, 139
malária, 129, 133
morte e funeral, 309-11
mudança para o Palazzo Vecchio, 43
obtém o status de grão-duque, 239, 247, 253, 283
organiza o casamento de Francisco e Joana, 220-3
receitas, 50, 142
retrato
saúde e doença, 129, 154, 305, 307, 308
segurança das fronteiras, 78
testamento, 306, 314
vingança contra os inimigos, 28, 178, 306, 350
visita Roma, 104, 108, 243
Medici, Cosimo II de, 177
Medici, Eleonora de (filha de Francisco e Joana), 235
Medici, Filipe de, 398
Medici, Ferdinando de, cardeal, 18, 39, 55, 128, 131, 139, 140, 144, 145, 186, 199, 230, 244, 249, 250, 251, 255, 261, 272, 284, 295, 298, 313, 318, 321, 325, 332, 333, 349, 351, 353, 355, 358, 368, 369, 372
Medici, Francisco de, grão-duque da Toscana, 18, 34, 55, 57, 58, 63, 64, 67, 69, 71, 80, 96, 102, 103, 120, 122, 127, 128, 130, 131, 139, 144, 145, 200, 214, 221, 225, 261, 294, 295, 297, 307, 308, 311, 327, 333, 334, 357, 368, 405, 419
casamento com Joana d'Áustria, 223-5, 235
como grão-duque, 339, 340, 349, 366, 367, 370

469

ÍNDICE

e a Espanha, 307, 398, 419
e a França, 343, 366, 386, 406, 407, 413
e Bianca Cappello, 279, 290, 296, 330, 332, 340, 349, 371, 407, 419
e Cammilla Martelli, 249, 250, 309, 348, 350
e Isabella, 134, 135, 144, 199, 360, 370, 386, 388, 393, 394, 390, 400
e Leonora di Toledo, 350, 351, 378, 381, 384, 385, 396, 397, 400
e Paulo Giordano, 314, 353, 400, 417, 418
experimentos científicos, 72, 122, 281
no papel de *principe*, 176, 308, 339
persegue Troilo Orsini, 405, 413
personalidade e temperamento, 71, 120, 176, 270
retrato
sede de vingança, 350, 351, 356, 357, 396, 403, 404
Medici, Garcia de, 39, 52, 55, 67, 104, 105, 128, 131, 132, 334
Medici, Isabella de, "Isabellina", 53, 276
Medici, Isabella Romola de, 18, 19, 43, 45, 48, 50, 56, 57, 67, 69, 72, 78, 81, 83, 96, 99, 103, 106, 113, 139, 142, 144, 233, 235, 270, 280, 296, 341, 349, 350, 377, 378, 381, 420
acontecimentos que culminaram na morte de, 384-6
ambientes e estilo de vida na idade adulta, 96, 151, 159, 176, 195
amizade com Conegrano, 142-4, 193, 195, 297, 327, 329
amor pelos estudos e antiguidades, 107, 121, 134, 180, 181, 295
aparência física, 52, 95, 121, 189, 322, 342

apelidos, 53
arranjo de casamento com Paulo Giordano Orsini, 73, 78, 83, 87, 172
atuação no interesse dos Medici, 116, 118, 170, 183, 229, 242, 243, 367
aversão ao irmão Francisco, 214, 316, 318, 339, 349, 371
aversão ao tempo ruim, 18, 110, 119
caça e montaria, 18, 19, 64, 101, 108, 116, 122, 143, 157, 198, 238, 272-4
cerimônia de casamento, 91
como filha do meio, 56
como madrinha, 216, 298
como pintora, 393, 394
conhecimento e interesse em línguas, 65, 193, 295
dança e música, 56, 60, 61, 64, 65, 68, 92, 187, 191, 201, 211, 405
dedicatórias na música e na poesia, 92, 211, 212, 268, 295, 296, 299, 370, 423
doações à caridade, 157, 231, 369
dote, 85, 86, 94
e a astronomia, 295
e as festas, 192-5, 297, 299, 336, 360, 361
e Bianca Cappello, 283, 287, 290, 330, 332, 371
e Cammilla Martelli, 249-53, 348, 349
e Cosimo I, 56, 109, 112, 119, 126, 130, 146, 145, 148, 163, 173, 174, 182, 183, 230, 242, 300, 305, 308, 311, 313
e Eleonora, 56, 118, 142
e Joana d'Áustria, 225-8, 235, 283, 360
e Leonora di Toledo de Medici, 231, 236, 369

e o carnaval, 185, 186, 276, 298, 299, 347, 368
e o irmão Ferdinando, 230, 298, 319, 325, 372
e o irmão João, 56, 101, 103, 108, 119, 122, 127, 128, 133, 135, 144, 182, 197, 199, 208, 325
e *Orlando Furioso*, 59, 211, 299, 386
e Paulo Giordano, 83, 110, 136, 150, 152, 167, 174, 191, 198, 199, 202, 205, 207, 211, 213, 235, 238, 259, 260, 272, 274, 314, 315, 321, 325, 335, 347, 353, 355, 369
e Troilo Orsini, 206, 217, 226, 228, 229, 236, 273, 289, 297, 322, 342, 345, 357, 360, 365, 366, 374, 386, 398, 404, 413
encomenda de esculturas pagãs, 180
estilo literário e redação de cartas, 112, 117, 128, 162, 163, 170, 173, 201, 212
gravidez, maternidade e assuntos correlatos, 96, 102, 110, 128, 182, 198, 206, 235, 237, 244, 271-7, 288, 293, 294, 314, 315, 354, 373, 374, 386, 404, 420
igualdade de gêneros durante a criação, 68, 69
incêndio em casa, 277, 288
independência, 94
jogos, 193-4, 225
morte de, 389, 417
nascimento de, 34, 37
negociações particulares, 372, 373
orgulho da herança dos Medici, 152, 172, 221, 250, 272, 300
papel no assassinato de Pedro Buonaventura, 280, 285, 385

participa do casamento de Francisco e Joana, 223
personagem em *The White Devil* [O demônio branco], 418
posses e artefatos, 119, 155, 162, 179
prisão e execução de associados, 404
propriedade da villa do Baroncelli, 273, 295, 316
quadro da *Sagrada família com os santos*, 317, 322
religião e espiritualidade, 126, 157, 197, 198, 275, 354
reputação após a morte, 423
retratos: aos 8 anos, 52; de Giambologna, 421; medalha com Paulo Giordano, 106; segurando uma partitura, 189
saúde e doença, 37, 39, 41, 52, 115, 128, 159, 197, 251, 299, 324, 347, 348, 358, 361, 369, 359, 399
situação financeira, 115, 122, 163, 165, 314, 355, 370
teatro, 185, 187
temperamento e personalidade, 68, 69, 95, 122, 126, 176
travessuras, 209
vestuário e joias, 50, 51, 91, 95, 115, 122, 165, 329, 399
visita a Bracciano, 109, 171
visita a Roma, 106, 107, 170, 171, 242, 243, 321
Medici, João (Nanni) de, meio-irmão de Isabella, 235, 250
Medici, João de (delle Bande Nere), 26, 39, 64, 152, 207
Medici, João de, cardeal (irmão de Isabella), 39, 55, 56, 59, 64, 84, 96, 104, 105, 119, 122, 197, 198, 207, 256, 318, 325, 422, 424

adoece e sucumbe à malária, 129, 130
atuação como cardeal e arcebispo, 100, 109, 128, 130
campanha para torná-lo cardeal, 72, 86, 101
funeral e consequências, 132, 139, 143
temperamento, 71, 102, 108, 109, 152
Medici, João Gastão de, 420
Medici, Juliano de, 97, 275
Medici, Júlio de, 134, 257
Medici, Lorenzino de, 26, 27
Medici, Lourenço de, duque, 25
Medici, Lourenço de, o Magnífico, 24, 25, 43, 61, 64, 77, 97, 153, 300
Medici, Lucrécia de (filha de Francisco e Joana), 324
Medici, Lucrécia de, 39, 51, 54, 62, 69, 89, 90, 92, 96, 115, 135, 231
Medici, Maria de (filha de Francisco e Joana), 413, 420
Medici, Maria de (irmã de Isabella), 34, 35, 38, 51, 52, 54, 57, 62, 69, 72, 81, 89, 115
Medici, Pedro de (filho mais velho de Lourenço e Clarice), 78
Medici, Pedro de (irmão de Isabella), 18, 39, 51, 145, 223, 232, 250, 254, 297, 308, 311, 323, 324, 332, 336, 342, 348, 351, 367, 381, 396, 409, 410
Medici, Virgínia de, 248, 251, 309, 314
Melia, Moretta da, chefe do canil, 157
Messina, 263, 296
Michelangelo Buonarrotti, 29, 43, 44, 97, 103, 104, 107, 131, 153, 163, 176, 230
Michelozzo di Bartolommeo, arquiteto, 43, 152, 374

Middleton, Thomas: *Women Beware Women* [Mulheres agem com cautela diante de mulheres], 291
Milão, 340
mitologia ovidiana, 70, 74, 116, 146, 147, 149
Môle, Joseph de la, nobre francês, 344
moléstias e doenças, 37, 40, 115, 116, 118, 122, 128, 143, 147, 235, 298, 324 (*ver também* filhos dos Medici e saúde e doença, e Isabella Romola de Medici e saúde e doença)
Mondragone, duque de, 266
Mondragone, família espanhola, 281
Montalvo, don Diego, empregado dos Medici, 251-2
Monte di Pietà, casa de penhor e prestamismo, 84, 146, 164, 165
Monte Paldi, 122
Monte, Felipe di, compositor, 99
Monterotondo, 77, 202, 204, 206
montes Apeninos, 374
Montevarchi, 404
Montmorency, duque de, nobre francês, 343
Morgan Le Fay (*fata Morgana*), 59
música, 65, 66 (*ver também* Medici, Isabella Romola de, dança e música)
Mustafa, Lala, comandante otomano, 264

Nápoles, 30, 47, 62, 64, 93, 269, 297, 340, 348, 355, 380, 386, 397
Navarino, 267
Navarrano, cavaleiro, 251
Nicolau, cortesão, 115
Noble, Mark, escritor inglês do século XVIII, 148, 401, 421
Novo Mundo, 40, 49, 57, 156
núncio papal, 311, 336

ÍNDICE

Ordens militares religiosas: Cavaleiros de Malta (antiga Rodes), 257, 296, 384; Cavaleiros de Santo Estêvão, 202, 257, 265, 311, 341, 368, 378, 413; Cavaleiros Templários, 257
Orlandini, Bartolomeu, embaixador dos Medici na Espanha, 397
Orsini, Afonsina, 78
Orsini, Clarice, 77, 78, 172, 289
Orsini, Eleonora ("Nora"), 273, 276, 293, 294, 313, 321, 418, 421
Orsini, Emilia, 205
Orsini, Felícia, 78-9, 101, 237
Orsini, Francisco, 80, 81, 85
Orsini, Giordano, 205
Orsini, Jerônimo, 78, 79
Orsini, João Giordano, 78
Orsini, Latino, 171
Orsini, Ludovico, 418
Orsini, Mario, 201, 202, 205, 257
Orsini, Napoleone, 79
Orsini, Orso, 368
Orsini, Paulo Giordano, 19, 78, 90, 96, 98, 101, 103, 108, 109, 115, 117, 120, 121, 127, 128, 134, 136, 144, 181, 188, 198, 205, 206, 216, 230, 235, 237, 250, 252, 271, 278, 283, 294, 311, 313, 318, 325, 332, 335, 341, 353, 355, 357, 361, 366, 367, 370, 374, 381, 385, 417, 418, 423
   aclamado na poesia, 92
   ambições militares e políticas e atuação, 93, 167, 170, 203, 259, 266, 267
   aparência física, 84, 172, 199, 322
   associação com prostitutas e amantes, 83, 85, 98, 99, 168, 200, 400
   cavalos e caça, 82, 157, 159, 162, 224, 383
   como delegado na Áustria, 222
   comportamento após a morte de Isabella, 400, 418
   consumismo, 155, 161, 162
   criação, educação e falta de supervisão, 79, 81
   e Isabella, 110, 112, 324
   em Bracciano, 108, 162
   entourage e empregados, 84, 86, 98, 109, 122, 134, 155, 161, 162
   envolvimento na morte de Isabella, 383-94, 397, 399
   orgulho dos ancestrais, 172
   palcos, jogos e festivais, 91, 223, 224
   participa da coroação de Cosimo, 243
   personalidade, 583, 86, 87
   residência em Florença, 151
   retrato
   rivalidade com outros nobres romanos, 171, 244, 260, 354
   situação financeira, 79, 80, 84, 87, 161, 167, 203, 260, 323, 325, 353, 399, 418 órfão, 71
   órfão, 71
   tom da correspondência com Isabella, 83, 84, 98, 110
   tornado duque de Bracciano, 106
   violência contra as mulheres, 99, 173
Orsini, Troilo, 202, 257, 271, 281, 289, 297, 341, 356, 360, 371, 374, 384, 386, 398, 404, 405, 417, 423
   assassinato de Torello de Nobili, 342, 345, 357
   carreira como soldado, 203, 204
   diversões e carnaval, 297
   e a Liga Santa, 258
   morte de, 413
   ordem de prisão, 356, 357, 365, 366; foge para a França, 366, 386, 405, 413

ÍNDICE

qualidades pessoais, 204
recebe postos diplomáticos, 226, 227, 310, 343, 344, 355; na França, 227 relacionamento com Isabella, 217
retrato, 166
situação financeira, 205, 207
Orsini, Virgínio, 277, 288, 293, 294, 314, 318, 321, 354, 418, 420, 421
Osiris, 185
otomanos, 255, 268

Pacheco, Francisco, cardeal, 298
Pagni, Cristóvão, secretário dos Medici, 42
Pagni, Lourenço, secretário dos Medici, 40, 51
pajens, 156
Palo, 261
Panciatichi, Carlo, florentino, 294
Pandolfini, Agnolo, florentino, 177
Panigarola, Fra Francisco, padre franciscano, 330
Paris, 343, 356, 366, 386, 405, 409, 411, 413; Chapelle Royale, 412; Louvre, 412
Pasha, Ali, comandante otomano, 264-5
Pasqua, prostituta, 98
Pasquali, Andrea, médico dos Medici, 41, 115, 198
Paulo III, papa (Alexandre Farnese), 79, 80
Paulo IV, papa (João Pedro Carafa), 86, 97, 98
Pedro, don, correspondente espanhol de Isabella, 372
pele de arminho/marta (*zibellino*), 96, 243
Petrarca, Francisco, poeta, 65, 194

Petrucci, João Maria, enviado na França, 372
Piccolomini, Alexandre, escritor, 351
Piemonte, 70
pietra serena (arenito toscano), 97, 114, 134
Pietra, Clemente, conde, enviado florentino na Espanha, 298
Pignatello, 205
Pimentella, Signora, dama de companhia dos Medici, 51
Pio IV, papa (João Angelo Medici), 100, 105, 106, 139, 141, 167, 240
Pio V, papa (Michele Ghislieri), 167, 168, 240, 258, 268, 306
Piombino, 256
Piombino, príncipe, 142
Pisa, 30, 32, 40, 43, 96, 128, 130, 134, 174, 186, 226, 230, 257, 300, 311, 335, 386
Pistoia, 119, 213, 323
Pitigliano, 368
Pitti, Constância, dama de companhia dos Medici, 307, 309
Pitti, Luca, mercador florentino, 47
Poggi, Beltramo, dramaturgo, *Descoberta da cruz de Jesus Cristo*, 187
Poggini, Domenico, empregado dos Medici, 106
Poggio Reale, 47
Poitiers, Diana de, amante de Henrique II, 32, 141
Polônia, 310, 343, 405
Pontormo, Jacopo, pintor, 39, 63
porcelana, 340
Portugal, 341
pratos dos Medici-Orsini, 91, 94
protestantes, 258

474

ÍNDICE

Pucci, família florentina, 311
Pucci, Horácio, 350
Puccini, Nicolau, mercador de tecidos, 34, 52

rainha de Sabá, 159
Rainosa, Isabella da, governanta-chefe dos filhos de Cosimo e Eleonora, 42, 46
Razzi, Silvano, clérigo e dramaturgo, *La Gostanza*, 186
rei da Tunísia, 51
relíquias, 126, 354
Ricasoli, fabricantes de brocados de ouro, 347
Ricci, de, família, 286
Ricci, Juliano de, diarista, 285, 327, 341, 356, 357, 381, 393, 394, 399, 403, 404
Ricci, Roberto de, 286, 287, 296, 311
Riccio, Bernardo del, administrador dos bens de Paulo Giordano, 273
Riccio, Pedro Francisco, secretário dos Medici, 38, 41, 42, 51, 56, 63, 65
Ridolfi, Pierino, nobre florentino, 351, 378, 384, 396
Ridolfi, Roberto, enviado dos Medici na Espanha, 372
Ringhieri, Inocêncio, *Cento guochi liberali*, 194
Rocca, don Pedro della, Cavaleiro de Malta, 296
Roma, 25, 77, 82, 92, 97, 101, 106, 107, 128, 129, 162, 168, 170, 180, 230, 242, 340, 354, 365
 banhos de Caracalla, 141
 Casa Dourada de Nero, 109
 estátua de Pasquino, 369

igrejas e conventos: San Giovanni dei Fiorentini, 107; Santa Brigida, 354; Santa Maria Maggiore, 107, 163; Santa Maria Sopra Minerva, 107; São Pedro, 107
palácios: Monte Giordano, 81, 324; Sforza Cesarini, 81; Vaticano, 86, 106, 108, 168, 242, 307
piazzas: Farnese, 354; Navona, 369
prostitutas e imoralidade, 82, 145
rio Tibre, 92, 107
Saque de, 79, 131, 205
Via Giulia, 83, 107
Villa Giulia, 242
Villa Medici, 244
Romanha, 381, 409
Romoli, Domenico, cozinheiro e escritor, 50
Rosignano, 128, 130
Rosselli, Estêvão, boticário, 237
Rossetti, Stefano, músico, 211, 404
Rossi, Vincenzo de, escultor, 180, 181
Rost, Jan, tapeceiro, 71
Rovere, della, família, 106, 422
Rovere, Felícia della (filha de Júlio II), 78, 182, 370
Rozzano, arcebispo de, 105
Rucellai, família, 77, 311
Ruggiero, Francisco, médico dos Medici, 358

Saint Germain, faubourg de, 411
Saldano, capitão, beneficiário da caridade de Isabella, 157
Salviati, Alexandre, 178
Salviati, família florentina, 77, 178, 179, 233, 280, 350
Salviati, Jacopo, 27
Salviati, Leonardo, 159

ÍNDICE

Salviati, Maria, 24, 27, 35, 37, 40, 60, 318
Salviati, Pedro, 177
San Andrea, conde de, napolitano, 297
San Casciano, 243
San Lorenzo del Escorial, 398
San Secondo, Ferrante di Rossi di, enviado dos Medici, 266
Sansovino, Francisco: *La Storia della Famiglia Orsini*, 172
Santa Brígida, 354
santa Catarina, 318
Santa Croce, João Maria, 366
santa Mônica, 129
santo Agostinho, 129
são Cosme e Damião, 318
são João, 319
Sarto, Andrea del, pintor, 177
Savelli, cardeal, 325
Savelli, família romana, 395
Savello, Honore, 262
Savelli, João Batista, 395
Savelli, Vitória, 395
Savoia, duque de, 275
Savoia, duquesa de, 334
Savonarola, Jerônimo, dominicano, 44, 98
Scalantese, cortesão espanhol, 117
Selim, imperador otomano, 258
Serguidi, Antonio, secretário dos Medici, 97, 216, 307, 308, 335, 409
Servi, Bernardo de, amigo de Isabella, 403
Sforza, Alexandre, 421
Sforza, Constância, 367
Sforza, família nobre de Santa Fiore, 79
Sforza, Francisca, 79
Sforza, Fúlvia, 279, 282
Sforza, Guid'Ascanio, cardeal, 81, 86, 100, 101, 107, 163

Sforza, Mario, 202, 279, 282
Shakespeare, William: *Noite de reis*, 421
Sicília, 231, 263
Siena, 70, 78, 178, 217, 231, 259, 300, 331
Simoncello, Belizário, cavaleiro, 299, 341, 404, 405
Sisto IV, papa (Francisco della Rovere), 109
Sisto V, papa (Félix Peretti), 236
Socino, Fausto, teólogo, 197, 198, 405, 406, 421
Socino, Lélio, teólogo, 197
Somma, Francisco, assassino, 299
Soto, Luis de, secretário de don João, 266
Spina, Francisco, tesoureiro dos Medici, 215
Strada, Baccio, médico dos Medici, 258, 359
Stradano, Giacomo, pintor, desenhista
Strigio, Alexandre, músico, 328, 329
Strozzi, Alexandre, 101
Strozzi, família florentina, 311
Strozzi, Felipe, 29, 70
Strozzi, João Batista, 191
Strozzi, Pirro, 70, 178
Subiaco, 129

tapeçarias, 269, 270
Taruga, Francisco, empregado dos Medici, 128
Tasso, Torquato, poeta e escritor, 295, 423; *The Medici Effect* [O efeito Medici], 25
Tedaldi, Elicona, cortesã, 193, 384, 391, 419
Thomas, William, viajante inglês, 33, 46, 68, 83
Ticiano (Tiziano Vecellio), pintor, 146

ÍNDICE

Titio, empregado dos Medici, 128
Tito, Santi di, pintor, 179
Toledo, Álvarez di, família, 30, 31
Toledo, don Pedro di, 30
Toledo, Eleonora di, 23, 31, 34, 39, 40, 57, 61, 84, 93, 104, 106, 118, 145, 146, 149, 231, 249, 311, 317, 322, 340, 420
   aparência física, 31, 119
   aquisição do Palazzo Pitti, 47
   casamento com Cosimo, 30
   chegada a Florença, 32, 34
   e a Itália, 16
   e filhos, 40, 42, 51, 52, 56, 57, 67, 130, 132
   gravidezes, 23, 24, 34, 39
   jogos, 33, 34
   morte e consequências, 132, 139, 142, 143
   saúde ruim, 118, 133
   tino para os negócios, 33
   vestuário, 50, 133, 141
Toledo, Eleonora, "Leonora", "Dianora", 231, 249, 254, 297, 309, 332, 333, 336, 348, 351, 357, 360, 368, 371, 377, 381, 384, 385, 390, 395, 397, 407, 417, 424
Toledo, Fernando Álvarez di, duque de Alba, 299, 397
Toledo, Garcia di, 230, 258, 259, 263, 264, 266, 380, 397
Toledo, Isabella di, 30, 31
Toledo, Luís di, 42, 103, 230, 269, 324, 361, 380, 397
Toledo, Maria di, 32
Tolomei, Camillo, associado de Troilo em Paris, 411
Tornabuoni, Catarina, dama de companhia dos Medici, 51
Tornabuoni, família florentina, 77
Toscana, 78, 222, 237, 256, 299, 313, 365
toscano (idioma), 62, 215, 296, 335
Tosinghi, Pedro Paulo, associado de Troilo em Paris, 411
transporte: liteiras, 41, 159; cavalos, 51, 60, 82, 156, 157; coches, 158, 159
Tratado de Cateau-Cambrésis, 70
Tremazzi, Ambrósio, assassino de Troilo, 409, 413
Trento, 222
Trípoli, 258
tuberculose, *ver* moléstias e doenças
Tudor, Maria, 30

unicórnios, chifre de unicórnio, 38, 59
Urbino, 340
Urbino, duques de, 33, 383, 390
Urbino, embaixador, 334

Vacchia, Rafael, empregado dos Medici, 140
Vaini, Enea, enviado dos Medici, 269
vale de Mugello, 77, 281, 298, 374
vale do Pó, 27
Valois, Margarida de, 343
Varchi, Benedetto, *Storia fiorentina*, 62, 145
Vasari, Giorgio, artista, 39, 47, 63, 64, 101, 114, 140, 148, 175, 222, 242, 257, 307, 310
Vega, Antonio, empregado dos Medici, 113
Veneza, 145, 193, 256, 263, 264, 279, 280, 286, 287, 290, 331, 340
Veniero, Sebastiano, comandante veneziano, 265
Verdelot, Philippe, compositor, 65

Verrocchio, Andrea del, escultor, 44
Vettori, Pedro, erudito e tutor dos Medici, 63, 134
Vicenza, 190
Viena, 222
villas: Artimino, 116; Baroncelli (Poggio Imperiale), 177-83, 185, 193, 201, 208, 225, 233, 295, 296, 313, 317, 322, 336, 349, 350, 358, 373, 399, 400, 404; Cafaggiolo, 149, 365, 373, 374, 379, 380, 386; Careggi, 43; Castello, 35, 37, 42, 50, 58, 65, 140, 180, 295, 313; Cerreto Guidi, 17, 238, 275, 381, 384, 386, 393; La Petraia, 43, 58, 140; Poggio a Caiano, 41, 43, 92, 116, 118, 128, 140, 222, 226, 234, 250, 251, 313, 332; Pratolino, 356; Trebbio, 27

Vives, Juan Luis: *Instituição da mulher cristã*, 68, 136

Webster, John, *The Duchess of Maffi* [A duquesa de Maffi], 396; *The White Devil* [O demônio branco], 418

Zoppetta, Catarina, freira, 157
Zuccaro, Taddeo, pintor, 109

Este livro foi composto na tipologia Classical
Garamond, em corpo 11/16, e impresso em papel
offset 75g/m^2 no Sistema Digital Instant Duplex
da Divisão Gráfica da Distribuidora Record.